인생을 소요 해탈하게 하는 • 제2판

莊子 강의
(내편)
하

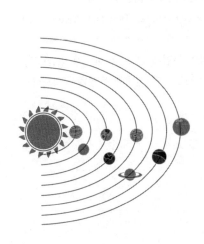

남회근 지음
송찬문 번역

마하연

莊子諵譁 (下)

南懷瑾 先生 講述

© 南懷瑾文化事業有限公司, 2006

Korean translation copyright © Mahayon Publishing Co., 2015
Korean edition is published by arrangement with Nan Huai Jin Culture Foundatian.

장자강의 (내편) (하)

1판 1쇄 2015년 5월 10일 | 1판 발행 2015년 5월 15일 | 1판 2쇄 2016년 6월 1일
2판 1쇄 2021년 3월 25일

지은이 남회근 강술 | 옮긴이 송찬문 | 펴낸이 송찬문 | 펴낸곳 마하연 | 등록일 2010년
2월 3일 | 등록번호 제 311-2010-000006 호 | 주소 10266 경기도 고양시 덕양구 통일
로 966번길 84-4 | 전화번호 010-3360-0751 | 이메일 youmasong@naver.com
다음카페 홍남서원 http: //cafe.daum.net/youmawon

ISBN 979-11-85844-03-9   004150

차 례

일러두기

1. 이 책은 대만의 노고문화사업주식회사(老古文化事業股分有限公司)가 발행한
   2006년4월 대만초판1쇄본의 『장자남화(莊子諵譁)』(상,하)를 완역한 것입니다.
2. 장자 원문의 풀이는 저자의 해석을 반영하였으되 예스러운 표현을 가능한 살
   렸습니다.
3. 번역 저본에 나오는 중국어 인명과 지명 책이름 등의 고유명사는 중국식 발음
   으로 표기하지 않고 우리식 한자 발음으로 표기하였습니다.
3. 이 장자강의는 내7편 중 소요유 제물론 양생주 인간세 편을 상권으로, 덕충부
   대종사 응제왕 편을 하권으로 나누어져 있습니다.
4. 이 장자강의는 저자가 1981년에 대만에서 행한 것으로 강의에서 언급하고 있
   는 화폐단위나 국제사정은 당시의 시대 상황입니다.
5. 독자의 이해를 돕기 위해 주석을 달거나 보충하였을 경우에는 '역주' 또는 '역
   자보충'이라 표시하였습니다. 모르는 용어나 내용은 사전이나 관련 서적 등을
   참고하고 특히 남회근 선생의 다른 저작들도 읽어보기 바랍니다. 선생의 저작
   들은 전체적으로 서로 보완 관계에 있기 때문입니다.

제5편 덕충부(德充符)

왕태(王駘)란 어떤 사람일까
산이 산이 아니요 물이 물이 아니다
지지이후유정(知止而後有定)
시작이 있고 끝이 있다
도가 있는 사람은 어떻게 생활할까
당신은 자신이 옳다고 생각합니까
운명처럼 편안히 받아들이고 안주하는 사람
곽상의 장자 주해의 아름다움
도덕이 충만한 사람
공자에게 설교하는 사람
노담은 어떻게 말하는가
노나라 애공이 홀려버리다
사람을 끄는 것이 무엇일까
다시 수양을 말하다
이비(李泌) 이야기
재능과 도덕이 둘 다 온전하다
스승을 쓰면 왕 노릇하고

　우리가 앞에서 말했듯이 춘추전국 시대의 문화에서 '도덕(道德)'
이라는 두 글자는 서로 나누어진 개념이었습니다. 지금까지 제1편
소요유부터 제2편 제물론·제3편 양생주를 지나 제4편 인간세까
지 강의했는데, 이 네 편은 도(道)의 충실(充實)을 말했습니다. 도는
체(體)입니다. 즉, 내함(內涵)인데, 사람 저마다의 학문수양의 내함
입니다. 덕(德)은 용(用)입니다. 도체(道體)를 얻으면 작용[用]을 일
으킬 수 있는데, 세상 사람들을 위해 봉사하는 도[用世之道]입니다.
세상길은 물론 걸어가기 어렵지만 인간세 편에서 말하는 중점은,
걸어가기 어려운 가운데 어떻게 최고의 지혜·최고의 예술로써 걸
어갈 것인가 입니다. 그러려면 반드시 덕행(德行)의 충실, 덕성의
충만이 있어야 합니다. 덕성을 어떻게 충만하게 할까요? 장자는 이
덕충부 편에서 우언(寓言)과 고도의 문학적 필치 그리고 그의 예술
적인 수법으로써 인생의 한 폭의 그림을 그려내고 있습니다.

왕태(王駘)란 어떤 사람일까

노나라에 두 다리가 없는 병신인 왕태(王駘)란 사람이 있었다. 그러나
그를 따라 배우는 자가 중니의 제자 숫자에 맞먹을 정도였다.

魯有兀者王駘，從之游者與仲尼相若。

그는 말합니다. 노나라에 '올자(兀者)', 두 다리가 없는 사람이 하나 있었다. 태어날 때부터 그랬는지 아니면 부상을 당해서 떼어 내버렸는지는 모른다. 이 사람의 이름은 '왕태(王駘)'였다. 그를 따르며 배우는 사람이 많았다. 공자를 따르며 배우는 사람들보다 더 많아서 그의 명성은 공자처럼 대단했다.

상계(常季)가 중니에게 물었다. "왕태는 두 다리가 없는 병신이지만 그를 따라 배우는 자의 숫자가 선생님과 노나라를 둘로 나눌 정도입니다. 그는 서서 가르치는 것도 아니고 앉아서 토론하는 것도 아닌데 만난 사람들은 아는 게 없이 갔다가 가득해져 돌아온다고 합니다. 본디 그에게는 말이 없는 가르침이 있고, 외형에는 조금도 흔적에 집착하지 않고 마음속에는 도를 깨달아 성취함이 있는 것 같습니다! 그는 어떤 사람일까요?"

常季問於仲尼曰：王駘，兀者也，從之游者與夫子中分魯。立不教，坐不議。虛而往，實而歸。固有不言之教，無形而心成者邪！是何人也？

'상계(常季)'는 공자의 학생이자 친구이기도 합니다. 스승이자 친구 사이인 사람입니다. '문어중니왈(問於仲尼曰)', 공자에게 물었습니다. 그는 말합니다. 왕태란 사람은 참 이상합니다. 두 다리가 없어서 장애자라고 말할 수 있습니다. 그런데도 그의 학생들이 많으며, 그의 명성의 크기는 공자 당신과 마찬가지입니다. '중분로(中分魯)', 노나라를 절반으로 나누어 당신의 명성이 절반이고 그의 명성이 절반입니다.

만약 우리가 유머적인 관점에서 보면 노나라에는 정말 인재가 많았습니다. 적어도 세 사람이 있었습니다. 그 하나는 장자가 말하는 왕태이고, 또 하나는 공자이며, 또 하나는 공자의 밥그릇을 빼앗었던 사람으로서 공자가 권력을 잡자 죽여버린 소정묘(少正卯)입니다. 이 세 사람은 모두 대단했습니다. 하지만 소정묘는 어떤 사람이었을까요? 그의 학술은 전해오지 않습니다. 만약 전해져 왔다면 틀림없이 사람을 몹시 마취시켰을 겁니다. 왜냐하면 그의 사상은 대단히 이상했기 때문입니다.

지금은 왕태를 얘기하고 있습니다. '그는 서서 가르치는 것도 아니고 앉아서 토론하는 것도 아닌데 만난 사람들은 아는 게 없이 갔다가 가득해져 돌아온다고 합니다[立不教, 坐不議. 虛而往, 實而歸]', 허! 이 사람은 정말 대단했습니다. 문하생이 되어 그의 학생이 됐다고 합시다. 그는 수업을 한 적이 없고, 당신을 책망한다든지 꾸짖는다든지 충고한다든지 무슨 그런 게 없었습니다. '입불교(立不教), 좌불의(坐不議)', 그의 앞에 한참 앉아있어도 한마디도 하지 않았습니다. '의(議)'는 토론하는 것입니다. 그는 당신과 문제를 토론한 적이 없었습니다. 하지만 이상했습니다. 당신이 그를 한번 보기만 하면 '허이왕(虛而往)', 원래 아무것도 모르던 사람이 그의 문하생이 되어 따른 뒤에는 '실이귀(實而歸)', 모두 대단히 충실해져 돌아왔습니다. 뱃속에 온통 경론(經論)이 가득차서 뭐든지 알았습니다.

이런 묘사에 비춰보면 이 사람은 공자보다 좀 더 고명했습니다. 그렇다면 우리가 그의 학생이 되고 싶은데, 이 얼마나 좋습니까! 수업할 필요도 없고 시험 볼 필요도 없습니다. 텔레비전 볼 필요도 없고 녹음기도 들을 필요 없습니다. 그가 거기 앉아 있기만 하면 당신은 모두 이해하여 일체의 학문이 다 있게 된 것 같습니다. '본디 그에게는 말이 없는 가르침이 있고[固有不言之敎]', 말할 필요가 없는 교육으로서 아마 오늘날 과학적인 진보조차도 도달할 수 없을 겁니다. 적어도 시청교육이 필요하고 녹음기 따위를 가져야 합니다. 그는 그럴 필요가 없는, 말하지 않는 가르침인 신교(身敎)였습니다. 만약 몸소 자기 행동으로 가르치는 신교라면 그를 따르는 데는 두 다리를 잘라버려야만 하는 게 아니겠습니까! 그러므로 우리들은 그에게서 정좌하는 것만 배울 수밖에 없습니다. 다리를 사용하지 않으니까요! '외형에는 조금도 흔적에 집착하지 않고 마음속에는 도를 깨달아 성취함이 있는 것 같습니다[無形而心成者邪]!', 외형으로는 흔적에 조금도 집착하지 않고 마음속으로는 도를 깨달았습니다. 상계는 공자에게 물었습니다. 세상에는 정말로 이렇게 교육을 잘 하고 도를 잘 전하는 사람이 있을까요? '그는 어떤 사람일까요[是何人也]?', 왕태라는 사람은 어떤 사람일까요? 상계는 정말 보아도 이해할 수 없다고 말합니다.

중니가 대답했다. "선생은 성인(聖人)이다. 나는 다만 뒤져서 아직 찾아보지 못했을 뿐이다. 내가 장차 스승으로 섬기려 하는데, 하물며 나보다 못한 사람이야 더 말할 나위가 있겠느냐! 어찌 노나라에만 그치겠느냐, 나는 장차 천하 사람들을 이끌고 함께 그를 따르려 한다."

仲尼曰：夫子, 聖人也, 丘也直后而未往耳。丘將以爲師, 而況不若丘者乎！奚假魯國, 丘將引天下而與從之。

공자는 말합니다. 네가 그 사람을 묻느냐? 그는 진정한 성인이다. 도를 얻은 사람이다. '나는 다만 뒤져서 아직 찾아보지 못했을 뿐이다[丘也直后而未往耳]', 그는 말합니다. 나 공자는 마음속으로 일찍감치 그의 학생이 되고자 신청하러 가고 싶었다. '이미왕이(而未往耳)', 하지만 아직 가지를 못했다. 버스를 아직 타지 못했다. 그가 있는 그곳은 너무 사람들이 붐벼서 나는 한걸음 늦게 가려고. '내가 장차 스승으로 섬기려 하는데, 하물며 나보다 못한 사람이야 더 말할 나위가 있겠느냐[丘將以爲師, 而況不若丘者乎]!', 나조차도 그를 선생님으로 모실 작정인데 하물며 아직 나보다 못한 일반사람들이야 더더욱 마땅히 그를 스승으로 모셔야 한다! '어찌 노나라에만 그치겠느냐, 나는 장차 천하 사람들을 이끌고 함께 그를 따르려 한다[奚假魯國, 丘將引天下而與從之]', 어찌 노나라 사람들만 그를 스승으로 모셔야 하겠느냐. 나는 온 천하 전 세계 사람들에게 그를 스승으로 모시라고 호소할 작정이다. 이것은 얘기 할수록 불가사의 하다. 왕태는 바로 그런 사람이다.

상계가 다시 물었다. "그는 두 다리가 없는 병신인데도 선생님보다 훌륭하다니, 그의 작용은 심원한 것 같습니다. 그런 사람이라면 그의 학문중심인 마음씀[用心]은 대체 어떠한 것입니까?"

常季曰：彼兀者也, 而王先生, 其與庸亦遠矣。若然者, 其用心也獨若之何？

상계는 듣고 나서 이것은 정말 아주 이상했습니다. '그는 두 다리가 없는 병신인데도[彼兀者也], 다리가 없는 사람이 '선생님보다 훌륭하다니[而王先生]', '왕(王)'은 다른 사람보다 높다는 뜻으로 세상에서 첫째라는 것입니다. '이왕선생(而王先生)', 선생님인 당신을 능가하다니. '그의 작용은 심원한 것 같습니다[其與庸亦遠矣]', 이

'용(庸)'자는 바로 용(用)입니다. 당신이 이렇게 말한 대로라면 그의 작용은 심오하고 원대합니다. '그런 사람이라면[若然者]', 만약 그가 선생님께서 말씀하신 것처럼 그렇게 훌륭하다면 이 사람의 도(道)는 어디에 있을까요? '그의 학문중심인 마음씀[用心]은 대체 어떠한 것입니까[其用心也獨若之何]?', 그가 마음을 전하는 심법(心法)은 어디에 있을까요? 그의 학문 중심은 무엇일까요? 공자가 이 질문에 대답합니다.

중니가 말했다. "사람에게 삶과 죽음은 크나큰 문제이지만 그와는 아무런 상관이 없어서 그를 변하게 하지 못하고, 천지가 뒤집혀 무너져 소멸하여도 그는 물질세계 밖에 초연히 홀로 서있기에 역시 사라지지 않는다. 그는 지혜로써 살펴 육체생명에 의지함이 없기에 물질변화와 함께 변천하지 않으며 생명이 물질변화의 영향을 받지만 그 변화의 근원인 도를 지킨다."

仲尼曰：死生亦大矣，而不得與之變，雖天地覆墜，亦將不與之遺。審乎無假而不與物遷，命物之化而守其宗也。

공자는 말합니다. 세상에는 크나큰 문제가 하나 있는데, 바로 사람의 생사문제이다. 인류의 생명은 어디로부터 왔을까요? 닭이 먼저일까요 달걀이 먼저 일까요? 서양 철학자들이 묻는 것인데 남자가 먼저일까요 여자가 먼저일까요? 오늘은 유(劉) 교수가 수업에서 비교종교를 얘기하지 않습니까? 서양의 견해는 하느님이 남자를 만든 뒤에 할 일이 없어서 남자 갈비뼈를 하나 뽑아내어 여자를 만들었다고 합니다. 유 교수 얘기는 재미있습니다. 이로써 알 수 있듯이 하느님은 우리 여자들하고는 아무 관계가 없습니다. 이 생사는 도대체 어디서 온 것일까요? 남자 여자는 도대체 어디에서 시작됐을까요?

그래서 선종은 생사를 마쳐야한다고 표방합니다. 부모가 나를 낳기 전에 나의 이 생명은 어디에 있었을까요? 죽은 뒤에는 도대체 영혼이 있을까요 없을까요? 어디로 갈까요? 그러므로 '사람에게 삶과 죽음이 크나큰 문제이지만[死生亦大矣]', 이 문제를 중국문화 속에서 가장 먼저 뚜렷하게 제시한 사람이 장자였습니다. 선종에서 말하는 생사를 마친다는 관념은 바로 장자가 먼저 제시했던 것입니다. 그 당시에는 불학이 아직 중국에 들어오지 않았습니다. 그는 말합니다. 이 분 선생님은 이미 생사를 마쳤으며 도를 얻었다. '그와는 아무런 상관이 없어서 그를 변하게 하지 못하고[而不得與之變]', 생사가 그와는 모두 상관이 없다. 생사를 마치고 도를 얻은 사람은 그 경계에 도달했습니다. 도덕이 최고의 성취에 도달했습니다.

그는 말하기를 생사를 마친 사람은 생사의 변화가 그와 아무 상관이 없게 된다고 합니다. 왜냐하면 그는 도를 얻었기 때문입니다. 한걸음 더 나아가 말하기를 생사를 마쳤을 뿐만 아니라 '천지가 뒤집혀 무너져 소멸하여도[雖天地覆墜]', 이 세계가 파멸하고 지구가 끝장나버렸어도 그와는 상관이 없다. '그는 물질세계 밖에 초연히 홀로 서있기에 역시 사라지지 않는다[亦將不與之遺]', 그는 물질세계 밖에 초연히 홀로 설 수 있다고 합니다. 우리가 생존하는 이 세계천지는 물질로 구성된 것입니다. 지구의 파멸은 물질의 변화입니다. 그는 지구가 파멸하려 할 때가 되면 아마 두 다리조차도 움직일 필요 없이 이미 초월했을 것입니다. 그러므로 지구가 파멸하여도 그와는 상관이 없습니다.

'그는 지혜로써 살펴 육체생명에 의지함이 없기에[審乎無假]', 이

네 글자는 딱 무엇이라고 말하기가 어렵습니다. 자세히 말하면 '심(審)'과 '무가(無假)'의 의미는 물리와 정신 양면을 통하여 참구하여 지혜에 도달하여 일체를 이해할 수 있어서, 다른 것을 빌릴 필요가 없는 것입니다. 사람은 모두 물질에 의지하여 살고 있습니다. 우리 육체가 바로 물질인데, 이것은 빌려온 것입니다. 이 생명은 육체에 의지하기 때문에 육체가 우리들에게 쓰도록 수십 년 빌려주고, 다 쓰고 난 다음에는 육체도 사라져 버립니다. 왕태란 사람은 이미 초월해서 일체의 의존이 필요하지 않았으며 일체의 빌림이 필요하지 않았습니다. '물질변화와 함께 변천하지 않으며[而不與物遷]', 그는 여여부동(如如不動)하여 물질의 변화에 따라 흘러가지 않을 수 있습니다. 우리가 마지못해 불학에서의 한 명사를 빌려 쓴다면 그는 이미 부동지(不動智)에 도달한 것입니다. 밀교에는 한 부처님이 계시는데 부동명왕(不動明王)이라고 합니다. 그는 말하기를 이 사람은 이미 부동명왕의 경지에 도달했다고 합니다. 부동명왕은 천하를 통치할 수 있습니다. 이 부처님이 대표하는 것이 곧 '이불여물천(而不與物遷)'입니다 물질세계가 어떻게 변화하든 간에 그는 거기 서서 방관(傍觀)합니다.

'생명이 물질변화의 영향을 받지만[命物之化]', 우리들 어떤 사람이나, 일체 만물이나, 일체 중생들의 생명은 모두 물질변화의 영향을 받습니다. 그런데 이 왕태 선생은 물질과 함께 변하지 않아 영향을 받지 않습니다. 왜냐하면 '그 변화의 근원인 도를 지키기[守其宗也]' 때문입니다. 우리는 그것을 도(道)라고 부르는데, 서양 종교에서는 그것을 하느님[上帝]이나 신(神)이라고 부를 수 있습니다. 불교에서는 어떨까요? 여래(如來)나 열반(涅槃)이나 보리(菩提)라고 부를 수 있습니다. 어쨌든 이런 것이 있습니다. 온갖 변화가 그 근본을 떠나지 않습니다. 공자는 그 사람을 이 정도까지 얘기하고 이 사람을 대단히 높이 받들고 있습니다. 상계는 듣고 나자 더욱 얼떨떨해졌습니다.

산이 산이 아니요 물이 물이 아니다

상계가 물었다. "무슨 말씀입니까?" 중니가 대답했다. "다른 관념 각도에서 보면, 한 몸 안에 있는 간과 쓸개도 초나라와 월나라만큼이나 멀다. 같은 관념 각도에서 보면, 만물은 모두 일체(一體)로서 하나이다."

常季曰:何謂也?仲尼曰:自其異者視之, 肝膽楚越也;自其同者視之, 萬物皆一也。

그는 말합니다. 선생님, 당신 오늘 아마 감기 걸리셨나보죠. 당신은 무슨 말씀들을 하시는 거예요! 공자는 두 마디 말을 하여 대답합니다. '다른 관념 각도에서 보면, 한 몸 안에 있는 간과 쓸개도 초나라와 월나라만큼이나 멀다. 같은 관념 각도에서 보면, 만물은 모두 일체(一體)로서 하나이다[自其異者視之, 肝膽楚越也;自其同者視之, 萬物皆一也]', 문학이나 정치를 포함한 중국문화사상을, 특히 중국철학사상을 얘기하면서 장자는 문학적 경계로써 묘사하고 있습니다. 이 두 마디 말은 수다스럽습니다! 사람의 견지 견해를 대표하는, 이른바 지혜의 학[智慧之學]입니다. 우리는 지금 도를 얘기하지 않고 도 이하의 제이의(第二義)를 얘기하고 있습니다.

그는 말합니다. 어떤 일이나 어떤 사물이나 어떤 사람이나 '자기이자시지(自其異者視之)', 만약 당신이 색안경을 쓰고 보거나 다른 각도에서 본다면 당신의 관념, 관점은 모두 다릅니다. 우리 인체 내부의 간과 쓸개는 한데 서로 연결되어있습니다. 하지만 다른 각도에서 보면 간과 쓸개는 마치 초나라와 월나라 같습니다. 춘추전국 시대의 형세로 비유하면 초나라 월나라는 서로 이기려고 다투고 패권을 다투었는데, 두 지역이 달랐고 나라와 나라 형편도 달랐습니다. 오늘날로 말하면 마치 소련과 미국처럼 어느 쪽이나 모두 백인종이지만 그 사이에는 많은 모순이 있고 많은 이해관계가 있는 것처럼 그랬습니다. '자기동자시지(自其同者視之)', 하나의 통일된 관념에서 바라보고 각도를 바꿔서 바라보면 '만물개일야(萬物皆一也)', 만물은 일체(一體)입니다. 즉, 하나입니다.

바꾸어 말하면 인생이든 도이든 사람마다 한 가지 점만 딱 붙들어 쥐고는 자기의 지혜를 가려버립니다. 만약 이렇게 형이상의 도를 보고 형이하의 만물을 본다면 큰 문제입니다. 왜냐하면 저마다 견해가 있어서 볼수록 화가 나기 때문입니다. 만약 도를 얻은 사람이 초연한 입장에서 또 다른 지혜의 눈으로 바라보면 천하 만물은 모두 일체(一體)로서, 모두 사랑스럽고, 모두 다 나 자신과 마찬가지로서 무슨 차별[分別]이 없습니다. 어떤 것을 도를 얻었다고 할까요? 바로 불학에서 말한 것인데, 도를 얻은 사람의 지혜를 무분별지(無分別智)라고 합니다. 만약 분별이 있는 관점으로써 보면 간과 쓸개는 곧 초나라와 월나라로서 우리는 그들을 원수로 봅니다. 만약 무분별지로써 본다면 어떨까요? 모순적인 것도 모두 모순이 아니라 모두 동일한 것입니다. 공자는 상계가 이해하지 못했다고 생각했기 때문에 또 다시 한걸음 더 나아가 그에게 도리를 설명해 줍니다.

"그런 사람은 귀와 눈의 작용과 그 대상경계를 잊어버린 채, 심경(心境)을 영원히 도의 작용인 덕의 평화안락 속에 노닐게 한다."

夫若然者, 且不知耳目之所宜, 而遊心乎德之和;

'그런 사람은[夫若然者]', 그러므로 너는 이 도리를 알아야 한다. 그러면 수도(修道)를 이해하게 되고 도덕을 이해하게 된다. 장자는 도를 전하고 있습니다. 뿐만 아니라 공자의 입을 빌려서 도를 전하고 있으며 진정한 수양을 말하고 있는데, 공자의 수도 공부이기도 합니다. '귀와 눈의 작용과 그 대상경계를 잊어버린 채[不知耳目之所宜]', 네가 날마다 귀를 잊어버릴 수 있고 눈을 잊어버릴 수 있어서 소리와 색상[聲色]에 끌려가지 않고 외부경계에 유혹되지 않을 수 있다. 예컨대 이 자리에 있는 불법을 배우고 정좌를 하는 많은 사람들은 솔직히 말해서 당신이 비록 정좌를 하고 있다할지라도 당신은 여전히 소리와 색상이라는 두 가지 것에 끌려가고 있습니다. 귀가 소리를 듣는다는 것은 이 귀를 가리키는 것이 아니라 듣기 좋아하는 습관을 가리키는 것입니다. 그러므로 진언을 외울 때 갖가지 소리를 내는데 습관적으로 소리를 듣기 좋아하기 때문입니다. 또 다른 하나는 색상을 좋아하는 것입니다. 눈을 감고 정좌하고 있으면서 비록 밖을 보지는 않지만 여전히 앞의 어두컴컴한 것이나 또는 온통 끝없이 하얀 것을 보고 있는데 당신은 여전히 습관적으로 보고 있습니다.

당신이 만약 소리와 색상이라는 두 가지 외부 경계를 잊을 수 있다면, 귀와 눈의 작용을 잃어버릴 수 있다면, 그런 다음에는 다리를 틀고 앉아서 정좌 할 필요도 없이 이 사회에 나가서 눈을 뜨고 귀를 열었으되 눈이 보는 바를 잊어버릴 수 있다면 산을 보아도 산이 아니요 물을 보아도 물이 아닙니다. 소리를 들어도 듣는 것이 아니요 보는 것이 아닙니다. 그러나 모두 압니다. 역시 모두 보고 모두 듣습니다. 그렇지만 당신의 심리와는 모두 상관이 없습니다. 이게 바로 '부지이목지소의(不知耳目之所宜)', 소리와 색상과 귀와 눈을 잊어버린 것입니다.

그렇다면 당신의 마음은 어디에 있을까요? '심경을 영원히 도의 작용인 덕의 평화안락 속에 노닐게 한다[而遊心乎德之和]', 심경(心境)이 영원히 평정(平靜)하고 침착합니다. 외부의 소리와 색상 때문에 당신의 심경을 어지럽히지 않습니다. 만약 어떤 사람을 보고 곧 화를 내거나 어떤 사람을 보고 곧 기뻐한다면 모두 옳지 않습니다. 그것은 눈에 속아버린 것입니다. 듣기 좋게 말하면 몹시 기뻐하고 꾸짖으면 몹시 화를 낸다면, 그것은 귀에 속아버린 것입니다. 즉, 그 화(和)를 얻을 수 없습니다. '유심호덕지화(遊心乎德之和)', 당신의 심경이 영원히 즐겁고 침착하면서 이 세계에 유희하는 것이 곧 도의 작용입니다. 이렇게 하는 데는 꼭 당신이 다리를 틀고 앉아야 되는 것은 아닙니다. 두 다리를 펴고 서도 관계가 없어서 이 세상을 당신은 걸어 다닐 수 있게 됩니다. 그렇지 않다면 왕태처럼 두 다리를 잘라버리고 거기에 앉아있어야 합니다.

"만물에 대해 분별하지 않고 하나로 보고 그 결함이나 장점을 보지 않는다. 자신의 다리를 잃어버린 것을 마치 흙을 떨어버리는 정도로 본다."

物視其所一而不見其所喪, 視喪其足猶遺土也。

그러므로 수양이 왕태 선생의 정도까지 도달하여 이 세상 일체의 것을 보면 분별이 없습니다. 아름다운 것과 추한 것이 마찬가지 것으로 모두 좋습니다. 예쁨도 없고 꼴 보기 싫음도 없습니다. 그 사람은 보았을까요? 봅니다. 그렇지만 마음속에는 분별이 없으며, 기쁘고 즐겁고, 차분하며 평화롭습니다. 뿐만 아니라 만물을 보되 '분별하지 않고 하나로 보고[視其所一]', 그는 단지 그런 것을 하나 볼뿐 아름다움과 추함이 없고 선악과 시비의 분별이 없어서 모두 일체(一體)입니다. '그 결함이나 장점을 보지 않는다[而不見其所喪]', 그는 어떤 결점을 보지 않으며 어떤 우수한 점이나 장점도 보는 일이 없습니다. 당신은 그 사람이 장애자로서 다리가 없다고 여기지만 그 사람 자신은 자기가 다리가 있는지 없는지를 잊어버리고 여전히 다리 없이 길을 걸어갈 수 있습니다. 신족통(神足通)이 있습니다. 보세요, 장자가 인용한 게 아주 이상하지요! 실제로 정좌하고 다리를 트는 것은 마침 두 다리가 없는 뒤에야 공부도 다리를 잊어버리는 경지에 도달합니다. 심경 수양공부가 이런 경지에 도달했을 때 다리가 없어도 길을 걸을 수 있습니다. 바로 불가에서 말하는 신족통입니다.

상계가 마침내 이해하고 말했다. "그는 자기를 인식하였고, 그럼으로써 자기의 마음을 알고 찾았으며, 그 마음으로써 영원히 변하지 않는 마음을 얻었는데, 만물이 무엇 때문에 그에게 상관이 있겠습니까?"

常季曰：彼爲己，以其知得其心，以其心，得其常心，物何爲最之哉？

공자의 이 학생은 가르치기 어려웠습니다. 위 한 층의 대화를 그가 이해하지 못하자 공자는 한 층 낮은 제이의(第二義) 대화로써 대체로 그를 가르쳐 깨닫게 한 셈이었습니다. 상계는 마침내 알게 되었습니다. '그는 자기를 인식하였고, 그럼으로써 자기의 마음을 알고 찾았으며[彼爲己, 以其知得其心]', 상계는 말합니다. 저는 이해 했습니다. 그는 깨달았고 도를 얻었습니다. 그는 자기의 본래면목 (本來面目)을 보았고 자기 자신을 인식했습니다. 우리 사람들은 일 생동안 살지만 자기가 무엇인지 모릅니다! 우리가 비록 생각할 수 있고 쓸 수 있지만, 그러나 그 생각할 줄 아는 그것은 무엇일까요? 우리가 잠을 잘 때 우리의 그 자기는 무엇일까요? 이 육체는 나가 아닙니다! 이것은 빌려 쓰고 있는 것입니다. 그는 말합니다. 선생 님, 저는 이제 알았습니다. 그는 이미 도를 깨달았습니다. 그래서 그는 지혜의 성취가 있게 되었습니다. '피위기(彼爲己), 이기지득기 심(以其知得其心)', 그는 명심견성(明心見性)했습니다. 그는 마침내 자기의 마음을 찾았습니다. 그래서 그는 자기의 마음을 잘 썼습니 다. '그 마음으로써 영원히 변하지 않는 마음을 얻었는데[以其心, 得其常心]', 자기의 진정한 상심(常心)을 얻었는데, 이 마음은 영원 히 변하지 않으며, 있지 않은 곳도 없고 있는 곳도 없습니다. 이 마 음을 그는 틀어쥐었습니다. '만물이 무엇 때문에 그에게 상관이 있 겠습니까[物何爲最之哉]?', 그러므로 만물이 그에 대해서 상관이 없 으며 그의 마음을 동요시키지도 않을 것입니다. 상계도 공자의 이 번 말을 깨달은 것 같습니다. 공자도 그에게 가르치기를 사람이 수 양을 해서 눈에 속지 않게 되고 귀에 속지 않을 수 있을 정도가 된 다면, 이 마음은 영원히 침착해서 이 세상길 걸어가기 어려운 가운 데서도 행복하게 걸어간다고 합니다. 이것이 바로 도의 용(用)이요 덕(德)입니다. 수양이 이 경계에 도달하여야 비로소 도덕이 있는 사람인 셈입니다.

지지이후유정(知止而後有定)

중니가 대답했다. "사람은 흐르는 물을 거울로 삼지 못하고 고요히 멈춘 물을 거울로 삼는다. 오직 정지(定止)의 경지만이 모든 움직이는 현상을 멈추게 할 수 있다."

仲尼曰：人莫鑒於流水而鑒於止水, 唯止能止衆止。

불학에서는 지(止)를 닦고 관(觀)을 닦는 것을 얘기하는데, 장자나 공자는 일찍이 지관(止觀)을 전했습니다. 공자는 말하기를 도를 깨닫기만 하고 공부가 없다면 안 된다. 지(止)를 닦고 관(觀)을 닦아야 된다고 합니다. 그는 말합니다. '사람은 흐르는 물을 거울로 삼지 못하고 고요히 멈춘 물을 거울로 삼는다[人莫鑒於流水而鑒於止水]', 물이 흔들릴 때는 거울로 삼아 쓸 수 없다. 물이 흐르지 않고 맑아지면 거울로 삼아 써서 우리 자신들의 얼굴을 비춰볼 수 있다.

성인(聖人) 교주들은 모두 물을 가지고 비유를 잘 했습니다. 노자는 말하기를 '최고의 선(善)은 물과 같다[上善若水]'라 했고 공자도 물을 찬탄하면서 '가는 것이 저 흐르는 물과 같구나[逝者如斯夫]!'라고 했습니다. 장자는 여기서도 물로써 비유를 하고 있습니다. 석가모니불도 바닷물을 가지고 비유한 적이 있습니다. 심지어 유식학에서 말하는 '일체의 종자가 폭포처럼 흐른다[一切種子如瀑流]'도 물로써 비유한 것입니다. 그러므로 이 물의 비유에 관해서 깊이 들어가 체험해야 합니다. 사람의 심리상황은 영원히 한 줄기의 흐르는 물과 같아서 마음속의 파도가 영원히 멈출 수 없습니다.

그래서 영원히 도를 깨치지 못하고, 영원히 도를 얻지 못합니다.

장자는 공자의 입을 빌려 말합니다. '인막감어류수(人莫鑒於流水)', 흐르는 물은 거울로 삼을 수 없다. 당신이 마음속의 흐르는 물과 같은 잡념망상을 고요히 멈추게[靜止] 할 수 없다면 영원히 도를 볼 수 없습니다. '이감어지수(而鑒於止水)', 반드시 마음의 파도인 식랑(識浪)을 멈추게 하고 고요히 그치게 해야만 명심견성 할 수 있습니다. 그는 말합니다. '오직 정지(定止)의 경지만이 일체의 움직이는 현상을 멈추게 할 수 있다[唯止能止衆止]', 오직 지(止)의 경계 · 정(定)의 경계에 진정으로 도달해야 만이 모든 움직이는 현상[動相]을 멈추게 할 수 있다. 만약 심념이 멈춘 물처럼 맑아질 수 없다면 영원히 지혜가 없고, 영원히 도를 깨달을 수 없습니다. 그리고 생명의 흐름을 영원히 자신이 뜻대로 할 길이 없으며, 생사를 마쳐서 벗어날 길이 영원히 없습니다. 그러므로 우리가 수도하는 것은 생사를 마치려고 정좌하고 수도하고자 하며, 죽을 때 한번 웃고 떠나가고자 하며, 내생에 다시 와서 태어날 때에도 자신이 있고자 합니다. 선종의 여러 많은 조사들과 명나라 때의 여러 명의 유가들이 모두 그렇게 했습니다. 명나라 때 나근계(羅近溪)도 그러해서, 이미 나는 가겠다고 작별 인사를 하고 의자에 앉아서 떠나가버렸습니다. 제자들이 무릎을 꿇고 울면서 말했습니다. 선생님, 당신은 조금 더 머무르십시오. 그래, 그래. 너희들 정말로 싫구나. 내 좀 더 머무르마! 또 하루를 살았습니다. 그 다음에 말했습니다. 됐다. 그만 하련다. 다시 또 떠나갔습니다. 바로 이 재간은 지정(止定)이라는 공부입니다.

이 덕충부 편에서 무엇보다 먼저 제시하기를 왕태는 장애자이지만 그를 따라 배우는 문하생 제자들이 많기는 공자를 능가한다는 이야기로 시작했습니다. 그래서 어떤 사람이 의심하고는 공자에게 물었습니다. 이 사람은 왜 그렇게 큰 성취가 있습니까? 공자는 말하기를 그는 이미 생사를 마친 사람이다. 그런 다음 출세간의 성취를 가지고 세상에 들어가 세간법을 처리한다고 했습니다. 앞에서의 중점은 말하기를 '사람은 흐르는 물을 거울로 삼지 못하고 고요히 멈춘 물을 거울로 삼는다. 오직 정지(定止)의 경지만이 모든 움직이는 현상을 멈추게 할 수 있다'라고 하여, 이 지(止)와 관(觀)을 닦는 것의 중요함을 말했습니다. 우리가 이점으로부터 이해할 수 있듯이 도가나 불가 뿐만 아니라 대체로 수양을 얘기하면 무엇보다도 먼저 하나의 지(止)를 제시하며, 유가는 더더구나 중요시합니다. 예컨대 우리가 읽는 『대학』은 그 안에 '지선(至善)의 경지에 머문다[止於至善]', '마음이 지성[知: 知性, 아는 성품]에 머문[止] 뒤에야 안정[定: 安定]이 있다[知止而后有定]'가 있어서, 무엇보다도 먼저 이 지(止)를 말하고 있습니다. 지(止)란 심념이 전일(專一)한 것이요 하나에 머무는 것[止於一]인데, 이것은 가장 큰 수양 공부입니다.

(역자보충) '지지이후유정(知止而后有定)'에 대한 해석과 이해는 대단히 중요합니다. 독자들의 이해를 돕기 위하여 이 보충은 『선과 생명의 인지 강의』에 역자가 보충한 내용을 그대로 전재하였으니 참고 하기 바랍니다.

『대학』 원문 경 1장에 대하여 남회근 선생이 부분적으로 간략히 풀이한 내용을 역자가 그의 저작 '남회근강연록'과 '21세기 초 전언후어'에서 참고하여 정리 번역하였습니다. 보다 깊고 자세한 강해는 역자가 (선과 생명의 인지 강의에) 보충한 '부록 5. 인지에 관한 남회근 선생의 법문을 간단히 말한다'와 따로 남회근 선생의 '대학강의'를 읽어보기 바랍니다.

大學之道는 在明明德하며 在親民하며 在止於至善이니라. 知止而后有定

이니 定而后能靜하며 靜而后能安하며 安而后能慮하며 慮而后能得이니라 物有本末하고 事有終始하니 知所先後면 則近道矣리라. 古之欲明明德於天下 者는 先治其國하고 欲治其國者는 先齊其家하고 欲齊其家者는 先修其身하 고 欲修其身者는 先正其心하고 欲正其心者는 先誠其意하고 欲誠其意者는 先致其知하니 致知는 在格物하니라. 物格而后知至하고 知至而后意誠하고 意誠而后心正하고 心正而后身修하고 身修而后家齊하고 家齊而后國治하고 國治而後天下平이니라. 自天子로以至於庶人이 壹是皆以修身爲本이니라. 其 本이 亂而末治者否矣며 其所厚者薄이오 而其所薄者厚하리 未之有也니라. 차위지본(此謂知本)이며 차위지지지야(此謂知之至也)니라.

"대학지도(大學之道)는", 성년자의 첫 번째 수업으로는 먼저 생명인 심성의 기본수양에 대하여 인지하여야 합니다.

"재명명덕(在明明德)하며", 무엇이 '명명덕'일까요? 도를 얻은 것을 말 합니다. 바로 심성의 문제를 이해한다는 것입니다.

"재친민(在親民)하며", 명덕을 밝힌 뒤에 수행하고 행을 일으켜 세상 과 사람들을 구제하는 사업을 하는 것이 바로 '친민'입니다.

"재지어지선(在止於至善)이니라.", '지어지선'이란 바로 범부를 초월하 여 성인의 경지로 들어가는 것, 초인이 되는 것, 천인합일(天人合一)의 경 지입니다.

이상은 일개 범부로부터 생명의 근원을 아는 성인이 되는 세 가지 강 요인데 이를 '삼강(三綱)'이라고 합니다.

그런데 어떻게 명덕(明德)을 밝힐까요? 어떻게 도를 얻을까요? 어떻게 생명의 근본 의의를 알까요?

"지지이후유정(知止而后有定)하며", '지(知)'와 '지(止)' 이 두 글자에 주의하기 바랍니다. 사람은 모태에서 나오자마자 '아는[知]' 작용이 있습 니다. 예를 들어 갓난애는 태어난 뒤 배가 고프면 울 줄 알고 젖을 달라 고 합니다. 추위와 더위가 지나쳐도 울 줄 압니다. 이런 지성(知性: 아는 성품. 이하 같은 뜻임/역주)은 선천적인 것입니다. 그러나 주의하십시오!, '지지(知止)'는 감각 지각할 수 있는 작용이 정지했다는 말이 결코 아닙니다. 지성을 인도하여 하나의 가장 좋은 길로 걸어가게 하라는 말입니다. 심성이 평안한 길을 하나 선택하여 걸어가는 겁니다. 우리들의 생각과 신체는 어떻게 정(定)하게 할까요? 보통사람의 지성은 뛰고 산란하고 혼매(昏昧)하면서 정의 상태가 아닙니다. 그러나 또 지성의 평온함·청명함으로써 산란과 혼매를 없애고 청명한 경계에 전일하도록 해야 하는데, 이를 '지지(知止)'라고 합니다. '지지'한 다음 다시 한 층 나아가야 정(定)입니다. 불교가 중국에 들어온 뒤 대소승 수행의 하나의 요점을 선정(禪定)이라고 부릅니다. 선(禪)은 범어의 음역이며 정(定)은 대학의 '지지이후유정'에서의 '정'자를 차용한 것입니다.

"정이후능정(定而后能靜)하며", 정(定)의 경계에서 점점 차분하고 고요한 상태에 들어가는 것을 정(靜)이라고 합니다.

"정이후능안(靜而后能安)하며", 정(靜)의 경계에 도달한 뒤에 다시 대단히 평안하고 쾌적하며 가볍고 재빠른 경계에 들어가는 것을 '안'이라고 합니다. 불학 용어를 빌리면 경안(輕安)이라고 부릅니다.

"안이후능려(安而后能慮)하며", 경안하고 청명하고 산란하지 않고 혼매하지 않아서 정결(淨潔)한 경계에 대단히 근접하면 '애쓰지 않아도 들어맞고 생각하지 않아도 얻어지는' 지혜의 힘이 일어나게 되는데, 이것을 '려(慮)'라고 합니다. 자기의 내재적인 지혜가 일어날 수 있는 겁니다. 불학 용어를 빌리면 '반야'의 경계이며 중문으로는 '혜지(慧智)'라고 번역할 수 있습니다.

"려이후능득(慮而后能得)이니라.", 이 혜지를 통하여 생명인 자성의 근원을 철저하게 아는 것을 대학에서는 '려이후능득'이라고 합니다. 무엇을 얻는 것일까요? 생명에 본래부터 있는 지혜 기능의 대기대용(大機大用)을 얻는 것을 '명명덕'이라고 합니다. '득'은 도달한다는 의미입니다. 대철대오하여 생명의 본래의 면목을 보는 겁니다. 증자는 이런 심성수양의 성취를 '명명덕'이라고 했습니다.

이상은 명백하게 말해놓지 않았습니까? 바로 이 길로 걸어가면 명덕을 얻습니다. 도를 얻습니다. 좋습니다! 보다시피 그 방법은 지(知)ㆍ지(止)ㆍ정(定)ㆍ정(靜)ㆍ안(安)ㆍ려(慮)ㆍ득(得)으로, 모두 일곱 단계의 공부인 칠증(七證)입니다. 이상은 자기 내면의 수양공부인 내성지학(內聖之學)을 말한 것입니다.

"물유본말(物有本末)하고 사유종시(事有終始)하니 지소선후(知所先後)면 즉근도의(則近道矣)리라. 고지욕명명덕어천하자(古之欲明明德於天下者)는 선치기국(先治其國)하고 욕치기국자(欲治其國者)는 선제기가(先齊其家)하고 욕제기가자(欲齊其家者)는 선수기신(先修其身)하고 욕수기신자(欲修其身者)는 선정기심(先正其心)하고 욕정기심자(欲正其心者)는 선성기의(先誠其意)하고 욕성기의자(欲誠其意者)는 선치기지(先致其知)하니"

'삼강칠증(三綱七證)'에 이어서 '팔목(八目)'이 있습니다. 바로 여덟 개의 방향인데, 어떻게 성인의 학문과 수양 정도에 도달할 수 있을까요?

"치지(致知)는 재격물(在格物)하니라.", 무엇을 '치지'라고 할까요? '지'는 바로 지성(知性)입니다. 우리들은 태어나면서부터 지성이 하나 있습니다. 갓난애 때 배고프면 울 줄 알고 추우면 울 줄 압니다. 이 지성은 본래부터 존재합니다. 이 지(知)는 생각의 근원입니다. 다시 말해 이 '지'는 우리가 보통 천성(天性)이라고 하는데, 없는 사람이 없습니다. 우리가 엄마 태속에 들어가 태아로 변할 때 이미 있었고 선천적으로 지니고 온 것입니다. 다만 엄마 태속에서 열 달 동안 있다가 태어날 때 그 열 달의 경과를 잊어버렸을 뿐입니다. 지금 우리들처럼 수십 년 동안 사람으로 살아오면서 많은 일들을 기억하지 못하는 것이나 마찬가지입니다. 특히 모태 속에서의 경과는 거의 사람마다 그 고통의 압박을 견디지 못하고 흐리멍덩해져버렸습니다. 그러나 이 지성은 결코 손실되지 않아서 모태에서 나와 탯줄이 가위로 잘라지자마자 차가움과 따뜻함, 그리고 외부의 자극을 알고서는 응애응애 하고 울었는데 견딜 수 없어서 울고불고함으로써 지성이 작용을 일으킨 것입니다. 그런 다음 곁에 있던 어른이 우리를 깨끗이 씻어주고는 타올로 싸고 옷을 입히고 젖을 먹이고 좀 편안해지자 울지 않았습니다. 다 알았습니다. 그러므로 배고프면 울면서 먹고 싶다고 하는데 이 지성은 천성적으로 지니고 온 것입니다. 정좌하여 어떤 것을 정(定)을 얻은 것이라고 할까요? '치지(致知)'입니다. 방금 '치지재격물'이라고 외웠지요? 그렇다면 무엇을 '격물(格物)'이라고 할까요? 외부의 물질에 유혹되어 끌려가지 않는 것을 '격물'이라고 합니다. 우리들의 지성은 외부의 것들에게 유혹되어 끌려가기 쉽습니다. 예를 들어 우리들의 신체는 정좌하면 시큰거리고 아파서 견디기 어려운데 신체도 외부의 '물(物)'입니다.

여러분은 당장에 한 가지 실험을 해볼 수 있습니다. 당신이 거기 앉아 있는데, 다리가 시큰거리고 아프고 온 몸이 괴로울 때 갑자기 당신의 채권자가 칼을 들고 당신 앞에 서서 당신더러 "돈을 갚지 않으면 안 된다. 갚지 않으면 죽이겠다."고 한다면, 당신은 즉시 아프지 않게 될 겁니다. 왜 그럴까요? 당신의 그 지성이 놀래 있기 때문입니다. 신체의 아픔도 '물'인데 하물며 신체 밖의 '물'은 더 말할 나위가 있겠습니까? 당연히 일체가 모두 '외물(外物)'이 됩니다. 그러므로 '치지재격물'이란 바로 신체의 감각과 외부 경계에 속아 끌려가지 말라는 것입니다.

"물격이후지지(物格而后知至)하고", 온갖 외물의 유혹을 물리쳐버리면 우리들의 그 지성은 본래 존재하고 있었습니다. 당신이 정좌하고 있으면 지성은 또렷하므로 따로 지성을 하나 찾지 말기 바랍니다. 그러므로 먼저 이 지성을 확실히 인지하고 나서 정좌를 얘기해야 합니다. 왜 정좌하고자 할까요? 지성이 정좌하고자 하고 내가 정좌하고 싶어 하기 때문입니다. 왜 이것을 배우러 왔을까요? 내가 어떤 것을 하나 추구하기 때문입니다. 이렇게 하여 당신은 이미 속임을 당했습니다. '물(物)'에 의하여 '물리쳐져버린(格)' 것입니다. 당신이 '물'을 물리친 것이 아니라 '물'이 당신을 물리친 것입니다. 그러므로 '치지(致知)는 재격물(在格物)하니라. 물격이후지지(物格而后知至)하고' 란, 온갖 감각과 외부 경계를 모두 물리쳐버리면 당신의 그 지성은 지금 여기에 또렷이 있다는 것입니다. 정(定)을 얻은 하나의 경계라고 우선 부를 수 있습니다.

"지지이후의성(知至而后意誠)하고", 이때에 당신이 한 생각이 청정한 것을 아는 것이 바로 지성이며, 한 생각이 청정함이 바로 '의성(意誠)'입니다. 생각 생각마다 청정하고 지성이 언제나 청명하여, 신체상의 막힘[障碍]에 의하여 시달리지 않고 외부의 온갖 경계에 의하여 시달리지 않으며 자신의 흩날리는 망상들에 의하여도 시달리지 않습니다.

"의성이후심정(意誠而后心正)하고", 아무것도 바라지 않는 것이 바로 '심정'입니다.

"심정이후수신(心正而后身修)하고", 그렇게 되면 우리들 신체의 병통·막힘·쇠약노화는 서서히 전환 변화합니다. 전환 변화한 다음에 정좌하면 당연히 반응이 있습니다. 그렇지만 만약 애를 써서 신체 반응에만 상관한다면 '물'을 물리치지 못하고 '물'에 의하여 물리쳐집니다. 이렇게 알아들으셨습니까? "의성이후심정(意誠而后心正)하고 심정이후수신(心正而后身修)하고"는 모두 공부입니다. 얼마나 오래 닦아야 할까요? 일정하지 않습니다.

"신수이후가제(身修而后家齊)하고 가제이후국치(家齊而后國治)하고 국치이후천하평(國治而後天下平)이니라."

이상을 팔목이라고 하는데, '격물(格物)·치지(致知)·성의(誠意)·정심(正心)·수신(修身)·제가(齊家)·치국(治國)·평천하(平天下)'이 여덟 개의 큰 항목으로서, 큰 방향의 외용지학(外用之學)이 됩니다.

"자천자이지어서인(自天子以至於庶人)이 일시개이수신위본(壹是皆以修身爲本)이니라", 중국 전통문화는 불법과 마찬가지로 위로는 천자인 황제로부터 아래로는 서인인 보통 백성들에 이르기까지 모두 한 개인으로 보고 모두 먼저 이 문화로써 근본을 삼습니다. 이것을 내양지학(內養之學)이라고 하는데 불가에서는 내명(內明)이라고 합니다.

"기본란이말치자부의(其本亂而末治者否矣)며", 이 근본학문 수양을 성취하지 못하고 외면의 지식만을 추구한다면 그것은 근본을 버리고 말단을 좇는 것입니다. 바꾸어 말하면 한 인간이 내성(內聖)수양 공부가 없이 제가(齊家) 치국(治國)을 하여 평천하(平天下)에 도달하고자 한다면 가능성이 없습니다! 그러므로 이런 내용들을 여러분들은 반드시 자세히 참구해야 합니다. 그것 자체가 바로 하나의 대비주(大悲呪)입니다.

"기소후자박(其所厚者薄)하고 이기소박자후(而其所薄者厚)함은 미지유야(未之有也)니라."

"차위지본(此謂知本)이며 차위지지지야(此謂知之至也)니라.", 여기서의 '지'는 바로 지성입니다. 지성을 잘 수양하고 정좌공부를 하여 정력(定力)이 있으면 지성은 청명합니다. 지성이 청명하고 간절합니다.

이상의 남회근 선생의 풀이를 참고하여 역자가 미흡하나마 그 원문을 다음과 같이 간결하게 한글 번역했습니다.

대학(大學)의 도(道)는 명덕(明德)을 밝힘에 있으며, 백성을 친애함에 있으며, 지선(至善)의 경지에 머묾에 있다.

마음이 지성[知: 知性, 아는 성품]에 머문[止] 뒤에야 안정[定: 安定]이 있고, 안정이 있은 뒤에야 평정[靜: 平靜]할 수 있고, 평정이 있은 뒤에야 경안[安: 輕安]할 수 있고, 경안이 있은 뒤에야 혜지[慮: 慧智]가 열릴 수 있고, 혜지가 있은 뒤에야 명덕을 얻을 수 있다.

어떤 물건이든 근본과 말단이 있고, 어떤 일이든 끝과 시작이 있으니, 먼저 하고 뒤에 할 것을 알면 도에 들어가는 문에 다가갈 수 있다.

옛날에 명덕을 천하에 밝히고자 하는 자는 먼저 그 나라를 다스리고, 그 나라를 다스리고자 하는 자는 먼저 그 집안을 다스리고, 그 집안을 다스리고자 하는 자는 먼저 그 자신을 수양하고, 그 자신을 수양하고자 하는 자는 먼저 그 마음을 바르게 하고, 그 마음을 바르게 하고자 하는 자는 먼저 자기의 의식생각을 정성스럽게 하고, 자기의 의식생각을 정성스럽게 하고자 하는 자는 먼저 자기의 지성에 도달하였으니, 지성에 도달함은 외물(外物)을 물리침에 있다.

외물이 물리쳐진 뒤에야 지성이 도달하고, 지성이 도달한 뒤에야 의

식생각이 정성스럽게 되고, 의식생각이 정성스럽게 된 뒤에야 마음이 바르게 되고, 마음이 바르게 된 뒤에야 자신이 수양되고, 자신이 수양된 뒤에야 집안이 다스려지고, 집안이 다스려진 뒤에야 나라가 다스려지고, 나라가 다스려진 뒤에야 천하가 화평해진다.

천자(天子)로부터 일반 백성들에 이르기까지 똑같이 저마다 자신의 수양을 근본으로 해야 한다. 그 근본이 어지러운데도 말단이 다스려지는 경우는 없었으며, 두텁게 해야 할 것을 얇게 하고 얇게 해야 할 것을 두텁게 한 경우는 아직 없었다. 이것을 일러 근본을 안다고 하고, 이것을 일러 지성이 도달하였다고 한다.

우리 사람들의 생각이 문란하고 고통스럽고 번뇌하는 것은 바로 심념이 지(止)를 얻을 수 없기 때문입니다. 심념이 지(止)를 얻는 것은 하나의 내재적인 기본 수양입니다. 그런 다음 외재적인 행위도 지(止)의 경계에 이르러야 합니다. 이른바 지(止)란 인생이 한 목표, 한 길을 확정하여 어떤 한 점에 멈추는 것이며, 하나의 어떤 모습의 인간이 되고자 하는 것입니다! 산란(散亂)한 것이 아니요 멋대로가 아니요 무슨 한 가지 사업을 하는 것이 아니라, 하나의 어떤 모습의 인간이 되고자 하는 것입니다. 만약 훌륭한 도덕이 있는 사람이 되고자 한다면 바로 도덕의 목표 방향을 향하여 걸어가는 것입니다. 만약 나쁜 사람이 되고자 하여 그가 그렇게 하는 것이 옳다고 생각한다면, 이것은 나쁜 것에 멈추는 것입니다. 선(善)에 멈추는 한 인간이 되고자 한다면 나쁜 것에 멈추는 한 인간이 되는 것보다 더욱 어렵습니다. 그 도리는 다른 말로 하면, 선한 행위로써 악한 행위가 작용을 발생시키지 않을 수 있게 하고 오로지 지선(至善)에 집중하는 것입니다. 이것은 증자(曾子)가 저술한 『대학』 속에서 많이 토론하고 있습니다. 이제 장자도 공자의 말을 인

용하여 지(止)를 제시합니다. 앞에서 우리는 큰 요점을 얘기했고 이제는 지(止)의 원리와 수양을 다시 말합니다.

"생명을 땅에서 받은 식물 중에서는 오직 소나무와 잣나무가 사철 내내 푸를 뿐이다."

受命於地, 唯松柏獨也在, 冬夏靑靑;

식물은 토지에서 성장하는 것인데 이 모든 초목 가운데서 오직 소나무와 잣나무만이 이른바 '온불증화(溫不增華), 한불개엽(寒不改葉)', 여름에 더울 때도 특별이 푸르지 않고 겨울이 되어 추울 때도 시들지 않습니다. 그것은 영원히 항상 푸릅니다. 이 도리는 무엇을 설명할까요? 지(止)를 설명합니다. 소나무와 잣나무의 성질은 영원히 항상 새로우면서 변하지 않습니다. 인생의 경계로 자기도 상도(常道)를 하나 찾아야합니다. 착한 사람이 되려하고 좋은 사람이 되고자 하면 어느 선법(善法: 도리에 맞고 자기에게 도움이 되는 방법/역주)을 써서 어느 길로 향하여 가며 합니다. 즉, 불가에서 말하듯이 반드시 먼저 선정의 힘[定力]이 하나 있어야 합니다. 그래서 그는 소나무와 잣나무를 인용하여 말합니다. '생명을 땅에서 받은 식물 중에서는 오직 소나무와 잣나무가 사철 내내 푸를 뿐이다[受命於地, 唯松柏獨也在, 冬夏靑靑]', 겨울이든 여름이든 그것은 '온불증화(溫不增華), 한불개엽(寒不改葉)', 날씨가 따뜻해도 그 화려함을 더하지 않고 꽃을 더 늘리지 않고 그리고 추워도 춥다고 잎을 고치지 않으며 영원히 항상 푸릅니다.

"생명을 하늘에서 받은 인간 중에서는 순(舜)이 홀로 올발랐다. 자신을 바르게 할 수 있어야 남들을 바르게 할 수 있는 것이다."

受命於天, 唯舜獨也正, 幸能正生, 以正衆生。

　이제는 식물로부터 다시 사람을 얘기 합니다. 고대에 이른바 천지로부터 수명을 받은 것 중에서, 식물 광물 등은 하늘로부터 생명을 받은 것이나 땅으로부터 생명을 받은 것이 많습니다. 오직 사람만이 천지의 정기로부터 생명을 받습니다. '생명을 하늘에서 받은 인간 중에서는 순(舜)이 홀로 올발랐다[受命於天, 唯舜獨也正]', 장자는 여기서 요를 언급하지 않고 우도 언급하지 않습니다. 요순우(堯舜禹) 삼대의 성인 중에 그는 순만 언급하고 있습니다. 이 속은 바로 하나의 문제입니다. 요의 성인의 덕[聖德]은 물론 훌륭했습니다. 그러나 요 개인적인 신세(身世)는 순[大舜]만큼 그렇게 괴로움을 꾹 참지는 않았습니다. 순의 출신환경의 고통으로는, 가정이 온전하지 않았고 부모가 다 좋지 않았으며 형제도 좋지 않았습니다. 이런 좋지 않은 가정환경 속에서 그는 시종일관 지정(止定)할 수 있었고, 인생이 걸어갈 한 가닥 바른 길을 확정할 수 있었습니다. 최후에는 천하에 군림할 수 있었으며 천지를 올바름으로써 거느릴 수 있었습니다[率天地以正]. 그래서 장자는 특별히 순을 제시하여 말함으로써, 사람은 바로 순을 모범으로 삼아야한다고 보았습니다.
　'자신을 바르게 할 수 있어야 남들을 바르게 할 수 있는 것이다[幸能正生, 以正衆生]', 중점은 바로 이 한마디에 있습니다. 위에서부터 쭉 내려와 여기에 도달한 하나의 중요한 관건입니다. 사람은 자기를 바르게 할 수 있어야 중생을 바르게 할 수 있습니다. '행능정생(幸能正生), 이정중생(以正衆生)'은 다시 말하면 한 인간이 스스로 바를 수 있어야 남을 바르게 할 수 있다는 겁니다. 유가에서 말하는 자기가 서고 남을 세워주는 것[己立立人]입니다. 불교에서 말하는 자기를 제도하고 남을 제도하는 것[自度度他]입니다. 그러므로 유불도 삼가의 노선은 모두 한 가지입니다.

그렇다면 사람은 어떻게 한 정인군자(正人君子)가 될 수 있을까요? 반드시 먼저 멈추어야[止]합니다. 그래야 심경이 집중[定]할 수 있고 견해도 확정[定]됩니다. 즉, 견지 견해가 올발라야한다는 것입니다. 오늘날 말로 하면 관념을 확정하고 변하지 않아야 합니다. 환경의 영향을 받지 않아야 합니다. 하나의 관념으로 용감하게 앞으로 나가는 것입니다. 이제 그는 이유를 하나 제시합니다.

시작이 있고 끝이 있다

"시작이 있고 끝이 있으며 인생길을 두려워하지 않는다. 한 사람의 용사가 수많은 적군 속에 뛰어든다. 명예를 구하려고 자기에게 요구할 수 있는 자도 오히려 이와 같은데,"

夫保始之徵, 不懼之實。勇士一人, 雄入於九軍。將求名而能自要者, 而猶若是,

'보시(保始)'는 곧 시작할 때의 마음을 일으키고 생각을 움직임[起心動念]입니다. 시작의 동기(動機)입니다. 즉, 인생관의 시작으로서, 어떤 사람이 되고자 하는가 입니다. '지징(之徵)'은 최후의 결과입니다. 사람은 시작이 있고 끝이 있어야 합니다. 바로 공자가 말한 '평소에 한 말은 아무리 오래 되어도 잊지 않고 실천한다[久

要不忘平生之言'입니다. 우리는 때로는 어떤 일을 시원스럽게 약속하면서 말 한마디를 하기는 쉽지만, 며칠 지나지 못해 자기가 원래 했던 그 말의 동기를 곧 잊어버립니다. 그래서 공자는 말하기를 사람은 오랜 시간을 거치면서 평소에 한 말을 잊지 않아야 한다고 합니다. 한 말은 반드시 실천해내서, 시작이 있고 끝이 있으며, 해낼 수 있다면 바로 대단한 사람입니다. 우리는 평소에 이 한마디를 읽으면서 중요하다고 느끼지 않지만, 만약 인생의 경험이 많아지면 '평소에 한 말은 아무리 오래 되어도 잊지 않고 실천한다' 라는 말이 대단히 실천하기 어렵다는 것을 알게 됩니다.

예컨대 친구로 사귀거나 남녀가 애정으로부터 부부로 맺어지면 얼마 지나지 않아 모두 문제가 발생하곤 합니다. 최초에 서로 사랑하던 그런 모습이 절대 아닙니다. 이것이 바로 오래되면 평소에 한 말을 잊어버리고 실천하지 않는 것입니다. 시작할 때는, 당신을 위해 죽을 수 있어요. 당신을 위해서 살 수 있어요. 뭐든지 다 할 수 있어요 하고 말하지만 최후에는 당신을 위해서 절반만 죽거나 절반만 사는 것조차도 해낼 수 없습니다. 사람은 평소에 한 말을 잊어버리고 실천하지 않을 수 있습니다. 그러므로 사람은 말 한마디를 할 때 가볍게 말해서는 안 되며, 하나의 동기를 가볍게 일으켜서는 더더구나 안 됩니다. 왜냐하면 '보시지징(保始之徵)'이 어렵기 때문입니다. 즉, 시작이 있고 끝이 있기가 어렵기 때문입니다.

'불구지실(不懼之實)', 인생의 길에서 두려워하는 바가 없이 용감하게 앞으로 전진 하는 것입니다. 사람이 아무것도 두려워하지 않아서, 죽음도 두려워하지 않고 귀신도 두려워하지 않기는 모두 쉽습니다. 그러나 인생을 두려워합니다. 생활이 사람을 핍박하고 환경의 압력이 오래 지속된 뒤에는 당신은 사회에 대해서 생명에 대해서 일종의 두려움이 생길 수가 있어서 사람이 자연히 그런 지경에 이를 수 있습니다. 인생의 길에 대하여 두려움이 생겨나지 않는 사람은 거의 하나도 없습니다. 옛사람의 시는 말합니다. '세상일은 망망하여 스스로 헤아리기 어렵다[世事茫茫難自量]', 사람이라면 모두 이런 느낌이 있는데, 앞길이 어떠할지 뒷길이 어떠할지 모릅니다. 그래서 인생에는 많은 두려움이 있습니다.

우리는 인생이 '불구지실(不懼之實)'을 실천해내야 합니다. 즉, 두렵지 않은 경지에 실제로 이르러야 합니다. '시작이 있고 끝이 있으며 인생길을 두려워하지 않는다[保始之徵, 不懼之實]', 이 두마디 말은 중요합니다. 좋은 결과를 바라고 싶다면 좋은 시작에 주의해야 합니다. 이것이 바로 '보시지징(保始之徵)'입니다. 사람이 도덕의 길을 확정하였다면 일체를 두려워하지 않아야 합니다. 공포가 없어야 합니다. 이게 바로 '불구지실(不懼之實)'입니다. 어떤 좌절을 당하더라도 여전히 그 한 길을 곧고 바르게 걸어가야 합니다. 다음에서 장자는 용사로써 비유합니다.

'한 사람의 용사가 수많은 적군 속에 뛰어든다[勇士一人, 雄入於九軍]', 전쟁터에서 전쟁할 때 한 대용사(大勇士)가 분발하여 앞으로 돌격해 나가면서 천군만마(千軍萬馬)를 조금도 돌아보지 않고 단기필마(單騎匹馬)로 뚫고 나아갑니다. 이른바 '수많은 적군 속에 뛰어든[雄入於九軍]' 사례는 중국이나 외국의 군사 역사상 대단히 많았습니다. 그렇다면 이런 사람들은 무엇을 위해서였을까요? '명예를 구하려고 자기에게 요구할 수 있는 자도 오히려 이와 같은데[將求名而能自要者, 而猶若是]', 성공을 위하여 승리를 위하여 당시에 한 가닥의 용기가 생사조차도 돌아보지 않았던 것입니다. 최후에는 어떨까요? 병법에서 말하듯이 '사지에 몰아놓은 다음에 살아납니다[置之死地而後生]', 그가 성공하고 명예를 이룬 것은 의기가 복받치고, 마음을 오로지 하며, 죽음을 돌아가는 것으로 보는 한 가닥의 용기 때문이었습니다.

한 사람이 천군만마의 전쟁터에서 살고 죽음을 잊어버리고 필사적으로 하여 성공하고 명예를 이루는 것은 그래도 쉬운 셈입니다. 그러나 인생과정에서 이래저래 시달리고 천천히 걸어가면서 때로는 견딜 수 없고 공포감이 있을 수 있습니다. 그럴 때 두려워하지 않고, 근심하지 않고, 번뇌하지 않고, 시작이 있고 끝이 있을 수 있다면 바로 훌륭한 사람입니다.

이 절에서는 어떻게 지(止)를 닦고 어떻게 천지의 바름[正]을 얻을 수 있는지를 설명했는데, 바로 『대학』에서 말하는 이른바 정심(正心), 성의(誠意)입니다. 어떻게 바름을 얻을까요? 반드시 용기를 가지고 결심을 가지고 인생을 부닥치며 자기가 확정한 목적을 향하여 곧장 앞으로 나아가는 것입니다. 이런 사람은 성공하지 않는 사람이 없습니다. 앞에서는 보통사람을 말했고 다음은 한층 더 나아가 말합니다.

도가 있는 사람은 어떻게 생활할까

"하물며 천지를 장악하고 만물을 포용하며, 육신을 임시 거처로만 여기고, 귀와 눈을 상징적으로 쓰며, 근본지(根本智)인 하나의 앎[一知]와 차별지(差別智)인 우주만유에 대한 앎[之所知]을 갖추었으면서, 마음속으로 생사를 마쳐서 일찍이 죽은 적이 없는 자임에야 더 말할 나위가 있겠느냐!"

而況官天地, 府萬物, 直寓六骸, 象耳目, 一知之所知, 而心未嘗死者乎！

이것은 더욱 한걸음 더 나아갔는데, 앞에서 말하기를 용기 있는 사람은 이미 대단하다고 했습니다. 그렇게 하려면 정력(定力)이 있어야 됩니다. 천군만마 속에서 망설임이 없습니다. 대체로 공적을 이루고 싶어 하는 사람은 이런 결심이 있어야 하고 이런 정력(定力)이 있어야 합니다. 그러나 세속에서 성공한 사람보다 더욱 위대한 사람은 바로 수도하는 사람입니다. 왜냐하면 수도하는 사람의 성과는 '천지를 장악하기[官天地]' 때문입니다. '관(官)'은 곧 관리한다는 관(管)자입니다. 천지우주가 그의 손안에 장악(掌握)되어서 그는 우주물리의 법칙에 좌우되지 않습니다. '만물을 포용하며[府萬物]', '부(府)'란 곧 모든 것을 포괄하고 있다는 뜻입니다. 궁궐 창고 하나에 무엇이든지 다 넣어놓을 수 있는 것입니다. 마치 큰 집처럼 무슨 물건이든 다 받아들일 수 있는 것입니다. '부만물(府萬物)'이란 곧 만물을 받아들이는 것입니다. 우리 보통사람들은 만물에 좌우되고 천지의 법칙에 통제될 뿐입니다. 그런데 수도하는 사람은 그 경계에 도달하여서 생사를 마쳐버렸기에 그와는 반대로 천지를 관할하며 만물을 용납했습니다.

'육신을 임시 거처로만 여기고[直寓六骸]', '육해(六骸)'는 장자가 제시한 것입니다. 불법에서 말하는 육근(六根)인데 안이비설신의(眼耳鼻舌身意)는 바로 몸 전체입니다. 장자가 말하는 '육해'는 머리와 꼬리, 두 팔과 두 다리인 사지입니다. 그는 말합니다. 사람이 '육신을 임시 거처로만 여기는[直寓六骸]' 경지에 도달하면 이 몸을 결코 몸으로 여기지 않습니다. 이 '우(寓)'자에 특히 주의하기 바랍니다. 우리 보통사람들은 날마다 정서(情緒)가 좋거나 좋지 않거나, 정신이 좋거나 좋지 않거나 하는데, 모두 이 신체의 지배를 받습니다. 도가 있는 사람은 신체의 지배를 받지 않습니다. 이 몸은 하나의 빈껍데기로서 빌려서 사용하는 건물이나 다름없으며 얹혀사는 곳입니다. 진정으로 필요한 것이 아닙니다. 그래서 몸을 가뿐하게 봅니다.

'귀와 눈을 상징적으로 쓰며[象耳目]', 눈과 귀는 사물을 보고 소리를 듣지만 단지 상징적으로 좀 쓸 뿐이어서 눈이나 귀에 속임을 당하지 않을 수 있습니다. 우리 보통 사람은 이러한 수양에 도달하지 못했기 때문에 눈에 속고 귀에 속습니다. 예컨대 어떤 사람이 이 사람을 보았는데 그 사람이 나에게 태도가 좋지 않으면 마음속으로 화가 납니다. 그런데 도가 있는 사람의 입장에서 말하면 다른 사람의 태도가 아무리 나쁘더라도 자신이 텔레비전을 보고 있다고만 느낍니다. 이 녀석이 어떻게 이런 연기를 하지, 정말 싫구먼. 정말 보기 싫구먼. 하며 보고서는 하하 좀 웃고 귀와 눈이 소리와 색상에 좌우되지 않습니다. 그러므로 말하기를 '귀와 눈을 상징적으로 쓴다[象耳目]'라고 하는데, 도가 있는 사람의 외형을 형용한 것입니다.

'일지지소지(一知之所知), 이심미상사자호(而心未嘗死者乎)!', 도를 얻은 사람은 지혜가 당연히 아주 높아서 알지 못하는 것이 아무것도 없습니다. 학문은 자연히 해박하고 높아집니다. 그러나 그에게는 왜 그렇게 높은 지혜가 있고 그렇게 높은 학문이 있을까요? 그 해답은 그에게는 오직 한 가지 것, 바로 장자가 지금 제시하는 '일지(一知)'만 있다는 것입니다. 이 '하나의 앎'이 곧 깨달음[覺悟]입니다. 보통 오도(悟道)라고 부릅니다. 이 '하나의 앎'은 생명 속에 본래 있는 지혜인데, 불학에서 근본지(根本智)라고 합니다. 어떤 사람이 근본인 이 하나의 지혜를 얻었다면 그는 우주만유 일체의 학문 일체의 사리(事理)를 모두 알아버립니다.

그러므로 수도자는 '일지지소지(一知之所知)', 그는 근본지를 얻은 뒤, 이 '지소지(之所知)'는 차별지(差別智)를 말합니다, 이 근본지를 얻은 뒤에는 우주만유에 대한 일체의 학문을 다 알아서 차별지가 모두 있습니다. 차별지를 일체지(一切智)라고도 합니다. '마음속으로 생사를 마쳐서 일찍이 죽은 적이 없는 자임에야 더 말할 나위가 있겠느냐[而心未嘗死者乎]!', 그는 마음속에서 생사를 마쳤기 때문에 영원히 죽음이 없습니다. 생겨나지도 않고 소멸되지도 않으며 영원히 있습니다. 영원히 살아있습니다. 즉, 이 육체는 죽어버렸을지라도 그는 죽지도 않았습니다. 그는 말하기를 한 인간이 수양이 이 정도에 이르러 생사를 마쳐버렸어야 곧 도가 있는 선비라고 합니다.

"그는 어느 날을 택하여 먼 곳으로 떠나 승화해버릴 것이고, 사람들은 그가 인간세상을 떠나버린 것으로만 알 것이다. 그가 어디 이런 인생의 경계나 물리세계를 마음속에 두고 일삼으려 하겠느냐!"

彼且擇日而登假(遐), 人則從是也。彼且何肯以物爲事乎!

도가 있는 사람이 이 세상에 사는 것은 유희삼매입니다. 놀고 있는 것입니다. 어느 날이 되거든 그는 날을 선택하여 '등하(登假)'해버립니다. '하(假)'는 곧 멀 하(遐)자입니다. 텅 비고[空] 먼[遠] 것으로 위를 향하여 승화한 것입니다. 그러므로 도가 있는 선비가 죽을 때에 도달한 것을 '등하(登假)'라고 합니다. 고대의 문화에서 제왕인 영수가 죽었거나 부모가 세상을 떠났을 때 그 후손들은 차마 그가 죽었다고 말하지 못하고 '등하(登假)'라고 말했습니다. 이 전고는 곡례(曲禮)에 나오는데, 장자가 여기서 인용하고 있습니다. 이

'假'자는 遐(하)자와 통용합니다. 후세에는 모두 遐자를 썼습니다. '등하'는 곧 승선(昇仙), 신선이 되었다는 것입니다. 도가 있는 이런 사람은 이 세상에 살다가 어느 날이 되면 그는 더 이상 놀고 싶지 않아 '등하', 승화하여 가버립니다. '사람들은 그가 인간세상을 떠나버린 것으로만 알 것이다[人則從是也]', 일반인들이 보는 것은 단지 그가 떠나버려서 이 인간세상에 있지 않다는 것입니다.

'피차하긍이물위사호(彼且何肯以物爲事乎)!', 이런 사람이 어디 인생의 이런 경계들과 물리세계를 마음속에 놓아두겠습니까! 그는 상대조차도 하지 않고 거들떠보기조차도 않습니다. 이 단락에서 공자는 설명하기를 왕태란 사람은 두 다리가 없지만 노나라에서 영향이 커서 그를 따르고 숭배하는 사람들이 공자를 숭배하는 사람보다 더 많다고 했습니다. 그래서 어떤 사람이 공자에게 물었습니다. 이 사람은 무슨 재간이 있습니까? 공자는 말했습니다. 그에게는 재간이 조금도 없다. 도를 얻었고 생사를 마친 것이다. 공자는 말하기를 자신조차도 곧 그의 문하에 들어갈 것인데 하물며 여러분들은 더 말한 나위가 있겠느냐! 라고 했습니다. 장자는 공자의 입을 빌려서 이 한 단락의 말을 했습니다. 다음에서는 또 마찬가지로 다리가 없는 사람의 이야기를 하는데 다른 방식으로 표현합니다.

당신은 자신이 옳다고 생각합니까

신도가(申徒嘉)는 다리가 없는 병신인데 정(鄭)나라 재상인 자산(子產)과 함께 백혼무인(伯昏無人)을 스승으로 모시고 있었다.

申徒嘉, 兀者也, 而與鄭子産同師於伯昏無人。

'신도가(申徒嘉)'는 사람입니다. '신도'가 성씨이고 '가'가 이름입니다. '올자야(兀者也)', 역시 다리가 없는 사람이었습니다. '정나라 재상인 자산과 함께 백혼무인을 스승으로 모시고 있었다[而與鄭子産同師於伯昏無人]', '정(鄭)'나라는 주나라 왕조가 제후를 분봉한 지명입니다. 정나라의 재상을 '자산(子産)'이라고 불렀는데 이 장애자인 신도가 형씨께서는 조정의 정사(政事)를 주관하고 있는 재상 정자산과는 학우였습니다. 그들의 스승은 '백혼무인(伯昏無人)'이라고 했는데, 이것은 고인이 지은 이름자였습니다. 중국 상고 시대의 이름자는 네 글자인 것도 있었고 심지어 여섯 글자인 것도 있었는데, 뒷날 서서히 고정적인 성명(姓名)으로 변했습니다.

병신 학우를 창피하게 여긴 자산은 신도가에게 말했다. "내가 먼저 나가면 자네가 남아 있게, 자네가 먼저 나가면 내가 남아 있겠네." 다음날 다시 스승의 집에 동석하여 앉았다.

子産謂申徒嘉曰：我先出則子止, 子先出則我止。其明日, 又與合堂同席而坐。

정자산은 그런 학우가 하나 있었기 때문에 창피하다고 느꼈습니다. 그 자신은 정나라의 재상으로서 국왕을 빼놓고는 그는 일인지하 만인지상의 위치에 있는데 지금 다리가 없는 사람하고 함께 들락날락하는 게 정말 창피했습니다. 그는 신도가에게 협의하여 말했습니다. 내가 나갈 때 자네는 나오지 말게나. 만약 자네가 나가려고 하거든 내게 먼저 일러주게나. 내가 나가지 않겠네. 두 사람이 각자 자기의 길을 가세. 그 다음날 수업을 할 때 이 재상이 왔고 신도가도 왔습니다. '다음날 다시 스승의 집에 동석하여 앉았다[合堂同席而坐]', 또 함께 앉았습니다. 고인들에게는 의자가 없었습니다. 바로 일본인들이 우리 중국인을 배운 것인 다다미 위에 앉았습니다.

수업이 끝나자 자산이 신도가에게 또 말했다. "내가 먼저 나가면 자네가 남아 있게, 자네가 먼저 나가면 내가 남아 있겠네. 지금 내가 나가려 하니 자네는 남아 있어주겠나? 아니면 안 그러겠는가? 자네는 집정자인 나를 보고도 공손히 비켜주려 하지 않은데 자네가 집정자와 동등하다는 말인가?"

子産謂申徒嘉曰：我先出則子止，子先出則我止。今我將出，子可以止乎，其未邪？且子見執政而不違，子齊執政乎？

자산이 신도가에게 말했습니다. 여보게, 우리 두 사람이 먼저 약속하세. 동시에 나가지 말세, 내가 나가려고 할 때 자네는 나오지 말게. 자네가 나갈 때 나는 나가지 않겠네. 지금 수업을 마쳤으니 내가 먼저 나가겠네. 형씨, 자네는 한걸음 늦게 나오는 게 어떻겠는가? '자가이지호(子可以止乎), 기미야(其未邪)?', 보세요, 그럴 수 있는가 없는가? 라고 해서 말하는 것이 대체적으로 아주 예절 바른 셈입니다. '자네는 집정자인 나를 보고도 공손히 비켜주려 하지 않은데[且子見執政而不違]', 솔직히 말해서 자네 나를 좀 보게. 나는 한 나라의 집정자네! 정나라 수상일세. 오늘날 민주국가의 입장에서 말하면 모든 국가의 정권은 수상 총리의 손안에 있습니다. 그래서 자산은 말합니다. 도리대로라면 자네는 백성일세. 이 집정자인 나를 보고는 동등한 자격으로 대해서 공경하는 예절이 조금도 없는데 '자네가 집정자와 동등하다는 말인가[子齊執政乎]?', 설마, 자네의 지위가 나하고 같은가? 자산은 이렇게 신도가라는 학우에게 말했습니다. 이 학우는 틀림없이 누덕누덕한 옷을 입었을 것입니다. 장애자인데다 빈궁했으며 사람도 아주 불쌍한 모습이었을 것입니다.

신도가가 대답했다. "스승의 문하에 물론 집정자가 나왔지만 어찌 이와 같단 말인가? 자네는 자네가 집정자라고 말하며 사람을 깔볼 수 있단 말인가?"

申徒嘉曰：先生之門, 固有執政焉如此哉？子而說子之執政而後人者也？

신도가는 말합니다. 미안하네. 우리 스승님 문하에 한 학우가 뜻밖에 수상이 됐네. 그러나 그렇게 형편없어! 이 한마디 말은 남의 면전에서 꾸짖는 것입니다. 면전에서 수상을 면목 없게 만드는 것이나 다름없습니다. '자네는 자네가 집정자라고 말하며 사람을 깔볼 수 있단 말인가[子而說子之執政而後人者也]?', 자네는 국가의 재상이 되면 어떤 사람이든 깔보아도 좋다고 생각하는가?

"듣건대 '마음의 거울이 밝으면 먼지가 끼지 않고, 먼지가 끼게 되면 흐려진다. 그렇듯이 오랫동안 현인과 사귀면 허물이 없어진다.' 하였네. 지금 자네가 숭배하는 사람은 스승이면서도 오히려 이와 같은 말을 하다니 허물이 아니겠는가!"

聞之曰：鑒明則塵垢不止，止則不明也。久與賢人處則無過。今子之所取大者，先生也，而猶出言若是，不亦過乎！

'문지왈(聞之曰)', 내가 아는 바를 자네한테 일러주겠네. 주의하십시오. 이것은 사람됨에 있어서 한 중요한 경험입니다. '마음의 거울이 밝으면 먼지가 끼지 않고[鑒明則塵垢不止]', '감(鑒)'은 거울입니다. 유리 거울은 밝게 닦아 놓았을 때 한 점의 먼지가 그 위에 있으면 보이네. '먼지가 끼게 되면 흐려진다[止則不明]', 만약 거울이 밝지 않다면 먼지가 수북이 쌓였어도 보이지 않네. 바꾸어 말하면, 사람이 도가 있으면 머리가 또렷하고 학문이 훌륭하고 도덕이 높으며 마음은 명경대(明鏡臺)와 같아서 자신에게 한 점의 먼지가 있다든지 한 점의 잘못이 있다면 또렷이 볼 수 있을 것입니다. 신도가는 정자산을 꾸짖어 말합니다. 자네처럼 그렇게 관직이 높은 사람이 머리가 맑지 못하고 학문이 부족하군! 곧 정자산의 머리가 똑똑하지 못하다는 것입니다.

총명한 사람은 먼지가 끼지 않아서 한 점의 먼지도 머무를 길이 없습니다. 먼지가 한 점 머무르면 더러운 줄 알고서 즉시 닦아버립니다. '지즉불명야(止則不明也)', 먼지가 거울에 떨어졌는데 그런지조차도 모른다면 이 거울이 멍청하다는 것을 알 수 있습니다. 먼지를 보지 못하고 볼 수 없게 되었습니다. 어두워졌으니까요. 그는 말합니다. 형씨, 자네는 똑똑하지 못하네. 자네는 도를 얻지 못했네. 두 번째 점으로는 뭐라고 할까요. '그렇듯이 오랫동안 현인과 사귀면 허물이 없어진다[久與賢人處則無過]', 사람이 항상 훌륭한 사람과 친구가 되어 함께 지낸다면 잘못이 없게 되고 잘 배우게 된다네. '지금 자네가 숭배하는 사람은 스승이면서도[今子之所取大者, 先生也]', 지금 내가 자네에게 묻겠네. 자네는 여기서 무엇을 하는가? 우리 스승님에게 배우지 않는가? 옛 사람들은 스승을 '선생(先生)'이라고 불렀습니다. 수천 년 동안 내내 그렇게 불렀습니다. 신도가는 말합니다. 지금 자네가 숭배하는 사람은 우리 선생님이 아닌가? 결과적으로 자네는 우리들의 스승님의 교육을 받고도 '오히려 이와 같은 말을 하다니[而猶出言若是]', 자네는 이런 개소리를 하다니 '허물이 아니겠는가[不亦過乎]!', 자네는 가장 큰 잘못을 범한 게 아니겠는가? 그를 한바탕 꾸짖었습니다.

자산이 말했다. "자네는 이미 그 꼴이면서 오만하기가 마치 요임금과 훌륭함을 겨루려 하는 것 같군. 자신의 덕을 헤아려보고 충분히 자기 반성을 하지 않는군!"

子産曰 : 子旣若是矣, 猶與堯爭善, 計子之德, 不足以自反邪 !

　자산은 말합니다. 흥! 자네는 아직도 그렇게 오만하고, 자네는 자신을 대단하다고 보고 있구먼! 나는 한 재상에 불과하지만 자네의 그 도량으로 비추어보건대 황제조차도 눈에 차지 않아서 '오만하기가 마치 요임금과 훌륭함을 겨루려 하는 것 같군[猶與堯爭善]', 마치 요순 황제들조차도 자네한데 미치지 못하는 것 같군. '계자지덕(計子之德)', 자네는 자네 자신을 한번 헤아려보게. '충분히 자기 반성을 하지 않는군[不足以自反邪]!', 내가 보니 자네는 반성하는 마음이 조금도 없네.

신도가가 말했다. "스스로 잘못을 변명하면서 남의 탓으로 돌리고 자신이 패망하는 것을 부당하게 여기는 자는 많으나, 잘못을 변명하지 않고 자신이 생존해 있는 것을 부당하게 여기는 자는 적다네."

申徒嘉曰：自狀其過，以不當亡者衆；不狀其過，以不當存者寡。

장자의 문장은 정말 잘 써졌습니다. 같은 한마디 말도 그의 글재주는 그렇게 아름답습니다. 이 말의 도리는 어느 곳에 있을까요? 세상 사람들은 자기반성을 할 때 다들 자기는 죽어서는 안 되는 사람이며, 죽어야 할 사람은 어디까지나 당신이지 나는 아니라고 생각합니다. 세상 사람은 다들 그래서, '남의 탓으로 돌리고 자신이 패망하는 것을 부당하게 여기는 자는 많으나[以不當亡者衆]', 나는 마땅히 죽어서는 안 됩니다. 나의 실패는 마땅한 것이 아닙니다. 항우는 최후에 실패했을 때 말했습니다. '천망아야(天亡我也)', 어디 내가 실패한 것이야! 이것은 하늘이 불공평한 것이야! 사람들은 모두 잘못을 다른 사람에게 미룹니다. '스스로 잘못을 변명하면서 남의 탓으로 돌리고 자신이 패망하는 것을 부당하게 여기는 자는 많으나[自狀其過, 以不當亡者衆]', 사회에는 이런 부류의 사람들이 많습니다. '잘못을 변명하지 않고 자신이 생존해 있는 것을 부당하게 여기는 자는 적다네[不狀其過, 以不當存者寡]', 자기가 세상에 살아있는 것은 군더더기여서 마땅히 그래서는 안 된다고 생각하며 그렇게 반성하는 사람은 적습니다.

이 두 마디 말은 각박하게 꾸짖었습니다. 그러나 사회 사람들은 거의 그렇습니다. 학문이 없고 수양이 없는 사람들은 생각이 마찬가지여서, 자기는 마땅히 살아야하고 다른 사람은 다 죽어야하며, 틀린 것은 모두 다른 사람이라고 느낍니다. 두 사람이 싸울 때 혹은 부부이거나 혹은 친구이거나 간에 마땅히 죽어야할 사람은 상대입니다! 그러면서 자기가 재수가 없어서 상대 같은 그런 사람을 만났다고 생각합니다. 아이고! 하늘이 나를 망치네! 항우나 마찬가지입니다.

운명처럼 편안히 받아들이고 안주하는 사람

"그와 같은 두 종류의 사람들 사이에서 모순적으로 살아감은 어찌할 수 없다는 것을 알고 그런 삶을 운명처럼 편안히 여길 수 있음은 오직 최고의 도덕이 있는 자만이 할 수 있네. 활쏘기의 명인인 예(羿)의 과녁 안에서 놀면, 그 중앙은 화살을 맞는 곳이네. 그렇지만 시종일관 화살을 맞지 않는 것은 운명이 좋은 것이네."

知不可奈何而安之若命, 唯有德者能之。遊於羿之彀中, 中央者, 中地也 ; 然而不中者, 命也。

이 모순된 세상에는 바로 그런 두 가지 사람이 있습니다. 한 종류의 사람이 다수인데, 자신은 잘못이 없어서 마땅히 살아야한다고 생각합니다. 또 다른 종류는 소수로서, 스스로 자기를 반성하고 자기는 마땅히 세상에 살아서는 안 된다고 생각합니다. 우리가 이 두 가지 종류의 사람 사이에 사는 것은 어찌할 수 없는 것입니다. '그와 같은 두 종류의 사람들 사이에서 모순적으로 살아감은 어찌할 수 없다는 것을 알고 그런 삶을 운명처럼 편안히 여길 수 있음은[知不可奈何而安之若命]', 그러나 모순의 세상은 모순적으로 살아갈 수밖에 없습니다. 당신이 고명하다고 느끼지도 않고 내가 바보라고 느끼지도 않으면서 아주 평범하게 살아갑니다[而安之若命]. 이러한 인생은 '오직 최고의 도덕이 있는 자만이 할 수 있네[唯

有德者能之]', 오직 최고의 도덕이 있는 사람이라야 그렇게 해낼 수 있습니다. 예컨대 공자는 이 세상을 구제할 수 없다는 것을 분명히 알면서도 그는 구제하려 했습니다. 부처님은 중생을 완전히 제도하지는 못한다는 것을 분명히 알면서도 그는 여전히 중생을 다 제도하고자 했습니다. 예수는 십자가에 못 박혀 흘린 피는 팔면 1, 2 십전도 되지 않을 것이었지만 그는 한사코 못에 박혔습니다. 이런 것들은 모두 '그와 같은 두 종류의 사람들 사이에서 모순적으로 살아감은 어찌할 수 없다는 것을 알고 그런 삶을 운명처럼 편안히 여길 수 있음은 오직 최고의 도덕이 있는 자만이 할 수 있네'입니다. 이밖에는 어떨까요?

'활쏘기의 명인인 예의 과녁 안에서 놀면, 그 중앙은 화살을 맞는 곳이네. 그렇지만 시종일관 화살을 맞지 않는 것은 운명이 좋은 것이네[遊於羿之彀中, 中央者, 中地也 ; 然而不中者, 命也]', '예(羿)'는 상고 시대에 활을 쏘면 가장 정확했던 한 신화적인 인물입니다. '예'라는 이름은 여러 대에 걸쳐 모두 있었습니다. 만약에 신화를 기준으로 한다면 그는 수백 년 동안 살았습니다. 우리 중화민족의 새댁으로서 가장 먼저 달에 착륙했던 저 항아(嫦娥)는 바로 '예'의 부인이었습니다. 왜냐하면 '예'는 요임금 때 대장으로서 활을 잘 쏘아 백발백중했기 때문입니다. 그렇지만 그는 도를 닦으러 갔습니다. 곤륜산(崑崙山)의 서왕모(西王母)가 있는 곳으로 갔습니다. 중화민족의 상고문화는 모두 서북 고원에 있었습니다. '예'는 곤륜산에 이르러 서왕모를 찾아내어 장생불사약을 한 알 얻었습니다. 그는 가져와서 아직 먹지 않았는데 부인인 항아가 몰래 먹어버렸습니다. 그래서 항아는 갑자기 날았습니다. 그의 남편이 즉시 뒤에서 쫓았지만 항아는 높은 허공으로 날아올라가 달까지 날아가 버렸습니다.

여러해 전에 미국의 암스트롱이 첫 번째로 달나라에 착륙했을 때 어떤 미국 중장(中將)이 마침 저의 집에 있었습니다. 그는 텔레비전 중개방송을 보고 난 뒤 하하 하고 크게 웃고 저에게 물었습니다. 당신이 보기에 어떠세요? 제가 말했습니다. 이게 뭐 대단합니까! 달나라의 주권은 우리 것입니다. 그가 무슨 뜻이냐고 물었습니다. 제가 말했습니다. 우리들의 새색시인 항아가 3천 년 전에 벌써 달나라에 도착했습니다. 그 뿐만 아니라 국기도 가지고 갔습니다. 못 믿겠으면 당신이 올라가서 보세요! 다들 한바탕 크게 웃었습니다. 그래서 당나라 사람에게 이렇게 말하는 시가 있습니다.

항아는 틀림없이 몰래 영약을 훔쳐간 것을 후회하리
푸른 바다 푸른 하늘에서 밤마다 마음속에 생각하리

嫦娥應悔偸靈藥　碧海靑天夜夜心

바로 이 이야기를 말한 것입니다.

지금 장자는 묘사합니다. '활쏘기의 명인인 예(羿)의 과녁 안에서 놀면[遊於羿之彀中]', '구(彀)'는 무엇일까요? 저 과녁표의 동그라미 속입니다. 화살이란 언제나 그 중심으로 쏘아집니다. 우리들의 이 인생은 모두 과녁의 중심입니다. 다들 당신은 나를 쏘고 나는 당신을 쏩니다. 화살이 하나씩 하나씩 쏘아져옵니다. 당신이 나를 쏘아 죽이지 않아도 나는 당신을 쏘아 죽이려 합니다. '예'의 과녁중심을 벗어나지 못합니다. 저의 한 친구가 저에게 이렇게 편지를 썼습니다. '내 나이 일흔아홉 살인데 마치 예(羿)의 과녁 속에 노닌 것 같네[我行年七十有九, 猶遊於羿之彀中]', 생활을 위해서 아직도 일하면서 79세가 됐다는 겁니다. 비록 고문 노릇을 하고 있지만 어쨌든 월급을 받아서 생활을 유지 하고 있으며. 사회생활 현실을 초월하지 못하고 여전히 '예'의 과녁 가운데 있다는 겁니다.

그러므로 이 자리에 있는 분은 저마다 '예'의 과녁 가운데 있지 않은 분은 하나도 없습니다! 다들 이 화살을 받을지 모릅니다. '그 중앙은 화살을 맞는 곳이네[中央者, 中地也]', 바로 저 화살이 명중하는 부분입니다. 그러나 인생은 이 세상에서 수시로 화살에 꽂히고 수시로 적중될 수 있습니다. 환경이나 운명이나 희노애락(喜怒哀樂)의 정서변화에 명중될 수 있습니다. 왜냐하면 우리가 바로 과녁이기 때문입니다. '예'의 과녁을 벗어나고 싶다면 오직 도를 얻은 사람이라야 식욕과 성욕이 필요하지 않습니다. 일체가 필요 없어서 이 물리세계를 뛰어넘어버렸습니다. '그렇지만 시종일관 화살을 맞지 않는 것은 운명이 좋은 것이네[然而不中者, 命也]', 하지만 처음부터 끝까지 화살에 명중되지 않는 사람들도 있는데, 그것은 명(命)이 좋기 때문입니다. 이 단락은 신도가가 정자산을 훈계한 것입니다.

곽상의 장자 주해의 아름다움

우리가 사용하는 이 책자는 곽상(郭象)이 주해한 것입니다. 그는 삼국 말기 진(晉)나라 왕조가 시작하던 때의 한 명사(名士)였습니다. 곽상이 주해한 『장자』는 아주 좋습니다! 문장이 아름다울 뿐만 아니라 철학 이론도 대단히 높습니다. 만약 이 자리에 중국 철학사나 역사를 연구하는 사람이 있다면 삼국 말기부터 동진(東晉)이 시작되는 무렵까지의 동진 서진 이 양진(兩晉)의 청담(淸談)을 읽어보아도 좋은데, 역사에서는 청담이 나라를 그르쳤다고 합니다. 저는 '청담'이라는 견해에 대하여 몹시 반감을 가지고 있습니다. 청담이 결코 나라를 그르치지 않았습니다. 오히려 동진 서진의 역사가 청담을 그르치게 했습니다. 확실히 정말로 일백 개, 일천 개나 되는 이유를 얘기 할 수 있습니다. 시대에는 잘못이 없었습니다. 문화발전에는 잘못이 없었습니다. 양진의 인물의 잘못이 우리들의 문화를 그르친 겁니다. 다시 곽상 문장의 아름다움을 보겠습니다. 이 편의 주해 문장은 제2편의 『장자』나 다름없습니다. 특히 이 단락 속에서는 문장이 아주 아름답습니다! 이제 곽상의 주해를 보겠습니다.

羿，古之善射者，弓矢所及為彀中。夫利害相攻，則天下皆羿也。自不遺身忘知，與物同波者，皆遊於羿之彀中耳。雖張毅之出，單豹之處，猶未免於中地，則中與不中，唯在命耳。而區區者各有所遇，而不知命之自爾。故免乎弓矢之害者自以為巧，欣然多己；及至不免，則自恨其謬，而志傷神辱。斯未能達命之情者也。夫我之生也，非我之所生也。則一生之內，百年之中，其坐起行止，動靜趣舍，性情知能，凡所有者，凡所無者，凡所為者，凡所遇者，皆非我也。理自爾耳，而橫生休戚乎其中，斯又逆自然而失者也。

'예(羿), 고지선사자(古之善射者), 궁시소급위구중(弓矢所及爲彀中). 부리해상공즉천하개예야(夫利害相攻則天下皆羿也)', 사람은 세상에 태어나 살아가면서 수시로 이해관계로 서로 공격하는 일을 만나게 됩니다. 천하는 가는 곳마다 모두 '예(羿)'라는 이 사람입니다. 제가 오늘 저녁 식사를 할 때 한 학우가 저에게 말하기를 선생님, 제가 3개월 휴가를 청합니다 라고 했습니다. 다른 학우가 저에게 물었습니다. 선생님, 저 사람은 왜 휴가를 청하겠다는 것인지요? 제가 말했습니다. 그 사람 집안에서 분가(分家)하자고 소란이 났다네. 위로는 조모님과 어머니가 계시고 아래로는 형제자매가 있는데 가정불화가 일어났다네. 인생에서 부형이나 자녀 형제 골육사이에 처하여 사람 노릇하기가 지극히 어렵습니다. 그래서 저는 오늘 저녁에 우스개 얘기를 하는데 저는 말합니다. 제가 환생할 때는 선택했던 것이었습니다. 오직 저 자신 한 사람만 있고 형제자매가 없습니다. 저는 지금까지 인생을 오래 보아왔습니다. 제가 내생에 환생할 때는 역시 저 한 사람만 낳을 부모를 찾고 싶습니다. 하지만 저는 돈이 많으면서도 부모가 일찍이 죽는 집안을 하나 선택하겠습니다. 제가 생각해보니 그 정도로도 안 되겠습니다. 큰아버지나 삼촌도 자식이 없고, 그런 다음 유산도 저에게 넘겨주는 게 제일 좋겠습니다.

그렇다면 이것은 무엇을 말하는 것일까요? 부자·형제·자매 이런 골육 사이가 가장 고통스럽고 가장 처리하기 어려우며, 이해관계 아닌 곳이 하나도 없다는 것입니다. 설사 독신으로 살다가도 남녀가 가정을 이루기만 하면, 부부 사이는 도의적인 관계인데다가 감정적인 관계요 애정의 관계가 되며 어떤 때는 이해문제로 서로 공격하여 '즉천하개예야(則天下皆羿也)', 화살촉이 쏘아져 날아옵니다!

'자불유신망지(自不遺身忘知), 여물동파자(與物同波者), 개유어예지구중이(皆遊於羿之彀中耳)', 이런 문장들을 우리가 지금 이렇게 읽으니 맛이라고는 조금도 없습니다. 만약 머리와 허리를 가볍게 흔들흔들하면서 길게 소리 내어 한 글자 한 글자 읽는다면, 허! 신시(新詩)보다도 훨씬 좋습니다. 신시는 무슨 바람이 서서히 나부껴 오네 하는데, 재미가 없습니다.

'수장의지출(雖張毅之出), 단표지처(單豹之處), 유미면어중지(猶未免於中地), 즉중여불중(則中與不中), 유재명이(唯在命耳), 이구구자각유기소우(而區區者各有其所遇), 이부지명지자이(而不知命之自爾)', 인생의 경계는 모두 무슨 영문인지 알 수 없습니다. 앞길이 망망합니다. 앞길을 어떻게 해야 할지 모릅니다! 늙어서 한번 살펴보면 자신이 수십 년을 살았지만 앞날을 그저 그렇게 하지 뭐! 식입니다. 늙을 때까지 살았어도 앞날을 어떻게 할까? 하고 물어야 합니다. 왜냐하면 저쪽으로 가서 송강로(松江路)로 줄곧 가다가 오른쪽으로 돌 때 어떻게 할지 모르기 때문입니다! 그러나 당신은 어떻게 할지를 묻지 마십시오! 이 문장은 그렇게 말하고 있습니다. '이구구자각유기소우(而區區者各有其所遇)', 각자 저마다의 운명이 있습니다. '이부지명지자이(而不知命之自爾)', 이것은 모두 명이요. 운명의 안배로서 자연스런 것입니다.

'고면호궁시지해자자이위교(故免乎弓矢之害者自以爲巧)', 그렇지만 세상 사람들은 스스로 느끼기를 '예'처럼 화살에 쏘여 맞지 않고 자기는 재간이 있다고 여기고는 자기를 잘 안배하였다고 생각합니다. '흔연다기(欣然多己)', 당신들은 몹시 가련하다. 나는 아주 잘 살고 있다. 바로 내게는 방법이 있기 때문이다 라고 여깁니다. '급지불면(及至不免), 즉자한기류(則自恨其謬)', 당신은 허풍 치지 말기바랍니다. 어떤 총명한 사람도 이 화살을 피할 수 없어서 결과적으로 최후에는 역시 화살에 적중하는 것을 면할 수 없고서야 자기가 틀렸다고 느낍니다. '이지상신욕(而志傷神辱)', 최후에는 알게 되어 '이지상(而志傷)', 의지가 사그라지고 가라앉습니다. '신욕(神辱)', 정신이 모두 없어지고 인생은 슬프고 괴롭다고 느낍니다. '사미능달명지정자야(斯未能達命之情者也)', 이것은 인생을 이해하지 못하고 생명의 의미를 이해하지 못한 것입니다.

'부아지생야(夫我之生也), 비아지소생야(非我之所生也). 즉일생지내(則一生之內), 백년지중(百年之中), 기좌기행지(其坐起行止), 동정취사(動靜趣舍), 성정능지(性情知能), 범소유자(凡所有者), 범소무자(凡所無者), 범소위자(凡所爲者), 범소우자(凡所遇者), 개비아야(皆非我也)', 당신은 알아야 합니다. 우리가 지금 살고 있는데 어디 '나[我]'가 살고 있습니까! 이 '나'는 어디에 있을까요? 신체도 내가 아닙니다. 당신의 신체 어느 부분이 당신입니까? 뇌도 내가 아닙니다. 나는 도대체 어디에 있을까요? '비아지소생(非我之所生)', 일체는 모두 무아(無我)입니다. 우리가 이 세상에 살고 있지만 무릇 모든 것이 나에게 속하지 않습니다. 본래에 무아입니다. '리자이이(理自爾耳)', 이것은 자연스런 도리입니다. '이횡생휴척호기중(而橫生休戚乎其中)', 그런데 우리 일반인들은 도를 깨닫지 못해 본래에 무아임을 알지 못하고는 하나의 '나'를 필사적으로 붙들어 쥐려고 하면서 나는 이렇기를 바라고 저렇기를 바랍니다. 하나의 나를 붙들어 쥐고자 하기 때문에 세상에서 많은 번뇌가 생겨납니다. '사우역자연이실자야(斯又逆自然而失者也)', 이것은 생명을 이해하지 못하고 자연을 이해하지 못한 것입니다.

이런 문장들은 대단히 좋습니다! 하지만 제가 이렇게 읽으면 도리가 없어집니다. 천천히 읽어야 합니다. 담배도 충분히 피우고 차도 배불리 마시고는 사람이 등불 빛 아래서, 게다가 밖에는 비가 내리고 있는데 차갑게 내려서 귀신조차도 찾아오지 않는 깊은 산 빈 골짜기에서, 머리와 허리를 흔들거리면서 중얼중얼 읽어 가다 보면 사람이 홀연히 도를 얻게 됩니다.

도덕이 충만한 사람

되돌아 다시 보면 장자는 신도가가 정자산을 훈계하는 말을 함으로써 인생은 '예'의 과녁 가운데서 노닌다고 얘기했습니다. 이 '예지곡중(羿之彀中)'이란 전고는 중국문학에서 자주 사용했습니다.

"사람들이 자기 발이 온전하다고 해서 나의 발이 온전하지 못함을 비웃는 자가 많은데 그럴 때마다 나는 울컥 화를 냈다네. 그러나 스승님한테 가서 배우고 나서는 당시에 화를 낸 것이 쓸데없는 짓이자 별것 아니라 느끼고 돌아오게 되었다네."

人以其全足笑吾不全足者衆矣, 我怫然而怒 ; 而適先生之所, 則廢然而反。

그는 정자산에게 말합니다. 자네는 아는가? 다들 나를 보면 이상하게 생각하네. 다른 사람들은 두 다리가 온전한데 '이기전족소오부전족자(以其全足笑吾不全足者)', 내가 장애자로서 두 다리가 없다고 보는 그런 사람들이 '중의(衆矣)', 대단히 많네. 사람들이 나를 깔볼 때마다 '불연이노(怫然而怒)', 나는 극도로 미워했고 화가 났네. 이것은 당연합니다. 생리가 불건전한 사람은 자연적으로 사회에 대한 적대시나 반감이 길러집니다. 그런데 조금도 그럴 필요가 없습니다. 특히 이 단락은 우리들에게 제일 좋은 참고가 됩니다. 당신의 손이 정상이 아니거나 다리가 정상이 아니거나 눈이 하나 없거나 모두 별거 아닙니다. 그는 말합니다. 처음에는 나도 견딜 수 없었네. '이적선생지소(而適先生之所)', 내가 우리 스승님한테 배우고 난 뒤로는 '즉폐연이반(則廢然而反)', 내가 그 당시에 화를 냈던 것이 쓸데없는 짓이었으며, 이것은 뭐 별거 아니라고 느낀다네.

"나도 모르게 스승님이 나의 마음을 씻어 주심으로써 선량하게 된 것이지! 내가 스승님을 19년을 따랐지만 스승님의 눈에는 내가 다리 하나가 없는 병신이라고 생각하시지 않으셨네. (다리가 온전한 자네와 똑 같이 보신게지)"

不知先生之洗我以善邪！吾與夫子遊十九年矣，而未嘗知吾兀者也。

내가 백혼무인 스승께 배우고 난 뒤로 사람들에게 다시는 원한을 갖지 않게 되었네. 또한 자기가 추하다고 느끼지 않게 되었고, 자기가 장애자임을 느끼지 않게 되었네. 그렇다면 선생님이 내게 무엇을 가르쳐주셨을까? 그 역시 나에게 아무것도 가르쳐주지 않았네. 나는 그를 오랫동안 따랐는데 그는 마치 나를 목욕시켜준 것처럼 내 마음속을 깨끗이 씻어주셨네. 이게 바로 학문이요 자연스런 것이네. 그는 아무것도 가르쳐주지 않았지만 나는 자연스럽게 그분의 세례를 받았고 자연스럽게 선량하게 되었네. '오여부자유십구년의(吾與夫子遊十九年矣), 이미상지오올자야(而未嘗知吾兀者也)', 내가 선생님을 19년을 따랐지만 선생님의 눈에는 내가 장애자라고 생각하지 않으셨네. 내가 다리 하나로 홀로 서는 사람이라고 느끼시지 않으셨네. 그는 역시 자산 자네 스승이네! 자네 아는가 모르는가? 자네는 비록 재상이지만 스승님이 나를 보시기는 자네를 보는 것과 마찬가지고, 자네를 보시는 것도 나를 보는 것과 마찬가지시네.

"지금 자네와 나는 생명의 본능이 몸이라는 형체 속에 빠져있네. 그런데 자네는 그 생명의 본능을 잊어버리고 나를 형체의 겉모양으로만 구분하고 있으니 잘못이 아니겠나!"

今子與我游於形骸之內, 而子索我於形骸之外, 不亦過乎!

노형! 자네와 나는 학우요 다들 모두 형체를 하나씩 가지고 있네. 우리들의 살아있는 생명은 이 형체에 있지 않네. 몸이 잘생겼든 못생겼든 또 무슨 관계가 있겠는가! 형체는 도구에 불과하네. 하지만 자네의 배터리[蓄電池]는 옥(玉)으로 만들어진 것이고 내 이 배터리는 진흙으로 만들어진 것이니 자네 것이 내 것보다 좀 좋네. 그러나 전기를 쓰는 것은 똑같네. '금자여아유어형해지내(今子與我游於形骸之內)', 자네는 나와 마찬가지로 생명은 이 신체 속에 빠져 있네. 마치 손오공이 오행산(五行山) 아래 눌려있는 것처럼 그렇습니다. '그런데 자네는 그 생명의 본능을 잊어버리고 나를 형체의 겉모양으로만 구분하고 있으니[而子索我於形骸之外]', 자네도 생명의 본능을 잊어버린 것은 이 육체에 구속되어버렸기 때문이네. 이것은 이미 슬퍼할 일인데 자네는 여전히 외형적으로 내가 추한지, 추하지 않은지, 두 다리가 많은지 두 다리가 없는지를 구분하고 있으니 '잘못이 아니겠나[不亦過乎]!', 노형, 자네는 정말 틀려도 크게 틀린 것일세. 자네는 여기 와서 도를 배울 필요가 어디 있겠는가? 이렇게 그를 한바탕 꾸짖었습니다.

정자산은 춘추 시대 사람인데 공자도 그를 언급한 적이 있습니다. 그는 정나라의 유명한 재상이었으며 훌륭한 현인이었습니다. 당시 그는 장애자인 이 학우한테 한바탕 꾸지람을 듣고서는 대철 대오 했습니다.

자산이 재빨리 일어나서 표정을 공경스럽게 바꾸고 말했다. "그대는 더 이상 말하지 마시게!"

子産蹴然改容更貌曰：子無乃稱！

자산은 그에게 한바탕 꾸지람을 듣고서 등에서 식은땀이 줄줄 흘렸습니다. '축연(蹴然)', 얼른 일어서서 그에게 절을 한번 했습니다. '개용경모(改容更貌)', 얼굴색조차 변하면서 몹시 공경스러웠습니다. 그는 말했습니다. '자무내칭(子無乃稱)', 노형, 더 이상 말하지 마시게. 충분하네, 충분해. 이미 나를 충분히 꾸짖었고 나도 이해했네. 이것은 두 가지 이야기인데 둘 다 대단히 묘합니다.

이 편을 덕충부라고 하는데 무엇이야말로 인생에서 도덕이 충만한 경계인지를 말하고 있습니다. 하지만 그가 이용한 것은 모두 외형이 온전하지 못한 장애자들입니다. 이 장애자들은 다들 도가 있습니다. 그래서 말하기를 한 인간의 도덕이 넘쳐흐르는지의 여부는 외형이 아름답는가 아름답지 않는가에 있지 않다고 합니다. 어떤 사람은 외형이 건강하고 몸이 건장합니다. 항우처럼 그렇습니다. 또 흑인 권투 챔피언처럼 그의 몸을 때리면 팍팍팍 하며 울립니다. 수십 근 나가는 고기의 모습입니다. 그러나 어리석고 내면은 영혼의 도덕이 넘쳐흐르지 않으니 또 무슨 소용이 있겠습니까! 그래서 이 한편이 덕충부입니다. 다음에 나오는 세 번째 이야기도 한 장애자입니다.

공자에게 설교하는 사람

노나라에 두 다리가 없는 병신인 숙산무지(叔山無趾)라는 자가 있었는데 두 무릎걸음으로 중니를 찾아와 뵈었다. 중니가 말했다. "그대는 근신하지 않아 전에 함부로 하여 이 꼴이 되었다. 이제 와서 어찌하겠다는 말인가!"

魯有兀者叔山無趾, 踵見仲尼。仲尼曰：子不謹, 前既犯患若是矣。雖今來, 何及矣！

　노나라의 어떤 사람이 역시 장애자로서 두 다리가 없었는데, 이름을 '숙산무지(叔山無趾)'라고 했습니다. '무지(無趾)'는 별명인데 발이 없다는 뜻입니다. '두 무릎걸음으로 중니를 찾아와 뵈었다[踵見仲尼]', 다리가 없었기 때문에 두 무릎만으로 땅바닥에 꿇어앉아 길을 걸었습니다. 아마 목발을 짚고 공자를 보러갔을 것입니다. 공자가 말합니다. 노형! '자불근(子不謹)', 당신 자신이 삼가고 조심하지[謹愼] 않아서 상처를 입어 이 모습으로 변해버렸소. '전에 함부로 하여 이 꼴이 되었다[前既犯患若是矣]', 그는 아마 본래는 두 다리가 있었을 것인데 그 자신이 대단히 용감하다고 생각하고는 함부로 했기 때문이었을 겁니다. 공자는 말합니다. 당신 보세요, 당신이 이런 모습으로 변해가지고 이제 나를 보러오다니! '이제 와서 어찌하겠다는 말인가[何及矣]!', 이미 늦었소. 이미 부상을 입었고 너무 늦었소.

무지가 말했다. "내가 젊어서 철없어 힘쓸 바를 모르고 함부로 내 몸을 썼기 때문에 발을 잃었습니다."

無趾曰：吾唯不知務而輕用吾身，吾是以亡足。

이 말에 주의하기 바랍니다. 그는 도를 깨달은 사람입니다. 무지가 말합니다. '내가 젊어서 철없어 힘쓸 바를 모르고 함부로 내 몸을 썼기 때문에[吾唯不知務而輕用吾身]', 자신이 신체를 중시하지 않았습니다. 어떤 것도 두렵지 않아서 다른 사람이 나한테 상해를 가해도 상관없다고 생각했습니다. 많은 사람들이 모두 그렇습니다. 특히 어떤 사람들은 차가 와서 부딪혀도 진기한 일이 아니고 남에게 부딪치는 것이야말로 진기한 일입니다. 이게 바로 젊은이입니다! 요 이틀간 배불리 먹고 일이 없어서 늙은이나 젊은이나 한데 앉아 토론을 했습니다. 결혼하는 게 좋다, 결혼하지 않는 게 좋다 이 두 파로 나누어졌는데, 저마다 나름의 이유가 있었습니다. 오랜 학우 한분은 제가 보니 요 양일간에 가정적으로 고통이 극도에 이르렀습니다. 마침내 그가 말하기를 그래도 결혼이 좋다고 했습니다. 저는 그런 까닭들을 들었는데 모두 '함부로 내 몸을 썼다[輕用吾身]'에 해당했습니다. 자동차에 부딪히면 처리하기가 쉽습니다. 두 사람이 결혼해서 함께 지내면서 사람과 사람이 부딪히면 차에 부딪힌 것보다 더 심하게 상처받습니다. 그렇지요? 무지는 말합니다. 자신이 '부지무이경용오신(不知務而輕用吾身)', 젊어서 철없이 몸을 함부로 해서 '발을 잃었습니다[吾是以亡足]', 그래서 두 다리를 장난질 해버렸습니다.

"지금 내가 찾아 온 것은 오히려 두 다리가 있는 사람을 존중하기 때문에 내가 당신더러 그 두 다리를 보전하는 데 힘쓰라고 하려는 것입니다."

今吾來也，猶有尊足者存，吾是以務全之也。

　나는 비록 다리가 없지만 나는 오늘 와서 두 다리가 있는 사람을 여전히 봅니다. 그가 이런 것은 공자를 말한 것인데 그 의미는 이렇습니다. 당신이 나를 꾸짖는데, 맞습니다! 나는 젊었을 때 철이 없었기 때문에 내 자신의 두 다리를 장난질 해버렸습니다. 그런데 내가 지금 와서 어떤 사람을 보니 그 사람은 두 다리를 가지고 아직 장난질 않은 사람이네요! 이 한 방망이로 공자를 심하게 때렸습니다. '내가 당신더러 그 두 다리를 보전하는 데 힘쓰라고 하려는 것입니다[吾是以務全之也]', 제가 당신이란 사람을 보니 두 다리를 갖고 장난질하지 않았기 때문에 내가 노형 당신을 보존해 주기 위해 와서, 당신이 그 두 다리를 장난질하지 않기를 바랍니다. 무지는 공자에 대해서 잘 말했습니다. 왜냐하면 공자가 열국을 주유하고 있는 것도 곧 다리를 장난질 하려고 하고 있었기 때문입니다. 그는 말합니다. 나는 당신의 두 다리를 보존해주기 위해서입니다. 장난질해서 나처럼 되지 말기 바랍니다.

"하늘은 인자하여 만물과 인간을 낳아 덮어주지 않는 것이 없고, 땅도 역시 인자하여 이를 실어주지 않는 것이 없습니다. 나는 선생의 수양과 흉금이 하늘과 땅처럼 그렇게 인자하다고 생각했는데, 선생이 오히려 이러실 줄을 어찌 알았겠습니까!"

夫天無不覆，地無不載，吾以夫子爲天地，安知夫子之猶若是也！

이 천지는 만물을 낳고 사람을 낳으며, 대단히 인자하고 위대하여서 사람과 만물이 모두 좋게 행복하게 살아가기를 언제나 바랍니다. 그러므로 '하늘은 인자하여 만물과 인간을 낳아 덮어주지 않는 것이 없고[天無不覆]', 좋은 것도 나쁜 것도 다 하늘아래 있습니다. '땅도 역시 인자하여 이를 실어주지 않는 것이 없습니다[地無不載]', 땅도 인자하여 나쁜 것이나 좋은 것이나 다 실어서 그 무게를 받쳐줍니다. '나는 선생의 수양과 흉금이 하늘과 땅처럼 그렇게 인자하다고 생각했는데[我以夫子爲天地]', 남들은 모두 말하기를 선생님인 당신은 도덕학문이 훌륭하다고 합니다. 저는 당신의 수양과 흉금은 천지와도 마찬가지로 인자하다고 생각했습니다. '선생이 오히려 이러실 줄을 어찌 알았겠습니까[安知夫子之猶若是也]', 결과적으로 당신은 나를 보고 이런 말을 하시다니 나는 실망했습니다. 그는 말합니다. 공자 당신은 알고 보니 이 정도에 지나지 않는군요. 이것은 바로 우리가 보통 하는 다음과 같은 말에 해당합니다. '쟁쟁한 큰 이름을 귀가 따갑도록 들었는데 오늘 한번 뵈오니 그저 그렇군요[久聞大名, 如雷貫耳; 今日一見, 不過如此]'.

공자가 말했다. "내가 너무 저속했소. 선생은 어서 들어오셔서 아시는 도리를 좀 말씀해주십시오!" 무지는 들어가 얘기를 한 뒤 떠나갔다.

孔子曰：丘則陋矣。夫子胡不入乎，請講以所聞！無趾出。

공자는 그에게 꾸지람을 듣고 나서 말합니다. 미안합니다. 대단히 미안하게 생각합니다. 제가 너무 저속했습니다. 너무 천박했습니다. '선생은 어서 들어오셔서 아시는 도리를 좀 말씀해주십시오[夫子胡不入乎, 請講以所聞]!', 공자는 감히 무지의 이름을 부르지 않고 '부자(夫子)'라고 부르고 있습니다. 청컨대 당신은 들어오셔서 당신이 아는 도리를 조금 저에게 들려주십시오. 무지는 방으로 들어갔습니다. 그가 공자와 무슨 얘기들을 했는지는 모릅니다. 아마 도를 전했을 겁니다. 얘기를 다하고서 무지는 떠나갔습니다.

공자가 말했다. "제자들아! 노력해라. 무지는 두 다리가 없는 병신인데도 자기의 이전의 잘못을 벌충하려고 도덕과 학문 수양에 힘쓰고 있는데, 하물며 신체가 온전한 사람은 더 말할 나위가 있겠느냐!"

孔子曰 : 弟子勉之! 夫無趾, 兀者也, 猶務學以復補前行之惡, 而況全德之人乎!

공자는 학생들에게 일러줍니다. '제자들아! 노력해라[弟子勉之]!', 너희들은 노력해야만 한다! 너희들은 보아라. 무지란 사람은 신체장애자다. 비록 외형은 장애자이지만 심리정신은 건강하다. '자기의 이전의 잘못을 벌충하려고 도덕과 학문 수양에 힘쓰고 있는데[猶務學以復補前行之惡]', 그는 학문 도덕적으로 수양하여 자기의 이전의 과실을 벌충할 줄 안다. 신체장애자인 그조차도 이렇게 할 줄 아는데 '하물며 신체가 온전한 사람은 더 말할 나위가 있겠느냐[而況全德之人乎]!', 하물며 신체장애자가 아닌 우리 같은 사람들은 더 말할 나위가 있겠느냐! 만약 우리가 자기 수양을 추구하려고 노력할 줄 모른다면 그건 비참한 것이다. 만약 말하기를 우리가 '전덕지인(全德之人)'이라고 말한다면 그것은 신체가 온전한 것일 뿐입니다. 세상에는 '전덕지인(全德之人)'이 드뭅니다. 형체가 온전하다고 완전한 한 인간이라고 할 수가 없습니다. 거기다 정신수양을 해서 내심에서 도덕학문이 성취되어야 비로소 '전덕지인'이라

할 수 있습니다. 이것은 공자가 무지의 가르침을 받고 한 말입니다.

노담은 어떻게 말하는가

무지가 노담에게 가서 말했다. "공구가 도를 얻은 지인(至人)의 경지에 도달하려면 아직 멀었겠지요? 그런데 그는 왜 점잖고 예절에 밝은 모습으로 도가 있는 양하면서 당신에게서 배우려고 할까요?"

無趾語老聃曰 : 孔丘之於至人, 其未邪? 彼何賓賓以學子爲?

　무지 이 노형은 또 달려가 노자를 보았습니다. 노자는 곧 노담(老聃)인데, 공자의 선생님이라고도 할 수 있습니다. 무지는 노자에게 말합니다. 선생님! 제가 보니 저 공구는―그는 공자의 이름을 부르고 있습니다, '공구가 도를 얻은 지인(至人)의 경지에 도달하려면 아직 멀었겠지요[孔丘之於至人, 其未邪]?', 그는 아마 도를 얻지 않았을 것입니다. 아마 도를 얻음으로부터 아직은 한 등급 부족할 것입니다. 아마 아직은 공부가 최고도에 도달하지 않았을 것입니다. '그런데 그는 왜 점잖고 예절에 밝은 모습으로 도가 있는 양하면서 당신에게서 배우려고 할까요[彼何賓賓以學子爲]?', 그는 왜 점잖고 예절에 밝아서 마치 겉모습이 도가 있는 모습인 양할까요? '빈빈(賓賓)'은 곧 빈빈(彬彬)으로서 형용사입니다. 그는 어디 가든 겸허하면서 예의가 있고 하는 말마다 옛날 말투로 케케묵은 지식을 자랑하는 분위기로서 머리서부터 발끝까지 몹시 도가 있는 모습을 충분히 표시하고 있습니다. 이것은 옳지 않습니다. 그는 아직 당신에게 배워야 합니다. 제가 보기에 그는 그럴 싸 하지 않습니다.

"그는 사람됨으로 반드시 예절을 말하면서 교묘한 수사(修辭)와 기발한 사상 그리고 사람들이 알아듣지 못하는 도리로써 명성을 얻기를 바라는데, 지인은 그런 학문지식을 자신을 옭아매는 수갑과 차꼬로 여긴다는 것을 알지 못하는 것이겠지요?"

彼且以蘄以諔詭幻怪之名聞, 不知至人之以是爲己桎梏邪?

'피(彼)'자는 바로 공자입니다. '기(蘄)'는 바라다는 의미입니다. '숙(諔)'은 말하기에서의 교묘한 수사(修辭)로서, 어떻게 말을 잘할까, 어떻게 잘 쓸까하는 것입니다. '궤(詭)'는 생각이 기발하고자하는 것입니다. '환괴(幻怪)'는 남들이 알지 못하는 도리들로서 아주 괴상한 것을 말하는 것입니다. 무지가 말합니다. 제가 보니 공자는 비록 성인이라고 표방하지만 '그는 사람됨으로 반드시 예절을 말하면서 교묘한 수사(修辭)와 기발한 사상 그리고 사람들이 알아듣지 못하는 도리로써 명성을 얻기를 바라는데[彼且以蘄以諔詭幻怪之名聞]', 그것은 정말 도가 있는 모습이 아닙니다! 진정으로 도가 있는 사람은 말하는 게 통속적이고 문학적인 수사를 더할 필요가 없습니다. '지인은 그런 학문지식을 자신을 옭아매는 수갑과 차꼬로 여긴다는 것을 알지 못하는 것이겠지요[不知至人之以是爲己桎梏邪?', 무지는 말합니다. 제가 보니 그는 잘 모릅니다. 진정으로 도를 얻은 사람은 그런 학문지식들을 자기에 대한 족쇄로 보며 모두 인생의 형벌 도구요 모두 수갑이나 족쇄로서 자기를 묶어놓는 것입니다. 사람됨에서 반드시 예의를 중히 여겨야 하고, 예의를 중히 여기면 자기를 몹시 속박하게 되어 자연스럽지 못하게 되어버린다는 것을 잘 모릅니다.

노담이 말했다. "그렇다면 그대가 왜 직접 그더러 육체적인 삶과 죽음을 하나로 알게 하고, 처세에서 옳음과 옳지 않음을 똑같이 여기게 함으로써 그의 수갑과 차꼬를 풀어주지 않는가, 그러면 되겠지?"

老聃曰 : 胡不直使彼以死生爲一條, 以可不可爲一貫者, 解其桎梏, 其可乎?

　노자는 듣자마자 말합니다. 자네라는 학생은 틀리지 않네. 알고 보니 자네는 벌써 공자를 가서 보았군. 자네가 그를 본 바에야 왜 그를 이끌어주지 않았는가? 그로 하여금 한걸음 더 나아가 '사생위일조(死生爲一條)', 생사를 마쳐서 삶이 곧 죽음이요 죽음이 곧 삶으로서, 생사는 단지 하나의 과정에 불과할 뿐이며, 생명은 유형의 생사 속에 있지 않다는 것을 이해하게 해주지 않았는가?
　예컨대 우리가 죽을 때 아주 고통스러워서 아이고 아이고 소리를 지르는데 이는 형체의 생사입니다. 저 아이고 아이고 소리 지를 줄 알고, 고통스럽다고 소리 지를 줄 아는 그 어떤 것은 생사의 영향을 받지 않습니다. 그러므로 생사를 마친 사람은 태어나 오고 죽어 가는 것을 마찬가지로 봅니다. 이것을 '생사를 마쳤다[了生死]'라고 합니다. 절대 잘못 알아서는 안 됩니다. 정좌해서 성공하면 죽은 뒤에 이 세상에 나는 오지 않겠다는 것이 아닙니다. 오지 않으면 당신은 어느 곳으로 숨어갈 것입니까? 당신은 그 달나라에 있는 그 항아 새댁한테 가서 숨더라도 소용없습니다! 그 새댁은 당신에게 일을 하게 하려 할 겁니다!

그러므로 죽음과 삶이 하나로서, 죽고 사는 게 별거 없습니다. 이 인간 세상에 처하여서 '옳음과 옳지 않음을 똑같이 여깁니다[以可不可爲一貫]', 좋고 나쁨이 모두 거의 차이가 없습니다. 도를 얻은 사람은 삶과 죽음에 대하여 하나로 보고, 좋음과 좋지 않음, 생활이 우월함과 우월하지 않음, 사람이 뜻을 이룸과 이루지 못함이 모두 한 가지요 한 꿰미로 봅니다. 노자는 말합니다. 만약 자네가 공자를 보고서 그를 한 걸음 이끌고 나아가 생사를 마치게 하고 세상에 처해 살면서 옳음도 없고 옳지 않음도 없게 할 수 있다면, '해기질곡(解其桎梏), 기가호(其可乎)?', 공자의 학문 등 일체의 외형적인 형벌 도구를 벗겨주는 것 아니겠는가!

무지가 말했다. "하늘이 그에게 형벌을 주고 있는데 어떻게 풀어줄 수 있겠습니까?"

無趾曰 : 天刑之, 安可解！

무지는 노자가 자신을 꾸짖는 말을 듣고서 말합니다. 선생님, 그만 두시지요! 저 공자가 이런 일을 하고 싶어 하는 것은 당연합니다! '하늘이 그에게 형벌을 주고 있는데[天刑之]', 하늘이 그에게 준 형벌의 고통을 그는 다 받지 못했습니다. 그러러 여러 나라를 두루 유세하면서『사서』를 강의 하고 싶으면『사서』를 강의하게 하고『오경』을 강의하고 싶으면『오경』을 강의하도록 내버려두지요! 그가 고생을 하고 싶어서 거기 앉아 가르침을 널리 전파한다[弘法傳道]고 생각하면서 자기를 고통스럽게 하는데 '어떻게 풀어줄 수 있겠습니까[安可解]', 형기(刑期)가 다 차지 않아서 그를 도와줄 수 없습니다. 이게 바로 선(禪)입니다. 그러므로 장자 전편은 선(禪)입니다. 공자의 형기가 다 차지 않았으니 그는 마땅히 형벌을 받아야한다는 이런 종류의 말이 그런 예입니다. 다음은 곽상의 주해입니다.

今仲尼非不冥也，顧自然之理，行則影從，言則嚮隨。夫順物則名跡斯立，而順物者非為名也，非為名則至矣，而終不免乎名。則孰能解之哉？故名者影嚮也。影嚮者形聲之桎梏也。明斯理，則名跡可遣，名跡可遣，則尚彼可絕，尚彼可絕，則性命可全矣。

'금중니비불명야(今仲尼非不冥也)', 곽상은 말하기를 공자는 사리에 어두워 제대로 안 돌아가는 사람이 결코 아니다. 공자도 도를 얻었고 알지 못하는 것이 아니다 라고 합니다. '고자연지리(顧自然之理)', 공자의 세상 구제의 마음과 노자의 출세간법의 도는 두 가지가 아니요 모두 자연에 부합합니다. '행즉영종(行則影從)', 사람이 길을 걸어갈 때 태양이 비치면 그림자가 나타나며 '언즉향수(言則嚮隨)', 말하자마자 소리가 나옵니다. 이 두 마디는 모두 심원한 철학이자 과학입니다.
'부순물즉명적사립(夫順物則名迹斯立), 이순무물자비위명야(而順物者非爲名也), 비위명즉지의(非爲名則至矣), 이종불면호명(以終不免乎名)', '순물(順物)'은 세상을 구제하고 세상 사람들을 구제한다는 것이지 이름을 추구하기 위한 것이 아닙니다. 곽상은 말하기를 공자는 이름을 추구하기 위한 것이 아니라 일종의 인자함[仁慈]을 위한 것이라고 합니다. 이름을 위하지 않았는데 오히려 만고에 크나큰 이름을 남겼는데, 이것은 그가 원래 바라던 것이 아니었습니다. 석가모니불도 그랬습니다. 성인마다 교주마다 다 그랬습니다. 처음에는 단지 세상을 구제하겠다는 마음뿐이었는데 뒷날 그들의 교화가 종교로 변했습니다. 그것은 후세 사람들이 그의 간판을 빌린 것입니다.

　'즉숙능해지재(則孰能解之哉)? 고명자영향야(故名者影響也). 영향자형성지질곡야(影響者形聲之桎梏也)', 그러므로 인간세상의 헛된 이름은 모두 그림자요 소리입니다. 절대 자신의 헛된 이름에 영향을 받아서는 안 됩니다. 명성이 높다는 것은 바로 오늘날 말하는 지명도인데, 당신은 그 지명도에 속아 죽을 수 있습니다. 당신의 명성이 아무리 크더라도 만약 당신이 곧 그 사람이라고 말하지 않는다면 아무도 당신을 상대하지 않습니다. 사실 그 이름과 당신 자신과는 무슨 상관이 있습니까! 조금도 상관없습니다. 그러므로 '고명자영향야(故名者影響也), 영향자형성지질곡야(影響者形聲之桎梏也)', 당신은 자신의 헛된 이름에 묶여서 결국은 당신 자신이 고통을 받고 있습니다. 이것을 한사코 체면만 차리다 생고생 한다고 합니다. 구태여 그럴 필요가 어디 있겠습니까!

　'명사리(明斯理), 즉명적가유(則名迹可遺), 명적가유(名迹可遺), 즉상피가절(則尙彼可絶), 상피가절(尙彼可絶), 즉성명가전의(則性命可全矣)', 이런 도리를 이해하고 나면 헛된 이름의 자취를 내던져버리고 필요없다고 할 수 있습니다. 헛된 이름을 바라지 않고 자기가 마음을 붙이고 살아가는[安身立命]는 도리가 있고, 또 밖의 헛된 이름에 사로잡히지 않는 것이 바로 질곡에서 벗어난 것입니다.

　그러므로 장자는 무지의 말을 빌려 말합니다. '하늘이 그에게 형벌을 주고 있는데 어떻게 풀어줄 수 있겠습니까[天刑之安可解]?', 공자 그에게 하늘이 고난을 받으라고 요구해서 그의 고난은 아직 충분히 받지 않았습니다. 선생님(노자를 말함)!, 우리 그에게 해탈을 얻게 하지 말고 그로 하여금 고난을 받게 합시다. 이 몇 단락들은 모두 장애자들의 이야기입니다. 마지막으로 더 큰 이야기가 하나 이어집니다.

노나라 애공이 홀려버리다

노(魯)나라 애공(哀公)이 중니에게 물었다. "위(衛)나라에 추남이 있는데 이름이 애태타(哀駘它)라고 하오."

魯哀公問於仲尼曰：衛有惡人焉，曰哀駘它。

'노애공(魯哀公)'은 노나라의 제후이며 공자는 노나라 사람이었습니다. 노애공이 공자에게 말합니다. '위유악인언(衛有惡人焉), 왈애태타(曰哀駘它)', 위나라의 어떤 사람이 유명한 나쁜 놈인데 이름이 애태타(哀駘它)라고 하오. 애태타는 별명인데 슬프다는 의미입니다. 어쨌든 대단히 보기 싫었습니다.

"남자가 그와 같이 지내면 사모하여 떠나지 못하오. 여자가 보면 부모에게 '다른 사람의 아내가 되느니 차라리 그분의 첩이 되겠다'고 간청하는 사람이 수십 명에 그치지 않소."

丈夫與之處者，思而不能去也。婦人見之，請於父母曰：與爲人妻，寧爲夫子妾者，十數而未止也。

그러나 남자가 그와 일단 알게 되면 차마 떠나지 못하고 저마다 그를 사랑하오. 여자가 그를 한번 보면 집에 돌아가서 부모와 싸우기를 만약 저를 시집보낸다면 제가 차라리 이 사람에게 첩 노릇을 하겠다고 하오. 노애공은 말합니다. 이런 여인들이 수십 명이 있소. 뒷날 신청한 사람이 갈수록 많아졌소. 남자들만 그에게 속임을 당할 뿐만 아니라 여자들도 그에게 속임을 당하오. 여자들은 그에게 시집가서 부인이 되고 싶을 뿐만 아니라 두 번째 세 번째 네 번째 첩이 되고 싶어 신청하려고 줄지어 서 있소.

"그러나 그가 자신의 존재를 알리고자 소리치는 것을 지금까지 아무도 들어본 적이 없소. 그는 그저 항상 남과 어울릴 뿐이오."

未嘗有聞其唱者也, 常和人而已矣。

그러나 이 사람은 그렇게 대단하지만 자신이 지금까지 선전을 해본 적이 없소. 텔레비전에 나온 적도 없고 광고에 올라 본 적도 없소. 자신이 삐라[傳單]를 만들어 집집마다 돌아다니면서 남들더러 자신에게 한 표를 던져주라고 하는 그런 일도 지금까지 없었소. 그는 단지 사람들에게 잘 대해주고 사람들은 그에게 잘 대해줄 뿐이오.

"군왕의 지위에 있어 죽을 사람을 구해주는 것도 아니고, 모아놓은 재산이 있어 사람들의 배를 채워주는 것도 아니오. 그 흉한 생김새는 세상을 놀라게 하지만 사람들과 어울릴 뿐 자신의 존재를 알리고자 소리치지도 않소. 또한 그의 학문지식은 보통사람들 수준으로 나라 안 범위를 벗어나지 못하오. 그런데도 남녀노소가 그의 앞에 모여드오. 이는 틀림없이 일반인을 넘어서는 특별한 점이 있기 때문일 것이오."

無君人之位以濟乎人之死, 無聚祿以望人之腹。 又以惡駭天下,
和而不唱, 知不出乎四域, 且而雌雄合乎前。 是必有異乎人者
也。

'군왕의 지위에 있어 죽을 사람을 구해주는 것도 아니고[無君人
之位以濟乎人之死]', '군인지위(君人之位)'는 영수 인물인데 황제 같
은 사람입니다. '이제호인지사(以濟乎人之死)', 어떤 범죄자가 사형
에 쳐해 질 예정인데 황제가 사면 명령을 내려 그 사람이 살아나게
되는 것이 바로 남의 죽음을 구제해줄 수 있는 것입니다. 애태타란
사람은 그런 권력이 없습니다! '모아놓은 재산이 있어 사람들의 배
를 채워주는 것도 아니요[無聚祿以望人之腹]', 가난뱅이는 배가 고
프면 돈 있는 사람을 찾아서 친구를 삼고 싶고 돈을 좀 마련하여
생활하고 싶습니다. '무취록(無聚祿)', 그런데 그는 돈이 없어서 남
으로 하여금 배불리 먹고 생활이 안락하도록 해줄 길이 없습니다.
'그 흉한 생김새는 세상을 놀라게 하지만[又以惡駭天下]', 그의 얼
굴생김새 형태는 보기 싫기 이를 데 없어서 다들 그를 보면 두렵게
느껴집니다. '사람들과 어울릴 뿐 자신의 존재를 알리고자 소리치
지도 않소[和而不唱]', 정말 이상합니다. 그는 그렇게 꼴 보기 싫은
데도 사람들은 그를 보자마자 차마 떠나기를 아쉬워합니다. 그도
역시 선전하지 않았습니다! 그의 지혜와 학문은 얼마나 높을까요?
우리하고 거의 차이가나지 않습니다. 모두 천지 사이의 학문입니
다. '또한 그의 학문지식은 보통사람들 수준으로 나라 안 범위를
벗어나지 못하오[知不出乎四域]', 우리가 가지고 있는 학문은 그에
게도 있습니다. 그가 아는 것은 우리도 압니다. 그의 지명도는 동
서남북 국경 범위 내에 국한될 뿐입니다. '그런데도 남녀노소가 그
의 앞에 모여드오[且而雌雄合乎前]', '자웅(雌雄)'은 남녀입니다. 남

녀노소 할 것 없이 다 그를 따르기를 원하고 모두 그를 신임합니다. '이는 틀림없이 일반인을 넘어서는 특별한 점이 있기 때문일 것이오[是必有異乎人者也]', 내 생각으로는 이 사람은 일반 보통사람을 뛰어넘는 특별한 점이 반드시 있소.

"과인이 그를 불러들여 보니 과연 흉한 생김새는 천하를 놀라게 할 정도였소. 과인과 함께 지낸 지 한 달도 채 안 되어 과인은 그의 인품에 호의를 갖게 되었고, 1년이 채 안되어 과인은 그를 신뢰하게 되었소."

寡人召而觀之, 果以惡駭天下。與寡人處, 不至以月數, 而寡人有意乎其爲人也 ; 不至乎期年, 而寡人信之。

노애공은 말합니다. 내가 방법을 생각해내어 애태타를 청해왔소. '과연 흉한 생김새는 천하를 놀라게 할 정도였소[果以惡駭天下]', 이 사람이 노나라에 도착해서 만나보니 과연 추했소. 아주 못생겨서 정말 꼴 보기 싫었소. '과인과 함께 지낸 지 한 달도 채 안되어[與寡人處, 不至以月數]', 하지만 그렇게 보기흉한 사람이 겨우 한 달 머물렀는데 '과인은 그의 인품에 호의를 갖게 되었고[而寡人有意乎其爲人也]', 나는 그가 대단히 사랑스럽고 그의 사람됨은 무슨 결점이 있는 것 같지가 않으며 갖가지가 다 괜찮고 좋다고 느끼게 되었소. '일 년이 채 안되어 과인은 그를 신뢰하게 되었소[不至乎期年, 而寡人信之]', 일 년 동안 살았는데 나조차도 그를 미신하게 되었소.

"나라를 맡을 마음이 없어서 과인은 그에게 나라를 넘겨주려 했소.

아무 말이 없다가 반응을 보이더니, 내키지 않아하며 사양하였소. 과인은 부끄러웠으나 마침내 그에게 나라를 억지로 맡겼소. 하지만 얼마 안지나 과인을 떠나가 버렸소."

國無宰, 寡人傳國焉. 悶然而後應, 氾而若辭. 寡人醜乎, 卒授之國. 無幾何也, 去寡人而行.

내 마음속은 온통 책임지고 맡아서 처리할 힘이 없어서 나는 그더러 노나라 국왕이 되어 달라고 청하고자 했소. 그에게 왕위를 넘겨주고 전체 노나라를 그에게 넘겨주고 싶었소. 그래서 나는 곧 그와 상의를 했소. '아무 말이 없다가 반응을 보이더니[悶然而後應]', 내가 그에게 말하기를 내가 자리에서 물러나고 그더러 노나라의 제후가 되어달라고 청했을 때 그는 입을 다물고 아무 말도 하지 않았소. 기뻐하지도 않았고 멍청한 듯이 한참 있다가 음, 이렇게 한 마디 했소. 그래도 좋다거나 그래서는 안 된다거나 말하지도 않았소. '내키지 않아하며 사양하였소[氾而若辭]', 나중에 그는 한 마디 했소. 그래서는 안 됩니다. 저는 자격이 없습니다… '과인은 부끄러웠으나[寡人醜乎]', 나조차도 그더러 국왕이 되어 달라 청했지만 그는 모두 필요 없다고 해서 나는 창피함을 느꼈고 마음속으로도 부끄러웠소. '마침내 그에게 나라를 억지로 맡겼소[卒授之國]', 최후에 나는 억지로 국가 정권을 그에게 넘겨주었소. '하지만 얼마 안지나 과인을 떠나가 버렸소[無幾何也, 去寡人而行]', 그는 며칠 안 되어서 몰래 빠져나가 나를 떠나버렸소. 아예 국왕이 되고 싶어하지 않았소.

"과인은 무엇을 잃어버린 듯 마음이 불안하오. 비록 제후이고 부유하기로는 나라를 가지고 있지만 즐겁지가 않는 것 같소. 그는 도대체 어떤 인물이오?"

寡人卹焉若有亡也, 若無與樂是國也。是何人者也?

그가 나를 떠나간 뒤에 내 마음속은 마치 어떤 물건을 잃어버린 것처럼 대단히 불안하고 마음속이 몹시 괴롭소. 그가 떠나간 뒤부터 나는 하루도 즐거운 적이 없었소. 비록 제후이고 그 부유하기로는 나라를 가지고 있지만 나는 즐겁지가 않소. '그는 도대체 어떤 인물이오[是何人者也]?', 당신이 보기에 이 사람은 어떤 사람이오? 세상에 이런 사람이 어디 있을까요! 노애공은 공자에게 이 사람은 어떤 사람이냐고 물었습니다. 아마 공자 당신도 본적이 없을 거요. 만약 공자가 그를 보았다면 아마도 그에게 절하고 문하생이 되었을 겁니다. 이게 바로 선종이요 이게 바로 화두입니다.

세상에 그렇게 할 수 있는 사람이 있을까요? 있습니다! 물론 그 정도에 이르지는 않지만 사람마다 그를 따르고 싶어 합니다. 하지만 그럴 수 있는 사람이 있는데, 비록 못생겼지만 사랑스럽습니다. 사회에서는 그리 볼 수 없습니다만 수도자들 중에는 있습니다. 제가 늘 말하지만 예전에 제가 대륙에서 도처에 도를 구하러 다녔습니다. 젊어서 어디든지 마구 다녔는데, 도가 있는 사람을 보면 그렇게 사랑스러웠습니다. 목욕도 안 하고 세수도 안 해서 비록 더럽지만 그가 더럽다고 느껴지지 않고 오히려 뭐든지 다 좋습니다. 도덕이 넘쳐흐르기 때문입니다. 확실히 그런 사람이 있습니다. 제가 먼저 이 제목을 가리켜보였으니 이제 공자의 대답을 보면 아주 일리가 있습니다.

사람을 끄는 것이 무엇일까

중니가 대답했다. "제가 예전에 초나라에 사신으로 간 적이 있는데, 마침 돼지 새끼들이 방금 죽은 어미의 젖을 빨고 있는 것을 보았습니다. 얼마 후 새끼들은 놀란 표정으로 모두 어미를 버리고 달아났습니다. 어미가 평소처럼 자기들을 보지 않고 눈을 감고 있으며, 살아있는 자신들과는 이미 다른 부류였기 때문입니다."

仲尼曰：丘也嘗使於楚矣, 適見豚子食於其死母者, 少焉眴若, 皆棄之而走。不見己焉爾, 不得類焉爾。

공자가 말합니다. 제가 예전에 초나라에 간 적이 있는데 새끼돼지들이 어미돼지의 젖을 먹는 것을 본 적이 있습니다. 당시 그 늙은 어미돼지는 이미 죽어있었습니다. 돼지새끼들은 늙은 어미돼지가 이미 죽은 줄을 모르고는 여전히 와서 젖을 먹었습니다. '소언순약(少焉眴若)', 새끼돼지들이 한참 젖을 먹었습니다. 그런 다음 늙은 어미돼지를 에워싸고 한 바퀴 돌더니 이 늙은 어미 돼지가 평소와는 다르게 눈도 뜨지 않은 채 죽은 모습임을 보고는 '모두 어미를 버리고 달아났습니다[皆棄之而走]', 새끼돼지들이 와아... 모조리 도망갔습니다. '어미가 평소처럼 자기들을 보지 않고 눈을 감고 있으며, 살아있는 자신들과는 이미 다른 부류였기 때문입니다[不見己焉爾, 不得類焉爾]', 돼지새끼들이 왜 도망갔을까요? 엄마의 모습이 변한 것을 보았기 때문입니다. 죽은 모습으로서 원래의 그 엄마 모습이 아니었습니다. 자기들과는 같지 않고 같은 부류가 아니었습니다. 뭔가 잘못되었다고 느끼고는 모조리 도망가버렸습니다. 공자는 이 이야기를 했습니다.

"새끼들이 어미를 사랑하는 것은 그 형체를 사랑하는 것이 아니라, 그 형체를 부리는 근본 주체를 사랑하는 것입니다."

所愛其母者, 非愛其形也, 愛使其形者也。

돼지든 사람이든 그들은 자신의 부모를 사랑하는 것은 결코 부모의 형해(形骸)를 사랑하는 것이 아닙니다. 무엇을 사랑할까요? '그 형체를 사랑하는 것이 아니라, 그 형체를 부리는 근본 주체를 사랑하는 것입니다[愛使其形者也]', 그의 형해를 이루게 하는 것, 즉 형체 후면에 있는 그 어떤 것을 사랑하는 것입니다. 그 어떤 것이 만약 떠나버리면 죽은 사람으로 변하고 죽은 돼지로 변합니다. 살아있는 것과는 더 이상 동일한 부류가 아니니 당연히 두려워할 것입니다. 우리 보통사람들의 경우 당신의 부모가 아무리 사랑스럽다할지라도, 당신의 애인이 아무리 사랑스러울지라도, 그들이 죽었을 때는 사랑스럽지 않게 됩니다. 그러므로 당신이 사랑한 것은 외형이 아니라 그 외형 속에 있는 그 재능과 도덕[才德]입니다.

"고대의 예법에 의하면 전쟁에서 죽은 군인을 장사(葬事)지낼 때는 군인 복장을 쓰지 않습니다. 다리나 발가락이 잘린 병신은 신발을 사랑하지 않습니다. 이는 모두 그 근본 주체가 없어졌기 때문입니다."

戰而死者, 其人之葬也不以翣資；刖者之屢, 無爲愛之。皆無其本矣。

그는 고대의 예절을 얘기합니다. 전쟁으로 인하여 죽은 군인은 장례를 치를 때에 군인의 복장을 쓰지 않았습니다. 왜냐하면 군인은 용감함의 상징이기 때문입니다. 오늘날로 말하면 전쟁에서 패하면 창피함을 느끼기 때문에 훈장조차도 그에게 달아주지 않습니다. 동서고금의 문화는 영웅을 존중했으며 용사를 존중했습니다. 그래서 전쟁에서 패하여 죽은 사람의 출상에는 표양령(表揚令: 공개적인 찬양 명령/역주)조차도 가지고 나올 수 없고 그저 보통으로 그를 매장할 수 있었을 뿐입니다. '다리나 발가락이 잘린 병신은 신발을 사랑하지 않습니다[刖者之屨, 無爲愛之]', 발이 잘린 장애자나 다섯 발가락이 잘린 사람은 발이 다 없어졌는데도 왜 신발이 필요하겠습니까? '무위애지(無爲愛之)', 그래서 신발을 사랑하지 않을 것입니다. '이는 모두 그 근본 주체가 없어졌기 때문입니다[皆無其本矣]', 근본이 없고 주체가 없기 때문에 훈장이나 신발이 모두 의미가 없게 돼버립니다. 이게 고대의 문화였습니다.

"고대의 예법에 의하면 궁에 들어가 천자를 모시는 여인들은 형체를 온전하게 하기 위하여 손톱을 깎거나 귀걸이 구멍을 뚫어서는 안 됩니다. 결혼한 남자가 아내를 버린 적이 있다면 다시 결혼하게 할 수 없습니다. 왜냐하면 흠결이 있어 온전하지 않기 때문입니다."

爲天子之諸御, 不爪翦, 不穿耳, 取妻者止於外, 不得復使。

고대에 궁전에 들어가는 여자들은 귀에 구멍을 뚫지 말도록 했습니다. 손톱 깎는 것도 허락하지 않았습니다. 그러므로 고대의 여성들은 손톱을 길게 길렀습니다. 전설에 의하면 마고(麻姑)의 손톱은 길어서 등이 가려우면 손톱으로 긁을 수 있었답니다. 때로는 손톱을 끓인 물에 담아 서서히 그것을 말아서 공 모양으로 변하게 한 다음에야 잠을 잘 수 있었습니다. '손톱을 깎거나 귀걸이 구멍을 뚫어서는 안 된다[不爪翦, 不穿耳]'란 형체를 온전하게 해야 한다는 의미입니다. '결혼한 남자가 아내를 버린 적이 있다면 다시 결혼하게 할 수 없습니다. 왜냐하면 흠결이 있어 온전하지 않기 때문입니다[取妻者止於外, 不得復使]', 그는 말합니다. 고대 사람들의 부부의 도리는 이미 결혼해서 '지어외(止於外)', 아내를 내쫓았다면 이런 상황에서는 다시 결혼할 수 없었습니다. 왜냐하면 온전하지 않았기 때문입니다.

"외형의 아름다움을 온전히 함도 오히려 그와 같이 할 수 있는데, 하물며 내면의 도덕의 아름다움을 온전히 하는 사람이야 더 말할 나위가 있겠습니까!"

形全猶足以爲爾, 而況全德之人乎！

왜 고대에는 이런 문화 풍격이 있었을까요? 다시 말하면 일체에서 온전함의 아름다움을 추구한 것입니다. 내심의 아름다움을 추구했을 뿐만 아니라 외형도 온전하기를 바랐습니다. 만약 내면의 도덕이 아름답지 않다면 외형이 아무리 아름답더라도 추루(醜陋)한 것입니다. 만약 내면의 도덕이 넘쳐흐른다면 외형이 추루하다할지라도 세상에서 가장 아름다운 것입니다. 이게 공자가 노애공에게 답한 말인데, 애태타란 사람은 도덕이 온전한 사람이라고 보았습니다. 도덕수양이 진정으로 최고도인, 지진(至眞)·지선(至善)·지미(至美)에 도달한 사람이라고 보았습니다. '온전한 덕[全德]'이란 명칭은 장자가 이 편에서 제시한 것입니다. 그래서 이 편을 덕충부라고 하는데, 한 인간의 수양이란 도덕의 충실이요 정신의 승화이며. 이것이야말로 진정한 아름다움이라는 것입니다.

"지금 애태타는 말을 하지 않아도 사람들이 신뢰하고, 공로가 없어도 친근히 하며, 남으로 하여금 나라를 넘겨주게 하고도 다만 받지 않을까 걱정하게 합니다. 이는 반드시 그가 재능은 온전하면서 도덕이 밖으로 드러나지 않는 사람일 것이기 때문입니다."

今哀駘它未言而信, 無功而親, 使人授己國, 唯恐其不受也, 是必才全而德不形者也。

공자는 말합니다. 애태타란 사람은 말을 할 필요가 없습니다. 무언의 가르침인데 사람들은 자연히 그의 영향을 받습니다. 불가로 말하면 이 사람은 이미 불가사의한 삼매를 얻은 것입니다. 그를 접촉한 사람은 그가 방사(放射)하는 공덕의 범위 안에 앉아 있기만 하면 마음이 차분해지고[定] 청정해지고 구원을 얻습니다. 그래서 그는 '말을 하지 않아도 사람들이 신뢰하고, 공로가 없어도 친근히 하며[未言而信, 無功而親]', 그는 무슨 특별한 표현이 필요 없이 저절로 사람들로 하여금 신임할 수 있게 하며 친근하게 할 수 있습니다. '남으로 하여금 나라를 넘겨주게 하고도 다만 받지 않을까 걱정하게 합니다[使人授己國, 唯恐其不受也]', 그는 남으로 하여금 진심으로 자기의 나라를 그에게 넘겨주고 싶어 하게 하고도 오히려 남은 그가 받지 않을까봐 걱정하게 할 수 있습니다.

공자는 말하기를 이 사람은 '시필재전(是必才全)', 틀림없이 재능과 학문을 모조리 다 구비한 만능인[全才]입니다 라고 합니다. 재능이란 타고나는 것입니다. 예를 들어 어떤 사람이 그림 천재라면 사람됨이야 좋든 좋지 않든 간에 천재입니다! 어떤 사람들은 아무리 가르쳐도 잘 가르쳐지지 않습니다. 천부적인 재능이 있는 사람은 한번 건드려주기만 해도 꿰뚫어서, 하나를 들어 열을 압니다. 재능은 재능이고 학문은 학문입니다. 공자는 말합니다. 이 사람은 틀림없이 재능도 다 갖춰졌고 도덕도 다 갖춰진 사람입니다. 그러나 재능과 도덕이 비록 다 갖추어졌지만 '덕이 밖으로 드러나지 않는 사람일 것입니다[而德不形者也]', 그의 도덕 내함은 시종일관 겉으로 드러나지 않습니다. 그래서 더욱 아름답습니다. 재능이 있고 도덕이 있는데 만약 다른 사람이 알아 볼 수 있다면 그 재능과 도덕이 비록 좋을지라도 아직은 한층 부족한 것입니다. 재능이 있고 도덕도 있는데도 당신이 알아볼 수 없고 방향이 어디에 있는지조차도 더듬어 낼 수 없다면, 그건 더욱 높습니다.

애공이 물었다. "무엇을 일러 재능이 온전하다 말하오?"

哀公曰 : 何謂才全 ?

노애공은 공자가 그렇게 말하는 것을 듣고서 물었습니다. 어떤 것이야말로 '재전(才全)'이라고 하오? 주의하기 바랍니다. 여기서의 '재(才)'는 지혜와 학문을 포괄합니다.

다시 수양을 말하다

중니가 대답했다. "삶과 죽음, 얻음과 잃음, 불우와 출세, 가난과 부

유, 현명과 우매, 비난과 칭찬, 배고픔과 목마름, 추위와 더위 등은 세
상사의 현상변화로서 자신이 지은 운명의 힘의 작용입니다."

仲尼曰：死生存亡, 窮達貧富, 賢與不肖毁譽, 飢渴寒暑, 是事
之變, 命之行也。

　공자의 이 몇 마디 말은 모두 상대적입니다. '사생(死生)'이 상대
적이요, '존망(存亡)'은 곧 득실(得失)로서 성공과 실패입니다. '궁
달(窮達)', '궁(窮)'은 재수가 없는 것입니다. 돈이 없는 것은 당연히
재수가 없음에 속합니다! '달(達)'은 통달로서 갖가지가 다 마음먹
은 대로 되는 것입니다. '빈부(貧富)'는 재부가 있음과 빈궁함입니
다. '현여불초(賢與不肖)', 좋은 사람과 나쁜 사람입니다. '훼예(毁
譽)는 꾸짖음과 칭찬입니다. '기갈한서(飢渴寒暑)', 배고픔과 목마
름, 추위와 더위 등 일체의 이런 외부의 영향들은 모두 세상사의
변화에 속합니다. 이런 변화 현상들도 인생 경계에서 만날 수 있는
것입니다! 이런 것들을 인간세상이라고 부릅니다. 인생의 길에서
이런 현상들의 변화는 수시로 앞에 나타날 수 있습니다. 그렇다면
이렇게 만난 인간세상의 변화에는 주재자가 있을까요 없을까요?
하느님이 당신에게 안배한 것일까요? 아니면 보살이 당신에게 안
배한 것일까요? 아니면 염라대왕이 당신에게 안배한 것일까요? 모
두 다 아닙니다. 주재자가 없는 것입니다. 그렇다면 자연히 온 것
일까요? 역시 아닙니다. '자신이 지은 운명의 힘의 작용입니다[命
之行也]', 모두 다 자기의 생명 중의 한 가닥의 힘이 자신에게 만나
게 하는 것입니다. 불학을 연구해 본 사람이면 아는데, 여기서 말
한 '명(命)'이란 바로 불학에서 말하는 업(業)입니다. 선(善)에는 선
업(善業)이 있고 악(惡)에는 악업(惡業)이 있습니다. '행(行)'은 바로

불학에서 말하는 색수상행식(色受想行識) 오음(五陰)에서의 '행'입니다. 행은 움직임[動]이기도 한데, 이 힘은 영원히 운행하면서 굴러 움직이고 있습니다. 이 힘에는 주재자가 없습니다. 자연도 아닙니다. 일체유심(一切唯心)으로서 오직 자기의 마음이 만들어낸 것입니다. 그러므로 생명은 자기가 만든 것이며 이 힘은 영원히 굴러 움직이고 있습니다. 생명존재의 노정에서 당신으로 하여금 자연히 갖가지 변화를 만나게 합니다.

"낮과 밤이 눈앞에서 서로 번갈아 오가면서 바뀌지만 우리의 지혜는 그 낮과 밤이 어디에서 오는지 그 생명의 힘과 우주만유 변화의 시작 기점을 찾아내지 못합니다."

日夜相代乎前, 而知不能規乎其始者也。

그는 말합니다. 이런 현상들은 낮이 가면 밤이요 밤이 지나면 또 낮입니다. 그러므로 '낮과 밤이 눈앞에서 서로 번갈아 오가면서 바뀌지만[日夜相代乎前]', 밤과 낮이 교체 변화하면서 우리들 앞에 놓여있습니다. '우리의 지혜는 그 낮과 밤이 어디에서 오는지 그 생명의 힘과 우주만유 변화의 시작 기점을 찾아내지 못합니다[而知不能規乎其始者也]', 그러나 우리는 그 생명의 힘과 우주만유 변화가 시작된 기점을 찾아내지 못합니다. 낮과 밤은 어디에서 올까요? 하느님이 만들었을까요? 아닙니다. 하느님이 만들지 않았습니다. 하느님은 어떤 사람이 만들었을까요? 그는 말합니다. '이지불능규호기시자야(而知不能規乎其始者也)', 당신의 지혜는 그 최초의 운동에너지[動能]가 어떻게 온 것인지를 철저히 깨달을 길이 없습니다. 만약 당신이 이 본원(本源)을 철저히 깨닫는다면 도를 얻었다고 말합니다.

이 편에서 장자가 말하는 이야기들은, 일반인들은 뒤에 나오는 한 편의 이른바 우언(寓言)에 근거하여 이런 것들은 모두 가탁한 것이라고 봅니다. 가탁한 것일까요? 우언을 얘기할 때 다시 토론하겠습니다. 지금 우리는 잠시 그것을 한 가탁으로 여기겠습니다.

"그러므로 일반인들은 시간과 공간에 구속되어 있기 때문에 해탈자재의 경지인 활화(滑和)에 이르지 못하고, 심령의 본체인 영부(靈府)에 들어갈 수 없습니다."

故不足以滑和, 不可入於靈府。

우리 일반인들은 시간과 공간에 제약되어 자기의 마음속에 영원히 해탈을 얻을 수 없습니다. 자재함을 얻지 못하고 시종일관 외부환경에 가로막혀 있습니다. 그래서 '활화(滑和)'의 경계에 도달하지 못합니다. 상서롭고 조화롭고[祥和] 편안한[安適] 경계에 도달하지 못합니다. 마지못해 불학 명사로 해석한다면 바로 신체적인 자재와 심령의 해탈에 도달하지 못한 것입니다. 이 때문에 말하기를 '심령의 본체인 영부(靈府)에 들어갈 수 없다[不可入於靈府]'라고 합니다. '영부(靈府)'는 『장자』 여기서 나타나는데 일반인들은 그것을 '심(心)'이라고 해석합니다. 그런데 우리들의 심장의 '심'이 아니라 '마음의 체(體)'를 말하는 것입니다. 이른바 만상을 포함하는 것은 모두 유심소조(唯心所造)인데, 장자는 그것을 '영부'라고 부릅니다. 뒷날 도가와 도교는 이 명칭을 이용하여 이른바 천인의 경계, 도를 얻은 경계를 '영부'라고 불렀습니다. 뒤에 또 종교적인 색채를 더하여 도교에서는 '영부'를 천당이라고 묘사하고 또 갖가지의 설명들이 있었습니다. 사실은 장자가 공자의 입을 빌려서 말하는 '영부'란 곧 심령이란 의미입니다. '불가입어령부(不可入於靈府)'란 심령의 최고 해탈 경계까지 승화할 수 없다는 것입니다.

"사람의 수양이 평화롭고 즐거운 기(氣)를 천지와 서로 흘러 통하게 하여 영부의 경지에 들어가면 언제 어디서나 즐겁고 유쾌함을 잃지 않습니다."

使之和豫通而不失於兌。

여기서의 '兌'자는 곧 '悅(열)'자입니다. 만약 어떤 사람의 수양이 언제 어디서나 평화롭고 화평하고 기쁜 경계에 도달하여 마음속에 번뇌가 없고 슬픔과 근심 고통이 없어서 '화유통(和豫通)', 화유의 기(氣)를 흘러 통하게 하여 천지와 서로 통해서 영부의 경계에 들어가면 '언제 어디서나 즐겁고 유쾌함을 잃지 않는다[而不失於兌]', 하루 종일 내내 유쾌하고 기쁩니다. 그게 바로 도가에서의 신선 장생불로 수련의 명언입니다. '신선무별법(神仙無別法), 지생환희불생수(只生歡喜不生愁)', 신선을 배우고자 하면 다른 방법이 없습니다. 그저 환희심만 내고 근심을 일으키지 않는 것입니다. 언제 어디서나 심경이 유쾌하고 기쁜 상태에 있도록 보호 유지할 수 있고, 근심 번뇌가 마음속에서 오고가는 일이 없다면 자연히 신선의 경계에 도달할 수 있다는 것입니다.

덕충부 편은 도덕의 충실을 말합니다. 지금 공자의 입을 통해 재능과 도덕을 말하고 있는데, 진정으로 도덕이 있는 사람이라야 재능과 도덕과 학문 이 세 가지를 구비합니다. 도덕행위를 닦아 충실해졌고 그의 재능도 천재라면 바로 고인들이 말하는 신선 재능[仙

才]입니다. 중국문화사상에서는 사람은 인선(人仙)까지 닦을 수 있다고 보는데, 육체생명이 영원히 존재하면서 장생불로하는 것은 중국문화 특유의 것입니다. 그런데 이런 신선 재능에 대하여 중국문화에 또 다음과 같은 한마디 말이 있습니다. '차신무유신선골(此身無有神仙骨), 종우금선막랑구(縱遇金仙莫浪求)', 만약 신선될 재능이 아니라면 설사 금선(金仙)을 만났더라도 함부로 추구해서는 안 됩니다. 여기서의 '랑(浪)'자는 함부로의 의미입니다. 물론 당신이 추구해도 무방합니다만 성공하지 못할 것입니다.

이비(李泌) 이야기

신선 재능에 대해서 얘기해보겠습니다. 당나라 명황(明皇) 시대부터 시작하여 그의 아들인 숙종, 그 후의 대종, 덕종에 이르기까지 4대에 걸쳐 한 신선 재능의 재상이 있었는데 이름이 이비(李泌, 722~789)였습니다. 하지만 보통 역사에서는 그리 말하지 않았습니다. 이비와 곽자의(郭子儀)는 이름을 나란히 날렸는데 한 사람은 문(文), 한사람은 무(武)로서 둘 다 대단했습니다. 이비는 유명한 신선 재상이었습니다. 이 사람은 도가도 배웠고 선종도 배웠습니다. 선(禪)을 연구하는 여러분들은 『지월록(指月錄)』에 나오는 나잔(懶殘) 선사 단락에서 그에 관한 약간의 자료를 찾아낼 수 있습니다. 역사상 이비를 형용하기를 신선 재능이 있을 뿐만 아니라 선골도 있었다고 형용했습니다. 전기에 기록되어 있기를 그는 뼈마디가 산연(珊然)하다고 했는데, 그가 길을 걸어가면 날렵하고 민첩했습니다. '산연(珊然)', 그의 뼈가 유연하기가 사람들 뼈마디 같지 않고 특별한 분위기가 있었습니다. 즉, 보통사람들이 말하는 선풍도골(仙風道骨)이었습니다.

이비는 신선 재능의 특질을 갖추고 있었는데 그는 나잔 선사와의 이야기 한 토막이 있습니다. 이 선사는 이른바 재래인(再來人: 다시 윤회 전생하여 불교에 귀의한 사람/역주)이었습니다. 이비는 나잔 선사가 도가 있는 사람이라는 것을 알고는 밤에 그를 향해 무릎을 꿇고 가르침을 구했습니다. 이 나잔 선사는 게을렀습니다. 콧물이 흘러나와 가슴까지 늘어져 있어도 자신이 닦기도 귀찮아했습니다. 또 오로지 절에서 남은 반찬과 밥을 먹었습니다. 그래서 다들 그를 나잔 선사라고 불렀습니다. 이비가 절에서 글공부할 때 이 화상을 보았습니다. 밤에 나잔 선사가 경전을 읽는 것을 들었는데 마치 천뢰(天籟)의 소리 같았습니다. 겨울에 그 나잔 선사는 쇠똥을 주워와서 불을 때며 그 위에다 토란을 굽고 있었습니다. 이비는 나잔 선사 앞에 무릎을 꿇었습니다. 나잔 선사는 상대조차도 하지 않았습니다. 토란이 다 구어지자 콧물이 토란까지 매달려 내려왔는데도 자신이 아주 맛있게 먹었습니다. 절반을 먹고는 콧물이 묻은 토란을 이비에게 주었습니다. 이비는 마치 무슨 보배라도 얻은 듯이 먹어갔습니다. 그러므로 도를 구하기는 아주 쉽습니다. 남의 콧물을 기꺼이 먹으려하느냐 안느냐는 것은 하나의 문제입니다. 이런 정신이 있어야 도를 구할 수 있습니다.

이비가 다 먹고 나자 나잔 선사가 그에게 일러주었습니다. 당신은 잘 기억하고 있으라. 장래에 십 년간 태평 재상의 자리를 받을 것이다. 그래서 우리가 역사를 읽으면서 이비를 위하여 안타까워합니다. 마땅히 온전한 토란 한 개를 다 먹었어야 옳았습니다. 그랬더라면 어쨌든 수십 년간 태평 재상이 있었을 것입니다! 결과적으로 십 년만 했습니다. 하지만 그는 처음부터 끝까지 정말로 재상 노릇하려 하지 않았습니다. 줄곧 보통사람의 신분으로 당나라 숙종을 돕고 곽자의와 협동하여 안록산의 난을 평정했습니다. 당시 내부의 계획전략은 많은 것들이 그가 낸 아이디어였습니다.

대종 때에 이르러서 황제가 그를 머물게 하여 한 침상에서 자도록 했습니다. 두 사람은 얘기하지 못할 것이 없었습니다. 그러나 그는 시종일관 벼슬하려 하지 않았습니다. 재상도 하려고 하지 않았습니다. 수도만 생각했습니다. 그는 이미 벽곡(辟穀)의 경지에 도달해 있었는데 장량(張良)과 마찬가지였습니다. 최후에 다들 그에게 음식을 먹도록 다그쳐서 그의 도가 떨어져버렸습니다. 그러므로 토란만 먹을 수 있을 뿐 함부로 먹을 수 없었습니다. 이것은 역사상의 한 이야기입니다.

그런데 이런 이야기들은 정사(正史)에서는 대부분 언급하지 않습니다. 우리의 이 역사는 아주 재미있는데, 다들 일반 유가의 인물들이 쓴 것이기 때문에 좀 기괴한 일과 관계된 것은 다 빼버리고 기록하지 않았습니다. 그러므로 중국의 역사를 읽을 때는 정면만 읽으면 전체적으로 이해하기가 쉽지 않습니다. 그 반면을 읽어보아야 합니다. 그래서 저는 사람들에게 역대 왕조 명신들의 상주문[奏議] 등을 읽어서 그 반대 의견을 보라고 합니다. 그래야 당시의 진실한 상황을 이해할 수 있습니다.

재능과 도덕이 둘 다 온전하다

"밤이나 낮이나 마음속에 번뇌의 틈새가 없게 하고, 만물과 서로 교류하며 마음은 언제나 봄이 됩니다. 우주생명인 천지의 영기(靈氣)와 교접하여 마음이 영원히 봄처럼 생생불이(生生不已)의 경지인 것입니다. 이것을 일러 재능이 온전하다고 말합니다."

使日夜無郤, 而與物爲春, 是接而生時於心者也. 是之謂才全.

　장자가 제시하는 온전한 도덕과 온전한 재능을 다시 얘기합니다. 도를 이룰 수 있는 사람은, 승화할 수 있는 사람은, 혹은 이 세상에서 큰 사업을 한번 하려는 사람은 반드시 두 가지 것을 갖추어야 하는데, 바로 온전한 재능과 온전한 도덕입니다. 온전한 재능도 이미 어려운데 거기다 온전한 도덕을 더하는 것은 더욱 어렵습니다. 재능만 있고 덕이 없어도 안 됩니다. 도덕은 있고 재능이 없어도 안 됩니다. 도덕은 있고 재능이 없으면 도는 닦을 수 있습니다. 그렇지만 세속에 들어갈 수 없습니다. 재능만 있고 도덕이 없는 사람이 세속에 들어가면 위험합니다. 자기 자신을 위험하게 할 뿐만 아니라 세상도 위험하게 합니다. 그러므로 재능과 도덕 두 가지가 온전해야 세속에 들어갈 수 있습니다. 위에서는 공자의 말을 빌렸기 때문에 말하기를 '사람의 수양이 평화롭고 즐거운 기(氣)를 천지와 서로 흘러 통하게 하여 영부의 경지에 들어가면 언제 어디서나 즐겁고 유쾌함을 잃지 않는다[使之和豫通而不失於兌]'라고 했습니다.

　'밤이나 낮이나 마음속에 번뇌의 틈새가 없게 하고[使日夜無郤]', '무극(無郤)'은 퇴각의 의미가 아니라 밤낮으로 마음속에 잡념이 없다는 것입니다. 불가의 말로 하면 번뇌가 없는 것입니다. 그래서 앞에서 우리는 불학의 도리를 얘기하면서 한 인간의 수양을 말했습니다. 이른바 대아라한의 경계인 '신경여엽(身輕如葉), 주야상명(晝夜常明)'인데 몸이 풀잎이나 나뭇잎처럼 가볍고 밤낮으로 언제나 밝게 깨어 있습니다. 바로 수면이 없는 것입니다. 마음속에 번뇌도 없고 꿈도 없습니다. 이 경계에 도달하면 '만물과 서로 교류하며 마음은 언제나 봄이 됩니다[而與物爲春]', 만물과 서로 왕래합니다. 신선의 경계로서 심신이 영원히 봄입니다. 영원히 젊고 영원히 유쾌하며 즐겁습니다.

'우주생명인 천지의 영기(靈氣)와 교접하여 마음이 영원히 봄처럼 생생불이(生生不已)의 경지인 것입니다[是接而生時於心者也]', 여기서의 '접(接)'이란 천지의 영기(靈氣)를 교접하는 것입니다. 바꾸어 말하면 하늘과 인간이 서로 교접합니다[天人相交]. 우주생명이 서로 한데 교접하는 것입니다. '이생시어심자야(而生時於心者也)', 언제나 생생불이(生生不已)하며 심경(心境)이 영원히 봄 같고 영원히 항상 봄입니다. 원나라 왕조가 시작되기 전에 징기스칸은 장춘진인(長春眞人) 구처기(丘處機)를 위하여 장춘궁(長春宮)을 하나 지었는데 그 도리가 바로 여기서 온 것입니다. 일마다 영원히 봄이요 쇠락이 없고 번뇌가 없습니다. '이것을 일러 재능이 온전하다고 말합니다[是之謂才全]', 바꾸어 말하면 이렇게 재능이 온전한 사람이라야 도덕의 충실의 경계에 도달할 수 있습니다.

"무엇을 도덕이 밖으로 드러나지 않는다고 말하오?"

何謂德不形？

노애공이 또 묻습니다. 어떤 것을 '도덕이 밖으로 드러나지 않는다[德不形]'라고 하오? 한 인간의 내면의 도덕이 넘쳐흐름은 겉으로는 알아볼 수 없는데, 이것은 대단히 중요합니다. 도덕이 있는 선비가 만약 외모로도 도덕적인 형태를 띤다면 그것은 바로 유한

(有限) 도덕입니다. 그를 유한회사(有限會社)라고 부를 수 있습니다. 도덕이 정말로 넘쳐흐르는 사람은 외모가 평범하여서 문학에서 다음과 같이 말한 것과 똑 같습니다. '학문심시의기평(學問深時意氣平)', 한 인간의 학문의 성취가 깊을 때 그의 의기(意氣)도 사라져버립니다. 이 말은 아주 평범하게 보이지만 사실은 엄중합니다. 우리가 알듯이 고금동서의 지식인들의 논쟁과 심리상의 전투는 그 어떤 것보다 심했습니다. 보통사람은 살면서 모두 다투고 있는데, 이것은 탐욕심에서 일어난 투쟁이요 이해를 다투는 것입니다. 지식인들의 다툼은 보통사람들의 다툼보다 더욱 두렵습니다. 이른바 사상투쟁입니다. 이해의 다툼을 더욱 넘어선 것입니다.

그러므로 '학문이 깊을 때에 의기는 평범하다'는 경지에 정말로 도달했다면 바로 다툼이 없습니다. 그것은 곧 성인의 경계로서 득도한 사람이라고 부릅니다. 평소에 '학문심시의기평(學問深時意氣平)'이라는 이런 말 한마디를 보면 쉬운 것 같지만 실천하기는 대단히 어렵습니다. 왜냐하면 의기는 평온하기[平和] 어렵기 때문입니다. 지식인들이 이 기준에 맞을 수 있느냐의 여부는 그의 의기가 평온해질 수 있느냐의 여부에 온통 달려있습니다. 그런데 장자가 지금 말하고 있는 '덕불형(德不形)'은 도덕이 있으면서 밖으로 드러나지 않는 것입니다. 이것은 의기가 평온한 경계보다도 더 높은 경계입니다. 애공이 어떻게 해야 '덕불형(德不形)'이라고 부를 수 있습니까? 하고 질문한 것은 하나의 도리가 있습니다.

중니가 대답했다. "수평(水平)이란 물이 완전히 멈춘 상태입니다. 이를 본받을 수 있는데, 그처럼 영원히 안으로 심경(心境)을 보호하면서 밖으로 바깥 경계의 영향을 받아 흔들리지 않는 것입니다."

曰：平者, 水停之盛也。其可以爲法也, 內保之而外不蕩也。

　　과학이나 물리에서 '수평(水平)'이란 두 글자를 자주 씁니다. '수평'이란 한마디는 제일 먼저 『장자』에서 나옵니다. '수평이란 물이 완전히 멈춘 상태입니다[平者, 水停之盛]', 그는 말합니다. 물이 진정으로 평온해지면 흐르지 않기 때문에 '수평'이라고 부릅니다. 물은 조금만 기울어져도 요동할 수 있습니다. '이를 본받을 수 있는데[其可以爲法也]', 그러므로 정좌하여 도를 닦아서 마음이 정(定)의 경계에 도달함은 꼭 다리를 틀고 앉아야 되는 것은 아닙니다. 이 마음이 정지한 물처럼 요동하지 않는 것입니다. 무엇을 정(定)이라고 부를까요? 무엇을 도의 경계라고 부를까요? 옛사람은 네 글자로만 묘사했습니다. '지수징파(止水澄波)', 물처럼 정지하여 흐르지 않는 것이요 가을의 차가운 깊은 연못처럼 평정(平靜)한 것입니다. 대만 여기를 저는 집을 떠나 돌아다녀 본 적이 없어서 우리 강소성(江蘇省) 절강성(浙江省) 일대의 물이 푸르고 산이 푸른 그런 것을 본적이 없습니다. 옛사람의 시에 '명산을 사랑하기 때문에 섬 속으로 들어간다[爲愛名山入剡中]'고 했는데 바로 강소성 절강성 일대의 산수를 형용한 것입니다. 이렇게 그 밑바닥까지 맑은 물을 '징파(澄波)'라고 부릅니다. 어떤 때 보면 물이 흐르지 않고 벽록(碧綠)의 푸른색입니다. 그러나 죽은 물은 아닙니다! 죽은 물의 녹색은 밑바닥이 보이지 않습니다. 그것은 독이 있는 것입니다. 살아있는 물은 청록색이 납니다. 나무처럼 그런데 아주 보기 좋습니다. 이런 물을 보면 심경이 자연히 청량해질 것입니다.

　　그러므로 말합니다. 물이 평온하여 흐르지 않아 마치 '지수징파' 같듯이 사람이 '일야무극(日夜無郤)', 밤낮으로 언제나 그런 경계를 해낼 수 있다면 바로 도덕수양이라고 합니다. 장자는 분명히 당신에게 방법을 일러주고 있습니다. 이 마음이 물처럼 흐르지 않으면 잡념 망상이 다 사라집니다. 희노애락(喜怒哀樂)의 물이 흐르지 않게 되었지만 그렇다고 죽은 것이 아니라 살아있습니다. 마치 하나의 거울처럼 희노애락을 다 비추어보지만 그것은 '지수청파'로서, 흐르지 않습니다.

불경에서는 우리들에게 정좌 방법을 일러주기를 처음에는 한 컵의 물처럼 하라고 합니다. 혼탁한 한 컵의 물을 서서히 스스로 느끼게 됩니다. 정좌하지 않을 때는 좋았는데 정좌하고 난 뒤에 생각 잡념들이 오히려 유난히 많다는 것을 느끼게 됩니다. 어떤 사람이 부처님께 묻자 부처님은 말했습니다. 그건 당연한 것이다. 물 한 컵을 거기 놓아두면 그 진흙 찌꺼기를 보지 못하다가 서서히 맑아졌을 때 먼지와 그런 진흙찌꺼기들을 본다. 서서히 맑아지면서 오래 지나면 먼지나 진흙찌꺼기들이 바닥까지 맑아진다. 그런 다음에 이런 진흙찌꺼기들을 쏟아버리면 물이 완전히 맑게 변한다고 했습니다. 그것은 석가모니불이 인도에서 말한 것입니다. 장자가 살았던 시대는 물론 그보다 좀 뒷날이지만 그때에는 중국과 인도 문화가 아직 교류하지 않을 때였습니다. 장자는 이 방법을 말하고 있습니다. '수평이란 물이 완전히 정지한 상태입니다. 이를 본받을 수 있는데[平者, 水停之盛也, 其可以爲法也]', 사람들에게 수평, 정지한 물이 바닥까지 맑아진 것을 본받아, 심경을 서서히 수양하여 도덕을 충실히 하라고 합니다. 장자의 이런 설법은 석가모니가 말한 것과 오히려 같습니다.

'그처럼 영원히 안으로 심경(心境)을 보호하면서 밖으로 바깥 경계의 영향을 받아 흔들리지 않는 것입니다[內保之而外不蕩也]', 내면의 심경이 영원토록 이 경계를 보호 유지해 가면서 외부경계의 영향을 받지 않습니다. 외부경계가 어떻든 간에, 당신을 욕하든 당신을 칭찬을 하든 심지어는 뜻대로 되든 뜻대로 되지 않은 것을 보든 간에 이 마음이 물처럼 평온하여 흐르지 않습니다. 만약 정좌할 때는 그렇게 할 수 있지만 일할 때는 그렇게 하지 못한다면, 그것은 인정할 수 없습니다. 세속에 들어갈 수 있으려면, 일을 할 수 있으려면, 희노애락이 다 있지만 자신의 그 심경의 수양은 한잔의 맑은 물이 거기에 놓여있듯이 움직인 적이 없어야 합니다. 그러므로 이런 수양이 있어야 세속을 벗어날 수 있고 세속에 들어갈 수도 있는데, 외형을 통해서는 이해할 길이 없습니다. 현장(玄奘) 법사는 이를 다음과 같이 여덟 글자로 설명했습니다. '여인음수(如人飮水), 냉난자지(冷暖自知)', 마치 사람이 물을 마시는 것과 같아서 차가운지 따뜻한 지를 스스로 안다.'

"도덕수양이란 심경의 평화를 성취하는 긴 여정입니다. 내면에 이런 도덕수양이 있다면 외부의 만물이 어떻게 교란하더라도 이 집중된 상태와 행복의 경지를 떠나지 않을 수 있습니다."

德者，成和之脩也。德不形者，物不能離也。

'도덕수양이란 심경의 평화를 성취하는 긴 여정입니다[德者，成和之脩也]', 도덕의 수양이 이 '성화(成和)'의 경계 도달한 것이 바로 『중용』에서 말하는 중화(中和)의 상태입니다. 바꾸어 말하면 이것이야말로 진정으로 화평(和平), 심경의 평화를 성취한 것입니다. '수(脩)'자는 수도(修道)의 수(修)자가 아니라 이 한 가닥의 긴[修長] 길이라는 의미로 희망과 전도(前途)입니다. 이것이야말로 내덕(內德) 수양이라고 부릅니다. 그러므로 내면에 이런 도덕의 수양이 있다면 '외부의 만물이 어떻게 교란하더라도 이 집중된 상태와 행복

의 경지를 떠나지 않을 수 있습니다[物不能離]', 외부의 만물이 어
떻게 당신을 교란하더라도 당신은 시종일관 이 집중된 상태[凝定]
와 행복[祥和]의 경계를 떠나지 않습니다. 공자는 여기까지 얘기하
여서 노애공이 애태타에 관해 물었던 문제를 대답하여 애태타 그
는 도가 있는 선비임을 일러주고, 무엇을 재능이 온전한 것[才全]
이라고 하는지, 무엇을 도덕이 온전한 것[德全]이라고 하는지를 설
명을 했습니다. 바꾸어 말하면 『장자』의 문장 속에서 공자가 노애
공에게 설법을 하고 있는 것입니다.

스승을 쓰면 왕 노릇하고 벗을 이용하면 패자가 되고 무리를 이용하면 망한다

애공이 훗날 민자(閔子)에게 말했다. "처음에는 내가 임금으로서 노나
라를 다스림에 있어 백성의 기강을 잡고 그들이 잘 살지 못하고 죽을
까 근심하는 것으로 좋은 국왕으로서의 스스로 할 바를 다하는 것으로
생각했소."

哀公異日以告閔子, 曰：始也, 吾以南面而君天下, 執民之紀而
憂其死, 吾自以爲至通矣。

　여기서 '민자(閔子)'는 이십사효(二十四孝) 속에 나오는 민자건
(閔子騫)인지 아닌지는 모르겠습니다. 우리는 그냥 그 사람이라고
여깁시다. 어느 날 노애공이 공자의 학생인 민자건을 만나서 그에
게 말했습니다. '처음에는 내가 임금으로서 노나라를 다스림에 있

어[始也, 吾以南面而君天下]', 중국 고대의 황제나 최고의 영수는 모두 남쪽을 향하여 앉았습니다. 그 다음이 서쪽에서 동쪽으로 바라보고 앉았는데, 그것은 사도(師道)의 자리였습니다. 국민혁명이 만청(滿淸)제국을 뒤엎기 이전에는 어느 누구의 집도 감히 정남향으로 하지 못했습니다. 오직 관아와 신을 모신 사당 같은 신묘(神廟)만이 남향으로 할 수 있었습니다. 이러한 수천 년의 민족문화는 『역경』에서 말한 남북극 자장(磁場)의 이치에서 온 것입니다. 이집트에서 피라미드를 건설한 것과 마찬가지입니다. 노애공은 직업 황제였습니다. 그는 말합니다. 내가 왕 노릇할 때에 '백성의 기강을 잡고 그들이 잘 살지 못하고 죽을까 근심하는 것으로[執民之紀而憂其死]', 좋은 정치제도를 하나 갖고 싶었소. 백성들이 좋은 생활을 얻지 못할까 봐 나라를 걱정하고 백성을 걱정하고 천하를 근심하였는데, 나는 국왕으로서 그런 생각이었소. '좋은 국왕으로서의 스스로 할 바를 다하는 것으로 생각했소[吾自以爲至通矣]', 내 스스로 자신이 좋은 국왕이라고 생각했소.

"이제 내가 지인(至人)의 말을 듣고 나니, 비록 왕으로서 나라와 백성을 걱정하는 마음이 있지만 내게는 한낱 텅 빈 이상일 뿐 그 실질이 없고, 나의 몸을 함부로 써서 나라를 망칠까 두렵소. 나와 공구 사이는 군신관계가 아니라 도덕적인 친구일 뿐이오."

今吾聞至人之言, 恐吾無其實, 輕用吾身, 而亡其國。吾與孔丘, 非君臣也, 德友而已矣。

나는 이제 당신의 선생인 공자의 이번 말을 듣고 나서야 그 정도에 그쳐서는 안 되고 인생의 가치를 알아야한다는 것을 알게 되었소. '문지인지언(聞至人之言)', 도를 얻은 사람이 지인(至人)입니다. 장자가 창조한 지인·진인(眞人)이라는 명칭은 도가와 도교에 영향을 미쳤습니다. 그러므로 도를 이룬 신선은 진인 등으로 부르는데, 여순양(呂純陽) 진인이나 구장춘(邱長春) 진인 등이 그런 경우입니다. 지인은 진인이기도 하며 도를 얻은 사람입니다. 하지만 우리가 이런 명칭을 보면, 우리 같은 사람들은 진인이 아니라 가인(假人)이라고 생각할 수 있습니다. 노애공은 말하기를 그가 지인의 말을 듣고 나니 자기가 남쪽을 향하여 앉아 왕 노릇하면서 천하를 근심한 마음은 다만 텅 빈 이상에 그칠 뿐 '그 실질이 없을까 두렵다[恐吾無其實]'라고 합니다. 비록 나라를 근심하고 백성을 근심하는 마음도 있지만 '나의 몸을 함부로 하고 나라를 망칠까 두렵소[輕用吾身, 而亡其國]', 자기의 진정한 생명을 아끼지 않아 사회국가에 대하여 공헌이 없을까 가장 두렵소. 만약 이대로 가면 국가에 대하여 결코 좋지 않소 라고 했습니다. 노애공은 공자의 그 말로 인하여 한층 더 깊은 도리를 이해하게 되었으며 도를 얻은 사람은 외형에 있지 않다는 것을 알았습니다. 이 단락의 이야기에서 노애공 자신이 결론을 지었는데, 득도한 사람은 외형의 위엄과 덕망[威德]의 장엄에 있지 않고, 이른바 진정한 장엄이란 내심의 충실에 있다는 것입니다.

노애공의 결론인데, '나와 공구 사이는 군신관계가 아니라[吾與孔丘, 非君臣也]', 그와 공자는 국왕과 신하가 아니라 '도덕적인 친구일 뿐이오[德友而已矣]', 도우(道友), 도덕적 친구라고 말할 수 있다 라고 했습니다. 노애공은 결국 어디까지나 노애공이라고 장자의 이 한 단락의 말도 진실하게 기록하고 있습니다. 하지만 공자를 연구하기는 어렵습니다. 『사서오경』만 읽어가지고는 공자를 이해할 길이 없습니다. 우리가 읽어볼 필요가 있는 책들이 몇 권 있는데, 그 한 권이 『공자가어(孔子家語)』입니다. 그것은 『사서오경』 이외에서 공자에 관한 자료를 수집한 것입니다. 또 한권의 책은 청나라 시대 이후의 저작인 『공자집어(孔子集語)』인데 공자의 이런 말들을 기술하고 있습니다. 이 두 권의 책을 읽고 난 뒤라야 공자 연구는 이해한 바가 있을 것입니다. 장자가 기록한 이런 것들은 공자 당시에 정말로 있었던 일일까요? 고증학 상으로는 어렵습니다. 그러나 공자를 이해하는 데는 도움이 되는 바가 있습니다.

그 다음으로, 우리가 보듯이 장자가 공자를 언급할 때 많은 곳들이 난감하고 비꼬는 내용이며 유머적입니다. 하지만 여러분이 자세히 보고나면 그는 많은 부분들에서 절대적으로 공자를 떠받들고 있고, 여기서도 공자를 떠받들고 있습니다. 이 밖에 문제가 하나 있습니다. 우리는 방금 노애공의 말을 언급했는데 그는 말하기를 그와공자는 '군신관계가 아니라 도덕적인 친구일 뿐이다' 라고 했습니다. 그러므로 말하기를 노애공은 작은 제후이며 그가 크게 성취할 수 없었던 것은 원인이 있었다고 합니다. 중국역사문화의 한 명언이 있습니다. '용사자왕(用師者王), 용우자패(用友者覇), 용도자망(用徒者亡)', 이것은 중국역사에서 불변의 진리입니다. 도제들을 썼던 사람들은 끝장이 좋지 않았습니다. 이것은 경극 창에서 말하는 '말장은 명령을 따른다(末將聽令)'는 부류의 신하로서 다들 오로지 명령만 따랐습니다. 노애공은 도대체 대 제왕으로서의 도량 이 있었을까요 없었을까요? 마지막에 말하기를 공자와는 도덕적인 친구일 뿐이라고 말했습니다. 그는 나의 스승은 공자라고 말하지 않았습니다!

그러므로 역사상 스승을 썼던 사람은 왕 노릇했습니다[用師者王]. 예컨대 탕(湯) 임금은 이윤(伊尹)을 썼고 주 문왕과 무왕은 강태공(姜太公)을 등용시켰습니다. 이게 모두 스승을 쓴 것입니다. 한고조는 장량을 쓰고 유비는 제갈량을 썼는데 이런 사람들은 친구를 쓴 것이었습니다. 친구와 동료의 무리를 쓴 것으로 사도(師道)로 쓴 수준에 미치지 못했습니다. 요컨대 진나라 한나라 시대 이후에는 사도를 쓴 사람이 없었고 모두 친구로 썼을 뿐입니다. 조금 전에 말했던 당 현종 이후 자손 4대가 이비(李泌)를 대한 것도 여전히 친구를 썼을 뿐 스승을 쓴 것이 아니었습니다. 이것은 우리가 얘기가 나온 김에 말해본 것입니다. 이제 장자는 그 밖에 두 사람을 제시합니다. 이 편의 이야기는 하나하나마다 아주 묘하게 얘기합니다. 나오는 사람마다 모두 사람 같지도 않은 사람입니다.

내재와 외재

발가락만으로 들까불며 걷는데다 키가 아주 작은 인기(闉跂)와 입술이 없는 등 괴상한 모습인 지리(支離)가 위나라 영공을 만나 얘기를 했는데, 영공이 듣고 기뻐했다. 그리고 온전한 사람들을 보니 그 목이 가늘고 길어 보기 싫었다. 목에 커다란 혹이 달린데다 배가 큰 모습인 옹앙대영이 제(齊)나라 환공(桓公)을 만나 얘기를 했는데 환공이 듣고 기뻐했다. 그리고 온전한 사람들을 보니 그 목이 가늘고 길어 보기 싫었다.

闉跂支離無脤說衛靈公, 靈公說之；而視全人, 其脰肩肩。甕㼜大癭說齊桓公, 桓公說之, 而視全人, 其脰肩肩。

'인기(闉跂), 지리(支離)'는 모두 별명입니다. '인기'란 사람은 키가 대단히 작았습니다. 키가 작은데다 생김새가 사람 모습 같지도 않았습니다. 두 발을 들까불면서 걸었는데 발뒤꿈치가 땅바닥에 닿지 않고 발가락으로만 걸었습니다. '지리'란 사람은 몸이 이상했습니다. 가슴이 가슴 같지 않고 허리가 허리 같지 않았습니다. 어쨌든 괴상한 모습이었습니다. 뿐만 아니라 입에는 입술이 없었습니다. 그러나 위나라 영공은 이 사람들을 보고 대단히 좋아했습니다. 그리고는 정상적인 보통 사람을 보니 사랑스런 사람이 하나도 없다고 느꼈습니다. '영공이 듣고 기뻐했다[衛靈公說之]', 說은 곧 悅(열)입니다. '그리고 온전한 사람들을 보니[而視全人]', 정상적으로 생긴 일반인들을 보니 '그 목이 가늘고 길어 보기 싫었다[其脰肩肩]', 도리어 사람 같지 않았습니다. 바로 얼굴 모습에 목이 길어서 아주 꼴 보기 싫었습니다! 역시 그런 사람들이 좋았습니다.

'옹앙대영(甕㼜大癭)'도 별명입니다. 그의 목의 갑상선이 부어 있어서 마치 물 항아리 같았습니다. 배도 커서 병 있는 사람 같았습니다. 그가 제나라 환공(桓公)을 찾아가 만났는데 제환공은 기뻐하면서 이 사람이야말로 아름답다고 여기며 그를 좋아했습니다. '이시전인(而視全人)', 일반 정상적인 사람들을 보니 '기두견견(其脰肩肩)', 아주 꼴 보기 싫었습니다. 어떻게 사람이 저런 어깨가 있고 목이 있을까! 보면 볼수록 꼴 보기 싫었습니다.

그러므로 그 사람의 도덕이 훌륭하면 그의 도덕학문을 좋아하여 그의 외형의 좋고 나쁨은 잊게 된다. 그러나 일반인들은 잊어야 할 것은 잊지 않고 잊어서는 안 될 것은 잊고 있으니, 이것을 일러 '참으로 잊고 있음'이라고 말한다.

故德有所長而形有所忘, 人不忘其所忘, 而忘其所不忘, 此謂誠忘。

　장자는 정면으로 얘기하고 있습니다. 어떤 사람에게 도덕이 있음은 꼭 외형에 있는 것이 아니다! 외형으로는 알아볼 수 없는 것이다. '그 사람의 도덕이 훌륭하면 그의 도덕학문을 좋아하여[德有所長]', 그러므로 도덕에 뛰어난 바가 있을 때에는 그의 도덕학문을 마음에 들어하고 '그의 외형의 좋고 나쁨은 잊게 된다[而形有所忘]', 그 외형이 보기 좋은지 안 좋은지는 잊어버리게 된다. '그러나 일반인들은 잊어야 할 것은 잊지 않고 잊어서는 안 될 것은 잊고 있으니, 이것을 일러 '참으로 잊고 있음'이라고 말한다[人不忘其所忘而忘其所不忘, 此謂誠忘]', 하지만 일반인들은 다들 불학에서 말하는 전도(顚倒)란 명사처럼 그렇습니다. 사람들의 생각관념은 흔히들 뒤바뀌어 있습니다. 사람들이 진리라고 정확한 것이라고 여기는 것이 꼭 진리인 것은 아닙니다. 우리가 틀리다고 여기는 것이 꼭 틀린 것은 아닙니다. 정면일수도 있습니다. 세상의 진리는 어디 있을까요? 뭐라고 꼬집어 말하기 어렵습니다. 철학자, 과학자, 종교가 이런 세 부류의 사람들은 다들 이 진리를 찾고 있지만 지금까지도 확정하지 못했습니다. 불교에서는 일반인들의 관념이 모두 뒤바뀌어 있다고 봅니다. 그러므로 일반인들은 '불망기소망(不忘其所忘)', 마땅히 잊어버려야 할 일을 잊어버리지 않고 '이망기소불망(而忘其所不忘)', 마땅히 잊어버리지 말아야할 일은 어떨까요? 한사코 잊어버립니다. '차위성망(此謂誠忘)', 일반인들은 다들 자기가 의지가 맑고 밝다고 보지만 실제로는 그것은 큰 흐리멍덩한 것이라고 장자는 말합니다.

　곽상의 『장자』에 대한 주해를 잊지 말기 바랍니다. 이 페이지 속에 있는 작은 글자는 주해를 아주 잘했습니다. 우리가 알 듯이 특히 불학을 연구한 사람들은 다 아는데, 구마라집의 제자인 승조(僧肇)가 저술한 한권의 『조론(肇論)』은 그 속의 여러 편의 문장이 중국철학사상에 영향을 미쳤습니다. 중국철학사나 중국문화사를 연구함에 있어서 『조론』을 떠날 수 없습니다. 승조라는 출가 스님은 31세에 죽었습니다(서기 384년~414년). 그는 대단히 총명했으며 문장도 너무나 좋았습니다. 우리는 다들 『조론』의 문장은 『장자』를 배웠으며 문자의 아름다움이 출중하다고 봅니다. 그런데 실제로는 승조의 문장은 진정으로 곽상을 배운 것입니다. 장자를 배운 게 아닙니다. 그런데 곽상은 오히려 장자를 배웠습니다. 역사상 재기가 넘쳤던 몇 명의 사람들, 예컨대 소동파나 더 나아가서 청나라 때의 김성탄(金聖嘆)은 모두 장자와 곽상의 문장을 배웠습니다. 곽상의 문장은 문자가 아름다울 뿐만 아니라 철학사상도 높습니다. 다음에서 곽상의 주해를 인용하겠습니다.

偏情一往, 則醜者更好, 而好者更醜也。生則愛之, 死則棄之, 故德者世之所不忘也, 形者理之所不存也。故夫忘形者非忘也, 不忘形而忘德者, 乃誠忘也。

'편정일왕(偏情一往)', 사람이 감정에 편견이 있기만 하면 주관이 형성됩니다. '즉추자갱호(則醜者更好), 이호자갱추자(而好者更醜也)', 비록 다른 사람들은 다들 저 사람이 못생겼다고 느끼지만 그는 좋다고 느끼고 보면 볼수록 예쁩니다. 만약 그 사람에 대해서 감정적 편견이 들거나 의견이 맞지 않게 되면 설사 아무리 예쁘게 생겼을지라도 보면 볼수록 싫어집니다. 대체로 남녀사이나 부부사이나 친구사이는 다들 그런 경험이 있습니다. 중국인에게는 다음과 같은 한 마디 속담이 있습니다. '포커 게임할 때는 한 장을 내야

하고 궁중의 황제는 궁녀들 중에서 하나를 점찍어야 한다[牌打一張, 色中一點]', 예쁘고 안 예쁨에는 일정한 기준이 없습니다. 두 사람의 감정이 좋을 때는 보면 볼수록 예쁩니다. 그 사람을 욕하거나 모욕을 주더라도 그는 상대에 대하여 좋다고 느낍니다! 감정에 편견이 있게 되면 당신이 그에게 죽도록 좋게 해줘도 그는 당신이 자신을 해치려한다고 생각합니다. 바로 그런 도리입니다.

'생즉애지(生則愛之), 사즉기지(死則棄之)', 사람이 살아있을 때는 사랑스럽지만 병이 났거나 죽었을 때는 내던져버려집니다. '고덕자세지소불망야(故德者世之所不忘也)', 도덕은 세상 사람들이 잊지 않을 것입니다. 예컨대 사람들이 이렇게 말하는 것을 흔히 듣습니다. 모씨는 아주 도덕이 있어. 그 사람은 좋아요 라고 하는데 이것은 세상 사람들이 잊지 못하는 바입니다. 사람마다 도덕이 좋다고 여깁니다. 그러나 사람은 정말로 도덕을 좋아할까요? 도덕이란 어떤 물건일까요? 본적이 없습니다. 모두 외형적으로 속임을 당합니다. 그러므로 '형자리지소불존야(形者理之所不存也)', 우리들도 다 알듯이 외형은 가짜입니다. 사람마다 다 알지만 저마다 외면의 현상에 속임을 당할 것입니다.

그러므로 말하기를 한 인간의 진정한 수양은 외부의 일체의 현상을 잊어버리지만, 현상을 통하여 그 현상 이면의 진정한 것을 살펴볼 수 있는 것입니다. 그렇지만 일반인들은 그런 도리를 비록 알더라도 '그러므로 외형을 잊음은 잊음이 아니라는 것[故夫忘形者非忘也]'을 해내지 못합니다. 그 반대로 '형상을 잊지 못하고 도덕을 잊어버립니다[不忘形而忘德者]', 왜냐하면 일반인들은 모두 현상에 속기 때문입니다. 진정한 도덕이 비록 중요하더라도 오히려 던져 버립니다. 그러므로 이것이야말로 참으로 잊고 있음입니다[乃誠忘也]. 곽상의 주해에서 여러분이 그 속의 많은 좋은 것들을 소홀히 할까 제가 걱정합니다. 비록 그저 한 두 마디라 할지라도 당신이 그것을 투철히 이해하고 나면 인생, 사람됨과 일처리에 대하여 응용이 무궁합니다. 그러므로 특별히 제시하니 여러분 유의하기 바랍니다. 이제 다시 『장자』 본문으로 돌아가 연구하겠습니다.

네 가지 관념을 발휘하다

그러기에 성인(聖人)은 노니는 경지가 있나니, 소요 해탈 자재가 그것이다. 그런데 일반인들은 지식이 나쁜 행위로 변하고, 예의 규범은 집착의 아교풀로 변하며, 도덕은 남에 대한 응대 수단으로 변하고, 기교로 만들어진 물건은 장사로 변한다.

故聖人有所遊, 而知爲孼, 約爲膠, 德爲接, 工爲商。

이것은 노자의 관념을 발휘한 것입니다. 물론 장자가 꼭 노자의 관념을 발휘한 것은 아닙니다. 그렇지만 그와 노자의 사상은 연속적인 것입니다. 그래서 중국문화에서 도가를 언급할 때는 노자와 장자를 함께 일컫습니다. '그러기에 성인은 노니는 경지가 있나니, 소요 해탈 자재가 그것이다[故聖人有所遊]', 성인의 경계인, 도를 얻은 사람은 자신에게 그가 마음을 쓰는 곳이 있는데, 바로 소요하면서 노닐고 해탈하여 자재한 것입니다.

'그런데 일반인들은 지식이 나쁜 행위로 변하고[知爲孼]', 지식은 본래 좋은 것인데, 지식이 높으면 높을수록 나쁜 짓을 그만큼 많이 짓습니다. '얼(孼)'자는 죄라는 뜻입니다. 불가에서 말하는 업

(業)이 아닙니다. 불가에서 말하는 업은 사업이란 의미의 업입니다. 그 업에는 선업(善業), 악업(惡業) 그리고 선도 아니고 악도 아닌 무기업(無記業)이 포함되는데, 모두 합하여 세 가지 업입니다. 장자의 여기서의 '얼'은 바로 나쁜 업입니다. 불가에서 말하는 악업입니다. 그러므로 지식이 많을수록 때로는 오히려 악업을 짓고 있는 것으로 변합니다.

'예의 규범은 집착의 아교풀로 변하며[約爲膠]', '약(約)'은 바로 구속입니다. 많은 도덕적인 규범이나 관념상의 계율 조목입니다. 보수적인 사람일수록 자신의 범위를 가지고 있어서, 결과적으로 고집으로 변하고 비스코스[黏膠]처럼 변해서 자기가 해탈하지 못하고 그에 달라붙어버립니다. 즉, 불가에서 말하는 집착입니다. '도덕은 남에 대한 응대 수단으로 변하고[德爲接]', 도덕은 본래 좋은 일입니다. 그렇지만 일반인들은 그 반면으로 사용해서 다른 사람을 응대할 때 도덕적인 모습으로 가장합니다. 그러므로 도덕인의 (道德仁義)가 이용할 수 있는 수단으로 변해버렸습니다. '기교로 만들어진 물건은 장사로 변한다[工爲商]', 여기서의 '공(工)'은 꼭 노동자 의미의 '공'자는 아닙니다. 생각에 뛰어나거나 기능에 뛰어나거나 머리가 유난히 좋아서 만들어 낸 물건을 '공'이라고 부릅니다. 좋은 물건을 만들어 낸 뒤에는 누구든지 사려고 해서 상업행위로 변해버립니다. 장자는 정면 반면 양쪽으로 다 말했습니다.

성인은 모략을 하지 않으니 어찌 지식이 필요하리요! 새기고 다듬는 등 일부러 꾸미지 않으니 어찌 한계범위에의 집착의 아교풀이 필요하리요! 잃는다는 관념이 없으니 어찌 도덕을 쓰리요! 물건을 좋아하지 않으니 어찌 장사가 필요하리요!

聖人不謀, 惡用知！不斲, 惡用膠！無喪, 惡用德！不貨, 惡用
商！

　'성인은 모략을 하지 않으니[聖人不謀]', 진정으로 도를 얻은 사
람은 남에게 방법을 생각할 필요가 없습니다. 모략을 쓸 필요가 없
습니다. '어찌 지식이 필요하리요[惡用知]!', 지식을 쓸 필요가 없습
니다. 지식 그 자체는 나쁘지 않지만 사람을 거꾸로 변하게 할지
모릅니다. 지식을 나쁜 면으로 사용하면 모략으로 변해서 다른 사
람들에게 해를 끼칩니다. 사실은 모략도 나쁘지 않은데 단지 음모
로 변하면 몰래 남을 해칠 것입니다. 남몰래 남을 해치는 것입니
다. 그러므로 성인은 권모술수를 쓰지 않기 때문에 지혜도 필요하
지 않습니다.
　'불착(不斲)'이란 새기고 다듬지 않는 것입니다. 허세를 부리지
않고 인생을 곧은길로 걸어가서 마땅히 처신해야 할대로 처신하고,
일부러 한번 자신을 분장하고 위장하지 않는 것입니다. '어찌 한계
범위에의 집착의 아교풀이 필요하리요[惡用膠]', 그러므로 자신이
하나의 한계가 있을 필요가 없습니다. '잃는다는 관념이 없으니 어
찌 도덕을 쓰리요[無喪, 惡用德]', 성인이 처세함에는 얻음과 잃음
[得失]이라 할 것이 없어서 갖가지 것들이 모두 나에게 속한다고
말하지 않을 것입니다. '무상(無喪)'은 잃어버림이 없는 것입니다.
무엇을 잃어버렸다는 느낌이 없는 것입니다. 돈 얘기를 하면, 당신
이 쓰고 싶으면 가지고 가세요! 라고 하며 손실이라거나 기쁘지 않
다고 느끼지 않을 것입니다. 그러므로 잃어버린다[喪]는 관념이 없
습니다. 그밖에 도덕이라는 명사가 있는데, 이론적으로는 보시라고
부르고 보시에는 공덕이 있다고 봅니다. 이런 것들은 모두 사람 자
신들이 지어낸 것입니다. 곧은 도리로 사용하면 무슨 보시니 공양

이니 그런 것이 의미가 없습니다. 그러므로 '어찌 도덕을 쓰리요 [惡用德]!'입니다.

'물건을 좋아하지 않으니 어찌 장사가 필요하리요[不貨, 惡用商]!', 성인은 장사를 하고 싶은 생각이 없습니다. 그는 재물을 좋아하지 않습니다. 여기서의 '화(貨)'는 일체의 물질을 대표합니다. 사람은 모두 물질을 좋아하고 물질에 사로잡혀 고통 받습니다. 고대의 역사를 읽어보면 어느 제왕은 '호화(好貨)'했다고 합니다. 다시 말해서 그는 물건을 좋아해서 어떤 찻잔이 좋은 것을 보면 제일 좋은 것은 자기 것이라고 했습니다. 반지가 예쁜 것을 보면 갖고 싶어 했습니다. 좋은 물건이 있으면 뭐든지 다 갖고 싶어 했습니다. 그게 바로 물질을 좋아하는 것입니다. 성인의 경계는 물질을 좋아하지 않습니다. 물건을 좋아하지 않습니다.

물건을 좋아하면 심각합니다. 우리는 저마다 물건을 좋아할 것입니다. 좋은 물건을 보면 바랍니다. 예컨대 맞은편의 국제학사(國際學舍)에서, 요 이틀간 무슨 수출 기성 의복인데 수출해서 팔리지 않은 것들로서 싸면서 예쁜 것들이니, 이 싼 기회를 얻을 수 있다며 꼭 가서 물건을 좋아하라고 합니다. 그러므로 사람이 살면서 물건을 좋아하는 것을 벗어날 수 없습니다. 다들 외부의 물건들에 유혹될 수 있습니다. 그러나 성인은 물건을 좋아하지 않는데 장사가 어디 필요하겠습니까? 그러므로 장사할 필요가 없습니다.

이 네 가지는 천지가 길러주는 것이다. 천지가 길러줌이란 천지가 먹여살려준다는 의미다. 이미 천지가 먹여살려주는데, 왜 남의 도움을 받거나 방해하리요!

四者, 天鬻也。天鬻也者, 天食也。旣受食於天, 又惡用人！

그러므로 모략이 필요하지 않고, 지혜가 필요하지 않고, 자신이 범위를 정하는 것이 필요하지 않고, 남의 호주머니의 돈을 어떻게든 자신의 호주머니 속으로 챙겨올 필요가 없다는, '사자(四者)' 이 네 가지는 '천지가 길러주는 것이다[天鬻也]'. '육(鬻)'은 기른다는 의미입니다. 하늘이 낳고 하늘이 길러주는 것입니다. 하늘이 사람을 낳으면 그 사람을 살아가게 할 기회가 아무튼 있기 마련입니다. 사람 자신이 말썽을 피우지 않는 한 말입니다. '천지가 길러줌이란 천지가 먹여살려준다는 의미다[天鬻也者, 天食也]', 하늘에 의지해서 밥을 먹습니다. 자연스러움에 맡긴다면 정상적인 생명은 자연히 살아갈 것입니다. '이미 천지가 먹여살려주는데[旣受食於天]', 천지가 사람을 낳았으면 자기가 자기에게 문제를 일으키지 않는 한 정규적인 평소의 생활을 사람마다 다 잘 살아갈 것입니다. '왜 남의 도움을 받거나 방해하리요[又惡用人]!', 다른 사람의 도움이 필요하지 않으며 더더구나 다른 사람을 방해할 필요는 없습니다. 그래야 자신을 살아갈 수 있게 합니다.

우리 사람들이 천지사이에 살고 있으면서 다른 사람을 방해하지 않는 사람은 없습니다. 반드시 다른 사람을 방해해야 살아갈 수 있을 것입니다. 부부나 부자의 관계나 형제자매사이의 경우 모두 서로 방해합니다! 당신은 밥 잘해놔. 내 퇴근해서 돌아와 먹어야 겠으니. 꼭 다른 사람을 방해해야만 자기가 밥을 먹을 수 있습니다. 사람은 다들 자립할 수 없습니다. 만약 자립할 수 있다면 다른 사람을 방해하지 않을 것입니다. 이것이 천덕(天德)이자 장자의 관념이기도 합니다.

정과 무정

일반인들은 사람의 형체는 가졌으나 사람으로서의 진정한 정감이 없다. 지인(至人)은 사람의 형체를 가졌으므로 사람의 무리와 함께 살지만 일반인들의 정서 감정이 없으므로 그에게는 시비(是非)가 일어나지 않는다.

有人之形, 無人之情。有人之形, 故群於人, 無人之情, 故是非不得於身。

이것은 장자가 역사문화 인류사회에 대하여 한 비판입니다. 그는 말하기를 일반인들은 '사람의 형체는 가졌으나[有人之形]', 비록 형체는 사람이지만 '무인지정(無人之情)', 진정한 정감이 없다고 합니다. 그러므로 장자의 관념은 우리 이런 사람들은 가짜 사람이지 진짜 사람이 아니라고 봅니다. 오직 도를 얻은 사람이야말로 진인이요 지인입니다. 그러나 지인은 이 세상에 살면서 '사람의 형체를 가졌으므로 사람의 무리와 함께 살지만[有人之形, 故群於人]', 그는 한 사람이요 우리도 한 사람으로서 다들 형체는 모두 사람이기 때문에 모여서 사람의 무리를 형성합니다. 이미 다들 모두 같은 부류이기 때문에 사람의 무리가 형성됩니다. 사람의 무리는 바로 사회이기에 모두들 군체(群體: 집단)가 서로 지내는 도리를 알아야 합니다.
　서양문화의 사회학을 수십 년 전에 엄복(嚴復: 幾道)은 '군학(群學)'으로 번역했는데, '군(群)'자는 바로 여기서 온 것입니다. 상무인서관(商務印書館)에서 출판한 것으로 엄복이 번역한 『군학이언

(群學肄言)』'(스펜서의 '사회학 연구'의 중국어 번역본임/역주)이란 책이 한 권 있는데 아마 아직도 살 수 있을 겁니다! 중국 구문화에 비추어 엄격하게 말한다면 엄복의 번역 관념은 틀리지 않았습니다. '일반인들의 정서 감정이 없으므로 그에게는 시비가 일어나지 않는다[無人之情, 故是非不得於身]', 무슨 정서적 감정이 없기 때문에 시비가 자기 몸에 올라가도록 야기하지도 않을 것입니다.

너무나 보잘 것 없는 존재이구나, 사람들이여, 그러니 잠시 그냥 사람이라고 부르자!

眇乎小哉, 所以屬於人也!

그는 말하기를 우리 일반인들은 인생의 가치를 알지 못하기 때문에 그 자신의 시비를 분간하지 못한다고 합니다. 즉, 불가에서 말하는 일체중생은 모두 전도중생(顚倒衆生)이라는 겁니다. 그러므로 장자가 보기에 인류는 너무나도 미미한 존재입니다. 장자의 말을 구어로 바꾼다면, 아, 보잘 것 없는 사람이여! 당신은 너무나 미미하네요. 잠시 사람이라고 부르지요! 입니다. 장자 자신도 사람이면서 그는 그 자신조차도 부정했습니다.

위대하구나, 지인이여, 우뚝 서서 진리인 자연(自然)을 성취하였도다!

謷乎大哉, 獨成其天!

'오(謷)'는 높고 크다는 뜻입니다. 진정으로 한 인간이 되고자 하고 한 위대한 인간이 되고 싶다면 먼저 인생의 가치를 이해해야 합니다. 위대한 인생 가치관이 있어야 한 위대한 인간이 될 가능성이 있습니다. '독성기천(獨成其天)!', 더더구나 홀로 우뚝 선 정신이 있어야 하고 무슨 '천(天)'을 이룩해야 할까요? 이 '천'자는 도가의 관념인데 바로 자연(自然)입니다. 불가에서 말하는 여래(如來)나 진여(眞如)이기도 합니다. 위에서는 모두 괴상한 사람들이었습니다. 괴상한 사람들을 찾아서 이 도리를 묘사하더니 다음에서는 좀 사람 얘기를 더했습니다.

혜자가 장자에게 말했다. "자네 말대로라면 사람은 본디 정이 없어야 하는가?" 장자가 대답했다. "그렇지." 혜자가 물었다. "사람이 정이 없다면 무엇을 가지고 사람이라 하겠는가?" 장자가 대답했다. "생명의 본체인 도(道)가 우리들에게 얼굴모습을 주고 하늘이 형태를 주었으니 어찌 사람이라 부르지 않겠나?"

惠子謂莊子曰 : 人故無情乎？莊子曰 : 然。惠子曰 : 人而無情, 何以謂之人？莊子曰 : 道與之貌, 天與之形, 惡得不謂之人？

　정(情)과 무정(無情)의 도리를 얘기합니다. 혜자는 명가(名家)로서 전문적으로 논리를 말했던 사람입니다. 그는 장자와 좋은 친구이기도 했습니다. 혜자는 장자에게 말합니다. '자네 말대로라면 사람은 본디 정이 없어야 하는가[人故無情乎]?', 자네가 그렇게 말 한 대로라면 사람은 감정이 없어야 비로소 사람이라고 부르는가? 장자가 말합니다. 맞네! 혜자가 말합니다. 사람이 만약 감정이 없다면 어떻게 사람이라고 부르겠는가! 여기서의 이 정(情)을 우리 일반인들은 감정으로 봅니다! 장자는 말합니다. '생명의 본체인 도가 우리들에게 얼굴모습을 주고 하늘이 형태를 주었으니[道與之貌, 天

與之形', 생명의 본래인 그 본체가 우리들에게 사람의 모습을 주었고, 하늘이 우리들에게 사람의 형상(形狀)을 주었는데 '어찌 사람이라 부르지 않겠나[惡得不謂之人]?', 왜 사람이라고 부르지 않겠는가! 이 단락은 장자가 대답한 말입니다. 다시 곽상의 주해를 보겠습니다. 한번 읽어볼 필요가 있습니다.

人之生也, 非情之所生也, 生之所知, 豈情之所知哉! 故有情於爲, 離曠而弗能也, 然離曠以無情而聰明矣。有情於爲賢聖而弗能也, 然賢聖以無情而賢聖也。豈直賢聖絶遠, 而離曠難慕哉! 雖下愚聾瞽, 及雞鳴狗吠, 豈有情於爲之亦終不能也。不問遠之與近, 雖去己一分, 顔孔之際終莫之得也。是以關之, 萬物反取諸身, 耳目不能以易任成功, 手足不能以代司致業。故嬰兒之始生也, 不以目求乳, 不以耳向明, 不以足操物, 不以手求行, 豈百骸無定司, 形貌無素主, 而專由情以制之哉!

'인지생야(人之生也), 비정지소생야(非情之所生也), 생지소지(生之所知), 기정지소지재(豈情之所知哉)!', 이것은 모두 철학사상이요 논리적 논변입니다. 그러므로 장자·곽상·승조 이 세 사람은 문장이 좋을 뿐만 아니라 문학 경계도 높습니다. 우리가 지금 논리에 관한 책을 한 권 사면 번역한 것이든 중국인이 쓴 것이든 간에 읽어가지 못하는 일이 늘 있습니다. 과학책은 더더구나 읽어 내려가지 못합니다. 그 까닭이 무엇일까요? 문학적인 경계가 높지 않기 때문입니다. 만약 과학에 관한 책이나 논리철학을 말하는 책이 이렇게 높은 문학적인 수양이 있다면 우리 국민의 문화는 높아질 것입니다. 이점을 통해 문학이 중요함을 알 수 있습니다. 장자도 철학을 말하고 있고 논리를 말하고 있습니다! 그렇지만 당신은 그 문장의 아름다움에 홀려버리고 문학 경계에 홀려버릴 수 있습니다.

사실은 그 속에서 말하는 것은 모두 논리와 철학입니다.

무엇이 정(情)이고 무엇이 성(性)일까

'인지생야(人之生也), 비정지소생(非情之所生)', 사람이 태어나 생명이 있을 때 정(情)으로 인해서 태어난 것이 아닙니다! 이 말을 제시했는데 무엇을 정(情)이라고 할까요? 이것은 하나의 문제입니다. 만약 우리가 지금 논변하여 말하기를 남녀가 감정이 있어 결합해야 비로소 사람이 있다고 말한다면 왜 정으로 태어난 것이 아니라고 말할까요? '생지소지(生之所知)', 우리가 태어날 때 그 한 점의 영지의 성[靈知之性], 저 알 수 있는 이 에너지[能]는 '기정지소지재(豈情之所知哉)!', 어디 정이 알 수 있는 것이겠습니까!

『예기』에서는 시종일관 사람을 두 부분으로 나눠서 연구하는데, 성(性)과 정(情) 두 부분이 그것입니다. '성'이란 인성의 '성'이요. 본성이요 영지(靈知)의 '성'입니다. 우리 사람에게는 생각이 있고 지각이 있는데, 이것은 감정의 작용이 아닙니다. 그것을 '성(性)'이라고 부릅니다. 그런데 희노애락, 비환리합(悲歡離合: 슬픔과 기쁨, 이별과 만남/역주)은 '정(情)'입니다. 일체를 알 수 있는 '영지의 성' 그 자체에는 희노애락 비환리합이 없습니다. 그러므로 이 두 가지는 나누어야 합니다. 이제 곽상이 말하는 이 성(性)은 '인지생(人之生)'입니다. 그러므로 말하기를 '기정지소지재(豈情之所知哉)!', 정(情)과는 관계가 없다고 합니다.

'고유정어위(故有情於爲)', 그래서 그는 말하기를 사람은 정이 있어 희노애락과, 슬픔과 기쁨, 사랑과 증오의 감정에 의해 괴로워진다고 합니다. 바로 우리가 지금 사랑을 말하는 것인데, 나는 당신을 사랑하고 당신은 나를 사랑해서 죽도록 사랑한다는 그 사랑입니다. 그 사랑이 바로 '정'입니다. '고유정어위(故有情於爲)', 이것은 유위의 작용으로서 심리에 하는 바가 있는 것입니다. '리광이불능야(離曠而弗能也)', 사람이 감정에 사로잡히면 마음의 그 빛나는 위대한 작용이 하나의 작은 점에 사로잡혀 있습니다. 비록 그것을 풀어서 확대하고 싶고, 심경을 어떻게 위대하게 하고 싶고, 생각상으로 어떻게 위대하게 하고 싶고, 비우고 싶고, 욕계·색계·무색계의 삼계를 뛰어넘고 싶어도, 모두 다 불가능합니다! 그렇게 할 수 없습니다. '연리광이무정이총명의(然離曠以無情而聰明矣)', 만약 우리들이 수양하여 심경이 감정의 괴롭힘으로부터 떠나서 마음속에서 희노애락애오욕(喜怒哀樂愛惡慾)의 어떤 작은 점에 사로잡혀 있지 않고 대단히 활달하면서 소요한다면, 그때는 지혜가 열리며 이것이야말로 정말로 대총명(大聰明)이라고 부릅니다.

'유정이위현성이불능야(有情以爲賢聖而弗能也), 연현성이무정이현성야(然賢聖以無情而賢聖也)', 보통사람들은 감정에 괴롭혀지기만 하면 마음속에 희노애락의 편견적인 감정이 있습니다. 수행을 해서 성현의 경계에 도달하고 싶어도 영원히 해낼 수 없습니다. 그게 바로 '이위현성이불능야(以爲賢聖而弗能也)'입니다. 그렇다면 이른바 도를 얻은 성현은 처음부터 정이 없는 사람입니다! 무정하게 되어야 비로소 성현이 될 수 있습니다!

'기직현성절원(豈直賢聖絶遠), 이리광난모재(而離曠難慕哉)!', 그러므로 우리가 이해할 수 있듯이 진정한 성현은 되기가 아주 어렵습니다. 성현이 이른바 정이 없다는 것은 욕계(慾界)의 그런 정이 없다는 것입니다. 세속적인 작은 정이 없다는 것입니다. 성현에게 있는 것은 큰 정입니다. 대자대비한 성현의 정입니다. 그러므로 말하

기를 '기직현성절원(豈直賢聖絶遠), 이리광난모(而離曠難慕)'라고
합니다. 심경이 탁 트이고 활달하여 천지만상을 포괄하고 있는 것
이 바로 성현의 경계입니다. 그는 말합니다. '난모재(難慕哉)!', 당
신이 비록 마음속으로 앙모하더라도 수양은 오히려 그러한 경계에
도달하기가 아주 어렵습니다.

　'수하우롱고(雖下愚聾瞽), 급계명구폐(及雞鳴狗吠)', 그래서 말합
니다. 세상에 일반적인 어리석은 사람들은 오관이 온전하지 않거
나 머리가 좋지 않은 사람, 심지어는 일반의 계명구도(鷄鳴狗盜)의
무리들까지 '기유정어위지역종불능야(豈有情於爲之亦終不能也)', 그
들이 비록 도를 닦고 싶어 하지만 자기의 심리가 정상이 아닌데다
가 정감적인 괴롭힘 때문에 심리가 갈수록 협소해집니다. 그렇지
만 도를 닦아 신선이 된다든지 욕계·색계·무색계의 삼계를 뛰어
넘는 데 대하여 그들의 흥미는 몹시 크고 배우고 싶어도 합니다!
요컨대 세속적인 감정도 바라고 도도 이루고 성인도 되고 부처도
이루고 싶어 합니다. 이게 바로 제6세 달라이 창양가조(倉洋嘉操)
의 시가 쓴 것입니다. '세상에서 어떻게 양쪽 다 온전한 법을 얻어,
부처님도 저버리지 않고 그대도 저버리지 않을까[世間那得雙全法,
不負如來不負卿]', 뭐든지 다 갖고 싶어 하는데 어떻게 그렇게 할
수 있겠습니까!

　'불문원지여근(不問遠之與近), 수거이일분(雖去已一分), 안공지제
종막지득야(顔孔之際終莫之得也)', 곽상은 말하기를 그들도 좀 고려
해보지 않고 수도하여 초월해서 한 초인(超人)으로 변하고자 하면,
멀고 가까움을 나누어야 한다. 즉, 개인의 정감 작용을 멀리 떠나,
해탈하고 청정하고 지혜가 심원한 경계를 친근히 해야 한다는 것
입니다. 멂과 가까움, 친함과 소원함[遠近親疏]이 나눠지지 않았기
때문에 개인의 사심이 조금도 제거되지 않았습니다. 비록 공자나

안회의 수양을 우러러 사모하더라도 '종막지득야(終莫之得也)', 영원히 도달할 수 없습니다.

'시이관지(是以觀之), 만물반취저신(萬物反取諸身)', 이 도리로 보면 진정한 수양은 '반취저신(反取諸身)', 자기 스스로 자신에게 구하고 실험을 해야만 합니다. '이목불능이이임성공(耳目不能以易任成功)', 그저 눈과 귀에만 의존하여 진리를 찾는다면 성공하지 못할 것입니다. 우리가 책을 보는 것은 눈에 의존하고 수업을 듣는 것은 귀에 의존합니다! 그렇게 의존해서만 배운 이 약간의 것은, 눈과 귀에만 의존해서 온 약간의 것은 절대로 충분하지 않습니다. 그러므로 '이목불능이이임성공(耳目不能以易任成功)'입니다. 이것은 학문 도리를 말하는 것입니다.

바꾸어 말하면, 여러분 젊은이들이 장래에 사회에 나가 일을 하거나, 더 나아가 대학 총장이 되거나 무슨 장이 되든 간에, 앞길이 무량하고 뒷길이 무궁하지만, 어쨌든 직위는 이 두 가지로 대표되는데, 그것은 무슨 원(員) 아니면 무슨 장(長)입니다. 적어도 가장(家長)은 당신이 하게 될 것입니다. 당신이 가장 노릇을 하든 국가의 대 가장노릇을 하든, 어떤 한 작은 책임자가 되던 간에 '이목불능이이임성공(耳目不能以易任成功)'이란 말을 절대 기억하고 있어야 합니다. 멋대로 어떤 점을 보거나 어떤 점을 듣고는 곧 모든 일을 판단하는 것은 신뢰할 수 없습니다. 자기의 눈과 귀조차도 믿을 수 없는데 하물며 아래의 각종 사람들의 보고는 더 말할 필요 있겠습니까!

그러므로 어떤 주관자 노릇할 때 자기가 신임하는 사람이 당신에게 말해주기를 장씨가 틀리고 이씨 틀리다고 해서 꼭 그런 것은 아닙니다! 절대 기억하고 있어야 합니다. 이게 바로 성인(聖人)이 영수가 되는 도리입니다. '수족불능이대사치업(手足不能以代司致

業)', 당신은 자신의 손과 발을 믿지 마십시오! 당신이 만약 당신의 좌우 사람들을 믿거나, 더 나아가 자신의 손과 발을 믿으면, 손과 발이 때로는 다 틀릴 수 있습니다. 때로는 자기가 컵을 들다가도 깨뜨릴 수 있습니다. 그러므로 사람됨의 도리도 마찬가지입니다. 특히 위대한 사람, 위대한 영도자가 되려면 더욱 그렇습니다. 당신이 어떤 사람을 자기의 귀와 눈이라고 여긴다고 해서 꼭 믿을 수 있는 것은 아닙니다. 어떤 사람을 자기 수족이라 여기더라도 꼭 믿을 수 있는 것은 아닙니다. 그러기에 황제가 되면 비로소 자기를 과인(寡人)이라고 부릅니다. 오직 자신의 두뇌만이 오직 자기 한 사람만이 진정으로 판단할 수 있습니다. 어떤 사람의 시비(是非) 보고도 모두 문제가 있습니다. 모두 감정의 물을 타서 저 술조차도 물로 변해버립니다. 그래서 당신이 마시면 모두 문제가 있어서 독약으로 변해버립니다. 이게 바로 도가와 유가가 다른 점인데, 어떤 것을 바라봄에 있어, 세간의 사무를 바라봄에 있어 도가는 대단히 철저합니다.

'고영아지시생아(故嬰兒之始生也), 불이목구유(不以目求乳), 불이이향명(不以耳向明), 불이족조물(不以足操物), 불이수구행(不以手求行), 기백해무정사(豈百骸無定司), 형모무소주(形貌無素主), 이전유정이제지재(而專由情以制之哉)!', 그래서 곽상은 예를 하나 들었는데, 어떤 것이야말로 정을 쓰지 않는 것일까요? 사람의 심경이 수양을 통해 갓난애의 상태까지 도달할 수 있으면 그렇습니다. 백일 이내의 갓난애를 편의상 한 살 이내라고 얘기합시다. 머리 꼭대기에 신문(囟門)이 아직은 뛰고 있고 아직 말을 할 줄 몰라야 갓난애라 할 수 있습니다. 갓난애가 조금 커서 의식이 좀 있게 되면 갓난애라 할 수 없습니다. '불이목구유(不以目求乳)', 갓난애는 막 태어나면 눈을 이용해서 엄마와 젖을 보지 않습니다. 눈을 이용해서 보는 것은 후천적인 작용입니다. 갓난애는 인성의 타고난 그 영감을 이용하여 엄마젖이 어디 있는지를 알고는 한사코 다가와서 젖을 먹을 줄 아는데, 이게 바로 영부(靈府)입니다. '불이이향명(不以耳向明)', 갓난애는 물건을 보는데 귀가 필요치 않습니다. '불이족조물(不以足操物)', 다리를 손으로 삼아 물건을 잡을 필요가 없습니다. '불이수구행(不以手求行)', 손을 발삼아 쓰지 않습니다. 바꾸어 말하면 갓난애는 온 몸이 모두 기능입니다.

그러므로 사람이 수양하여 마음속에 잡념이 없고 망념이 없는 정도에 도달하여―정(情)은 망정(妄情)인데 불가에서는 망상(妄想)이라고 부릅니다― 의식에 후천적으로 더해진 생각이 없어서 완전히 갓난애의 청정무위(淸淨無爲)의 상태까지 회복하면, 그 때는 생명의 기능이 전체적으로 발휘되어 나옵니다. 『능엄경』은 6근(六根)을 모두 상호 이용할 수 있다고 말합니다. 그렇다면 코는 눈을 삼아 볼 수 있고 귀는 눈을 삼아 쓸 수 있습니다. 온몸의 갖가지가 다 기능입니다. 이것을 신통이라고 부릅니다. 신통은 신(神)이기도 한데, 생명의 정기신(精氣神)이 원시적인 완전한 상태까지 회복된 것이 바로 신통입니다.

이 한 단락의 문장은 모두 곽상의 주해입니다. 이것은 천고의 명주해입니다! 장자의 도리에 대하여 가장 잘 발휘했습니다. 다른 학자들은 모두 그만 못합니다. 역대 도가에서 각 가(家)가 『장자』를 주해한 것이 적지 않습니다. 그러나 한결같이 곽상의 주해를 제일로 쳤는데, 확실히 그 나름의 도리가 있습니다. 이제 『장자』의 원문으로 돌아가겠습니다. 장자와 혜자의 담론입니다.

유정 감정 망정 무정

혜자가 물었다. "이미 사람이라 부르는 이상 어찌 정(情)이 없을 수 있 겠는가?" 장자가 대답했다. "그것은 내가 말하려는 정(情)이 아니 네."

惠子曰 : 旣謂之人, 惡得無情? 莊子曰 : 是非吾所謂情也。

혜자가 말합니다. 사람인바에야 어떻게 정(情)이 없을 수 있겠는 가! 장자는 혜자를 꾸짖어 말합니다. 이른바 정(情)이란 사람이 지 (知)가 없다는 것을 말하는 것이 아니네. 지(知)는 지(知)고 정(情)은 정(情)입니다. 그것은 서로 별개의 것입니다. 앞서 갓난애가 젖을 먹는 얘기를 했는데, 타고날 때부터 지각(知覺)할 수 있는 것이 곧 성(性)이요 지(知)입니다. 정(情)이란 후천적으로 더해진 의식인데, 제6의식이 형성한 것입니다. 불학명사로는 염오(染汚)라고 부르는 데, 바로 오늘날 사람들이 말하는 오염(汚染)입니다. 우리들의 생 각, 우리들의 학문은 모두 후천적인 오염입니다. 오늘날 사람들은 묘하게 말하는데, 불학명사를 거꾸로 써서 최신의 명사가 되어버 렸습니다. 후천적인 염오가 많으면 많을수록 우리들 생명의 천성 (天性)은 그만큼 작아집니다. 지금 장자는 혜자에게 말합니다. 자네 는 이해하지 못하네. 내가 말하는 정(情)이 없다는 그 정(情)은 보 통의 감정을 대표할 뿐만 아니라 후천적인 망정(妄情)도 포함하네. 후천적으로 더해진 모든 관념 생각은 모두 망정이네.

"내가 말한 정(情)이 없어야한다는 것은, 좋아하거나 싫어하는 등의 감정으로써 안으로 자기 자신을 상(傷)하게 하지 않고, 항상 타고난 자연스러움에 따라 살아가며 생명에 후천적 인위적 것을 더하지 않는 것이네."

吾所謂無情者, 言人之不以好惡內傷其身, 常因自然而不益生也。

내가 이른바 사람이 '정이 없어야 한다는 것[無情者]'은 지(知)가 없다는 것[無知]이 아니네! 그는 혜자에게 말합니다. 자네는 논리를 연구하면서 나의 명사를 완전히 잘못 이해했네. 내가 사람은 수양하여 정이 없음에 도달해야 한다고 말하는 까닭은, 자기 자신을 상해(傷害)하지 않도록 하기 위하여 편견이 없어야 하고 후천적으로 더해진 좋아하거나 싫어함이 없어야 한다는 것이네. 후천적인 좋아함이나 싫어함[好惡]·정감·망정을 더해 가면 생명 자체를 가장 상해하네. 사람은 어떻게 지(知)를 쓰고 정(情)을 써야할까? '항상 타고난 자연스러움에 따라 살아가며 생명에 후천적 인위적인 것을 더하지 않는 것이네[常因自然而不益生也]', 즉 자연스럽게 살아가는 것입니다. 우리 사람들은 타고날 때부터 눈은 볼 줄 알고 귀는 들을 줄 알며 손은 물건을 잡을 줄 알며 발은 길을 걸어갈 줄 압니다. 일체가 다 선천적인 것으로 자연스런 것입니다. 제6의식과 후천적인 관념을 한 푼이라도 더할 필요가 없습니다. 그게 바로 불학에서 말하는 '분별심이 없다'입니다. 바꾸어 말하면 불경에서 늘 말하는 '늘어나지도 않고 줄어들지도 않는다[不增不減]'입니다. 일체가 다 자연스런 것입니다. 혜자는 듣고서 말합니다.

혜자가 물었다. "생명에 후천적 인위적인 것을 더하여 보충하지 않는다면 어떻게 그 몸을 유지하겠는가?"

惠子曰 : 不益生, 何以有其身 ?

　사람은 늘 자기에게 뭔가를 좀 더하고 싶어 하는데, 그게 바로
'익생(益生)'입니다. 오늘은 많은 일을 했으니 얼른 돌아가서 여러
가지 비타민을 좀 먹어야지. 그렇지 않으면 견디지 못할까 걱정합
니다. 그렇지 않으면 요 이틀간은 안 좋았는데 먹어서 보충 좀 해
야지! 당귀계(當歸鷄: 당귀를 넣어 삶은 닭/역주)나 무슨 마유계(麻油
鷄: 참기름을 넣어 삶은 닭/역주)를 좀 푹 삶아서 보양하려고 합니다.
사실은 보양하면 할수록 망칩니다. 보양한 나머지 사람을 죽일 수
도 있습니다. 그러므로 '익생(益生)'해서는 안 됩니다. 혜자는 생명
이란 몸과 마찬가지로 '불익생(不益生)', 망정을 더하지 말아야 하
고 의견을 더하지 말아야 하며 늘리지도 줄이지도 말고 그 자연스
러움에 따르면 장수할 수 있다는 장자의 반대의 말을 들었습니다.
혜자는 듣고서 말합니다. 저 살아있는 몸을 '불익생(不益生)' 하면
어떻게 되겠는가! 우리는 몸에 대해 보충을 해야 하네! 어떤 것을
더하지 않고 비타민을 많이 먹지 않으면 '어떻게 그 몸을 유지하겠
는가[何以有其身]?', 이 몸을 항상 쓰는데 보충하지 않으면 나빠질
것이네.

장자가 대답했다. "도가 얼굴모습을 주고 하늘이 형태를 주었으니, 좋
아하거나 싫어하는 등의 감정으로써 안으로 자기 자신을 상하게 하지
말게나."

莊子曰 : 道與之貌, 天與之形, 無以好惡內傷其身。

장자는 말합니다. 자네는 이해 못하네! 내가 말하기를 생명이 살아감은 자연스러움에 따르고 늘리지도 줄이지도 말아야 한다고 한 것은 마음속에 망념이 없고 망상이 없어야한다는 것을 가리키네. 아주 맑고 밝게 살아가야 비로소 신선의 도요 장수할 수 있네. 하늘이 우리에게 도를 주었다는 것을 알아야 하네. 이 도(道)는 바로 우리들의 성(性), 본성, 자성(自性)이네. 하늘은 우리에게 생명과 형체를 주었는데, 이것만으로도 이미 좋은 것이네. 사람은 하루 종일 머리가 맑고 부드럽게[和藹] 살아가야 하네. 후천적인 인정세태를 더해서는 안 되네. 한번 더하고 난 뒤에는 희노애락과 후천적인 사랑하고 미워하는 욕망이 있게 되어 '안으로 자기 자신을 상하게 하여[內傷其身]', 이 몸이 상해를 입어 병이 있게 되기 때문에 오래 살지 못하네.

"자네는 지금 신(神)을 몸 밖으로 향하게 하여 정신을 지치게 하고 있네. 나무에 기대어 읊조리고 오동나무 책상에 의지하여 눈을 지그시 감은 채 사고(思考)하고 있네. 자연이 자네의 형체를 선택해주었는데 자네는 단단한 돌은 돌이 아니며 흰 말은 말이 아니다는 등의 견백(堅白)의 논리를 연구하고 궤변으로 떠들고 있네."

今子外乎子之神, 勞乎子之精, 倚樹而吟, 據槁梧而瞑。天選子之形, 子以堅白鳴!

장자는 혜자를 꾸짖고 있습니다. 일반인을 꾸짖는 것이기도 합니다. '자네는 지금 신(神)을 몸 밖으로 향하게 하여[今子外乎子之神]', 자네는 말이야. 자신의 신(神)을 몸 밖으로 쓰고 그 신(神)을 안으로 기르지 않네. '정신을 지치게 하고 있네[勞乎子之精]', 이

'정(精)'은 정자 난자의 정이 아니라 신체의 정신입니다. 하루 종일 저녁까지 바쁘게 이 정신을 밖으로 쓰고 있네. 즉, 당신의 생명의 전기 에너지를 밖으로 향하여 다 방사해버린다는 것입니다. 그러므로 자네의 경우는 또 거문고를 타기 좋아하여, 예컨대 여기 손 선생님이 고금(古琴) 연주 전문가인 경우처럼, '나무에 기대어 읊조리고[倚樹而吟]', 나무에 기댄 채 시를 읊네. '오동나무 책상에 의지하여 눈을 지그시 감은 채 사고하고 있네[據槁梧而瞑]', 예컨대 좋은 시 좋은 글을 짓느라고 생각을 쓰고 있는 겁니다. 그 칠현금을 손에 놓고 소리를 들으면서 정신이 온통 그 거문고 줄에 가버렸고 자기도 자기를 잊어버렸는데, 자네가 이렇게 하는 것은 자기 생명을 괴롭히는 게 아니겠는가?

혜자는 물론 거문고를 타고 시를 짓지만은 않았습니다. 그것은 그런대로 괜찮았습니다. 그것이 해를 끼치는 게 그리 심하지 않았습니다. 해를 심하게 끼친 것은 머리를 쓰고 생각을 하고 논리를 연구하고 철학을 연구하는 것이었습니다. '자연이 자네의 형체를 선택해주었는데 자네는 단단한 돌은 돌이 아니며 흰 말은 말이 아니다는 등의 견백(堅白)의 논리를 연구하고 궤변으로 떠들고 있네[天選子之形, 子以堅白鳴]!', 결국 인생은 자연스러운 것이요 살아가면 살아가는 것임이 분명함에도 논리를 배운 사람은 한사코 이렇게 묻네. 무엇을 산다고 하는 것일까! 자네가 산다는 것에 대하여 정의를 내려 보게! 자네가 정의를 다 내리고 난 뒤에는 산다는 것은 밥을 먹어야하기 때문에 또 묻네. 무엇을 밥을 먹는다고 하는 것일까? 어떤 사람은 국수도 먹을 수도 있네! 뿐만 아니라 밥도 쌀가루로 변하게 할 수 있네. 국수도 빵으로 변할 수 있네! 논리를 배운 사람이나 사상을 연구하는 사람은 줄곧 한길로 끝까지 파고 들어가니, 자네 자신이 살아가는 게 번거로움을 견뎌내는 것 아닌가?

일부러 무슨 단단한 돌은 돌이 아니네. 흰말은 말이 아니네 하면서 논리로써 연구를 하는데 자네는 계속 그렇게 빙빙 돌아보게나. 서서히 끝까지 돌리다보면 틀림없이 자네를 돌려 죽이고 끝날 것이네.

덕충부 편은 장자가 혜자와의 변론을 이용하여 결론을 하나 짓습니다. 본편의 시작은 바로 외형은 장애자지만 내심에는 도가 있는 사람의 이야기였습니다. 맞지요? 중간에 묘사한 사람들은 모두 장애자들이었습니다. 그는 주로 우리들을 안내하기를 사람의 외형을 보지 말고 내면의 도덕수양을 보라고 했습니다. 좀 더 확대해 말하면 외부의 경계나 현실의 환경에 사로잡혀있지 말고 수양하여 자신의 정신을 승화하라고 했습니다. 마지막으로 우리들에게 일러주기를 정신을 승화하되 번거로운 일을 만들어내는 정도에까지는 절대로 이르지 말아야 한다고 합니다. 혜자 같은 경우는 자기가 학문이 훌륭하고 지식이 높다고 보았습니다. 학문이 훌륭할수록 지식이 높을수록 번뇌는 그만큼 많아지며 고통도 그만큼 깊어집니다. 바꾸어 말하면, 자기가 자기의 생명을 괴롭히며 자신이 죽음의 길을 향하여 걸어가고 있는 겁니다. 그러므로 그것은 덕충부(德充符)가 아닙니다. 진정으로 도덕이 넘쳐흐르고 도의 경계에 도달하고자 하면 바로 자연스러움에 따르고[順其自然], 심경이 화평하고 내면의 정신을 함양하는 것입니다. 그러면 이 생명이 도덕이 자연히 넘쳐흐르게 됩니다. 신체의 내면도 충만하게 됩니다.

이제 『장자』 내7편 중에서 덕충부는 다섯 번째 단계였습니다. 소요유 편부터 시작하여 제물론 편에 이르고 양생주 편과 인간세 편을 거쳐서 덕충부 편에 이르렀는데, 덕충부란 바로 도덕의 충만입니다. 이 일곱 편은 한 걸음 한 걸음 이어지는 공부입니다! 도덕의 내면 수양이 충만하고 나면 제6편 대종사(大宗師)인데, 그때야 비로소 대사(大師)라고 부를 수 있습니다. 오늘날 세상에는 대사가 너무나 많습니다. 다들 다른 사람들에게 그 자신을 대사라고 불러 달라고 하는 사람들입니다! 무엇을 대사라고 할까요? 대종사란 명칭은 『장자』로부터 온 것인데 내면 외면의 수양이 성취되어 내면의 도덕 수양이 넘쳐흐르고 난 뒤라야 비로소 대종사입니다. 대종사가 이루어지고 난 뒤에야 비로소 사도(師道)의 성취입니다. 바로 불가에서 말하는 인간들의 스승일 뿐만 아니라 천인의 스승인 천인사(天人師)입니다. 그리고 난 다음에 응제왕이 될 수 있어 비로소 세상으로 들어갈 수 있습니다 세상으로 들어가 있으면서도 세상을 벗어나 왕사가 될 수 있습니다. 그러므로 이 일곱 편은 연결되어 있는 것입니다.

제6편 대종사(大宗師)

　대종사(大宗師) 편은 두 부분으로 나누어진다고 말할 수 있습니다. 상반 부분에서는 사람이 출세간의 수양을 통하여 범부를 초월하여 성인의 영역에 들어가 완전히 해탈하는 것을 말하고 있는데, 『장자』 앞 세 편의 총론에 해당합니다. 한 인간이 삶과 죽음을 마친 정도까지 성취한 뒤에야 비로소 세간에 들어가 사람 노릇과 일 처리를 할 수 있습니다. 게다가 인간세 편과 덕충부 편의 확대 해석 결론인데, 그래야 한 인간이 완성된 셈이며 인생의 가치도 바로 그렇습니다. 이러한 인간이라야 비로소 대종사라고 불릴 자격이 있습니다.

　대종사 편의 하반 부분은 유가에서 말하는 성취가 있는 군자(君子)에 해당합니다. 『예기』에서 말하는 유행(儒行)이 그 안에 포함되는데 한 유자(儒者)인, 한 지식인이 어떻게 한 사람 노릇을 해야 하는지를 설명합니다. 일반인들은 『장자』가 도가사상이라고 봅니다. 겉으로 보면 유가와 다른 것 같지만 사실 원칙은 서로 같습니다. 특히 이 대종사 편은 주로 생명의 인식에 대하여 말하고 있습니다. 이 명(命)은 철학이론에서는 천명(天命)이며, 실제 수행증득 있어서는 바로 생명의 근원을 분명하게 인식하는 것입니다. 만약 명(命)이 무엇인지를 연구해보면 불학에서 말하는 업(業)과 같습니다. 이 업은 바로 생명의 한 가닥 힘인데, 업력(業力)이나 업기(業

氣)라고 합니다. 우리가 먼저 이 대종사 편의 대강을 이해하고 난 뒤에 본문을 연구해보면 비교적 쉽게 꿰뚫을 수 있습니다.

천명과 자연

(도의 본체로서의) 하늘이 우주만유의 현상작용을 일으킴을 알고, 사람에게서 일어나는 생리와 정신의 현상작용을 아는 자는 그 수양학문이 최고 수준에 이른 것이다. 하늘이 우주만유의 현상작용을 일으킴을 알 수 있는 기능 그 자체는, 우리 자신의 천연의 본성에서 나온 것이다. 사람에게서 일어나는 생리와 정신의 현상작용을 아는 자가, 자신이 아는 바인 지식학문으로써 자신이 알지 못하는 바인 생명의 본원(本源)을 찾아 수양하여, 자신의 천수를 다하고 중도에 요절하지 않음은, 지혜가 충만하기 때문이다.

知天之所爲, 知人之所爲者, 至矣。知天之所爲者, 天而生也；知人之所爲者, 以其知之所知, 以養其知之所不知, 終其天年而不中道夭者, 是知之盛也。

　장자는 먼저 자기 생명에 대한 장악(掌握)을 제시합니다. 사람의 생명은 자기가 마음대로 할 수 있는 것입니다. 그렇게 단명할 수 있다는 것을 말하는 게 아닙니다. 사람은 왜 단명할까요? 도가사상은 불가사상과 거의 같은데, 모두 자기가 망친 것이며 그렇게 한 것은 모두 자기의 책임이며 자기가 빨리 죽기를 바란 것이라고 봅니다. 우리는 먼저 '지천지소위(知天之所爲)'를 이해해야겠습니다.

이것은 형이상에 속한 것입니다. 이 '천(天)'에는 왕왕 여러 가지의 의미가 포함되어 있습니다. 자연으로서의 천의 의미가 있는데 바로 우리가 고개를 들어 바라보는 천체(天體)로서, 과학적인 천입니다. 종교적인 천인데, 때로는 하느님을 대표하고 우주에 주재자가 하나 있다는 것을 대표합니다. 또 형이상의 도체(道體) 의미가 있는데, 그것을 천이라고도 부르고 부처[佛]라고도 부르고 진여(眞如) 등등으로도 부를 수 있습니다. 유가와 도가 양가는 '천'자로써 부호를 삼아 형이상인, 우주만유 생명을 초월한 또 하나의 그 어떤 것을 대표합니다. '천지소위(天之所爲)', '소위(所爲)'는 현상(現象)인 천의 작용입니다. '천지소위(天之所爲)'는 천지 '능위(能爲)'가 아닙니다. '능위(能爲)'는 천의 체성(體性)입니다. 능(能)과 소(所)는 나누어야 합니다.

'지천지소위(知天之所爲)'라는 이 구절을 이해하려면 먼저 상고 새대의 도가 서적인 『음부경(陰符經)』을 참고해야 합니다. 그 속에서 말하는 '천도를 관찰하고 천도의 운행에 따라 자신을 수련하면 모든 수도의 내용은 그 가운데 포함되어 있다[觀天之道, 執天之行, 盡矣]!'라는 이 몇 마디 말이 우주만유와 생명의 도리를 다 말해 놓았습니다. 사실 『역경』과 도가에서 말하는 수양법칙은 모두 우주 자연의 법칙인 천도를 본받은 것입니다. 도가에서는 우리 사람들의 생명은 우주법칙과 같다고 봅니다. 그러므로 만약 '하늘이 우주만유의 현상작용을 일으킴을 알 수 있고[知天之所爲]', 그런 다음에 '사람에게서 일어나는 생리와 정신의 현상작용을 안다면[知人之所爲]', 인위적인 갖가지 사람과 일[人事]의 도리, 우리들의 생리적인 변화, 정신과 생각의 변화 등등을 포함한 인위적인 갖가지 사람과 일의 도리를 이해할 수 있는 그런 경지에 한 인간의 수양학문이 도달하였다면 '지의(至矣)'!, 최고의 수준에 도달한 것입니다. 그러므로 장자가 말하는 이 두 마디 말도『음부경』의 설과 같습니다. 이제 다시 곽상의 주해를 보겠습니다.

知天人之所爲者 , 皆自然也 ; 則內放其身而外冥於物 , 與衆玄同 , 任之而無不至者也。

'지천인지소위자(知天人之所爲者), 개자연야(皆自然也), 즉내방기신(則內放其身), 이외명어물(而外冥於物)', 중국 도가인 노자가 말하는 자연이란 인도철학에서의 자연이 아니요 서양철학에서의 자연도 아닙니다. 서양 학문에서 말하는 자연은 물리세계를 가리키는 것으로, 질(質)이 있고 형상[象]이 있는 것을 가리키는데 바로 우리가 말하는 자연과학과 같습니다. 또 하나는 인도의 자연외도(自然外道)인데, 그 자연도 역시 물리세계의 자연이 아니라 생명의 자연을 말하는 것입니다. 추구하지 말고 그대로 그냥 내맡겨두어 흘러가는 구름이나 물처럼 모든 것을 그 자연스러움에 맡기는 것입니다. 인도의 이 철학사상의 자연교파(自然教派)는 하나의 주재자가 있고 생명이 있는 그런 이론 관념세계의 자연으로 변해버렸습니다. 다시 중국 도가에서 말하는 자연을 살펴보면, 물리세계인 자연도 개괄했다고 할 수 있고 인도철학에서의 자연도 개괄했다고 할 수 있습니다. 그것의 부호가 바로 도(道)인데, 공자가『역경』에서 그 의미를 확대한 형이상의 도인, 이 본체의 힘이기도 합니다.

그러므로 우리가 중국 도가에서 말하는 자연의 개념을 살펴보면 서양과 인도철학에서의 개념과 다른 것이니 절대 구분해야지 같은 것으로 말해서는 안 됩니다. 우리들이 후대에 번역한 물리화학 등의 학과는 통틀어 자연과학이라고 말하는데, 고대의 자연이라는 이 명사를 차용한 것일 뿐입니다. 다들 흔히 본말이 도치되어 옛

고서에 나오는 자연을 자연과학의 자연으로 여기고 있습니다. 그러므로 곽상의 주해는 말합니다. '지천인지소위자(知天人之所爲者), 개자연야(皆自然也)', 이 경지에 도달하면 바로 도를 얻은 것입니다. 도를 얻은 사람은 '즉내방기신(則內放其身)', 신체적인 장애가 없고 신체라는 개념도 없습니다. '이외명어물(而外冥於物)', 밖으로는 어떨까요? 물리세계와 함께 마음과 물질이 동일한 근원인 심물일원(心物一元)에 도달하여 두 가지가 혼합하여 하나가 되어버렸습니다.

'여중현동(與衆玄同), 임지이무불지야(任之而無不至也)', 사람과 물질세계의 물(物), 나무나 꽃이나 풀이나 흘러가는 구름이나 물 일체(一切)가 혼합하여 하나가 되어 이것과 저것으로 나누어지지 않습니다. '임지이무불지야(任之而無不至也)', 그 자연에 방임하고 조금도 후천적인 심사(心思)를 쓰지 않습니다. 이렇다면 이 도의 수양이 도달한 것입니다. 그러므로 이 단락의 곽상의 주해는 중요하며 그의 의견도 아주 옳습니다.

'하늘이 우주만유의 현상작용을 일으킴을 알 수 있는 기능 그 자체는, 우리 자신의 천연의 본성에서 나온 것이다[知天之所爲者, 天而生也]'라는 이 한 마디에 대해서 곽상의 주해는 다음과 같이 말합니다.

天者, 自然之謂也。夫爲爲者, 不能爲而爲自爲耳; 爲知者, 不能知而知自知耳。自知耳不知也, 不知也則知出於不知矣; 自爲耳不爲也, 不爲也則爲出於不爲矣。爲出於不爲, 故以不爲爲主; 知出於不知, 故以不知爲宗。是故眞人遣知而知, 不爲而爲, 自然而生, 坐忘而得。故知稱絶, 而爲名去也。

'천자(天者), 자연지위야(自然之謂也). 부위위자(夫爲爲者), 불능위이위자위이(不能爲而爲自爲耳)', '부위위자(夫爲爲者)'에서 앞의 '위(爲)'자는 동사이고 그 뒤의 '위(爲)'자는 명사입니다. 어떤 설은 우주 사이에는 하나의 주재자가 있는데, 그것을 상제나 옥황대제나 혹은 부처라 부르며 부호를 하나 주었다고 봅니다. 그러나 도가에는 그런 것들이 없습니다! 중국문화는 『역경』으로부터 시작하여 종교적인 외피를 이미 일찌감치 벗어버렸는데 오히려 후인들이 입혔던 것입니다. 중국문화는 가장 과학화된 것입니다. 종교적인 외피를 입지 않았고 철학적인 겉치레도 더하지 않고서, 어떤 한 가지가 있다고 적나라하게 직접적으로 표현했습니다. '부위(夫爲)'는 능위(能爲)의 것입니다. 그 의미는 우주만유의 주재자의 '위자(爲者)'가 될 수 있다는 것으로, 그것이 일으키는 작용을 말합니다. '부위위자(夫爲爲者), 불능위(不能爲)', 우주만유생명의 근원은 무위(無爲)로서, 무엇이든지 다 하면서 하지 않는 것과 같습니다.

예를 들어 말하면 우리가 지금 물리세계 자연인 허공을 보고 있는데 아무런 작용도 없습니다. 하는 게 아무것도 없습니다. 공간이 무슨 소용 있을까요? 그러나 우주만물은 허공을 떠나면 생명이 없습니다. 바로 그런 도리입니다. 주재가 없는 바에야 우주만유 모든 생명은 어떻게 생겨나올까요? 스스로 생겨나고 스스로 소멸합니다. '이위자위이(而爲自爲耳)', 그 스스로 자체가 하나의 생명의 법칙을 구성합니다. '이위(而爲)'에서의 '위(爲)'는 소위(所爲)의 '위'입니다. 능위(能爲)의 '위'가 아닙니다. 이것은 능소(能所)의 문제입니다.

앎과 알지 못함의 문제

'위지자(爲知者), 불능지이지자지이(不能知而知自知耳)', 최고의
지혜가 알면서도 알지 못한 바가 없음에 도달하였다면 우리 인간
의 지혜는 높고 대단합니다. 그러나 최후에는 역시 공(空)한 것입
니다. 공(空)하기 때문에 '무지(無知)'라고 이름 합니다. '위지자(爲
知者), 불능지이지자지이(不能知而知自知耳)', 그렇다면 우리 사람
들의 생각은 일체의 작용을 알 수 있는데, 이 지(知)는 무슨 하느님
이 뜻대로 하는 것이 아니요 부처님이 뜻대로 하는 게 아니요, 귀
신이 뜻대로 하는 것도 아닙니다. 우리 자신의 생명 속에 본래 있
는 기능인 것입니다. '자지이부지야(自知耳不知也), 부지야즉지출어
부지야(不知也則知出於不知矣)', 우리들의 이 본성, 즉 우리들 생명
의 기능은 무궁무진한 지혜 보고(寶庫)를 갖추고 있기 때문입니다.
겉으로 보면, 알거나[知] 알지 못하는[不知] 어떤 것이 하나 없습니
다. 아는[知] 어떤 것이 하나 있다고 우리들이 지금 스스로 여기는
것처럼 그렇지 않습니다. 왜냐하면 그것은 알면서도 알지 못한 것
이며 알지 못하는 바가 없기 때문입니다. 그러므로 진정한 지혜의
최고처에는 하나도 없습니다. 도가의 이런 일련의 사상이 바로 노
자의 '위(爲)·무위(無爲)'의 도리인데, 이로부터 발휘하여 최고의
정치철학인 제왕 지도학이 이루어진 것입니다. 그러므로 윗자리에
있는 사람이 반드시 너무 총명하거나 너무 장래성이 있는 것은 아
닙니다. 설사 총명하고 유망할지라도 하는 바가 없는[無所爲] 모습
을 해야 합니다. 그가 하는 바가 없어야 나머지 사람들로 하여금
장점을 발휘하게 할 수 있습니다. 이게 바로 도가의 사상입니다.
'자위이불위야(自爲耳不爲也), 불위야즉위출어불위의(不爲也則爲

出於不爲矣', 이 도리는 모두 마찬가지입니다. '위출어불위(爲出於 不爲), 고이불위위주(故以不爲爲主)', 왜냐하면 일체만유가 이룰 능력이 있음[有作有爲]은 그 자체가 도체에서 나온 것이기 때문입니다. 바꾸어 말하면 생명 최고의 기능은 무위로부터 오는 것입니다. '지출어부지(知出於不知), 고이부지위종(故以不知爲宗). 시고진인유지이지(是故眞人遺知而知), 불위이위(不爲而爲)', 그러므로 도를 얻은 사람은 앎이 없습니다. 무지입니다. 일체의 감정·감각·지식·생각을 다 내던져버리고 필요로 하지 않습니다. 비워버렸습니다. '유지(遺知)'는 바로 내던져버린 것입니다. 그렇다면 최고의 지혜인 알지 못하는 바가 없고[無所不知], 또 하지 않음이 없이 하는[無所不爲而爲] 작용이 발휘되어 나오는 것입니다. '자연이생(自然而生), 좌망이득(坐忘而得)', 심신을 모두 잊어버리고 비워버렸기 때문에 '고지칭절(故知稱絶), 이위명거야(而爲名去也)', 그러므로 도를 얻은 최고의 지혜는 절대적인 것이지 상대적인 것이 아닙니다. 그렇다면 무위(無爲)라고 부르든 도(道)라고 부르든 간에 이런 모든 명상(名相)들은 모두 달라붙지 못합니다.

대종사 편에 대한 곽상 주해는 문자가 아름답고, 비록 되풀이하는 게 바로 위(爲)야 지(知)야 이런 몇 개의 글자들이지만 그 한 겹마다의 논리는 모두 분명하게 분석한 과학화된 논리 사변입니다. 그렇지만 문학화한 표현일 뿐입니다. 이것은 중국문학이 최고처의 예술에 도달한 것인데, 읽어보면 상쾌합니다. 때로는 지야, 지야, 위야, 위야, 이게 뭐하는 짓인지 모르겠네! 하며 혼자 웃음이 나올지 모릅니다. 그러나 그 안에는 도리가 크게 있습니다.

이제 『장자』의 원문으로 돌아가겠습니다.

'사람에게서 일어나는 생리와 정신의 현상작용을 아는 자가, 자신이 아는 바인 지식학문으로써 자신이 알지 못하는 바인 생명의 본원을 찾아 수양하여[知人之所爲者, 以其知之所知, 以養其知之所不知]', 한걸음 물러나 말하면, 한걸음 더 나아가서 얘기한 게 아닙니다, 도를 이해하는 사람은 사람이 살아감은 생리와 정신 두 가지 면이 포함된다는 것을 압니다. 만약 우리가 사람의 정신적인 면의 법칙을 이해한다면 '지인지소위자(知人之所爲者)', 피로하면 반드시 쉬거나 잠을 자야하며, 푹 자고나면 반드시 깨어나기 마련인데, 이는 자연계의 천지처럼 낮이 다 지나가면 반드시 어두운 밤이요 봄이 지나가면 틀림없이 가을이 온다는 것 등등과 마찬가지라는 것을 알 것입니다. '지인지소위자(知人之所爲者), 이기지지소지(以其知之所知)', 바꾸어 말하면 우리들의 지식학문은 얻은 뒤에 때로는 아주 가소롭습니다. 지식학문을 이용해서 집을 짓고 기계를 발명하는 본래의 의도는 사람들을 돕고 사람에게 편리하게 하고자 하는 것이었습니다. 그런데 결과적으로는 오히려 살인 무기로 변해버렸습니다. 바꾸어 말하면 인류의 지식학문은 '사람에게서 일어나는 생리와 정신의 현상작용을 아는 자가, 자신이 아는 바인 지식학문으로써 자신이 알지 못하는 바인 생명의 본원을 찾아 수양하여 [知人之所爲者, 以其知之所知, 以養其知之所不知]' 마땅히 그 방향을 돌려서 자기가 모르는 것을 찾아야만 합니다. 우리가 알지 못하는 것은 생명의 본원입니다.

우리들의 생각·지식은 이 생명의 능지(能知)의 두 번째 층 투영(投影)입니다. 생각할 수 있고 지식이 있고 학문이 있을 수 있는 이 기능에는 하나의 근본이 있습니다. 만약 이 첫 번째 층의 근본을 알게 되었다면 도를 얻었다고 합니다. 그러므로 도 역시 반드시 고도의 지혜로운 실증(實證)이 필요한데, 실증의 결과는 무엇일까요? 지(知)이면서 지(知)가 아닙니다. 하나의 지(知)가 존재하면 도가 아닙니다.

당신은 천지와 함께 장수하고 싶습니까

'자신의 천수를 다하고 중도에 요절하지 않음은, 지혜가 충만하기 때문이다[終其天年而不中道夭者, 是知之盛也]', 이 현존[現有]의 생명은 중도에 요절해서 죽지 않을 것인데, 지혜가 충만하기 때문입니다. 사람이 육십 세까지나 일백 세까지 살면 장수했다고 보지만 도가의 관념에서는 그건 단명입니다. 도가에서는 사람마다 천지와 함께 그 수명을 오래살 수 있으며 해와 달과 함께 쉴 수 있어서, 하늘과 땅, 사람 이 세 가지가 그 수명이 마찬가지로 장구할 수 있다고 봅니다. 그런데 사람은 왜 그렇게 할 수 없을까요? 도가의 자료에 의하면 우리 스스로가 망친 것이라고 봅니다. 앞에서 얘기했듯이 모든 희노애락, 정서 심리의 변화는 수명이 줄어들게 할 수 있습니다. 이것은 중국 도가 특유의 사상인데, 정확하든 정확하지 않든 관계없고, 환상이라고 말해도 좋고 이상이라고 말해도 좋지만 도가에서 생명에 대한 중시는 인류문화 속에 없는 것입니다. 이 것은 도가의 특별한 점입니다.

불가에 비교적 같은 설이 있는데, 인간의 생명은 본래 8만4천 살이었다고 봅니다. 그런데 인간의 마음이 나쁘고 생각 정서가 너무 복잡해졌기 때문에 도덕이 파괴되어버렸습니다. 그래서 백 년마다 한 살씩 줄어들고 사람도 일 촌씩 작아져 서서히 작아져 갑니다. 장래에 우리 인류는 세상에 대한 지식은 가장 진보하겠지만 말겁(末劫)의 시대에 도달하면 머리는 크고 사지인 팔다리는 필요하지 않게되어 작게 변해버릴 것입니다. 손으로 기계 버튼만 한번 누르면 되게 되고 열두 살 되면 아빠가 되고 일이십 살 되면 죽을 것입니다. 그 겁수에 이르렀을 때는 초목조차도 사람을 죽일 수 있고 공기조차도 사람을 죽일 수 있어서 최후에는 인류가 모조리 죽게 되고 지구도 한번 엎치락뒤치락할 것입니다. 그때에는 인류 중에 좋은 사람이라 할 수 있는 오백 명만이 남아 사람의 종자가 됩니다. 그런 다음 서서히 다들 돌아가 생활하여 좋은 사람이 되고 함부로 하지 않습니다. 과학문명도 못쓰게 되고 사람은 다시 노동력에 의존하면서 착실하고 성실하게 사람 노릇을 합니다. 그런 다음 백 년마다 다시 일촌씩 키가 커지고 한 살씩 더해지면서 원래로 되돌아가 8만4천 살까지 삽니다. 이렇게 한 번 왕복하는 시간을 1소겁(一小劫)이라고 부릅니다. 그러므로 사람은 3대겁(三大劫)을 수행한다고 말하는데 제가 보기에는 저는 그때까지 기다릴 수가 없습니다. 너무나 깁니다! 이것은 불학에서 우주생명 접수에 관한 설인데 도가의 설과 대단히 근접합니다.

방금 우리가 『장자』의 원문인 '이부중도요자(而不中道夭者)'를 중도에 단명하게 죽지 않는 것이라고 해석했는데, 도가의 견지에서 보면 팽조(彭祖)가 비록 나이가 8백 살까지 오래 살았지만 단명이라고 할 수 있습니다. 그래서 『장자』에서 언급하기를 8천 년를 봄으로 삶고 8천 년을 가을로 삼는다고 했는데, 우리가 느끼기에는 일만여 년이겠지만 도가의 입장에서 보면 단지 일 년만 산 것입니다. 다음에서 곽상의 주해를 보겠습니다.

人之生也，形雖七尺，而五常必具。故雖區區之身，乃舉天地以奉之。故天地萬物，凡所有者，不可一日而相無也。一物不具，則生者無由得生；一理不至，則天年無緣得終。然身之所有者，知或不知也；理之所存者，為或不為也。故知之所知者寡，而身之所有者眾；為之所為者少，而理之所存者博。在上者莫能器之，而求其備焉。人之所知不必同，而所為不敢異，異則偽成矣。偽成而真不喪者，未之有也。或好知而不倦，以困其百體，所好不過一枝，而舉根俱弊，斯以其所知而害所不知也。若夫知之盛也，知人之所為者有分，故任而不彊也！知人之所知者有極，故用而不蕩也。故所知不以無涯自困，則一體之中，知與不知，闇相與會而俱全矣。斯以其所知養所不知者也。

'인지생야(人之生也)， 형수칠척(形雖七尺)， 이오상필구(而五常必具)', 오상(五常)은 두 가지로 나눕니다. 물리세계는 금목수화토(金木水火土) 오행이고, 인륜의 오상은 인의예지신(仁義禮智信)이자, 군신(君臣)·부자(父子)·부부(夫婦)·형제(兄弟)·붕우(朋友) 이렇게 오륜(五倫)이기도 합니다. 그러므로 인생은 오상이 반드시 갖추어져 한다고 말합니다.

'고수구구지신(故雖區區之身), 내거천지이봉지(乃擧天地以奉之)', '구구(區區)'는 작은 것을 형용합니다. 우리들의 이 생명은 비록 7~8척의 몸이고 몇 십 근의 고깃덩이일 뿐이지만 그러나 이 하찮은 신체는 '내거천지이봉지(乃擧天地以奉之)', 천지 전체가 이 생명을 봉양하고 있습니다. 만약 공기가 없고 태양이 없고 물·채소·소고기·무가 없으면 살아갈 수가 없습니다. 우주만유는 모두 사람을 봉양해야 합니다.

'고천지만물(故天地萬物), 범소유자(凡所有者), 불가일일이상무야(不可一日而相無也)', 그러므로 천지만물의 존재는 날마다 어떤 것 한 가지라도 없어서는 안 됩니다. '일물불구(一物不具), 즉생자무유득생(則生者無由得生)， 일리불지(一理不至)， 즉천년무연득종(則天年無緣得終)', 그러므로 우주만물이 한 가지 것이라도 없다면 이 생명은 살아갈 수 없습니다. 특히 가장 중요한 것은 햇빛·공기·물인데, 한 가지라도 부족하거나 좀 많다면 생명에 곧 문제가 나타납니다. 이것은 물리를 말했습니다. '일리불지(一理不至)', 이 이치는 정신세계적인 것인데 물질과 마찬가지로 중요합니다. 정신생명에는 지극한 이치가 있습니다. 이 이치는 철학적인 것을 포괄하며 정신의 법칙도 대표하는데, 이것은 부호입니다. 지식이 이해할 수 있는 이치이기도 합니다. 무엇을 유자(儒者)라고 부를까요? '일사지부지(一事之不知), 유자지치(儒者之恥)', 한 가지 일이라도 철저하게 이해하지 못한다면 모두 한 지식인이라고 불릴 자격이 부족합니다. 이게 바로 중국 고대의 문화였습니다. 그래서 말하기를 한 지식인은 온갖 이치에 통하여 알지 못하는 것이 없어야 한다고 합니다. '일리불지(一理不至), 즉천년무연득종(則天年無緣得終)', 수도하는 사람은 고도의 지혜가 있어서 통하지 못하는 바가 없어야 합니다. 한 가지 점이라도 이해하지 못하면 이 생명은 장생불로 할 수 없습니다.

'연신지소유자(然身之所有者), 지혹부지야(知或不知也) ; 리지소존자(理之所存者), 혹위불위야(為或不為也)', 그는 말하기를 우리 생명 속의 이 모든 것, 이 신체상의 모든 것을 '지혹부지야(知或不知也)', 어떤 것은 알거나 어떤 것은 알지 못한다고 합니다. 주문광(朱文光: 남회근 선생의 제자/역주)이 한 편의 작은 문장을 지었는데 과학상의 증명을 보도하는 것입니다. 전체 우주의 만유는, 우선 유심은 말하지 않고 먼저 유물사상을 얘기해본다면, 이 우주는 보잘것 없는 하나의 점입니다. 사람의 두뇌는 그렇게 복잡해서 그렇게 많은 신경이 케이블이나 마찬가지입니다. 오늘날 외국의 과학은 진보하여 두뇌와 신체 내부를 모두 기기로 찍어 빛의 색으로 나타낼 수 있습니다. 무릇 생각 속에서 생각이 움직이고 마음속에서 변화가 일어나자마자 모두 표현해낼 수 있습니다. 심장·간·췌장·폐·신장에 어떤 문제가 있으면 색깔이 곧 정상이 아닙니다. 장래에 과학이 더 진보하면 병자를 진단하는 데는 영상으로부터 빛의 색깔만 보기만 하면 될 것입니다. 비록 중국 고대 의학은 그렇게 과학화되지는 않았지만 원리는 이미 있습니다.

그래서 그는 말합니다. 도가의 사상에서 인체 이내의 모든 것은 '지혹부지(知或不知)', 어떤 것은 알고 어떤 것은 모른다. 천지우주 사이에 우리들의 정신생명은 '리지소존자(理之所存者), 혹위불위야(爲或不爲也)', 그런 기능들 중에 어떤 것은 작용이 있고 어떤 것은 없는지 우리는 아직 모른다고 합니다. 여기 주의해야 합니다. 곽상이 서진(西晉)시대에 주해한 『장자』에 일찍이 '리(理)'를 제시했는데 '리'는 바로 도체입니다. 송나라 왕조의 이학가에 이르러서도 '리'자를 사용했습니다. 그들은 한편으로는 남의 물건을 사용하면서도 한편으로는 필사적으로 욕하기를 도가는 외도요 불가는 이단(異端)이라고 했습니다. 결과적으로 한참 욕을 했지만 알고 보니 동쪽 이웃집에서 물건 좀 가져오고 서쪽 이웃집에서 가구 좀 운반해서 자기가 점포를 하나 열어, 파는 물건은 모두 저 두 집에서 훔쳐온 것이었습니다. 그런 다음 자기 것이 가장 옳고 저들 두 집은 모두 옳지 않다고 말했습니다. 정말 가련합니다! 이게 바로 이학가입니다.

누가 정말 생명을 이해할까

'고지지소지자과(故知之所知者寡)', 그는 또 우리들에게 말합니다. 우리들 스스로 학문이 좋다고 여기지만 사실은 인류의 학문은 우리들이 이해하는 것이 적어서, 심신과 생명 그리고 우주의 일체에 대하여 아는 것은, 아주 조금에 지나지 않는다. '이신지소유자

중(而身之所有者眾)', 그러나 우리 신체 상의 기능은 대단히 많고 대단히 풍부하게 있다. '위지소위자소(爲之所爲者少), 이리지소존 자박(而理之所存者博)', 그러므로 우리가 갖가지 방법, 양생의 도리 이든 의약이든 수도를 하든 우리가 해낼 수 있는 방법으로 최고의 효과 목적에 도달하는 사람은 너무나 적다. 우주간의 진리에는 우리가 알지 못하는 것이 많아서 여전히 비밀 상태로 보존되어 있다. 천지가 의도적으로 보존하고 있는 것이 아니라 우리들 스스로가 지식이 도달하지 못하는 것이다.

'재상자막능기지(在上者莫能器之), 이구기비언(而求其備焉)', 이 때문에 특출하게 높이 위에 있는 자는 '막능기지(莫能器之)', 우주 간의 진리를 쓸 수 있는 것으로 변하게 할 방법이 없다. 왜냐하면 이치를 통하지 못하기 때문이다! 이것은 과학적인 도리와 마찬가 지입니다. 예를 들어 뉴턴은 사과가 떨어지는 것을 보고서 지구인 력을 발견하여 과학이 한걸음 더 진보했습니다. 그러나 우리는 이미 그렇게 많은 사과를 먹었어도 떨어지는 것에 이치가 하나 있다는 것을 몰랐습니다. 그 이치는 본래 우주 사이에 존재하고 있는데 때마침 그에게 발견된 것입니다. 이런 과학자들은 바보천치처럼 멍멍하다가 갑자기 영감의 빛이 하나 나타났습니다. '아아, 이 속에는 어떤 것이 하나 있다.' 문학가처럼 갑자기 멋진 문구가 떠올랐습니다. 아인슈타인이 상대성 이론을 발명한 것도 마찬가지입니다. 와트가 증기기관을 발명한 것도 어리벙벙한 것이었는데 계란이 돌멩이가 되도록 그렇게 오래 삶았어도 몰랐다가 뒷날 생각하기를 이 물건을 이렇게 한번 끓여보자. 이 물도 힘으로 변할 수 있구나! 했습니다. 그러나 우주 사이의 이 도리는 '상자막능기지(上者莫能器之)', 원래 존재하고 있었는데 단지 자기의 지혜가 부족하여 발견하지 못한 것이다. 만약 생명의 이 도리를 발견할 수 있다면 생명을 영원히 보존할 수 있게 된다. '이구기비언(而求其備焉)', 우리는 그것이 완비되기를 바라고 싶어도 해낼 수 없다. 이 두 마디 말은 뒷날 정치의 최고 영도자 철학에도 응용되었습니다. '상자막능기지(上者莫能器之)', 영수가 된 자 자기는 아무것도 할 줄 모릅니다. 한고조(漢高祖)처럼 갖가지를 할 줄 몰랐습니다. 한고조는 무엇을 할 줄 알았을까요? 술이나 마시고 아무것도 몰랐습니다. 그러나 다른 사람의 장점을 잘 이용했습니다. '이구기비언(而求其備焉)', 결과적으로 모두 그의 성공으로 변했습니다.

  '인지소지불필동(人之所知不必同), 이소위불감이(而所爲不敢異)', 이것도 인간 행위학과 관련됩니다. 우리가 서양의 과학연구를 얘기하면 새로운 명사들이 유달리 많은데, 사실은 기존의 옛 것들을 찾아내어도 응용이 무궁합니다. 인간행위의 원칙은 '인지소지불필동(人之所知不必同)', 예컨대 당신이 공장을 하나 운영할 경우 사용하는 사람은 지혜와 재능이 똑 같을 필요가 없습니다. 만약 모두 같다면 이 공장은 파산합니다. 만약 모두가 똑같이 총명하다면 나 사조차도 끼우지 못할 것입니다. 그러므로 '인지소지불필동(人之所知不必同)'입니다. '이소위불감이(而所爲不敢異)', 사람의 지혜는 비록 같지 않더라도 일부의 행위는 같아야 합니다. 사람의 생각과 총명은 저마다 다르지만 먹고 배설하는 것은 틀림없이 같고 잠자는 것도 반드시 같습니다.

  '이즉위성의(異則僞成矣)', 사람의 모든 행위는 반드시 같아야 하며 인류의 생존도 공동적이어야 합니다. 그렇지만 인류는 이 공동의 목표를 향하여 노력하기를 잊어버리고 밖으로 자기의 심리와 각종의 욕망을 더함으로써 사회적으로 가짜를 만들고 허위가 있고 암투를 벌이는 일이 있게 되었습니다. '위성이진불상자(僞成而眞不喪者), 미지유야(未之有也)', 사회에 위조한 것이 있고 나자 생명의 진실은 상실되었습니다. 그렇지만 여러분은 주의해야 합니다. 도가의 것은 원만합니다! 다음에서 말하는 것도 최고 지도자학인데 영수 노릇하는 도리는 바로 도덕이 성실한 것입니다. 최고의 성실이 있음이 바로 가장 성공한 사람입니다. 그래서 저는 늘 청년 학우들에게 일러주기를 잔재주 부리지 말고 수단을 쓰지 말라고 합니다. 요 일백년 동안 우리는 분명히 보았습니다. 세계문화가 교류 발전하면서, 사람마다 수단을 부리고 총명을 피워서 갈수록 그 수준이 심해지고 있습니다. 특히 우리 같은 늙은이가 보면 오늘날 젊은이들은 갈수록 교활해져 수단이 갈수록 높아집니다. 우리들 요 늙은이들 보다 더 노회하고 몹시 간사하고 교활하기가 태상로(太上老) 정도까지 이르렀습니다. 장래에 어떤 사람이 성공할까요? 바보가 성공할 것입니다. 수단을 부리지 않고 사람들을 대하거나 일을 함에 있어 대단히 성실한 사람인 바보가 성공할 것입니다. 이것이 천지의 법칙입니다.

그러므로 '위성이진불상자(僞成而真不喪者), 미지유야(未之有也)', 사회의 상공업계의 돈이 많은 큰 사장님들이 사용하는 사람은, 수 십 만원(대만 화폐단위임/역주)의 월급을 받는 박사들이 많습니다. 그들은 그 사장님의 지휘를 따르고 꾸지람을 들어야 합니다. 저는 말하기를 세상의 박사는 모두 '아니야[不是]'에게 사용된다! 고 합니다. 사장님은 뭐든지 '아니야'라고 말합니다. '이 어른은 돈이 있어, 당신은 내말을 따라야 돼' 입니다. 그에게는 무슨 재간이 있을까요? 그에게는 재간이 하나 있습니다. 바로 어려운 생활과 고된 일을 성실하게 견뎌냈던 것입니다. 그래서 그에게는 돈이 있게 되었습니다! 당신이 박사면 또 어쩐대! 당신이 그의 '아니야'를 만나면 당신보다 한 등급 높습니다! 세상의 대학 총장들은 모두 모금(募金)을 해서 비로소 많은 박사들을 배양해냈는데 그 총장들은 어느 곳한테 널리 돈을 구했을까요? '아니야'한테 모금을 했습니다! 그렇게 해서 이런 박사들을 배양한 것입니다. 세상은 바로 이런 세상이니 묘합니까 묘하지 않습니까! 여기로부터 최고의 성실은 기만행위를 하지 않는 도리를 이해했습니다.

'혹호지이불권(或好知而不倦), 이곤기백체(以困其百體), 소호불과일지(所好不過一枝), 이거근구폐(而擧根俱弊), 사이기소지이해소부지야(斯以其所知而害所不知也)', 어떤 사람들은 '호지이불권(好知而不倦)', 우리 이 바보들처럼 독서도 하고 지식도 구하지만 조금도 이해하지 못하고 애를 써서 연구합니다. '이곤기백체(以困其百體)', 결과적으로 몸을 쇠약하게 만들고 도수가 1천도나 되는 안경을 끼고 머리털도 하얗게 되었습니다. 등은 굽어져서 간염(肝炎) 아니면 기침병[咳嗽]에 걸려있습니다! 그렇지만 모자는 썼고 박사라고 불립니다. 이와 같을 뿐입니다. '소호불과일지(所好不過一枝)', 당신이 아는 것은 이 정도에 불과합니다. '이거근구폐(而擧根俱弊)', 당신의 온 몸 6근(六根)은 근(根)마다 모두 망가져 건강하지 않은데, 이게 무슨 소용이 있습니까! '사이기소지이해소부지야(斯以其所知而害所不知也)', 인류는 아주 작은 약간의 총명지식으로 그 근본의 대 지혜를 해쳤습니다.

'약부지지성야(若夫知之盛也)', 진정한 지혜의 최고의 성취는 바로 무엇일까요? '지인지소위자유분(知人之所爲者有分), 고임이불강야(故任而不彊也)!', 진정으로 생명의 중점을 이해한다면 그런 후천적인 유한한 지식 재간을 사용하는 것이 아니라 몸을 자연스러움에 맡기고 억지로 추구하지 않는 것입니다. '지인지소지자유극(知人之所知者有極), 고용이불탕야(故用而不蕩也)', 인생이 이해하는 이 약간의 지식은 너무 유한합니다. 만약 우주를 이해할 수 없고 생명을 이해할 수 없다면 무슨 소용이 있겠습니까? 이 때문에 자기가 '용이불탕(用而不蕩)', 비록 인생 세계의 작용 가운데 있지만 함부로 하지 않습니다. 자기가 오히려 어리석다고 느낍니다. 왜냐하면 자기 생명의 근원을 모두 모르기 때문입니다.

'고소지불이무애자곤(故所知不以無涯自困)', 우리가 현재 가지고 있는 학문은 지식이 비록 좋다고 하더라도 여전히 유한한 것에 속합니다. 학문은 끝이 없는 것[無涯]이기 때문입니다. 그러나 이것으로써 자기를 가두어 두어서는 안 됩니다. '즉일체지중(則一體之中), 지여부지(知與不知), 암상여회(闇相與會)', 현재 가지고 있는 지식으로써 생명의 근본을 이해하여 최고의 도의 경계인 무지(無知)에 도달하여 유위적인 지식을 모두 무위의 경계 속으로 녹여 넣으면 '암상여회(闇相與會)', 도의 경계와 자연히 은연중에 부합하여 경계가 나누어지지 않습니다. '이구전의(而俱全矣)!', 이것이 바로 완전한 경계입니다. 이것이 바로 '자신이 아는 바인 지식학문으로써 자신이 알지 못하는 바인 생명의 본원을 찾아 수양하는 것[斯以其所知養所不知者也]'이기도 합니다.

곽상은 『장자』의 이 몇 마디를 잘 해석했습니다. 그의 주해는 한 편의 논문이나 마찬가지이며 진정한 박사이기도 합니다. 고대에 과거 시험에서 문장을 지을 때 『사서오경』 가운데서 임으로 어떤 한 구절을 찾아내어 고시관이 그 때에 출제하면 당신의 사상 재능이 문장 속에 표현되었는데, 이것도 묘한 것이었습니다. 이 한 편의 문장이 과학·인생·정치 모든 도리를 몇 마디 말의 짧은 글로 모두 발휘한 것처럼 그랬습니다. 만약 이런 작은 글자로 써진 주해를 그냥 지나쳐버리고 보지 않는다면 시대 문화의 변천을 이해하지 못합니다.

그러므로 양진(兩晉) 남북조 시대의 청담(淸談)은 우연한 것이 아니었습니다. 곽상은 진(晉)나라 시대에 살았는데 그 당시에 노장(老

莊)사상을 중시하였습니다. 그런데 그 진정한 역사적 근원으로서의 창시 조사는 조조(曹操) 부자였습니다. 이것은 청년 학우들에게 일러주는데, 일백 년 동안에 써져 나온 중국 철학사들은 모두 그리 신뢰할 수 없고 모두 또 문제가 있습니다. 이제 『장자』원문을 다시 보겠습니다.

지식학문은 절대적이 아니다

비록 그렇더라도 그런 도리에는 아직 결함이 있다. 왜냐하면 이 지식학문은 비교 상대되는 바가 있은 뒤에야 합당하게 되는데, 그 비교 상대되는 바에는 절대적인 기준이 정해져 있지 않기 때문이다.

雖然, 有患。夫知有所待而後當, 其所待者特未定也。

『장자』는 지(知)와 부지(不知)의 중요함을 말하는데, 이 강령을 먼저 파악해야 합니다. 다시 말해, 인류의 지식은 학문이라 할 수 없습니다. 우리들에게는 하나의 대 학문이 있는데 바로 '알지 못하는 바가 없는[無所不知]' 그 도체, 즉 우리들 생명의 근원입니다. 자신이 일생을 살면서 생명의 근원조차도 모르니 헛되게 사람 노릇 한 겁니다. 그러므로 몹시 가련합니다. 장자의 관념은 자기 생명의 본원(本源)을 인식해야 진인이라 할 수 있다는 것입니다. 여순양(呂純陽)을 예로 들면, 도가에서는 그가 도를 얻었다고 보기 때문에 여진인(呂眞人)이라고 부릅니다. 물론 우리 학우들도 장래에 도를 얻는다면 곧 이(李)진인이요, 장(張)진인이요, 모(某)진인입니다.

그러나 이 도를 어떻게 얻어야할까요? 두 가지 노선이 있습니다. 하나는 자기의 작은 총명을 내던져버리고 저 진정으로 무지(無知)의 대도(大道)를 추구하는 것입니다. 또 하나의 노선은 세속의 학문지식을 극점까지 깊이 이해하고 최후에는 '아는 것이 하나도 없으면서 알지 못하는 것이 없음[無所知而無所不知]'으로 돌아가서 역시 도를 얻는 것입니다. 이것은 지(知)의 중요함을 말하는 것입니다. 그럼 진지(眞知)란 또 무엇일까요? 인도불학에서는 반야(般若)라고 부릅니다. 『금강경』의 온전한 이름은 금강반야바라밀경(金剛般若波羅蜜經)이며, 반야 중에는 실상반야(實相般若)가 있는데, 그게 바로 도의 지혜입니다. 지혜라고 번역하지 않고 산스크리트어 발음을 그대로 썼습니다. 왜냐하면 지혜라고 번역하면 그 의미가 완전하지 않기 때문입니다. '실상반야'와 '지이무지(知而無知: 알면서 앎이 없음/역주)' 이 두 가지는 사실 하나입니다. 그러므로 인도문화와 중국문화가 결합하여 완전히 융합하였습니다.

지금 장자는 말하기를 '수연(雖然), 유환(有患)', 그러나 이 도리에는 아직도 결함이 있다고 합니다. 그는 그 이유를 제시하기를 '이 지식학문은 비교 상대되는 바가 있은 뒤에야 합당하게 된다[夫知有所待而後當]', 우리들의 이 지혜는 반드시 상대적으로야 알게 되는 것이기 때문이라고 합니다. 검은 것을 보고서 비교하면 하얗다고 부르는 것이 하나 있습니다. 긴 것을 보면 짧은 것을 생각합니다. 지식이란 다 대등(對等)한 것입니다. 즉, 상대적으로 이해하는 것입니다. 유식학에서는 상대적인 것을 비량(非量)이라고 부르는데, 비교하여 아는 것입니다. 지식은 모두 상대적으로 추구하여 나온 결론이며[有所待而後當], 그런 다음에야 합당한 명사를 하나 정하고 합당한 이해를 합니다. 이게 보통의 지식입니다. '그 비교 상대되는 바에는 절대적인 기준이 정해져 있지 않기 때문이다[其所待者特未定也]', 지식은 모두 상대적이요 비교적인 것입니다. 절대적인 기준이 없습니다.

우리가 (최고의 도와 천리로서 이해하여) 말하는 하늘이 인위적인 해석이 아닌지, 또 우리가 말하는 인위적인 해석이 (최고의 도와 천리로서의) 하늘에 부합하는 것이 아닌지를 어떻게 알겠는가?

庸詎知吾所謂天之非人乎？所謂人之非天乎？

'용거지(庸詎知)'는 장자의 구어로서 당시의 남방 말입니다. 전국시대의 초나라 사람이란 후세에 말하는 호남·호북 사람만이 그 전부가 아니라 당시의 중원(中原)지대였습니다. 당시의 방언인 '용거지'는 '어떻게 알겠는가!'란 의미와 같습니다. '오소위천지비인호(吾所謂天之非人乎)?', 우리가 이른바 도를 이해한다는 것은, 심지어 이 하늘이 과학적인 것이든 형이상의 도체이든 간에, 이것이 인위적인 해석이 아님을 어떻게 알겠는가! 예컨대 종교가의 해석은 천상세계가 어떻다, 하느님이 어떻다 하는데 그것은 인위적인 해석입니다. 종교는 아주 재미있습니다. 서양 사람들의 천당은 동양 사람의 그것과는 완전히 다릅니다. 아랍인의 천당과 유럽 사람들의 천당과도 다릅니다. 색깔이 다르고 신의 모습도 다릅니다. 중국인의 부처님은 중국의 옷을 입고 있습니다. 한나라 왕조 때 사람이 빚은 보살은 한나라 왕조 때의 옷을 입고 있고, 무슨 왕모낭낭(王母娘娘), 이 외할머니, 저 남편, 서왕모(西王母), 동왕공(東王公)으로 서로 짝이 되어 한 무더기인데 각각 다릅니다.

신통이 있는 사람들을 다시 보겠습니다. 외국 사람에게도 신통이 있는 사람이 있습니다. 당신이 그에게 가서 물어보기를 나의 전생은 어디 사람입니까? 하면 그는 말하기를 당신의 전생은 희랍인이나 인도인이라고 합니다. 그러나 당신을 호남 사람이라고 말하는 경우는 아주 드뭅니다. 왜냐하면 서양 사람들은 호남이 있는 줄을 모르기에 그의 의식경계 속에는 없기 때문입니다. 우리 중국인이 당신은 무엇이 환생한 것이라고 말하면서 당신은 고웅(高雄: 대만의 지명/역주)이라거나 당신의 전생은 닭이라거나 오리라거나 합니다. 중국인인 그도 서양에 공룡이 있는 줄을 모릅니다! 그러므로 당신은 외국인이 이곳으로 환생한 것이라고 말하지 않을 것입니다. 이런 오만가지 얘기들은 모두 인위적인 것입니다. 신뢰할 수 있는 지식은 하나도 없습니다.

'소위인지비천호(所謂人之非天乎)?', 제가 늘 중국 정치철학을 말하거나 또는 철학사상을 얘기하는데, 어떤 사람이 철학자일까요? 시골 할머니들은 일생동안 집으로부터 20리 범위를 떠난 적이 없습니다. 문 앞에서 걸상에 기대고 앉아서 비가 오는 것을 보거나 소가 돌아오는 것을 보거나 논에 물이 불어난 것을 봅니다. 일생동안 그런 경계만 보았을 뿐입니다. 아리산(阿里山)에도 올라본 적이 없고 중앙호텔의 스카이라운지 같은 곳에도 모두 가 본적이 없습니다. 그러나 당신이 그녀에게 물어보기를 할머니 당신 어때요? 하면 대답합니다. 고달퍼요! 나의 운명이니까요! 자기의 운명을 인정해버립니다! 이게 바로 철학자입니다. 모든 철학자들은 그녀에게 미치지 못합니다.

그러므로 말하기를 정치철학은, 무슨 주의 무슨 사상이든 모두 중국 고대에 말한 '때맞추어 비오고 바람 불어 풍년 들고, 나라는 태평하여 백성이 편안하기를 빈다'는 뜻인 '풍조우순(風調雨順), 국태민안(國泰民安)', 이 여덟 글자를 따라갈 수 없다고 합니다. 백성들이 요구하는 것은 '안거락업(安居樂業)', 편안하게 살고 즐겁게 일하는 것입니다. '풍조우순(風調雨順), 국태민안(國泰民安)' 이 여덟 글자를 실천해내는 것으로 좋습니다. 이것은 모두 철학이요 모두 사람의 초보적인 말인데 '소위인지비천호(所謂人之非天乎)?', 그것은 최고의 도와 천리에 부합합니다. 지식인들과 종교가들이 해석하는 천당은 이렇게 말합니다. 당신은 나한테 오면 죄가 없어지고 당신이 나한테 오지 않으면 죄가 있습니다! 그런 것은 양 대가리를 걸어놓고 개고기를 파는 것으로, 모두 믿을 수 없다고 장자는 이미 당신에게 설명했습니다. 그러므로 가장 평범한 도리, 가장 평범한 것이 바로 최고의 진리입니다. 진리는 가장 평범한 곳에 있습니다. 평범이 바로 최고의 진리입니다.

진인이 일을 행하는 풍격

진인(眞人)이 있은 뒤에야 진정한 지혜가 있다. 진인이란 어떠한 사람인가? 옛날의 진인은 적은 것을 거스르지 않고, 성공을 자랑하지 않으며, 일을 꾀하지 않았다.

且有眞人而後有眞知。何謂眞人? 古之眞人, 不逆寡, 不雄成, 不謨士。

　'진인(眞人)이 있은 뒤에야 진정한 지혜가 있다[且有眞人而後有眞知]', 장자는 말합니다. 도를 얻은 사람이 바로 진인이다. 진인 경지에 도달하면 '유진지(有眞知)', 그것이 진정한 지혜이다. 그 다음에 또 우리를 신화(神話)의 경지로 데리고 갑니다. 그렇지만 오히려 진짜 것으로, 인간의 생명가치를 아주 분명하게 얘기 합니다. '진인이란 어떠한 사람인가[何謂眞人]?', 무엇을 도를 얻은 진인이라고 할까? '옛날의 진인은 적은 것을 거스르지 않고, 성공을 자랑하지 않으며, 일을 꾀하지 않았다[古之眞人不逆寡, 不雄成, 不謩士]', '불역(不逆)'은 맞이하는 것이요 '과(寡)'는 작다는 뜻입니다. '불역과(不逆寡)'는 바로 그 자연스러움에 따른다는 것입니다.

일반적으로 사람의 심리는 어린애 때부터 과자를 나누던지 젖을 먹던지 많은 것을 탐합니다. 진정으로 도를 얻은 사람은 적으면 좀 적은대로 받아들입니다. 바로 조금 전에 제가 얘기한, 시골 할머니인 대 철학자가 말한 '운명이니까요!' 입니다. 당신은 왜 그렇게 적게 나누세요? 아, 나의 운명이니까요! 적으면 적게 먹지요 뭐! 상관없어요! 일체를 탐내어 구하려고 하지 않습니다. 이게 '불역과(不逆寡)' 입니다. 무엇을 '불웅성(不雄成)'이라고 할까요? '웅(雄)'은 영웅입니다. 자기가 대단하다고 느끼는 겁니다. 당신은 좀 보세요, 내가 당신보다 낫지요? 제가 대단합니다. 제가 성공했어요. 이게 바로 간교한 심보인데, 의도적으로 그런 마음을 먹는 것입니다. 진인은 타산을 하지 않고, 모든 성공이 자연스러워 성공과 실패의 감각이 없습니다. 운명이니까요! 바로 상관없다는 그런 모습입니다.

'불모사(不謩士)', '謩'자는 謀자와 같습니다. '불모(不謩)'란 타산을 하지 않는 것입니다. 우리 모든 사람들은 타산을 합니다. 돈을 벌 방법을 생각하고 출세 길을 뚫어나갈 방법을 생각하고 이렇게 저렇게 할 방법을 생각합니다. 심지어는 도를 닦을 생각을 하고 부처님에게 절 올리면 한번이라도 더 하여 죄업을 좀 줄어들게 할 생각을 합니다. 이런 모두가 이해타산을 하는 것이요 장사하는 생각입니다. '불모사(不謩士)'는 추구하지 않는 것입니다. 하느님에게

기도하면 죄가 없어진다고 여기는 것은 자기가 자기를 속이는 겁니다. 이게 '모사(瞀土)'입니다. 진인에게는 이 세 가지 점이 없습니다. 하지만 이 세 가지 점은 인생 심리에서 가장 엄중한 부분입니다. 사람은 이해타산을 할 것이지만 진인은 하지 않을 것입니다. 사람은 자신이 대단하다고 느낄 것이지만 진인은 그렇지 않을 것입니다. 사람은 만족할 줄 모르고 많은 것을 탐하고, 좋지 않은 곳은 가기를 원하지 않고, 돈이 적으면 일을 하지 않습니다. 혹은 당신이 나를 깔보면 나는 화를 냅니다. 이런 모든 것들이 다 '역과(逆寡)'입니다. 진인은 '불역과(不逆寡)'입니다. 이 세 마디 말을 오늘날의 심리학으로 그 의미를 발휘해보면 아주 두툼한 책 세 권이 될 것이지만, 고대에는 아주 간단해서 세 가지 점이었을 뿐입니다.

그러한 사람은 무심하기에 잘못을 해도 후회하지 않았으며, 현재에 있어서도 현재를 붙들어 쥐려 하지 않았다.

若然者, 過而弗悔, 當而不自得也。

　장자는 말하기를 진인은 바로 이와 같아서 세 가지를 해냈다고 합니다. 그에게는 잘못도 없고 설사 잘못이 있다할지라도 무심한 것입니다. '무심하기에 잘못을 해도 후회하지 않았으며[過而弗悔]', 잘못이 지나갔으면 곧 지나갔습니다. 오늘의 일이 지나갔으면 지나간 것이어서 후회가 없습니다. 자꾸 회상해서 연연해하지 않습니다. 일반인들처럼 지나간 일 때문에 화를 내고 번뇌하지 않습니다. 예전에 내가 그에게 어떻게 해주었는데 그는 지금 나에게 어떻게 한다고 화를 내고 번뇌하지 않습니다. 그것은 벌써 지나가버렸습니다. 그때는 작년이었습니다. 작년부터 지금까지 365일이 지나서 그림자조차도 찾을 수 없게 되었습니다. 사람의 대부분의 번뇌는 모두 과거를 후회하고 장래에 대해서 몽상을 하는 것입니다. 모두 번뇌하고 있지 현재를 틀어쥐지 못합니다.

생명은 오직 현재만 있습니다. 과거는 이미 지나갔고 미래는 아직 오지 않았습니다. 당신은 그런 걸 생각해서 뭘 하려는 겁니까! 현재는 어떠할까요? 현재는 바로 여기에서 책을 보고 있습니다. 아주 간단합니다. 마음속에 번뇌가 없습니다. '과이불회(過而弗悔)'는 두 가지 관념입니다. '과(過)'는 범한 잘못이자 무심히 한 것입니다. '이불회(而弗悔)', 뭐 별거 없습니다. 일체가 지나갔으면 지나간 것입니다. '현재에 있어서도 현재를 붙들어 쥐려 하지 않았다[當而不自得也]', 사람이 처세함에도 두 가지 관념이 있습니다. '당(當)' 자는 바로 현재입니다. 현재도 무슨 대단함을 느끼지 않습니다. 과거를 쫓지 않고 미래에 대해서도 망상하지 않습니다. 바로 현재에 있을 때도 '이불자득야(而不自得也)', 현재를 틀어쥐고 싶어 하지 않습니다. 현재는 틀어쥘 수 없는 것입니다. 곧 지나가버립니다. 이런 모습이 도를 얻은 사람인데 우리는 모두 그렇게 하지 못합니다. 우리 일반인들의 심리상황은 과거 현재 미래 이 세 단락 속에서 회상하고 후회합니다. 어제를 회상하고, 미래를 멋대로 생각하고, 현재를 틀어쥐고 싶어 합니다. 그러면서 틀어쥐지 못할까봐서 몹시 두려워합니다. 결과적으로는 단단히 틀어쥐면 쥘수록 그만큼 빨리 날아갑니다. 그러므로 도를 얻은 진인은 그런 일이 없습니다. 바로 『금강경』에서 말한, '과거의 마음을 얻을 수 없고, 현재의 마음을 얻을 수 없으며, 미래의 마음을 얻을 수 없다[過去心不可得, 現在心不可得, 未來心不可得]'입니다.

그러한 사람은 높은 곳에 올라가도 두려워하지 않았고, 물에 들어가도

젖지 않았으며, 불에 들어가도 뜨거워하지 않았다. 이것은 마음의 지혜가 무량무변의 경지를 넘어 도(道)에 이를 수 있었기 때문에 그와 같았던 것이다.

若然者, 登高不慄, 入水不濡, 入火不熱, 是知之能登假於道者也若此。

사람이 그런 경계에까지 수양이 도달하면 이미 시간관념이 없어서 과거·현재·미래가 없습니다. 그는 높은 곳에 오르더라도 두려워하지 않을 것입니다. 두려워하지 않을 것인 것이 아니라 설사 만 길의 저 아득한 벼랑에서 떨어질지라도 그는 떨어진다고 느끼지 않습니다. 더더욱 차를 타더라도 구토를 하지 않습니다. 왜냐하면 자기 자신이 차에 올라앉아 있다고 느끼지 않기 때문입니다. 차를 타고 있는 것이 침대에 누워있는 것이나 마찬가지로서 마음속에 분별작용이 없기 때문입니다. 물속에 들어가도 빠져죽지 않습니다. 왜냐하면 그게 물이라는 걸 잊어버리기 때문입니다. 불속에 들어가도 뜨거움을 느끼지 않습니다.

그 속에는 도리가 있는데 이론을 얘기하자면 어렵습니다. 먼저 한 가지 사례를 말하겠는데 제가 아는 일입니다. 솔직히 말해서 진짜 이야기이지 거짓 이야기도 아닙니다. 저의 선생님이 저에게 말해주신 것입니다. 저의 스승의 스승은 선(禪)을 배운 사람이었는데 물속에 들어가도 빠지지 않은 재간이 있었다고 합니다. 그분은 뭐든지 상관없는 그런 경계에 도달했고 항상 좀 웃기만 했답니다. 한 번은 대략 80여 년 전 일인데, 어떤 프랑스 신부가 와서 그와 함께 도를 담론했답니다. 신부가 독약 한 잔을 가지고 왔었는데, 너무 독한 것도 아니었을 것입니다. 살충제나 다름없었는데 먹으면 죽을 수도 있었습니다. 그 시대에는 양약이 드물고 희귀했습니다. 저의 스승의 스승이 말했습니다. 독이 있습니까? 어디 이런 일이 있겠습니까! 내가 보니 찻물하고 별 차이가 없소! 믿지 못하니 내가 마셔서 당신에게 보여주겠소! 그는 곧 마셔버렸습니다. 결과적으로 아무 일도 없었습니다.

그분은 본래 광서(廣西) 사람인데 뒤에 사천(四川)에서 항상 지냈답니다. 어느 날 성도(成都)에서 신도 집으로 돌아오면서 사마교(駟馬橋)를 지났답니다. 즉, 사마상여(司馬相如)가 그 옛날 말하기를 '네 필의 말이 끄는 높은 마차를 타지 않으면 맹세코 이 다리를 지나지 않겠다[不坐駟馬高車, 誓不過此橋]'고 했던 그 사마교입니다. 그 강은 폭이 넓고 강물이 몹시 불어있었습니다. 그분은 밤에 집에 돌아오면서 손에 염주를 들었었는데 염불을 했는지 안 했는지 모르지만 결과적으로 길을 잘못 들어 강 속으로 걸어 들어가 버렸습니다. 그가 느끼기를 어떻게 이렇게 멀지. 아직도 집에 도착을 안해. 천천히 가자! 하고는 밤새도록 강 속에서 걸었습니다. 이른 아침에 저 상류에서 배가 지나왔습니다. 보니 강안에서 사람 머리 하나가 헤엄치며 왔다 갔다 하면서 돌고 있는데 어찌된 일이지? 이 사람이 자살한 것 아닌가? 다가와서 한 번 보니 그는 여전히 염불하고 있었습니다. 그분에게 묻기를 어떻게 이렇게 됐습니까? 하니 그분은 말하기를 나 집에 돌아가고 있어요! 했습니다. 그런데 당신 왜 물속에 있어요? 누가 그래? 나는 길을 걷고 있는 거요. 그는 잊어버렸습니다. 물속에 들어가서 이런 경계에 도달해서 일체를 잊어버렸습니다.

그래서 말하기를 진인이 이런 정도에 도달하면 불에 들어가도 태우지 못하고 뜨겁다고 느끼지도 않는다고 합니다. 사람의 생명 기능의 수양이 이 경계에 도달하면 도를 얻은 경계입니다. '시지지

능등하어도자야약차(是知之能登假於道者也若此)', '登假'는 등하(登遐)의 의미입니다. 무량무변을 뛰어넘은 것입니다. 왜냐하면 그의 마음의 경계는 이미 무량무변에 도달하여, 커서 밖이 없고 작아서 안이 없습니다. 일체의 감각 지각이 그하고는 조금도 상관이 없습니다. 신체도 잊어버렸습니다. 이것을 진인이라고 부릅니다. 장자가 묘사한 것은 심리 전환 변화로부터 이 경계에 도달하고 있는데 진짜 사실입니다. 심리가 수양하여 이 경계까지 도달할 수 있으면 도를 얻은 진인이라고 부릅니다.

진인의 생명현상

옛날의 진인은 잠을 자도 꿈꾸지 않고, 깨어 있어도 근심이 없으며, 식사를 해도 맛을 가리지 않고, 호흡은 깊고 깊었다. 진인은 발바닥까지 깊게 숨을 쉬지만, 보통사람들은 목구멍까지 얕게 숨을 쉰다.

古之眞人, 其寢不夢, 其覺無憂, 其食不甘, 其息深深。眞人之息以踵, 衆人之息以喉。

'옛날의 진인은 잠을 자도 꿈꾸지 않고[古之眞人, 其寢不夢]', 바로 도가가 말한 것으로 밤에 잠을 자며 꿈이 없는 것입니다. 잠을 자면 잔 것이고 깨면 깬 것입니다. '깨어 있어도 근심이 없으며[其覺無憂]', 깨어서도 꿈을 꾸지 않습니다. 우리 일반인들은 잠을 자면, 잠자고 있으면서 여전히 생각을 하고 있을 때 눈을 감고 있기 때문에 한 가지 경계를 형성하는데, 우리는 그것을 꿈이라고 부릅니다. 지금 낮에는 눈을 뜬 채 꿈을 꾸고 있는 것입니다. 우리들은 눈을 뜨고 있으면 깨어있는 것으로 생각하지만 사실은 역시 꿈을 꾸고 있는데 슬픔과 기쁨과 즐거움[悲歡喜樂]의 백일몽(白日夢)입니다. 밤의 꿈에서도 비환희락이 있습니다. 그러나 진인은 '기침불몽(其寢不夢)', 그는 꿈을 꾸지 않습니다. 바꾸어 말하면 깨어나서도 꿈이 없습니다. 낮에도 꿈을 꾸지 않습니다. 바로 그렇게 마음이 가라앉아있고 아무 생각이 없기 때문에 깨어서도 근심이 없습니다. '식사를 해도 맛을 가리지 않고[其食不甘]', 어떤 것을 먹어도 상관 없습니다. 뭐든지 다 괜찮습니다. 조금 먹어서 배부르면 그만입니다. 무슨 짜니 다니 쓰니 매우니 하고 그렇게 부를 것이 없습니다. 맛있고 맛없다 할 것이 없습니다. 왜냐하면 음식에 대한 욕념이 사라져 버렸고 해탈해버렸기 때문입니다. 이 음식에 대한 욕념은 엄중합니다! 식욕이 아직 존재한다면 기맥이 통하지 않을 것입니다.

'호흡은 깊고 깊었다[其息深深]', 한번 내쉬고 들이쉬는 그 중간이 마치 정지(停止)한 것 같은 것을 '식(息)'이라고 부릅니다. 부처님을 배우는 사람이 지관(止觀)을 닦아 '식'의 정도까지 도달하면 코의 호흡에 의지하는 것이 아닙니다. 코에서 한번 왔다 한번 가는 것이 호흡인데, 한번 내쉬고 한번 들이쉬는 그 중간 사이 한토막이 '식'입니다. 보통사람의 숨은 짧습니다. 도를 얻어 정력(定力)이 있는 사람은 좀 길며, 호흡이 없는 것 같고 호흡이 정지한 것 같습니다. 그것이야말로 진짜 숨[眞息]이요 호흡 기능의 최초의 에너지[能]입니다. 그러므로 그의 숨이 깊고 깊습니다. 다들 잘못하지 말기 바랍니다. 단전 깊이까지 이른다는 것이 아닙니다. 일반인들은 당신에게 아랫배의 단전을 지키라고 하는데, 그 부분은 대소변을 간직하고 있는 장(腸)입니다. 그걸 지켜서 뭐하자는 겁니까! 오래 그렇게 하고나면 변비에 걸리거나 혈붕(血崩: 월경 때가 아닌데도 자

궁에서 많은 출혈이 있는 것/역주)이 일어납니다. 도(道) 역시 아랫배에 있지 않습니다! 이 '기식심심(其息深深)'이란 바닥이 없는 데까지 깊게 도달한 것을 말합니다. 신체상으로 하는 것이 아닙니다. 물론 신체에 감각이 있는데, 바로 호흡이 자연히 발바닥까지 도달하고 발가락까지 도달하는 감각입니다.

'진인은 발바닥까지 깊게 숨을 쉬지만[眞人之息以踵]', 도를 얻은 사람은 이 호흡 왕래에서 원기(元氣)를 보존하고 있는 그 한 가닥 '식'은 매번 모두 발바닥까지 도달합니다. '보통사람들은 목구멍까지 얕게 숨을 쉰다[衆人之息以喉]', 우리 보통사람의 호흡은 허파 부위에 의지하는 것으로, 신체의 절반일 뿐입니다. 그러므로 도를 얻은 사람은 공부가 도달해서 호흡이 코에 의지하지 않고 자연히 호흡을 하고 있고 매번 발바닥까지 도달하는데, 이게 바로 진인의 겉모습이며 서서히 대종사가 될 자격이 있습니다. 그러나 수양이 이 정도에 도달하였어도 아직은 대종사의 정도까지는 도달하지 못했습니다. 중국의 후세 도가에서는 이것을 신선이라고 불렀습니다. 신선은 다섯 등급으로 나눕니다. 죽은 뒤에 정령(精靈)이 흩어지지 않은 것을 귀선(鬼仙)이라고 부르는데 가장 아래층 신선입니다. 그 다음이 인선[人中之仙]입니다. 정력(定力)이 있고 심경이 넓은 사람입니다. 여기서 한걸음 더 나아가면 지선(地仙)입니다. 다시 한 등급 올라가면 천선(天仙)입니다. 또 한 등급 나아가면 대라금선(大羅金仙)입니다. 대라금선이 바로 대아라한(大阿羅漢)입니다. 불가에서는 대아라한이 바로 부처라고 말합니다.

어떤 사람이 그 숨이 깊고 깊어[其息深深] 발바닥으로 숨을 쉬는 [之息以踵] 경계에 도달하면 바로 지선의 범위에 해당합니다. 이 사람도 밤낮으로 항상 깨어 있고 밤에 잠잘 때 꿈이 없으며 몸이 나뭇잎처럼 가벼운 정도에 도달했습니다. 그래서 도서(道書)에 묘사하기를 중국의 어떤 선조들로서 도를 얻은 사람은 팔구십 세가 되었을 때도 몸이 가볍고 재빨라서 걸음이 빠르기가 달리는 말과 같았다고 합니다. 보면 그가 길을 걷는 빠른 속도가 저 빨리 달리는 말과 나란히 하면서도 움직이지 않은 것 같았습니다. 이게 바로 이른바 지선의 범위입니다.

마음속에 번뇌가 있고 굴복적인 사람은 목구멍에서 나오는 말소리가 막힌 듯하고, 세속적인 욕망이 많은 사람은 천기(天機)가 얕아 도와는 멀다.

屈服者，其嗌言若哇。其耆欲深者，其天機淺。

'굴복자(屈服者)'란 마음속에 번뇌가 있고 불복하지 않는 것입니다. 우리들은 누구나 다 굴복적입니다. 즉, 보통화(普通話; 현대 중국어의 표준어/역주)로 말하는 '사는 게 항상 번민하고 기를 못 펴고 사는 것'입니다. 왜 그럴까요? 마음속에 한 가닥의 번뇌가 누르고 있기 때문입니다. 번뇌가 누르고 있는데도 다른 사람에게 말할 방법이 없습니다. 그래서 저마다 마음속에 고통과 근심에 쌓인 고민이 있습니다. '목구멍에서 나오는 말소리가 막힌 듯하고[其嗌言若哇]', 그래서 말하는 게 이이이…… 합니다. 특히 남에게 돈을 빌릴 때에 거북스러워서 한참이나 이이……합니다. 우리가 이해할 경우 그에게 묻습니다. 돈이 얼마 필요한지 얼른 말하세요! 수다 떨지 말고요!

그러므로 사람이 세상에 살면서는 누구나 남에게 뭔가를 구할 것입니다. 그래서 말하는 게 통쾌하지 않을 수 있습니다. 아들이 부모에게 돈을 달라 하는 것은 자연스럽습니다. 자고나서 누운 채

달라고 합니다. 가져오세요. 물건 사러 갈래요! 합니다. 남편이 아내한테 돈을 달라고 하는 것은 서서 달라고 해야 합니다. 부모가 아들에게 돈좀 달라고 하게 되었을 때는 무릎 꿇고 달라고 해야 합니다. 부모가 자식에게 돈을 달라고 할 때가 바로 '기익언약왜(其 嗜言若哇)'입니다. 돈 좀 있니 없니? 쓰기에 넉넉하니 어쩌니? 만약 쓰기에 충분하다면 내가 조금 갖고 싶다! 보세요, 인생이란 얼마나 가련합니까! 마음속이 온통 굴복적입니다. '세속적인 욕망이 많은 사람은 천기가 얕아 도와는 멀다[其耆欲深者, 其天機淺]', 사람이 세속적인 욕망이 많을수록 천기(天機)는 그만큼 얕습니다. 사람이 총명할수록 재간이 클수록 욕망도 그만큼 큽니다. 물질문명이 발달할수록 사람의 욕망은 그만큼 많아져서 도와는 갈수록 멀어집니다.

옛날의 진인은 삶을 기뻐할 줄 모르고, 죽음을 싫어할 줄 몰랐다. 세상에 나아가도 기뻐하지 않았고, 세상에서 물러나도 외부와 격리감이 없었다. 유연히 가고 유연히 올 뿐이었다.

古之眞人, 不知說生, 不知惡死; 其出不訴, 其入不距; 脩然而往, 脩然而來而已矣。

'說'자는 기뻐할 悅(열)자와 통합니다. 옛날부터 지금까지 도를 얻은 사람은 살아간다는 게 고통스럽다고 느끼지 않았습니다. 죽음도 두려워하지 않았습니다. 죽어도 상관없고 살아있어도 상관없었습니다. 이 두 가지를 그는 하나로 보았습니다. 중국인의 사상은 생사를 결코 마음속에 두지 않았습니다. 우리의 조상들은 생사를 마치기 위하여 정좌를 하고 공부를 할 필요가 없었습니다. 예컨대 대우(大禹)는 이렇게 말했습니다. '생기야(生寄也), 사귀야(死歸也)', 살아있다는 것은 여관에서 머무르는 것이요 여기서 좀 노는 것입니다. 죽으면 어떨까요? 집에 돌아가 휴식하는 것입니다. 공자는『역경』에서 말했습니다. '명호주야지도이지(明乎晝夜之道而知)', 당신이 낮과 밤의 도리를 알면 생사의 도리를 이해하게 될 것입니다. 생명이란 자귀나무 꽃과 같아서 밤에는 피고 낮에는 접어지는 것입니다. 우리 사람의 생명은 낮에 피고 밤에는 잠을 잡니다. 죽음과 삶이 이와 같음에 지나지 않습니다. 그러므로 상고 시대의 진인은 나고 죽음을 이미 마쳐버리고 마음속에 두지를 않았습니다[不知說生, 不知惡死].

'세상에 나아가도 기뻐하지 않았고[其出不訢]', '기출(其出)'은 생명의 씀[用]을 가리킵니다. '불흔(不訢)'은 무슨 기뻐함도 없는 것입니다. 원래부터 도를 얻은 진인은 무슨 이름을 만고에 남기거나 또는 제후에 봉해지거나 재상에 임명되거나 심지어는 제왕이 되더라도 뭐 대단할 것이 없습니다. 우리의 역사상 황제(黃帝)와 요임금 순임금이 이러한 모습에 도달했습니다. '세상에서 물러나도 외부와 격리감이 없었다[其入不距]', 거둬들였다 할지라도 외부와의 거리가 있다고 느끼지 않습니다. 지명도가 높지 않아졌다고 스스로 탄식하지도 않을 것입니다. 다른 사람을 보니 그 사람이 자신에게 인사도 건네지 않고, 내가 지위가 없어졌다고 살아가지 못하게 되었다고 자탄하지 않을 것입니다. 그런 일들이 없을 것입니다. 칭찬을 하던 욕을 하든 어쨌든 거의 차이가 없습니다. 다른 사람이 말하고자 하면 말하게 내버려둡니다. 나하고 상관이 없습니다. '유연히 가고 유연히 올 뿐이었다[儵然而往, 儵然而來而已矣]', 생명이 살아있는 동안 편안합니다. 이와 같을 뿐입니다. 여기서의 '유연(儵然)'은 도연명(陶淵明)의 시인 '동쪽 울타리 아래서 국화를 따들고, 유연히 남산을 바라보네[彩菊東籬下, 悠然見南山]'의 그런 맛입니다.

우리가 젊었을 때 글공부하면서 장난스러웠습니다. 제가 아직 기억합니다. 어떤 학우가 저와 함께 앉아있었는데 그가 저에게 이렇게 말했습니다. '채국동리하(彩菊東籬下), 유연견남산(悠然見南山)'에서 내 지금에야 발견했는데 도연명은 눈이 사시였어. 제가 말했습니다. 왜? 그가 말했습니다. 여기 유연(悠然)은 틀림없이 사시야. 방향이 맞지 않아. 그가 그렇게 말한 것을 듣고는 또 다른 학우가 더욱 장난을 쳐서 말했습니다. 너 틀렸어. 도연명은 사시가 아냐. 목이 틀어진 거야. 이게 우리 어렸을 때의 학우들인데 장난 꾸러기였습니다. 물론 저도 그 가운데 하나였지요!

인생은 이른바 '유연이왕(脩然而往), 유연이래(脩然而來)'입니다. 생명이 살아있으면 살고 죽으면 자연스럽게 떠나갑니다. 그렇게 고통스러워 할 필요가 어디 있겠습니까! 게다가 산소호흡기 꽂고 남에 의해서 이리저리 몸이 뒤척거려지고, 그렇게 하지 않습니다. 그러므로 살아있어도 무슨 싫어함이 없고 무슨 번뇌도 없습니다. 하루하루 그렇게 지냅니다. 제가 늘 말하는데 우리들은 현재 하루 더 살면 마치 이자요 돈 번 것처럼 하는데, 오늘 저녁에 구두 한번 벗으면 내일 아침에 못 신을지도 모릅니다. 저 노점 전당포나 노점 가게 것이 될지 모릅니다. 그렇지 않으면 쓰레기통에 들어가 있을지도 모릅니다. 모두 모릅니다. 그래도 상관없습니다.

모든 작위(作爲)에 있어서는 그 최초의 동기를 잊지 않고, 그 최종적인 결과를 추구하지 않았다. 모든 것을 받아들여 기쁘게 여기고, 본래 있는 생명의 근원을 잊어버렸다가 이를 다시 회복하였다. 이를 일러 '마음으로 애써 도를 구하지 않고, 인위적인 방법으로 자신의 천기를 돕지 않는다'고 한다. 이를 일러 진인이라고 한다.

不忘其所始, 不求其所終 ; 受而喜之, 忘而復之, 是之謂不以心
損道, 不以人助天, 是之謂眞人。

이것은 인생의 진정한 가치입니다. '모든 작위(作爲)에 있어서는
그 최초의 동기를 잊지 않고[不忘其所始]', 모든 작위에서 최초의
동기를 잊지 않습니다. '그 최종적인 결과를 추구하지 않았다[不求
其所終]', 결과가 무엇인지 추구하지도 말아야합니다. 시작도 없고
끝도 없습니다. 시간관념을 잊어버리고 공간관념을 잊어버리고 현
재의 이 생명에 대하여 아주 유연하게 받아들일 뿐입니다. 그래서
추워졌으면 옷 더 껴입고 더워지면 하나 벗습니다. 배고프면 먹습
니다. '모든 것을 받아들여 기쁘게 여기고[受而喜之]', 고통이 오면
어떨까요? 그냥 기쁘게 받아들이면 됩니다. 이것은 바로 이념의 경
계입니다. 당신이 정말로 그 정도까지 해낸다면 거의 다 된 겁니
다! 인생 전체를 한 유희로 보는 것은 바로 유희삼매(遊戱三昧)에
진입한 것입니다. '본래 있는 생명의 근원을 잊어버렸다가 이를 다
시 회복하였다[忘而復之]', 잊어버린 것, 사라져버린 것을 회복했습
니다. 생명이 어디로부터 왔는지를 잊어버렸는데, 그 본유의 생명
의 경계는 바로 우리가 갓난애였을 때의 그런 상태입니다.
　이제 갓난애의 그런 상태를 회복하려면 일체가 상관없어야 합니
다. 갓난애를 팔에 안고서 한 두 마디 욕을 하면 그 녀석은 웃고는
당신이 자기를 웃으라 달랬다고 생각할지도 모릅니다. 그러나 갓
난애의 그런 경계는 어른이 된 뒤에 지식에 오염되어 잊어버렸습
니다. 그래서 회복해야합니다. '이를 일러 마음으로 애써 도를 구
하지 않고[是之謂不以心損道]', 애를 써서 도를 구하지 않습니다.

'연(損)'은 도를 추구하는 것입니다. 또 '연'은 감소이기도 합니다. 정좌하는 사람이나 도를 닦는 사람은 다들 당신에게 비우라고 합니다. 비워버리라고 합니다. 공(空)은 하나의 방법으로서, 당신에게 뺄셈[減法]을 이용하게 하는 것입니다. 당신에게 눈을 부릅뜨고 하늘의 빛을 보라하거나 염불하라거나 진언을 외우라고 하는 것은 덧셈[加法]을 이용하는 것입니다. 그러므로 불법은 당신더러 늘리지도 말고 줄이지도 말라고[不增不減] 합니다. 더하지 말고도 빼지도 말라고 합니다. 그렇지만 보통사람은 '이심연도(以心損道)', 다들 뺄셈을 이용합니다. 만약 의도적으로[有心]으로 비워야 도를 닦는 것이라고 한다면 옳지 않습니다. 의도적으로 도를 닦는 것은 도가 아닙니다. 연도(損道)하면 옳지 않습니다.

'인위적인 방법으로 자신의 천기를 돕지 않는다고 한다[不以人助天]', 인위적인 방법으로 자신의 천기(天機)를 돕지 마십시오. 자신의 천기가 자연스럽도록 하십시오. 바로 이렇게 자연스런 모습으로서 그 즉시일 뿐입니다. 그래서 뒷날의 선종에서는 그것을 농축해서 '당하즉시(當下即時)'라는 말을 잘 썼습니다. 오직 현재일 뿐입니다. 생명은 바로 지금 이 순간에 있습니다. 지금 그대로입니다. '이를 일러 진인이라고 한다[是之謂眞人]', 이런 모습이야 말로 도를 얻은 사람입니다.

그러한 사람은 정신이 전일하고, 용모가 고요하며, 이마는 반들반들 빛난다. 엄숙함이 가을 같고, 온화함이 봄 같다. 기뻐하거나 노여워함이 사계절처럼 법도가 있고, 만물 사이에서 꼭 알맞게 처하니 그가 사람들과 지내고 일처리 하는 궁극적인 경지를 알 수 없다.

若然者, 其心志, 其容寂, 其顙頯; 凄然似秋, 煖然似春, 喜怒通四時，與物有宜而莫知其極。

　'약연자(若然者)', 사람이 수양하여 이 단계까지 도달할 수 있다면 '정신이 전일하고[其心志]', 그의 마음속에는 망상이 없고 번뇌가 없습니다. '심지(心志)'는 정신이 전일한 것입니다. '용모가 고요하며[其容寂]', 서서히 그의 내심의 수양이 그의 외형에 영향을 미치며 또 청정합니다. 바로 우리가 말하는 신선이나 보살의 그런 모습입니다. '이마는 반들반들 빛난다[其顙頯]', 이마가 반들반들 윤이 나고 빛이 있고 충만합니다. 이런 사람은 정감에 변화가 있을까요 없을까요? 저 목석과 같은 사람은 아닐까요? 그렇지 않습니다. 그에게는 정감의 변화가 있습니다. '엄숙함이 가을 같고[凄然似秋]', 그가 다른 사람의 가련한 모습을 바라볼 때 그는 자비로울 것입니다. 다른 사람을 불쌍히 여길 것입니다. 그는 춘하추동 사계절처럼 반응이 자연스럽습니다. '온화함이 봄 같다[煖然似春]', 바꾸어 말하면 그의 태도는 비록 가을처럼 엄숙하지만 『논어』에서 공자를 다음과 같이 묘사한 것과 같습니다. '그를 바라보면 엄숙하게 느껴지고, 그를 가까이 해 보면 온화하게 느껴진다[望之儼然, 即之也溫]', 그를 한번 만나서 얘기해보면 어떨까요! 아주 따뜻합니다. 마치 봄바람 속에 앉아있는 듯 편안하고 온화합니다.

　'기뻐하거나 노여워함이 사계절처럼 법도가 있고[喜怒通四時]', 춘하추동처럼 자연스럽게 제철 제때에 부합합니다. 기뻐함과 노여워함이 시도 때도 없는 것이 아니라, 기뻐함과 노여워함이 일정한 규범이 있고 인정에 가까운 것입니다. 어떤 부처님이나 성공하거나 도가 있는 사람은 안팎의 행위가 모두 인정에 가깝지, 인정에 가깝지 않은 것이 아닙니다. 만약 도를 닦는 어떤 사람이 한 개의 눈을 밖으로 부릅뜨고 사물을 보는데 괴이하다면, 그건 이미 정신

병이지 도를 닦는 것이 아닙니다. 수도자는 대단히 평범합니다. 그리하여 기뻐함과 노여워함이 사계절에 통합니다. '만물 사이에서 꼭 알맞게 처하니 그가 사람들과 지내고 일처리 하는 궁극적인 경지를 알 수 없다[與物有宜而莫知其極]', 그는 이 세상에서 물리세계인 일체 만물 사이에서 함께 지내는 것이 대단히 알맞고 적당합니다. 그렇지만 당신은 그의 뜻과 하는 방법을 연구해내지 못합니다. 뿐만 아니라 사람과 지내고 일을 처리하는 것이 모두 매우 고명합니다. 일이 끝난 뒤에 보면 딱 알맞았고 딱 그 몫을 얻었으며 딱 그 자리를 얻었습니다. '여물유의(與物有宜)'는 바로 유가에서 말하는 인의(仁義)이자 진인의 경계이기도 합니다.

용병의 원칙

장자가 말하는 대종사 편은 우리들의 관념에 비추어 말해보면 먼저 출세간의 성취가 있는 것입니다. 즉, 일반적인 관념으로 말하면 이른바 도를 얻은 것입니다. 한 인간이 도를 얻었다면 내성(內聖)이 성공한 것입니다. 장자는 도를 얻는 공부와 경계를 다 말했습니다. 그리고 내성(內聖) 이후에 외왕(外王)입니다. 도를 얻은 사람은 결코 이 세계와 관계가 없다는 말이 아닙니다. 오직 진정으로 도를 얻은 사람이라야 비로소 성인이요 비로소 대종사가 될 자격이 있습니다. 그린 다음에 세간에 들어가 세상을 위해서 일할 수 있습니다. 이른바 용세지도(用世之道)입니다.

용세(用世)를 얘기해보면,『장자』내7편과 외편·잡편 등과 모두 큰 관계가 있습니다.『장자』는 도가를 대표하여서 보통은 노장(老

莊)이라고 말하고 황로(黃老)라고도 부릅니다. '황로'에서 '황'은 황제(黃帝)이며 '로'는 노자로 대표되는데 장자도 포함됩니다. 이른바 '황로지도(黃老之道)'에는 병가·법가·모략가 더 나아가 제자백가까지 포함되는데, 이런 것들은 그 연원이 황로에서 나왔습니다. 황로의 입장에서 말하면 유가와 제자백가도 모두 황로에 그 연원이 있다고 봅니다. 여기서의 '로(老)'는 노자의 『도덕경』만을 가리키는 것은 아닙니다. 그것은 전체 중국문화의 도를 포괄합니다.

사실 역사적으로 보면 국가에 문제가 있을 때 난리의 평정은 모두 도가에 의존했고 천하가 태평해졌을 때에야 비로소 유가를 이용했습니다. 일반 학자들의 연구는 공맹의 도인 유가가 진(秦)나라 한(漢)나라 이후에 제왕들에 의하여 이용되어 통치의 권모술수로 삼았다고 봅니다. 겉으로 보면 이런 학자들의 말이 좀 지나칩니다. 사실 진나라 한나라 이후 유가는 유일한 생계 도모 방법이 바로 관료가 되는 것이었습니다. 이러한 관료가 되는 기풍은 중국의 교육에 3천 년 동안 영향을 끼쳐 대단히 문제가 있는 교육이 되었습니다.

첫 번째의 문제는 교육 관념인데, 관습적인 남존여비(男尊女卑)입니다. 이 때문에 사람마다 아들을 낳기를 바랐을 뿐만 아니라 아들이 용(龍)이 되기를 바랐습니다. 무슨 방법으로 자식이 용이 되기를 바랐을까요? '모든 것이 다 하찮은 것이요, 오직 글공부만이 높은 것이다[萬般皆下品, 唯有讀書高]', 오직 글공부만 있었을 뿐입니다. 글공부를 하면 벼슬아치가 될 수 있고, 벼슬아치가 되면 재산을 모을 수가 있다는, 이러한 일련의 관념이 있게 되었습니다. 우리들을 포함하여 이 자리에 있는 친구 여러분들은 맨 처음의 생각 속에는 국가 지도자에게 충성하고 애국하겠다는 관념이 있었고 정치적인 큰 감투의 구호가 있었지만, 사실은 맨 처음 글공부할 때 역시 벼슬이 올라가고 재산을 모으는 것을 생각했습니다. 유가가 바로 그랬을 뿐입니다.

역사상 진정으로 다른 인물은 오히려 도가였습니다. 도가는 꼭 정좌하고 수도하는 것은 아닙니다. 그 안에는 문화 천문 지리 등이 전부 포함되어 있습니다. 그렇다면 도가가 난리를 평정하는 데 이용한 것은 무엇이었을까요? 그 영향이 가장 큰 것이 『장자』라는 이 책이었습니다. 다들 평소에 장자를 소홀히 했지만 뒷날 이른바 나라의 이익을 위해 애써 일하고 계획하는 도리, 군사사상, 모략의 사상 등은 모두 『장자』에서 나왔습니다. 다음 단락은 장자가 외용의 학[外用之學]을 말하고 있는데 먼저 군사철학을 기초로 삼고 있습니다.

그러므로 성인이 군대를 동원하여 남의 나라를 멸망 시켜도 그 나라의 민심을 잃지 않는다. 그 까닭은 혜택을 만대에 베풀기 위한 것이지 사람을 사랑하기 위함이 아니기 때문이다. 그러므로 인정과 물리에만 통달하려 한다면 성인의 자격에 부족하고, 육친의 사사로운 정(情)이 있다면 인(仁)의 기준에 이르지 못하며, 세상에 나서기를 천시(天時)에만 따르려 함은 진정한 성현의 도가 아니고, 이로움과 해로움의 관건을 잘 알지 못하면 군자가 아니며, 명예를 좋아하여 자기 목숨을 잃어버리면 선비가 아니고, 진정으로 무아(無我)를 실천하지 않는다면 영도자가 아니다.

故聖人之用兵也, 亡國而不失人心 ; 利澤施乎萬世, 不爲愛人。
故樂通物, 非聖人也 ; 有親, 非仁也 ; 天時, 非賢也 ; 利害不通, 非君子也 ; 行名失己, 非士也 ; 亡身不眞, 非役人也。

이른바 대종사인 도를 얻은 사람이 만약 세상에 나와서 처세하여 역사와 국가 천하에 대해서 공헌하고자 한다면 무엇보다도 먼저 용병의 도리를 제시합니다. 이 말은 중국문화사에서 엄중한 관건입니다. 역대로 병법을 담론하기 좋아했던 사람은 도가 인사였습니다. 그러므로 군사철학사상·모략학은 모두 도가로부터 나왔습니다. 후대에 표방했던 신선들은 병법을 담론하기 좋아하지 않았던 사람이 없습니다. 도가의 대표작인 『회남자(淮南子)』나 『포박자(抱朴子)』 그리고 다수의 도가 대 저작들 속에는 병법, 그리고 정치의 이른바 권모술수 부류의 것들이 함께 들어있습니다.

그러므로 우리는 하나의 결론을 얻을 수 있는데, 도가는 병법을 담론하기 좋아했다는 것입니다. 특히 신선들은 병법을 논하기를 더욱 좋아했는데, 이는 문화사적으로 보면 오히려 이상한 일입니다. 오직 유가를 대표하는 공맹의 도만이 병법을 담론하기를 그리 좋아하지 않았고 심지어는 병법담론을 피했습니다. 그러므로 역대의 역사적인 전변에 있어 병법 담론과 군사 동원과 정치적 책략의 변동은 모두 도가와 밀접한 관계가 있습니다. 여기서 장자는 아예 제시하기를 '그러므로 성인이 군대를 동원하여 남의 나라를 멸망시켜도 그 나라의 민심을 잃지 않는다[故聖人之用兵也, 亡國而不失人心]'라고 합니다. 이 한마디 말을 잘못 읽지 말기 바랍니다. 자기의 국가를 망하게 했다는 것이 아니라, 남의 국가를 망하게 한 것입니다. 당신이 침략을 하든, 고생하는 백성을 위로하고 죄 있는 통치자를 징벌하든[弔民伐罪] 간에 남의 국가를 망하게 했는데도 남이 감사하겠다 한 것은 어려운 일입니다. 후인들의 의심이 어떻든 간에 탕왕(湯王)과 무왕(武王)의 혁명은 다른 사람에게 나라를 망하게 한 것은 확실합니다. 그러나 최후에는 온 백성이 찬양했고 망한 나라 인민의 추대를 받아서 '남의 나라를 멸망 시켜도 그 나라의 민심을 잃지 않는다[亡國而不失人心]'를 해내었습니다.

그는 말합니다. 도를 얻은 사람이 군대를 동원하는데도 왜 이와 같은 결과를 얻을 수 있을까? 왜냐하면 '그 까닭은 혜택을 만대에 베풀기 위한 것이지 사람을 사랑하기 위함이 아니기 때문입니다[利澤施乎萬世, 不爲愛人]'. 이런 문자들은 보기에는 질서정연하지만 그 논리관념은 상반됩니다. 다시 말하면, 도를 얻은 성인이 군대를 동원하여 타인의 나라를 망하게 하지만 망한 나라는 오히려 저마다 추대하고 저마다 옹호한다는 것입니다. 그러한 원인은 도를 얻은 사람이 군대를 동원함은 개인적인 사욕 때문이 아니요 남을 침략하기 위해서가 아니라, 만민의 이익을 위하기 때문입니다. 요즘말로 하면 바로 인민을 위하여 복리를 짓는다는 것입니다. 이런 복리는 우리들의 오늘날 복리관념이 아니라 '혜택을 만대에 베풀기 위한 것[利澤施乎萬世]'이라는 겁니다. 이 점을 우리 청년 학우들은 더욱 유의해야 하겠습니다.

중국문화를 얘기하면서 방금 우리는 글공부는 관료가 되기 위한 것이었다고 비판했는데, 우리는 어려서부터 '주자치가격언(朱子治家格言)'을 외워야만 했습니다. 이 격언은 거의 국민 저마다 반드시 읽어야할 것이었습니다. 그 속에는 '책을 읽는 뜻은 성현이 되고자 함에 있고, 관리가 되려는 마음은 임금과 나라에 충성하고자 함에 있다[讀書志在聖賢, 爲官心存君國]'라는 구절이 있는데, 관념이 너무 깊기 때문에 일생 내내 그 영향을 받았습니다. 과거 지식인이었던 독서인이 관료가 되면 어떤 정책 거동(擧動)에는 엄중한 관념이 하나 있었는데, 정책이 백 년 이상의 효과가 있느냐 없느냐는 것이었습니다. 이른바 국가 백년대계(百年大計)로서 목전만 돌아보는 것이 아니었습니다. 두 번째 아주 엄중한 관념은 개인 면에서 역사상 오점을 남겨서 자손들로 하여금 영원토록 머리를 들지 못하도록 하여서는 안 된다는 것이었습니다. 일반인들의 관념으로는 악비(岳飛)는 충신이요 진회(秦檜)는 간신입니다. 청나라 때에 진(秦) 씨 성의 시인이 항주(杭州)의 서호(西湖)에 있는 악비의 무덤에 간 적이 있었습니다. 그의 시 가운데 이런 구절이 하나 있습니다. '나는 무덤 앞에 와 진(秦) 씨 성임을 부끄러워한다[我到墳前愧姓秦]', 왜냐하면 역사에서 진회는 정말 너무나 사람을 창피하게 했기 때문입니다. 이런 관념은 어디로부터 왔을까요? 바로 중국 교육의 수천 년의 관습인 '관리가 되려는 마음은 임금과 나라에 충성하고자 함에 있다'에서 온 것입니다. 이런 두 가지 관념은 오늘날 우리들의 문화사상 속에서 대단히 퇴색한 것 같습니다. 이것은 우리 문화의 비애이거나 치욕이거나 문제입니다. 반드시 다시 새롭게 깊이 반성해야 합니다. 그러므로 문화부흥을 얘기함에 있어 중국문화는 도대체 무엇을 말하는가, 이것이 문제입니다.

장자가 말한 것을 보면 남의 나라를 망하게 하면서도 그 인심을 잃지 않는다고 했는데, 그 까닭은 그 혜택이 만세토록 베풀어지게 하여 천추만대토록 앙모하게 하기 때문입니다. '불위애인(不爲愛人)', 단지 약간의 사랑이나 내지는 인자하다는 구호를 위함이 아닙니다. 또한 어떤 지역의 사람들을 사랑하기 때문만도 아닐 것입니다. 바꾸어 말하면 성인이 하는 것은 '사람을 사랑하기 위함'이 아니라 '혜택을 만대에 베풀기 위함입니다', 시간과 공간에 제한되지 않습니다. 이게 '성인이 군대를 동원하여 남의 나라를 멸망 시켜도 그 나라의 민심을 잃지 않는다'에 대한 하나의 총결론입니다. 대종사 편에서 말하는, 도를 얻은 성인은 출세간의 정신으로 입세간의 사업을 하는 것입니다.

내성외왕(內聖外王)의 성취

다음은 내성외왕의 성취를 한 조목 한 조목 분석하는 것입니다. 내성외왕이라는 관념은 송나라 왕조 때 이학가들이 습관적으로 썼던 하나의 명사인데, 실제로는 이 간판이 장자의 것입니다. 그들은 이것을 가져다 쓴 뒤에 반대로 노장을 꾸짖었습니다. 이러한 학술 태도는 신중하지 못한 것이며 마땅히 그래서는 안 되는 것입니다.

'그러므로 인정과 물리에만 통달하려 한다면 성인의 자격에 부족하고[故樂通物, 非聖人也]', 곧바로 문제가 나왔습니다. 이른바 성인의 수양이 만약 인정과 물리를 통달하는 데만 국한된다면 역시 성인의 자격에 부족합니다. 그러므로 성인은 인정과 물리를 이해할 뿐 아니라 한걸음 나아가 더 높이 통달합니다.

'육친의 사사로운 정(情)이 있다면 인(仁)의 기준에 이르지 못하며[有親, 非仁也]', 이 '인(仁)'자는 유가에서 해석하는 인의도덕(仁義道德)의 '인'과 결코 서로 위배되지 않습니다. 공맹사상에 대해 확대한 주해입니다. '유친(有親)', 친인척에 대한 사사로운 정입니다. 이른바 진정한 인자함이 만약 여전히 친인척에 대한 사사로운 감정을 조금이라도 지니고 있다면 이미 '인'의 기준에 미달합니다. 친(親)과 인(仁)을 얘기해보면, 유가에서 말하는 인(仁)과 불교의 자비(慈悲) 그리고 기독교의 박애(博愛)는 모두 서로 같은 부분이 있습니다. 하지만 그 범위 해석 설법이 각각 다릅니다.

역사상 송나라 명나라 이학가들은 항상 불가사상과 논쟁을 했습니다. 이학가들은 말했습니다. 당신들 불가는 자비를 얘기합니다. 좋습니다! 자비는 바로 우리들 유가가 말하는 인(仁)입니다. 그러나 당신들 불가가 말하는 자비는 영문을 모르겠는 텅 빈 구호로서 실제에 와 닿지 않습니다. 불가의 자비는 평등하게 사람을 사랑하는 것입니다. 유가의 인 역시 자비와 같습니다만 그것은 범위가 있고 층차가 있는 사랑입니다. '유오유이급인지유(幼吾幼以及人之幼)', 먼저 자기의 아이들을 잘 돌보고 그 다음에 그 힘을 사랑하는 마음을 확대하며 사회의 다른 아이들을 사랑합니다. '로오로이급인지로(老吾老以及人之老)', 나의 부모 노인을 잘 부양하고 힘이 있거든 비로소 당신의 부모를 봉양하고, 사회의 다른 사람들의 부모를 부양하는 것입니다. 여보시요! 그런데 당신들 불가는 어떤가요? 그렇지 않습니다! 자비는 평등하여 일체중생을 사랑한다고 하지만, 중생이 그렇게 많은데 어떻게 사랑합니까?

이학가들은 말합니다. 만약 석가모니불과 공자 두 사람이 강가에 서 있다고 가정합시다. 그런데 그 두 사람의 어머니가 모두 강속으로 떨어졌다고 합시다. 석가모니불 당신은 어떻게 할까요? 먼저 자기의 어머니를 구할까요, 아니면 공자의 어머니를 먼저 구할까요? 만약 자기의 어머니를 먼저 구한다면 자비가 부족합니다. 중생은 평등하므로 두 어머니를 모두 다 구해 내야합니다! 유가는 다릅니다. 공자는 당시에 조금도 사양하지 않고 먼저 뛰어 들어가 자기의 어머니를 구하고 그 다음에 뛰어 들어가 당신의 어머니를 구할 것입니다. 그렇게 하나의 순서가 있습니다. 이른바 '친친(親親)'이란 나의 친인척들을 먼저 잘 안치하고 그 다음에 나의 마음의 양[心量]을 확대하는 것을 바로 '공(公)'이라고 부릅니다. '인민(仁民)'이란 남을 사랑하고 사회를 사랑하며 인류를 모두 사랑하고 나서 그 다음에 '애물(愛物)', 사물을 사랑합니다. 이른바 사람의 도리[人之道]를 행함에는 그 단계 순서가 있습니다. 이 도리를 우리는 분명히 알아야 합니다.

장자는 여기에서 유가에 대하여 비판을 하지 않았지만 주해를 하나 한 것이나 다름없습니다. '유친(有親), 비인야(非仁也)', 그러므로 인자함이란 천하를 사랑하되 사사로운 마음이 없는 것입니다. 그 사이에 친한 바가 있고 편애하는 바가 있다면 이미 인의 최고의 목적이 아닙니다. 만약 대종사라면 성인의 도는 그 사랑이 보편적입니다. 마치 비가 내리는 것과 같아, 채소나 무에 대해서 혹은 인삼이나 당귀에 더 많이 내려주고, 저 독약이나 고추나 마취약에는 조금 덜 내려주고 하는 그런 것이 결코 아니라, 좋든 나쁘든 일률적으로 평등합니다. 그러므로 말하기를 '육친의 사사로운 정(情)이 있다면 인(仁)의 기준에 이르지 못한다[有親, 非仁也]'라고 합니다.

'세상에 나서기를 천시(天時)에만 따르려 함은 진정한 성현의 도가 아니고[天時, 非賢也]', 이것도 춘추전국 시대의 유가에 대한 비판입니다. 제가 『맹자』를 강의할 때 저는 꼭 맹자를 위해서 변호했습니다만 지금은 미안하지만 저는 이미 맹자를 위하여 변호할 의무가 없습니다. 저는 이제 『장자』를 강의하고 그의 돈을 얻었으므로 그의 입장에 서서 말해야 합니다. 공자는 『논어』에서 '현명한 사람은 어지러운 세상을 피하고, 그 다음의 사람은 어지러운 지역을 피한다[賢者避世, 其次避地]'라고 했습니다. 유가가 말하는 성현의 도는 그 때가 아니면 나서지 않습니다. 사회의 환경이 정상이 아니면 나서지 않습니다. 그러나 장자는 진정한 성현이란 자기를 위함이 없기 때문에 천시(天時)에 맞든 안 맞든 항상 나서야 하며 처지가 어렵고 곤궁할 때는 더더구나 나서야 하는 것이야말로 진정한 성현의 도라고 봅니다. 그러나 그는 또 방향을 바꾸어 말합니다. '이로움과 해로움의 관건을 잘 알지 못하면 군자가 아니며[利害不通, 非君子也]', 이 한마디 말도 유가 사람들을 좀 꾸짖는 분위기가 있으며 유가는 이로움과 해로움의 관건을 잘 알지 못하는 곳이 있다고 비판합니다. 역사상으로 보면 죽은 글공부를 한 많은 유가 사람들이 모두 그런 분위기가 있었는데, 장자는 당시 전후에도 많이 보았기 때문에 그는 이 일반 지식인들이 도를 얻지 못했고 이로움과 해로움의 관건을 알지 못한다고 보았습니다.

　도가에서 말하는 이로움과 해로움의 관건을 잘 안다고 함은 어떻게 잘 아는 것일까요? 역사와 문화적으로 늘 논쟁 변론이 있어왔습니다. 유가의 이론은 이른바 위난에 닥쳐 목숨을 바친다[臨危受命]고 주장했습니다. 시대가 어려울수록 일어나서 사회를 구제하고 국가를 구제하고 천하를 구제해야한다고 했습니다. 하지만 중국 역사상의 유가 인물들 중에 위난에 닥쳐 목숨을 바친 일을 진정으로 해낸 사람은 그리 많지 않았습니다. 부득이하여 그렇게 한 사람들이 오히려 많았습니다. 도가는 표면적으로 보면 위난에 닥쳐 목숨을 바친다는 이 노선을 걸어가지 않고 대부분은 시대가 어지러워 만회할 수 없다고 여기면서 은사의 길을 걸어간 것 같습니다. 역사상 유가는 항상 '중류지주(中流砥柱)'나 '도만광란(倒挽狂瀾: 국면을 전환시키다/역주)'을 표방하며 기백이 모두 대단했습니다. '중류지주'는 태풍이 지나간 뒤에 석문(石門) 저수지의 홍수가 쏟아져 내려올 때 한 사람이 그 물 가운데 서서 물의 흐름을 가로막는 것과 같다고 말할 수 있는데, 아마 벌써 물에 휩쓸려 내려가 버리고 막지 못할 것입니다. 그러므로 도가는 그런 어리석은 일을 하지 않습니다. '중류지주'는 위대하게 보이지만 그 시대 추세의 조류 아래에서 한 사람이 목숨을 바쳐서 역사적으로 이름을 남길 수 있는 것 말고는 사회에 대하여 공헌이 없고 국가에 대하여 이로운 점이 없습니다.

　도가는 자연스러운 세(勢)에 따라야 한다고 봅니다. 바로 응용의 도란 것입니다. 홍수가 쏟아져 내리면 제방으로 막을 수 있는 것이 아님을 분명히 알기 때문에 강우량이 얼마나 되며 물줄기의 거리는 얼마나 먼지를 계산해서 물의 흐름이 관건의 지점에 이르렀을 때 물도랑을 하나 열어 세(勢)에 따라 물을 가볍게 흘러가게 합니다. 정치도 마찬가지입니다. 이른바 '넉 냥 무게의 힘으로 천근의 무게를 돌려놓는다[四兩撥千斤]'는 원리를 이용하여 그 시대를 전환시키는 것입니다. 그러므로 말하기를 세상을 구제하는 도리로 반드시 이로움과 해로움의 관건을 잘 알아야 하지, 이로움과 해로움의 관건을 잘 알지 못한다면 군자가 아니라고 합니다.

도가의 입장에 서서 보면 유가는 그렇게 무능합니다! 하지만 또 말을 그렇게도 할 수 없습니다. 우리가 『역경』에 대한 공자의 사상을 되돌아보면, 진정으로 공자를 연구하기 위해서는 『사서오경』만으로서 대표할 수는 없습니다. 『사서』 중의 하나인 『논어』는 그 10분의 2가 학생에 관한 내용이고 오직 한 작은 부분이 공자에 관한 것입니다. 공자의 진정한 사상을 연구하고자 하면 『역경』 가운데 오히려 공자의 사상이 많습니다. 이밖에 『춘추』를 깊이 통해야 비로소 공자를 이해합니다.

춘추를 얘기하고 사기를 말한다

공자 자신도 말하기를 '후세에 나를 알아주는 사람이 있다면 춘추 때문일 것이며, 나를 비난하는 사람이 있다면 그 역시 춘추 때문일 것이나[知我者春秋, 罪我者春秋]'라고 했습니다. 사마천은 뒷날 『사기』를 저작하였는데 공자의 사상대로 모방하여 두 마디 말을 했습니다. '장지면산(藏之名山), 전지기인(傳之其人)', 이 말은 대단히 오만합니다. 당시의 사람들을 싸잡아 꾸짖기를 당신들은 보아도 이해하지 못하니 책조차도 넘겨보지 말라. 나는 이것을 명산에 감추어 놓겠다. 장래 후대에 어떤 총명한 사람이 보고 알 것이다 라고 했습니다. 이런 까닭에 어떤 사람은 말하기를 『사기』는 한(漢)나라 시대의 한 부의 비방서(誹謗書)라고 말합니다. 하지만 사마천은 대단히 위대하고 한무제도 위대하고, 더 나아가 그의 자손 등도 모두 위대해서 『사기』를 훼손하지는 않았습니다.

사마천은 유방(劉邦)과 항우(項羽) 두 사람에 대해서 썼습니다. 항우전은 본기(本紀)라고 하고 유방전도 본기라고 합니다. 두 사람은 비록 한사람은 성공했고 한 사람은 실패했지만 어떤 면에서 말하면 두 사람은 마찬가지였습니다. 이러한 관념은 사마천의 뛰어남이라고 말할 수 있는데, 사마천도 당시에는 이해할 사람이 없다고 정확히 보았습니다. 왜냐하면 『사기』는 읽고 이해하기 어렵기 때문입니다. 예를 들어 그가 한 편의 전기를 쓰면서 그 사람의 모두 좋은 점을 말했지만 나쁜 일면은 그와 관계가 있는 사람의 전기 속에만 있습니다. 그러므로 한 인간을 연구하는 데에는 반드시 그 시대의 관계가 있는 자료를 모두 두루 읽어봐야 합니다. 이렇다면 쉽지 않습니다.

공자는 『춘추』를 저술하고 마지막에 이렇게 선포했습니다. '지아자춘추(知我者春秋)', 『춘추』는 한 권의 책인데 공자를 어떻게 이해할 수 있을까요? 공자의 말 의미는 이렇습니다. 장래에 여러분들이 진정으로 나를 이해하려면 오직 『춘추』를 진정으로 이해해야 한다. '죄아자춘추(罪我者春秋)', 장래에 여러분들이 나를 꾸짖을 자격이 있으려면 역시 『춘추』를 연구해서 통해야 비로소 그래도 된다. 그러므로 우리가 어렸을 때 『춘추』나 『전국책』 그리고 소설인 『삼국연의』 등과 같은 책들은 모두 읽지 못하게 했습니다. 구식 교육에서는 그런 책들을 보고난 뒤에는 나쁜 것을 배우게 될 것이라고 보았습니다. 왜냐하면『춘추』는 곧 대 모략이요 대 병법이기 때문에 공자에게는 '죄아자춘추(罪我者春秋)'라는 말이 있는 겁니다.

왜 이런 것들을 인용했을까요? 공자는『역경』속에서 말하기를 '지진퇴존망(知進退存亡), 이불실기정자(而不失其正者), 기유성인호(其唯聖人乎)!', 오직 성인이라야 이로움과 해로움의 관건과 진퇴존망(進退存亡)의 도를 진정으로 이해하고 그 올바름을 잃지 않는다고 합니다. 만약 진퇴존망의 도리를 모른다면 성인이 아닙니다. 이런 관념은 도가의 것과 완전히 같습니다. 그러므로 장자는 말합니다. '이로움과 해로움의 관건을 잘 알지 못하면 군자가 아니다[利害不通, 非君子也]', 이것은 군자가 성인보다는 좀 못하다는 말이 아닙니다. 학위로써 비유하면 성인은 박사에 해당하고, 군자는 석사에 해당하며, 대학졸업에서는 더욱 좀 못하다고 한다면, 이것은 멋대로 한 비교입니다!

'명예를 좋아하여 자기 목숨을 잃어버리면 선비가 아니고[行名失己, 非士也]', 역사상 많은 사람들이 명예를 좋아하고 명예를 구하기 위하여, 이른바 만세에 이름을 남기기 위하여 '실기(失己)', 자기 자신을 잃어버렸습니다. '비사야(非士也)', 이것은 지식인의 자격에 미달합니다. 그러므로 저는 청년 학우들에게 늘 말하기를 명예와 이익 두 가지 개념에 관하여 우리는 한 일본인에게 불복하지 않을 수 없다고 합니다. 바로 명치유신(明治維新)의 대신인 이등박문(伊藤博文)입니다. 만주족 청나라가 중흥할 그 시대에 이등박문은 이홍장(李鴻章)의 외교적 상대였습니다. 이등박문은 일본 제1차 영국유학생단의 학생이었는데 귀국하여 서양의 기풍을 소개함으로써 일본을 변화시켰습니다. 그에게는 두 마디의 명언이 있습니다. '이익을 꾀하려면 응당 천하의 이익을 꾀해야 하고, 이름을 구하려면 마땅히 만세의 이름을 구해야 한다[計利應計天下利, 求名當求萬世名]', 이것은 온통 중국문화사상인데 유가의 사상을 더욱 충분히 표현했습니다. 그러므로 말하기를 만약 개인이 자기의 명예만을 위하여 명예를 좋아하여 자기의 목숨을 잃어버린다면, 이는 지식인으로 불릴 자격이 부족합니다.

여기에서 또 사마천의 사상을 인용해야겠습니다. 제가 늘 말하지만『사기』는 한권의 역사가 아니라 한 부(部)의 역사철학입니다. 특히『사기』의 학문 중점은 무슨 한고조나 항우 등의 전기가 아니라 그 속에 있는 팔서(八書)입니다. 천문에 관한 천관서(天官書)·경제사상의 평준서(平準書), 그리고 예(禮)·악(樂)·율(律)·역(曆)·봉선(封禪)·하거(河渠)가 그것입니다. 이밖에도 백이열전(伯夷列傳)이라는 한편이 있습니다. 그 속에는 '열사순명(烈士徇名), 과자사권(夸者死權), 중서풍생(衆庶馮生)'이라는 세 마디가 있는데 그 속에는 많은 사상이 포함되어 있고 인생철학을 말하고 있습니다. '열사순명(烈士徇名)', '열사'라는 글자를 보고 황화강칠십이열사(黃花崗七十二烈士)를 생각하지 말기 바랍니다. 그렇다면 중국문화를 연구할 필요가 없게 됩니다.『사기』에서의 열사라는 명칭은 고문을 그대로 원용한 것인데, 고문에서 당시 말하는 열사는 오늘날 말하는 영웅에 해당합니다. 시대가 달라지면 관념도 달라졌습니다.

이른바 세상의 영웅은 '순명(徇名)', 명예를 이루기 위하여 생명을 조금도 아까워하지 않습니다. 자기의 목숨을 마치 돈을 걸고 도박을 하듯이 저당을 잡혀야 영웅이라고 불릴 자격이 있습니다. 여기에서의 '순(徇)'자는 포커놀이와 마찬가지여서 목숨을 가지고 최후의 도박 돈에 건 것입니다. '과자(夸者)'는 미친 사람입니다. 정신상태가 신경질적인 사람인데 근대의 독재자인 히틀러나 무솔리니 같은 그런 영웅 인물입니다. 이들은 남을 지배하기를 좋아하고 권력을 틀어쥐기를 좋아하는 사람입니다. '사권(死權)', 권력의 욕망을 위하여 자기의 목숨을 도박에 걸 수 있습니다. 바꾸어 말하면 여러분들이 명예를 이루고 싶습니까? 명예를 이루고 싶다면 목숨을 서슴없이 도박에 내걸어야 합니다. 여러분은 권력을 원합니까? 권력을 원한다면 앉아있다고 해서 오는 것이 아닙니다. 역시 목숨을 서슴없이 내걸고 해야 '과자사권(夸者死權)', 최후에 영웅 노릇을 할지 제왕 노릇을 할지 모릅니다.

'중서(衆庶)', 일반 백성들은 어떨까요? 우리 같은 이런 보통 백성들이 바로 '풍생(馮生)', 나를 귀찮게 하지 말라는 것입니다. 단지 나에게 배불리 먹고, 따뜻이 입고, 저녁에 좋은 곳에서 잠잘 수 있도록 해주어서 그렇게 살아가기만 하면 됩니다. 이 세 마디 말은 바로 인생철학입니다. 장씨가 하든 이씨가 하든 누가 하든 간에 중요하지 않습니다. 나를 귀찮게 하지 말고 나에게 돈 내라고 찾아오지 말고, 내 집 대문 초인종을 누르러 오지 말고, 나를 검사하러 오지 말면 됩니다. 그러므로 '영웅이 명예에 목숨을 바침[烈士徇名]'은 바로 '명예를 좋아하여 자기 목숨을 잃어버림[行名失己]'입니다. 장자는 한걸음 더 나아가 비평하기를 그가 그렇게 한다면 '비사야(非士也)', 지식인의 자격에 미달이라고 합니다.

'진정으로 무아를 실천하지 않는다면 영도자가 아니다[亡身不眞, 非役人也]', 무엇을 '역인(役人)'이라고 부를까요? 남을 위해 복무하는 것을 '역(役)'이라고 합니다. '역인(役人)'은 다른 사람을 거느려 이끄는[領導] 하는 사람입니다. 중간에 '어(於)'자를 하나 더해서 '역어인(役於人)'이면 바로 남에게 거느려져 이끌어지는 것입니다. 사람의 분류는 대략 두 가지만 있습니다. 혹은 내가 당신 말을 따르든가, 심지어 부부와 친구사이도 그렇습니다. 아니면 당신이 내 말을 따르든가 입니다. 부부나 친구나 사회 사람들이든 간에 그렇습니다. 만약 당신이 내 말을 따르지도 않고 나도 당신 말을 따르지 않으려고 한다면 방법이 없습니다. 그러므로 옛사람에게는 한 마디 말이 있는데, 어떤 사람이 명령을 받지도 못하고 명령할 줄도 모른다면 이 사람은 폐인이어서 쓸모가 없다는 것입니다.

  이런 관념에 따라 내가 당신 말을 따르는 것이 아니면, 당신이 내 말을 나를 따르는 것입니다. 그 사이에 중간노선은 없고 사람이란 결국 한 사람을 따라야합니다. 그렇다면 사람은 어떻게 '역인(役人)'해야 할까요? 어떻게 진정한 영도자가 될까요? 장자의 결론은 '망신(亡身)'해야 한다고 합니다. 바로 무아(無我)인데, 자기조차도 없는 것입니다. 이 한 목숨조차도 필요로 하지 않겠다는 것입니다. 만약 '망신불진(亡身不眞)', 진정으로 무신(無身)·무아를 해낼 수 없다면 영도자가 될 수 없습니다. 이 한마디가 결론입니다. 그럼 어떻게 해야 무아일 수 있을까요? 대종사 편에서 말하는 것인데, 도를 얻은 사람이라야 진정으로 무아를 해낼 수 있습니다. 이 때문에 다음에서는 몇 사람을 제시하여 표방으로 삼습니다.

장자 눈높이의 고사(高士)

역사상 고사(高士)라고 일컬어지는 호불해(狐不偕)·무광(務光)·백이(伯夷)·숙제(叔齊)·기자서여(箕子胥余)·기타(紀他)·신도적(申徒狄) 같은 사람들은, 남이 부리는 대로 부려지고, 남이 가는 대로 갔지, 자기의 인생이 가야할 대로 자신이 가지 못했던 자들이다.

若狐不偕、務光、伯夷、叔齊、箕子胥余、紀他、申徒狄, 是役人之役, 適人之適, 而不自適其適者也。

이런 사람들은 모두 『고사전』속에 나오는 인물들입니다. '호불해(若狐偕)·무광(務光)' 같은 사람은 황제 때의 은사로서 우리들의 옛 조상 전면의 가장 높은 고인(高人)들입니다. '백이(伯夷)·숙제(叔齊)'는 주나라 때의 고사(高士)입니다. '기자(箕子)'는 이름이 '서여(胥餘)'였습니다. 이런 사람들을 역사상 은사(隱士)라고 표방했습니다.

이른바 은사 얘기가 나온 김에 말해보겠습니다. 중국철학사와 문화사를 연구하는 사람은 특별히 유의해야합니다. 제가 근 백 년 동안의 저작을 보았는데 은사 방면에 대하여 분명히 알지 못한 것 같습니다. 중국문화에서 수천 년 동안 가장 큰 영향을 끼친 사람은 공맹(孔孟)이 아니며 노장(老莊)도 아닙니다. 은사입니다. 한 학우가 이런 관념에 따라 박사논문을 썼는데 6년을 썼지만 아직 완성하지 못했습니다. 왜냐하면 자료를 제대로 갖추지 못했기 때문인데, 고통스러워합니다.

은사사상이 역사문화에 대하여 그렇게 중요한 영향이 있었다는 것을 어떻게 증명할까요? 우리 삼대 왕조이래로 당요(唐堯)가 허유(許由)에게 왕위를 넘겨주고 싶어 했던 역사 이야기로부터 쭉 보아 내려오면 모두 자료를 찾을 수 있습니다.

한고조 유방의 경우는 황제가 된 뒤에 자신이 사랑하는 비자(妃子: 왕의 첩/여주)가 척희(戚姬)였기 때문에 여후(呂后) 아들의 태자 자리를 척희의 아들 여의(如意)로 바꾸고 싶었습니다. 마침내 여후는 장량(張良)을 찾아가 방법을 생각했습니다. 장량이 말했습니다. 방법이 없습니다. 오직 상산사호(商山四皓)를 내려오도록 청해서 태자의 선생님으로 모셔야 합니다. 한고조가 보니 상산사호는 고인(高人)이었습니다! 내가 청해도 꿈쩍도 않던 사람들이 마침내 태자가 청해서 오게 되다니 태자는 바꿀 수 없게 되었다. 장래 황제 자리에 앉아도 안정되겠다! 한고조 같은 이런 영웅도 이런 영감님들에게 좌지우지 되었습니다. 왜 그랬을까요? 설마 한고조의 건달 태도가 이 몇 명 영감님들의 무공이 높은 것을 정말 두려워해서였을까요? 그런 까닭이 아닙니다. 이것은 은사사상의 가장 큰 힘 때문이었습니다. 서양 정치철학으로 말하면 부동의주의(不同意主義)입니다. 은사사상은 반대하는 것이 아닙니다. 그렇다고 찬성하는 것도 아닙니다. 단지 곁에 서서 볼 뿐입니다. 민주정치의 설로 말하면 바로 보류권의 표를 던지지 않은 것입니다.

중국 은사사상은 역대마다 모두 그런 작용이 있었습니다. 그래서 역대의 제왕은 그런 면을 두려워했습니다. 만주족 청나라가 산해관(山海關)을 들어올 때까지 쭉 강희(康熙)는 온갖 방법을 생각해 이런 부동의파 사람들을 한데 모으려 했습니다. 강희·옹정·건륭 삼대 백 년 동안 안에 박학홍사과(博學鴻詞科)를 몇 차례 열어 시험을 치르지 않고 이런 사람들을 초청했습니다. 일부 은사들은 만청 정권에 불만이었는데 최후에는 강희, 건륭에게 뽑아져 나왔습니다. 어떤 사람이 심하게 비꼬는 시를 이렇게 썼습니다.

한 무리의 백이숙제 수양산에서 내려와   一隊夷齊下首陽
몇 년이나 관망함 얼마나 처량했나   幾年觀望好凄凉
일찍이 고사리로는 배부르기 어려움 알고서   早知薇蕨終難飽
무단히 무왕에게 간함 후회했네   悔煞無端諫武王

명나라의 이러한 유로(遺老)들은 본래는 모두 백이숙제가 되고 싶어서 투항하지 않고 있다가 최후에는 청나라 조정의 초청을 받고 나왔습니다. 그들은 백이숙제가 수양산에서 그랬던 것처럼 풀 뿌리를 먹었지만 배가 부르지 않았습니다. 그래서 한 무리의 백이 숙제는 수양산을 내려와 만청에 귀순했습니다.

이런 부류의 은사들은 도가사상을 대표했는데 역사상 중요한 배역을 담당해왔습니다. 청나라에 이르기까지 모두 그랬습니다. 원세개(袁世凱)가 황제가 되고 싶어 할 때에도 이 사상의 엄중한 타격을 받았습니다. 당시에 남통(南通)의 장장원(張狀元), 장건(張謇)은 원세계의 선생님이었는데 역시 동의하지 않았습니다. 그래서 은사 사상은 중국역사 정권 면에서도 시종 부결권의 한 표를 보류했는데, 이러한 힘도 바로 문화정신입니다.

위에서 말했듯이 청나라 강희 시대에 원래는 백이숙제 같은 고사가 되고 싶었던 학자명인들을 불러들였습니다. 그 중에 한 시인인 오매촌(吳梅村)은 문학적으로 대단히 유명했습니다. 그는 누차 청나라의 초청을 거절하다가 최후에는 청나라 조정이 오매촌 어머니를 끼고 위협하자 그는 나올 수밖에 없었습니다. 물론 오매촌은 그 나름의 도리가 매우 있었습니다. 만약 어머니가 살아계시지 않는다면 그는 충신이 될 수 있었습니다. 충신은 밑지는 일이라서 한 목숨을 밑질 수도 있었습니다. 그는 본래 충신이 되고 싶었지만 지금은 어머니가 아직 살아계시므로 충신이 될 수 없었습니다. 그래서 그의 시는 말합니다. '덧없는 인생 빚짐은 오직 한 번의 죽음인데, 인간세상은 불사의 신선금단을 알 길이 없네[浮生所欠唯一死, 人世無緣識九還]', 일생에서 유일한 결함이 당시에 죽어버리지 못한 것이었습니다. 다시 국가와 민족을 구해내고 싶었지만 그렇게 할 수 없었습니다.

오매촌은 부득이 나와서 투항할 수밖에 없었습니다. 부름에 응해 황제를 보게 되는 것은 수갑과 족쇄를 찬 것보다도 더 고통스러웠습니다. 당시 청나라 조정은 강소성 절강성 일대의 명사학자들을 발동시켜 그를 환송했는데 일천여 명의 환송대회라고 불렸습니다. 한참 천인회의 모임을 하고 있을 때 어떤 젊은이가, 아마 지금 여러분처럼 장난기 많은 젊은이였을 것인데, 한 통의 편지를 보내왔습니다. 오매촌이 열어보니 이 일천 명의 사람이 얼굴조차도 모두 파래졌습니다. 편지에는 다음과 같은 시 한수가 쓰여 있었습니다.

천인석상에 천 인이 앉았는데	千人石上千人坐
절반은 청나라인이고 절반은 명나라인이네	一半淸朝一半明
오매촌 학사에게 말 전하노니	寄語婁東吳學士
한 조정의 천하에 두 조정의 신하라네	一朝天子兩朝臣

오매촌의 고향은 강소성 누동(婁東)에 있었는데 천인석이라는 돌덩이가 하나 있었습니다. 환영회는 바로 그곳에서 열렸습니다. 이렇게 한 통의 편지가 모두를 비참하게 꾸짖어버리자 몰래 하나씩 하나씩 모두 빠져나가버렸습니다. 이는 중국문화정신을 나타내는데 이른바 부동의권의 은사사상은 시종 이 민족에게서 큰 작용을 일으켜왔습니다. 그러므로 대 정치인은 이 도리를 알아야 합니다. 서양문화의 부동의권은 은사파의 사상과 유사합니다.

'남이 부리는 대로 부려지고, 남이 가는 대로 갔지, 자기의 인생이 가야할 대로 자신이 가지 못했던 자들이다[是役人之役, 適人之適, 而不自適其適者也]', 역사상 고사라고 불리는 저런 사람들은 정통 도가사상에서 보면 그래도 싹수가 없는 부류에 속합니다. 목숨 하나를 손해 보아 나라를 구제하고 천하를 구제할 수도 없고 자기의 도업(道業)도 성취할 수 없으니, 이것을 영문을 알 수 없는 일이라고 부릅니다. 예를 들어 남의 집에 불이 났는데 당신이 주동적으로 불을 끄지 않습니다. 그렇지만 불빛 옆에 서 있으면서 죽어라고 소리를 친다면 소리치는 게 무슨 소용이 있겠습니까? '남이 부리는 대로 부려지고, 남이 가는 대로 갔지[役人之役, 適人之適]', 남이 한참 바쁠 때 그도 곁에 서서 바쁘지만, 그에게 들어가 참여하라고 하면 또 참여도 하지 않아서 이도저도 아닌 행동을 합니다. '자기의 인생이 가야할 대로 자신이 가지 못했던 자들이다[而不自適其適者也]', 인생에 대하여 어떻게 안배해야 할지 그는 모두 모릅니다. 장자는 이런 고사들을 한 푼의 가치도 안 된다고 비평했습니다. 우리는 특별히 한 가지 점을 강조해야겠는데 여기서 장자는 입세의 대종사 편의 사상을 얘기합니다. 이 몇 마디 말의 도리를 설명하기 위하여 이제 다시 한 사람을 언급하겠습니다.

엄자릉과 한나라 광무제

동한(東漢) 시대에 광무제(光武帝)의 학우였던 엄자릉(嚴子陵)은 실제 그의 성은 장(莊)씨입니다. 이름을 숨기고 성을 감추어 고사가 되고자 했기 때문에 성을 엄(嚴)씨로 바꿨으며, 뒷날 역사에서는 습관적으로 엄자릉이라고 불렀습니다. 한나라 광무제 유수(劉秀)는 황제가 되자 엄자릉은 동의하지도 않고 반대하지도 않았습니다. 그래서 숨어버렸는데 그 나름의 이유가 있었습니다. 역사상 그 자료를 찾을 수 있습니다. 당시 한광무는 중국을 통치하였지만 아직 두 서쪽지방을 통일하지 못했습니다. 하나는 서북의 롱서(隴西)이고 하나는 사천의 서촉(西蜀)이었습니다. 당시 서북일대에는 외효(隈囂)를 반대파의 장수로 삼았는데, 한번은 부하 마원(馬援)을 서북의 대표로 파견하여 한나라 광무제를 보러가게 했습니다. 마원과 광무제는 말하는 게 서로 의기투합했습니다. 서북에 돌아가자 외효가 광무제 유수는 그의 조상 유방보다 어떠하더냐고 물었습니다. 마원이 말했습니다. 제가 보기에는 막상막하입니다.

여러분 주의하십시오! 마원은 외효의 부하요, 외효는 우두머리요 사장님으로서 마원을 정치협상 대표로 파견하여 광무제를 보러가게 했습니다. 마침내 그 사장이 그에게 묻기를 유수와 유방을 서로 비교하면 어떠하더냐고 하자 마원은 말했습니다. 비록 막상막하이지만 그는 몇 가지 점이 그의 조부와는 다릅니다.

첫째, 유방은 활달하고 통이 크며, 기백이 넉넉하고, 사람이 소탈했습니다. 이점에서는 한 광무제도 같았습니다.

두 번째 점은, 유방은 책읽기를 좋아하지 않고 남을 꾸짖기를 좋아했습니다. 유수는 책읽기를 좋아할 뿐만 아니라 학문도 좋고 변재도 좋으며 또 남을 꾸짖지 않았습니다. 마원은 부하이기에 당신보다 더 고명하다고 말할 수가 없어서 그의 조상과 비교할 수밖에 없었습니다. 또 한 가지 다른 점은, 그는 술 마시기를 좋아하지 않는다는 것이었습니다. 외효는 듣고 나서 곧 말했습니다. 이런 모습에 비추어 보면 그는 한고조보다 더 고명하구나! 본래 한고조보다 더 고명하다고 직설적으로 말하기 좋지 않아서 이렇게 말할 수밖에 없었습니다. 이게 바로 마원이 마원됨인데, 얼마나 말을 잘할 줄 알았습니까!

한광무는 좋은 점이 이렇게 많았습니다. 최후에는 천하에서 성공하였고 공신(功臣)을 하나도 죽이지 않았으니 이 얼마나 대단합니까! 역대의 제왕들이나 한고조는 공신을 죽였지만 그는 그렇게 하지 않았습니다. 그렇지만 엄자릉은 그래도 왜 동의하지 않는 부분이 있었을까요? 물론 그 나름의 까닭이 있었습니다. 우리는 역사를 연구할 때 이런 부분에 착안을 해야 합니다. 역사를 읽어 통하면 역사가 바로 인생이며, 우리들은 비로소 사람됨의 도리를 이해할 수 있습니다. 엄자릉은 뒷날 고사가 된 뒤에 도망가 절강의 동려(桐廬) 지방에 숨었고 부춘강(富春江)에서 낚시를 했습니다. 한광무제는 당시에 이 친구를 찾기 위하여 명령을 내려 천하에 어디든지 찾아보라고 했습니다. 뒤에 어떤 사람이 동려현에서 털외투를 거꾸로 입은 한 어부를 보고서야 비로소 엄자릉을 찾아냈습니다. 오늘날 거리에서 가장 유행하는 것이 털외투를 뒤집어 입는 것이지만 한나라 때에는 털외투를 반드시 안에다 입어야했습니다.

어제 어떤 학우 분이 홍콩에서 저에게 구식 털외투를 사다주었습니다. 저는 말했습니다. 어느 죽은 사람이 입은 것인지 모르겠군! 입으면 입는 거지! 입고 나서 우리는 곧 백성이 입은 것이지 관료가 입은 것이 아니라고 판단했습니다. 왜냐하면 고대 관료가 털외투를 입을 때는 감히 드러내지 못하고 털외투 속에 한 층의 안감을 더해서 가죽을 덮었고 겉에는 겉옷을 하나 덮어서 겸허함을 표시했습니다. 비록 체면을 차리는 일이었지만 이런 체면을 차리는 뒷면에 중국문화가 있는데, 낭비와 사치를 통렬히 싫어하고 부귀로써 남에게 교만한 것을 싫어하는 것입니다. 관료의 털두루마기는 가장자리에는 가죽 털을 약간 드러내어야 했습니다. 일반 백성은 감히 그렇게 하지 못했기 때문에 가죽털이 드러나지 않았을 뿐만 아니라 짧았습니다. 긴 두루마기가 아니었습니다. 고대에는 공명(功名)이 있고 지위가 있어야 긴 두루마기를 입을 수 있었습니다. 그래서 글공부한 사람이 공명이 있어 집에 돌아올 때 사신(士紳)라고 불렀습니다. 신(紳)이란 바로 큰 띠이며, 옷이 길었습니다. 일반 백성은 감히 그렇게 긴 옷을 입지 못했습니다. 이런 것들은 모두 문화 이야기인데 좀 얘기하지 않고 이후에 우리가 죽어버리면 여러분들은 모릅니다.

엄자릉은 낚시터에서 털두루마기를 거꾸로 입은 채 찾아졌습니다. 한 광무제는 그를 벼슬을 하라고 아무리 해도 그는 하지 않았습니다. 황제가 말했습니다. 우리 오늘 저녁에 한 침대에서 둘이 함께 자자. 그래도 학우이니까. 그래서 잠이 들어 밤중에 이르자 엄자릉은 일부러 다리를 황제의 배위에 올려놓아 그를 누르면서 잠을 잤습니다. 한광무는 꿈쩍도 하지 않음으로써 자신이 황제의 거드름을 피우지 않으며 우리 두 사람은 역시 학우이니 자네는 아무래도 와서 나를 좀 도와주라는 뜻을 표시했지만 그 다음날 역시 도와주지 않겠다고 떠나버렸습니다.

이것이 엄자릉인데 역사상 다들 그가 높다고 했습니다. 청나라 때 이르러 어떤 사람이 그는 높지 않다고 말했습니다. 어떤 지식인이 과거시험을 보러가며 엄자릉의 낚시터를 지나갔는데, 이렇게 한 수의 시를 지었습니다.

그대는 명리 때문에 숨었건만	君爲名利隱
나는 명리를 위해서 왔구료	吾爲名利來
선생의 얼굴 뵙기 부끄러워하며	羞見先生面
깊은 밤 낚시터를 지나가오	夜半過釣台

당신은 이름을 피하고 은사가 되기 위했지만 나는 공명을 위하여 왔습니다. 그래서 저는 당신을 볼 낯이 없어서 한 밤중에 당신의 낚시터를 지나갈 수밖에 없습니다. 원자재(袁子才: 원매袁枚)는 그의 수원시화(隨園詩話)에서 이 시가 좋다고 재삼 찬탄했습니다. 하지만 어떤 사람은 상반된 의견을 제시하여 엄자릉은 한 푼의 가

치도 없다고 보았습니다. 이 은사는 가짜라면서 한 수의 시로 말했습니다.

한 벌의 양모피 옷 입음 딴 마음 있었는데	一襲羊裘便有心
헛된 명성이 지금까지 전해오네	虛名傳誦到如今
당시에 만약 도롱이를 걸쳤더라면	當時若著蓑衣去
안개 낀 강 아득한데 어디서 찾았을꼬?	煙水茫茫何處尋

그는 말했습니다. 당신은 털두루마기를 뒤집어 입어서 사람들에게 당신이 여기 있다는 것을 알린 것이 분명합니다. 역사상 다들 당신이 고명하며 은사라고 말하지만 내가 보기에는 명예를 탐냈기에 일부러 널리 알린 것입니다. 당신이 만약 정말로 은사가 되고 싶어서 당시에 정해진 대로 도롱이 옷을 하나 입고 떠났다면 안개 낀 물이 망망한데 어느 곳에 가서 당신을 찾았겠습니까?

어떤 사람이 육방옹(陸方翁)의 시를 인용하여 은사철학을 얘기했는데 그는 은사사상에 대하여 높게 추앙했습니다.

산속에 사는 지사 산이 더 깊지 않음을 한하니	志士棲山恨不深
사는 곳 남이 알면 이미 초심 저버린 것	人知已是負初心
엄광 같은 무리를 다시 말하지 말지니	不須更說嚴光輩
소부와 허유부터 지금까지 잘못됐네	直自巢由錯到今

정말로 고인(高人) 은사가 될 뜻이 있어 공명부귀를 추구하지 않는다면 마땅히 산에 들어가되 산이 깊지 않을까만 걱정하고 이 세속 중에 있지 않을 것입니다. 아직도 이 십일 층에서 『장자』를 강의하고 있는 것은 돈을 벌기 위해서입니다. 고사가 아닙니다! 엄자

릉처럼 일반인들로 하여금 은사임을 알게 하는 것이니 이미 시작한 동기와 부합하지 않아서 최초의 성심(誠心)을 져버린 것입니다. 여러분이 엄자릉을 구태여 비평할 필요가 어디에 있겠습니까? 상고 시대의 은사인 소부, 허유로부터 이미 지금까지 잘못되어왔습니다.

우리가 이렇게 많은 것들을 인용한 것은 중국문화가 은사사상에 대한 추앙이 지극히 높고 멀었다는 것을 이해하자는 것입니다. 이것은 문화정신을 대표하는 하나의 간판입니다. 심지어 역사상 이미 유명한 고사 은사들은 모두 문화사상의 비평을 받았는데, 이 민족사상은 대단히 특수합니다. 그러므로 우리들은 도가사상이 은사학파를 형성했으며, 삼천 년 동안 이십육 대의 역사상 대단히 중요한 지위를 차지했다는 것을 이해해야 합니다. 그리고 그들이 국가 시국 추세가 위급할 때에는 출현하여 난리를 제거하고 정상을 회복시키며 세상을 구제하고 사람들을 구제했습니다. 천하가 태평하게 되었을 때는 많은 사람들이 이름조차도 남기지 않고 떠나버렸습니다. 곧 노자가 다음과 같이 말한 대로입니다. '공이 이루어지면 몸이 물러나는 것은 하늘의 도이다[功遂身退, 天之道也]', 이것은 중국문화의 또 다른 일면입니다. 우리 청년 학우들이 중국문화를 연구할 때 이 문제에 대하여 세밀히 주의를 기울여야 합니다. 과거 백여 년 동안의 모든 저작들은 이 방면을 언급하지 않은 것 같습니다. 심지어는 소홀히 하고 지나갔거나 심지어는 이해하지 못한다고 말했습니다. 장자가 인용한 이 단락에서 은사의 이유가 어디에 있는지를 우리는 많은 여담을 더해 설명을 한번 했습니다.

진인의 경지

옛 진인은 세상에 들어와서 하는 작위(作爲)는 그 표현이 의(義)를 중시하지만 붕당(朋黨)을 결성하지 않고, 처세에서는 영원히 부족한 듯하지만 아무것도 받지 않았다.

古之眞人, 其狀義而不朋, 若不足而不承.

상고 시대에 대종사라고 불릴 자격이 되는 사람은 출세간의 수양성취로부터 입세간의 사업을 하여 세상을 구제하고 사람들을 구제할 수 있었습니다. 이런 사람들이 진정으로 도를 얻은 사람이며 진인이라 불렸습니다. 장자는 말합니다. 이런 사람들이 '세상에 들어와서 하는 작위(作爲)는 그 표현이 의(義)를 중시하지만 붕당을 결성하지 않고[其狀義而不朋]', 세간에 들어와서 하는 작위(作爲)는 그 표현이 대단히 의(義)를 중시했다. 여기서는 '인(仁)'자를 말하지 않고 '의(義)'라는 한 글자만을 말하고 있는데 사람을 사랑하는 작용의 발휘입니다. 유가의 맹자는 의(義)를 해석하기를 '의자의야(義者宜也)', 사람됨의 중용의 도리[中庸之道]라고 했는데, 그 몫을 딱 얻고 딱 들어맞는 것입니다.

묵자가 해석한 '의(義)'는 조금 협기를 지녀서, '길에서 억울함을 당하는 사람을 보면 서슴없이 도와주는 것[路見不平, 拔刀相助]'이 묵자의 '의'입니다. 하니의 어려움이 있으면 '분골쇄신토록 천하를 이롭게 하겠다[摩頂放踵利天下]', 자기의 생명을 희생하는 것도 조금도 아깝지 않습니다. 이것이 묵가의 '의'에 대한 사상견해로서 도가와 서로 가깝습니다. 장자가 여기서 말하는 '의'는 묵가 사상에 가깝고 유가의 '의(宜)'가 아닙니다. 예를 들어 불이 났기에 구하려고 얼른 가서 물을 떠 지고오고 물이 부족하면 다시 떠서 지고옵니다. 만약 몇 번 떠서 지고오고는 피곤하면 그만두고, '천명에 맡기자. 나는 대체로 힘을 다한 셈이다' 라는 것입니다. 그러므로 '고지진인(古之眞人), 기상의(其狀義)', 표현하는 작위가 자기를 희생하여 세상을 이롭게 하고 사람들을 이롭게 할 수 있는데 인의(仁義)를 위하여 하는 것입니다. '이불붕(而不朋)', 그러나 그는 당(黨)을 결성하지 않습니다. 당파가 없습니다. 개인의 이익을 추구하지 않고 사적인 감정 없이 천하를 위한 것입니다. 당신이 와서 자신을 칭찬해달라고도 하지 않습니다. 사람들에게 나를 좋은 사람이라 말해주라고 바라지도 않습니다. 그러므로 말하기를 '유위이무위(有爲而無爲)'라고 합니다. 하면 한 것입니다. 이른바 사람들을 구제하고 세상을 구제하기 위하여 자기를 희생한 것은 의(義)의 입장에서 당연한 것입니다. 마땅히 해야 할 일을 다 하고 나더라도 당신이 알기를 바랄 필요가 없습니다.

'처세에서는 영원히 부족한 듯하지만 아무것도 받지 않았다[若不足而不承]', 도가에서 도를 얻은 사람이 사람들과 지내고 처세하는 것은 영원히 자만하지 않고 영원히 겸허합니다. '약부족(若不足)', 영원히 부족한 것 같습니다. 자신은 아무래도 부족하다고 느낍니다. '이불승(而不承)', 그리고 무엇을 받지 않을까요? 어떤 것이 자신에게 속한 것이라고 생각하지 않고 단지 자기가 내 놓을 뿐입니다. 천하 국가는 당신의 것이니 나는 당신이 다 완성하도록 돕겠습니다. 당신은 잘 다스리십시오. 저는 필요하지 않습니다. 공이 이루어지고 이름이 이루어지면 몸이 물러납니다. 도가에는 역사상 그런 사람들이 많았습니다. 그들은 자신의 성덕(聖德: 천자의 덕, 성인의 덕, 최고의 덕/역주)이 부족하니 당신이 가서 하면 된다고 말하면서 영원히 겸허했습니다.

사람들과 어울림에 그 태도가 모난 듯 보이지만 자기 뜻을 고집하지 않고, 개방적이어서 자기 내면은 텅 비었으면서 뽐내지 않았다.

與乎其觚而不堅也, 張乎其虛而不華也.

　장자는 말합니다. 사람됨의 태도가 아주 날카로움이 있는 것으로 보이지만 사실 도를 얻은 사람은 내면이 네모지고 밖은 둥그렇었다. 비록 사람들에 대하여 모두 화기애애하고, 그래야한다는 것도 없고 그래서는 안 된다는 것도 없었다. 그 자신은 스스로 고분고분하지 않음[稜角]이 있었다. 그러나 선입견은 없어서 자신의 뜻을 고집하지 않았다. 세상 사람들이 이렇게 하는 것이 유리하다고 하면 그는 그렇게 따랐다. 그는 아쉬운 대로 그렇게 할 수 있었다. 그러므로 '개방적이어서 자기 내면은 텅 비었으면서 뽐내지 않았다[張乎其虛而不華也]', 노자가 말한 대로 영원히 '허회약곡(虛懷若谷)'입니다. 마치 꽃처럼 피었고 자기 내면은 텅 비어 어떤 것이 없습니다. 주관이 없고 선입견이 없으며 겉치레는 더더구나 없으며 선전하지 않고 뽐내지 않습니다.

인생에 대해서 낙관적이어서 마치 기뻐한 듯하였다! 성취가 높고 컸어도 천하의 어려움과 고통을 위하여 부득이 한 것이었다!

邴邴乎其似喜乎 ! 崔乎其不得已乎 !

　'인생에 대해서 낙관적이어서 마치 기뻐한 듯하였다[邴邴乎其似

喜乎]!', 인생을 대함이 낙관적입니다. '성취가 높고 컸어도[崔乎]', '최호(崔乎)'는 바로 왜왜(巍巍)이기도 한데, 높고 크다는 의미입니다. '천하의 어려움과 고통을 위하여 부득이 한 것이었다[而不得已乎]!', 비록 숭고하여 가장 높은 위치에 서 있으며 최고의 성취가 있지만 욕망에 지배되어 나온 것이 아니라, 천하의 어려움과 고통을 위하여 부득이 한 것입니다.

사회에 대하여 모든 것을 공헌함은 자기가 당연히 해야 할 일을 한다는 태도요, 함께 일하되 꼭 알맞은 정도에서 멈추고 물러남은 자기의 덕이요, 엄격신중하면서도 세속을 따라가는 것 같았다! 진정으로 오만하여 그 어떤 범위로도 제약할 수 없으면서도, 사람됨과 일처리에서는 곳곳마다 범위가 있어서 고집스럽기를 좋아하는 것 같으며, 모든 사람들로 하여금 감동하고 공경 우러르게 하여 그가 말하는 이론을 잊어버리게 하였다.

滀乎進我色也, 與乎止我德也; 厲乎其似世乎! 警乎其未可制也; 連乎其似好閉也, 悗乎忘其言也。

 '사회에 대하여 모든 것을 공헌함은 자기가 당연히 해야 할 일을 한다는 태도요[滀乎進我色也]', 바로 사회에 대한 공헌입니다. '축(滀)'자는 형용사인데, 사회에 대하여 모든 것을 공헌했다는 의미입니다. '진(進)'은 공헌입니다. 공헌한 바가 있는 것입니다. '색(色也)', 당연하다고 느끼는 태도로서 남에게 감사해달라는 심리상태가 조금도 없습니다. '함께 일하되 꼭 알맞은 정도에서 멈추고 물러남은 자기의 덕이요[與乎止我德也]', 당신과 공동으로 일을 하여 상당한 정도에 도달하였을 때 곧 물러나 버리고 멈추어버립니다.

이것은 덕(德)인데, 더 이상 도아주어 갈수 없기 때문입니다. 만약 더 이상 도와주다보면, 역사상 훌륭한 말이 한 마디 있는데 그것은 '공로가 높으면 주인을 놀라게 한다[功高震主]'는 말입니다. 많은 사람들이 이 도리를 알지 못했기 때문에 최후에는 죽임을 당하고 집안이 몰수 되었습니다. 본래에는 좋았었는데 공로가 너무 크고 도덕이 너무 높고 학문이 너무 좋다면, 어느 시기에 이르러서는 얼른 빠져나가야 합니다. 그렇지 않으면 공로가 높아 주인을 놀라게 하여 결말이 좋지 않게 됩니다. '여호지아덕야(與乎止我德也)', 도가 사람은 어느 단계에 이르면 마땅히 물러나야한다는 것을 알았습니다. 즉, 꼭 알맞은 정도에 도달한 것입니다. 천하의 일은 원만할 수 없습니다. 너무 원만하면 폭발하기 마련입니다. 그러므로 공로가 높으면 반드시 물러나야합니다.

'엄격신중하면서도 세속을 따라가는 것 같았다[厲乎其似世乎]!', 처세 태도가 장엄하고 신중합니다. 태도나 하는 방법 일체가 모두 엄격합니다. 겉으로는 일반 세속을 따라서 걸어가지만 그가 자신을 위한 것이 아니라 세속을 위한 필요 때문입니다. 이러한 수양이 있고 도를 얻은 도가 사람들이 처세함에는 모든 조건이 다 갖추어져 있습니다. '진정으로 오만하여 그 어떤 범위로도 제약할 수 없으면서도[謷乎其未可制也]', '오호(謷乎)'는 오만에 해당하는데, 진정한 오만입니다. 그러나 어느 정도까지 오만할까요? 보이지 않는 정도까지입니다. 절대적인 겸허 같습니다. 겸허와 오만 사이가, 천지는 신하로 삼을 수 없고 제후는 친구로 할 수 없는 정도에 도달하였습니다. 그래서 영원히 나오지 않습니다. 영원히 어떤 명의도 걸머지지 않습니다. '미가제야(未可制也)', 그는 어떤 범위에도 속하지 않습니다. '사람됨과 일처리에서는 곳곳마다 범위가 있어서 고집스럽기를 좋아하는 것 같으며[連乎其似好閉也]', 비록 그렇지만 사람됨과 일처리는 '련호(連乎)', 곳곳마다 자기에게 한 범위가 있습니다. 겉으로는 고집스럽게 보이지만 '기사호폐야(其似好閉也)', 실제로는 고집스럽지 않습니다. 사람으로서의 처세 방법입니다. 한 인간이 처세함에 만약 자기에게 범위가 없다면 결과적으로 좋지 않은 것은 당연합니다. 그러므로 도를 얻은 사람은 자연히 인생을 알고 처세를 압니다.

'모든 사람들로 하여금 감동하고 공경 우러르게 하여 그가 말하는 이론을 잊어버리게 하였다[悗乎忘其言也]', '문호(悗乎)', 그가 모든 사람들로 하여금 감동하고 공경하고 우러르도록 하기 때문에, 그가 말하는 이론을 잊어버리게 함을 형용합니다. 왜냐하면 도리가 이미 인생 속에 깊이 들어가 가지가지를 다 성취했기 때문입니다. 그런 까닭에 도가 사람은 책을 저술하지 않고 학설도 세우지 않습니다. 하지만 장자도 그렇게 많이 썼고 노자도 오천언(五千言)을 썼습니다. 그래서 후세 사람들은 비웃었습니다. 이른바 말을 잊은 도[忘言之道]는 본래 자기가 말하지 않겠다는 것으로 부처님이 말씀하신 '불가설(不可說), 불가설(不可說)'에 해당합니다. 오직 석가모니불만이 좀 고명한 것처럼 보입니다. 자신은 손을 움직여 한 글자도 쓰지 않았고 써야 할 것은 모두 학생 제자들이 쓴 것이었기 때문입니다. 노자와 장자는 책임으로부터 도망할 수 없습니다. 백거이에게 한 수의 시가 있는데 노자를 비웃었습니다.

말하는 자는 지혜로운 자의 침묵만 못하다는	言者不智智者默
이 말을 내가 노자에게 들었는데	此語我聞於老君
만약 노자를 지혜로운 자라고 말한다면	若說老君是智者
왜 그 자신이 오천 자 글을 저술하였을까	如何自著五千言

곧잘 말을 하고 문장을 쓰는 사람은 어리석은 사람이다. '언자불지(言者不智)', 지혜가 없다. 진정으로 지혜가 큰 사람은 말을 하지 않는다. 이 말은 노자가 말한 것이다. 노자가 정말로 큰 지혜가 있다면 왜 또 오천언의 『도덕경』을 쓰려고 했느냐는 겁니다.

한나라 선제와 병길

다음 한 단락은 대단히 대단히 중요합니다. 우리 먼저 역사의 경험과 이론을 하나 얘기해 보겠습니다. 중국 역사상의 빛나는 시대였던 한(漢)나라의 문경지치(文景之治)는 한나라 문제(文帝)와 경제(景帝) 부자 두 사람이 정치에서 가장 대단했던 것입니다. 당나라 시대에는 당태종의 정관지치(貞觀之治)가 있고 송·원·명나라 시대에는 특별히 언급할만한 것이 없습니다. 청나라 때에 이르러 언급할만한 것은 이른바 강희·옹정·건륭 성세(聖世; 성군이 다스리던 시대/역주)입니다. 강희로부터 건륭에 이르기까지 부자손(父子孫) 삼대 사이는 역사상 문치(文治)와 무공(武功)이 모두 대단해서 우러러 탄복할만했습니다. 하지만 역사상 이러한 시대들에서 진정한 사상적 지도는 도가였습니다. 특히 노장이었습니다. 이른바 문경(文景) 시대에는 황로(黃老)사상을 쓰기 좋아했습니다. 문경의 정치는 황로사상이 지도한 것입니다.

역사의 경험은 그 내용이 너무나 많으므로 여기서 우리는 그 강요만 제시해보겠습니다. 그러나 이 강요로부터 우리는 또 하나의 큰 문제를 이끌어낼 수 있습니다. 중국 오천년 역사과정에서 어느 일가(一家)의 지도 사상이 천하로 하여금 태평하게 하고 역사가 빛나게 했을까요? 이것은 과거의 역사를 연구하기 위해서가 아니라 21세기의 역사를 전개하기 위한 것으로, 이것은 과거를 계승하고 미래를 여는 문제입니다. 청년 학우들은 특별히 유의하기 바랍니다. 『장자』를 읽고 고서를 연구하기 위한 것이 아닙니다. 고서를 구태여 연구할 필요가 있겠습니까? 우리들이 말하는 온고이지신(溫故而知新)은 미래의 사상을 계발하기 위함입니다. 그거야말로 중요합니다.

그 다음으로 역사상 하나의 관건 부분을 제시하는 것도 대단히 의미가 있습니다. 먼저 한나라 왕조의 유명한 문경지치를 말하겠습니다. 역사 문화에서는 모두 정치사상의 주제가 모두 황로라고 보는데 사실은 결코 그와 같은 것은 아닙니다. 다음의 여덟 글자입니다. '내용황로(內用黃老), 외시유술(外示儒術)', 황로는 호주머니 속에 넣어 놓고 쓰고 밖의 간판에 걸어놓은 것은 공맹의 유가사상이었습니다. 이 여덟 글자가 바로 우리 중국 정치사상사이며 역사상의 큰 비밀입니다. 그의 중점은 어디에 있을까요? 앞서 말했듯이 바로 최후의 시호의 정평(定評)입니다. 역사상 시호에서 '선(宣)'자 시호를 받은 좋은 황제로는, 예컨대 주나라 선왕[周宣王]·한나라 선제[漢宣帝]·당나라 선종[唐宣宗]·명나라 선종[明宣宗] 등 몇 사람 되지 않았습니다! 사후에 선제(宣帝)나 문제(文帝)라고 봉해진 사람들은 모두 대단했습니다! 물론 장래에 다시 헌제(獻帝)가 있기를 바라지 않습니다. 국가를 모두 남에게 받쳐버린 겁니다. 또 애제(哀帝)는 너무나 슬픕니다. 저 모두는 울음이 나올 만합니다. 어떤 황제는 단명하여서 상제(殤帝)라고 불렀습니다. 그러므로 제왕의 시호를 보면 그 시대를 압니다. 역사를 읽을 때는 이 점을 알아야 합니다.

한나라 선제는 대단한 인물이었습니다. 그는 감옥 속에서 출생하였는데 어렵고 힘들 때에 출생했습니다. 그를 황제가 되기까지 배양한 사람은 역사상 한 훌륭한 사람이었습니다. 바로 뒷날 그의 재상이었던 병길(丙吉)이었습니다. 이 재상은 보기에는 무능했습니다. 소가 숨을 헐떡거리면 그가 가서 상관하고 그 나머지 일들은 모두 그리 상관하지 않았습니다. 만약 역사를 읽을 때 깊이 들어가지 않으면 병길을 별로 대단할 것이 없었다고 여길 것입니다. 병길은 일생동안 큰일을 상관하지 않아서 성취가 없는 것 같습니다. 그러나 그는 대단한 사람이었습니다. 제가 늘 말하기를, 하나는 한나라 때의 병길이요 또 하나는 오대 시대의 풍도(馮道)인데, 이 두 사람은 모두 보살 가운데 사람이다 라고 합니다. 왕안석(王安石)의 말을 빌리면 모두 부처님의 화신이었습니다.

병길이 정위(廷尉; 오늘날 법원의 재판장과 같습니다)였을 때 한무제의 증손인 유순(劉詢: 한나라 선제)이 궁정의 복잡한 관계로 선제의 조부였던 태자 유거(劉據)가 한무제에게 몰려 어쩔 수 없이 죽었다는 것을 발견하게 되었습니다. 유순의 모친도 감옥에서 자살했습니다. 당시의 유순은 아직 한 살이 되지 않았습니다. 한무제는 명령을 내려 감옥에 있는 모든 범인들을 노소를 막론하고 모조리 죽이라고 한 적이 있었습니다. 결과적으로 병길이 반대했습니다. 그는 감옥 속에 한 어린 아이가 있는데 황제의 증손이라고 보고했습니다. 비록 일부 사람들이 죄를 범했더라도 그렇게 죽여서는 안 된다고 했습니다. 한나라 무제는 죽이지 않는 데 동의했습니다. 병길은 그제야 유모를 고용하여 한나라 선제를 키웠습니다. 뒷날 밖에서 강호에 유람하며 그 처지가 가련했습니다. 그래서 그는 민간의 질고를 잘 이해했습니다. 왜냐하면 그는 고생을 하고 성장했기 때문입니다.

뒷날 한나라 선제는 11년간 황제로 있었습니다. 자기의 출생이 고통스러웠다는 것만 알고 어떻게 살아나왔는지는 전혀 몰랐습니다. 그리고 병길은 조정에서 관료 노릇을 했지만 한마디도 말하지 않았습니다. 우리 청년 학우들은 좀 배워야 합니다! 은혜를 베풀면 생각하지 말아야 합니다. 남에게 그렇게 큰 은혜가 있어서 황제는 그가 배양해서 나온 것이나 다름없었지만 그는 표시한 적이 없었습니다. 나중에 그 유모의 일을 선제가 알게 되어 조사 명령을 내려서야 비로소 그의 유년은 병길이 안배하여 돌보아졌다는 것을 조사를 통해 알아냈습니다.

5년이 지나자 한나라 선제는 참고 있을 수 없어서 그렇게 좋은 사람을 재상으로 끌어올렸습니다. 이때에 병길은 이미 아주 늙은 상태였습니다. 마음속으로 생각하기를 나를 재상으로 삼으려고 찾는 바에야 재상 노릇을 하자고 했습니다. 그밖에 부재상이 하나 있었는데 병길에 대해서 그리 마음에 들어 하지 않았습니다. 그래서 병길은 줄곧 정치적인 일을 그리 상관하지 않았습니다. 부재상이 권력을 틀어쥐고 싶어 한 바에야 그에게 권력을 쥐게 하자! 그 자신은 소가 왜 숨을 헐떡거리는지 기후가 좋은지 나쁜지만 살펴볼 뿐이었습니다. 그는 그런 일들만 상관했습니다. 그렇지만 병길은 흐리멍덩하지 않았습니다. 그는 일류급으로 고명(高明)했습니다. 태평성세에 사람됨이 이 정도에 이르렀어야 비로소 진정으로 장자가 말하는 도가입니다. 그래서 병길의 이 한 단락의 역사를 얘기하니 이야기로만 듣지 말기 바랍니다. 우리들에게 어떻게 사람 노릇할 것인지를 배우라고 하는 것입니다. 이것이 '사회에 대하여 모든 것을 공헌함은 자기가 당연히 해야 할 일을 한다는 태도요, 함께 일하되 꼭 알맞은 정도에서 멈추고 물러남은 자기의 덕이다[滀乎進我色也, 與乎止我德也]'라는 두 마디에 대한 설명입니다.

대종사 편이 제시하는 내성지학(內聖之學)은 도를 얻은 사람이야말로 이른바 진인이라고 말합니다. 진인의 모든 수양경계와 성취는 앞에서 이미 묘사서술 했습니다. 그 뒤에 이어서는 바로 도를 얻은 한 진인이 내성(內聖) 이후에 세간에 들어가 용(用)을 일으켜야 하는가 그렇지 않는가 입니다. 바꾸어 말하면 도를 얻은 뒤에 도를 닦아야 하는가 않는가? 도를 어떻게 닦아야 하는가? 입니다. 도를 닦는 것은 바로 도의 용(用)입니다. 즉, 세상에 들어감과 관계됩니다.

장자이지 노자가 아니다

자기의 심념(心念)을 다스림을 위주로 하고, 문화정신인 예(禮)를 보조로 하며, 지혜로써 자기 처신의 때를 알고, 도덕행위로써 인생의 바른 길을 따라 걸어갔다.

以刑爲體, 以禮爲翼, 以知爲時, 以德爲循。

장자는 이 네 가지 점을 제시하는데 우리는 먼저 도를 얻은 뒤의 수도로부터 이해하겠습니다. 이른바 '이형위체(以刑爲體)'에서의 '형(刑)'은 바로 정치에서 '치(治)'입니다. 즉, 관리(管理)입니다. 그러므로 후세의 도가들이 수도를 말한 것으로 불가에서 인용하듯이, 만약 장생(長生)하기를 바란다면 먼저 죽음을 반드시 배워야 합니다. 여기서의 죽음은 바로 죽이는[殺] 작용입니다. 왜 장생하려면 먼저 죽음을 배워야할까요? 심리의 번뇌·잡념·허튼 생각 등을 모조리 깨끗이 죽이는 것입니다. 이렇게 해야 생명의 본능이 비로소 본래의 장생불사를 회복할 수 있습니다.

마음속의 이러한 번뇌들을 어떻게 죽여 버릴까요? 반드시 자기가 다스려야 합니다. 하나의 생각·관념·번뇌가 일어날 때마다 스스로 경각(警覺)하기를 이것은 모두 좋지 않은 것이라고 하고는 그것을 제거해 버려야 합니다. 도가에는 뒷날 두 마디의 속담이 있습니다. '미사선학사(未死先學死), 유생즉살생(有生即殺生)', 사람이 장생하고 싶다면 '미사선학사(未死先學死)', 자기가 수면제를 먹고 죽는다는 것이 아니라 심념이 일어나자마자 그 심념을 죽여 버려야 한다는 것입니다. 그러면 자기의 생명인 심성의 본체가 청명(淸明)하게 될 수 있습니다.

그러므로 자기 심념을 죽이는 수련법을 '형(刑)'이라고 부릅니다. '형'도 죽인다는 의미입니다. 그러므로 도를 닦는 사람은 자기 관리가 대단히 엄격합니다. 법률상의 사형집행[刑殺]과 같아서 악업(惡業)을 제거하고 오직 선업(善業)만 보존합니다. 이것이 '이형위체(以刑爲體)'인데 수도의 작용을 말합니다. 그러나 오로지 자기의 염두만 죽이는데 치중하면 아직은 소극적이고 부족할 뿐입니다. 그러므로 '문화정신인 예(禮)를 보조로 해야 합니다[以禮爲翼]' '예(禮)'는 중국문화에서 말하는 『예기』의 예(禮)입니다.

예(禮)의 도리에 관하여 지금 무엇이라고 꼬집어서 해석하기는 어렵습니다. 그 안에 포함된 의미가 많습니다. 예컨대 중국의 『사서오경』 중의 『예기』에는 『주례(周禮)』『의례(儀禮)』『예기(禮記)』이 세 부(部)의 책이 포함됩니다. 『주례』는 우리 중국의 수천 년 동안의 정치철학의 법전에 해당했습니다. 중화민국의 대헌법과 정치적 조치는 모두 『주례』를 근거로 합니다. 『의례』는 오늘날로 말하면 사회의 질서, 생활의 예술, 생활의 예절 등으로서 역시 많은 것이 포함되어 있습니다. 『예기』는 어떨까요? 포함된 내용이 대단히 많습니다. 중국 제자백가의 모든 사상학설은 전부 『예기』로부터 나왔다고 말할 수 있습니다. 예컨대 『대학』과 『중용』, 더 나아가 우리가 오늘날 아주 익숙한 대동편(大同篇)은 모두 『예기』속에 있는 것인데 후인이 뽑아내어 따로 한권의 전문 책으로 엮은 것입니다.

만약 '예(禮)'가 무엇인지를 설명하려고 마지못해 말한다면 바로 문화정신입니다. 이렇게 말하는 것이 옳을까요 옳지 않을까요? 꼭 옳은 것은 아닙니다. 그러나 방법도 없습니다. 오늘날 비교적 널리 퍼져있고 멋진 명사로 말할 수밖에 없습니다. 진정한 '예'는 무엇일까요? 옛사람은 해석하기를 '예'는 바로 도리라고 했습니다. 바꾸어 말하면 그 속에는 모든 문화의 원칙이 포함되어있습니다. 새로운 관념으로 말하면 철학입니다. 이 철학은 서양의 철학이 아닙니다. 철학도 차용한 명사입니다. 그럼 '예'는 무엇을 말할까요? 중국 각 왕조 시대의 정치철학의 최고 원칙인데, 예치(禮治)를 쓰지 법치(法治)를 쓰지 않는 것을 말합니다. 예치는 문화교육과 전 국민의 교육을 중시합니다. '예'가 부족하다면 도덕교육으로는 부족합니다. 그때에는 법을 쓸 수밖에 없습니다. 그게 바로 '이형위체(以刑爲體)'입니다.

'이례위익(以禮爲翼)', '예'의 진정한 정신은 자연스러운 도덕입니다. 자기 관리만 엄격히 하여 '이형위체(以刑爲體)'인데, 이 심성을 수양하는 것도 부족합니다. 반드시 문화정신인 예를 보조로 해서[以禮爲翼] '예'의 진정한 정신을 이해해야합니다. 우리는 『예기』의 맨 처음 제1편의 한마디인 '사람은 언제나 공경하지 않음이 없고, 언제나 도의를 생각하는 것처럼 엄숙해야 한다[毋不敬, 儼若思]'를 인용하여 '예'의 정신을 설명하겠습니다. '무불경(毋不敬), 엄약사(儼若思)', 이 여섯 글자는 처리할 방법이 없습니다. 이것은 중국문화의 근본으로서 한 개인의 수양 정도가 어느 때 어디서나 잡념이 없고 망념이 없고 어지러운 생각이 없으며 악한 생각도 없는 경지에 도달한 것을 말합니다. 언제 어디서나 자기의 심신에 대하여 엄숙한 것입니다. 이러한 형태가 바로 '엄약사(儼若思)'입니다. 보기에는 이 사람은 마치 어떤 일을 생각하고 있는 것 같지만 그러나 그에게는 생각이 없습니다. 왜냐하면 그는 정지(靜止) 상태에 있기 때문입니다. 이 여섯 글자는 후세에 말하는, 어느 때나 입정(入定)의 상태에 있는 것입니다. 사람이 심경이 영원히 정(定)의 경계에 도달하여 청정무위(淸淨無爲)의 경계 속에 있다면 아예 자기를 관리할 필요도 없습니다. 형법(刑法)처럼 염두를 관리할 필요가 없습니다.

그러므로 말합니다. '이형위체(以刑爲體)'만 하면 그래도 부족하고 반드시 '문화정신인 예를 보조로 해야[以禮爲翼]' 한다고 합니다. 진정한 선정과 지혜[定慧] 정신으로 자기를 보조하고, 그런 다음 나아가 처세하는 것입니다. '지혜로써 자기 처신의 때를 알고[以知爲時]', 이 '지(知)'는 바로 지혜의 성취입니다. 이른바 '지(知)'는 공자가 『역경』에서 말한 '진퇴존망을 알고서 그 바름을 잃지 않는 자는 오직 성인이 아니겠는가[知進退存亡而不失其正者, 其唯聖人乎]!'란 말을 인용할 수 있습니다. 그러므로 성인의 도는 진퇴존망을 아는 것입니다. 여기서의 '지(知)'는 지혜입니다. 그러므로 도를 얻은 사람은 마땅히 '지혜로써 자기 처신의 때를 앎[以知爲時]'을 갖추고 언제 어디서나 자기 처신[自處]의 도리, 언제 마땅히 한 걸음 나아가야 하고 언제 한걸음 물러나야 하는지를 알아야 합니다. '도덕행위로써 인생의 바른 길을 따라 걸어갔다[以德爲循]', 언제나 도덕행위 면에서 인생의 방향을 알고 자기가 한 가닥 바른 길로 걸어가는 것입니다. 이 네 가지 점을 우리 특별히 한 번 설명하겠습니다.

왜 특별히 설명해야 할까요? 그 속에는 관건 점이 있습니다. 다들 알듯이 중국문화사에서 진정으로 위대하고 빛났던 시대의 제왕들의 정치사상은 모두 도가의 황로지학이었으며, 특히 노자를 중시했습니다. 실제로는 노자를 간판으로 하였고 진정으로 이용한 것은 『장자』였습니다. 왜냐하면 『장자』는 도가의 대표작이기 때문입니다. 『장자』는 유가의 『맹자』에 해당합니다. 노자는 유가의 공자에 해당합니다. 한나라 당나라 두 시대의 이른바 황로의 정치는 실제로는 『장자』를 위주로 하였습니다.

그러나 우리가 후대의 설들을 보면, 특히 최근 백 년간의 것을 보면 중국정치사상을 담론하는 많은 사람들이 이른바 황로지치(黃老之治)를 모두 노자를 근본으로 삼았습니다. 노자는 무위(無爲)를 주장합니다. 그러므로 빛났던 저 왕조 시대들의 제왕은 무위지치(無爲之治)라고 보았습니다. 그렇다면 무엇이야말로 무위일까요? 황제는 아무것도 상관하지 않는다면 그는 무엇을 상관할까요? 아마 밥 먹는 것만 상관할 겁니다. 그래서 무위를 아무것도 상관하지 않는 것으로 해석했는데, 이는 영문을 알 수 없는 말입니다.

이제 우리는 이해할 수 있듯이 이른바 한나라, 당나라의 황로지치의 용법은 『장자』 이 단락의 정화(精華)입니다. 그래서 황로지치는 도덕정치라고 말합니다. 이 점을 먼저 이해해야 하겠습니다. 노자는 나에게 삼보(三寶)가 있다고 말했고 불가에서는 불법승(佛法僧) 심보에 귀의를 말하는데, 삼보의 관념 명사는 노자가 먼저 제시한 것입니다. 어느 삼보일까요? '왈자(曰慈), 왈검(曰儉), 왈불감위천하선(曰不敢爲天下先)', 사람됨과 일처리가 작게는 개인에서나 크게는 천하국가에서나 모두 마찬가지입니다. '왈자(曰慈)', 바로 유가에서 말하는 인의(仁義)입니다. 이것은 이해하기 쉽습니다. '왈검(曰儉)', 이 '검'은 돈 절약만을 말하는 것이 아닙니다. 돈을 절약하는 것과 정신을 절약하는 것을 포함합니다. 어떤 일을 간단화 하여 간단명료하게 일을 처리하는 것이 바로 '간(簡)'의 도리입니다. '왈불감위천하선(曰不敢爲天下先)', 영원히 남의 뒤에 있는 것을 말하는 것이 아니라, 만사를 돌출시키지 않고 발전하는 추세에 따라 유리하게 잘 이끈다[因勢利導]는 의미입니다. 만약 발전하는 추세에 따라 유리하게 잘 이끌 줄 모른다면 영원히 일을 잘 해낼 수 없습니다.

예컨대 큰물이 닥쳐와 막을 방법이 없을 경우 당신이 한사코 이 물을 막으려고 한다면 더 큰 문제가 나타날 것입니다. 반드시 물의 흐름을 터서 통하게 해야 합니다. 그런 다음 이 물살을 따라서 한 번 전환시키면 수재(水災)를 해소할 수 있습니다. 이것이 인세리도(因勢利導)입니다. 그 과정 중에서 응용해보면 방법은 물론 많으며, 응용을 교묘하게 할 수 있어야합니다. 바로 태극권의 원리인 '넉 냥 무게의 힘으로 천근의 무게를 돌려놓는 것[四兩撥千斤]'입니다. 병법에서 말하는 '약한 것으로써 강한 것을 공격하고, 작은 수로써 많은 수를 공격하는 것[以弱擊强, 以寡擊衆]'이기도 합니다. 이 모두가 노자가 말하는 무위인데 '감히 천하를 위해서 나서지 않는다[不敢爲天下先]'라는 말이 끌어낸 도리입니다.

문경지치의 경우 실제로 이용한 것은 무엇이었을까요? 이용한 것은 바로 '이형위체(以刑爲體), 이례위익(以禮爲翼), 이지위시(以知爲時), 이덕위순(以德爲循)'이라는 네 마디 말이었습니다. 이른바 무위의 도란 사람들의 윗사람인 지도자가 된 사람의 무위를 말하는 것입니다. 그리고 국가대사 일체를 법치에 부치는 것은 바로 '이형위체(以刑爲體)'입니다. 이는 법치정신인데, 꼭 법률을 말하는 것은 아닙니다! 즉, 오늘날 제도화(制度化)라는 관념인데, 모든 것을 제도로 돌리는 것입니다. 그러므로 위의 지도자가 그 위치에 있는 것은 손가락 하나로 버튼 하나를 누르기만 하면 전체의 제도가 따라서 움직이기 시작하는 것과 다름없습니다. 이른바 힘은 적게 들고 일의 성취는 많다는 겁니다. 이것이 바로 무위의 도리입니다.

법가와 법치

그러나 우리는 '형(刑)'자를 보면 곧 그것이 완전히 법치로 돌아간다고 보아서는 안 됩니다. 무엇보다도 먼저 역사를 이해해야 합니다. 우리의 역사 경험에는 많았는데, 법치를 완전히 신뢰하면 천하가 크게 혼란할 것이며, 만약 법치를 중시하지 않아도 천하가 크게 혼란합니다. 이게 바로 응용의 묘입니다. 그러므로 위에서 말한 네 마디 말과 결합시켜야합니다. 역사상 한나라 당나라 때의 전성시대에 진정으로 끌어다 쓴 것은 바로 『장자』이 단락의 것들이며, 『장자』 뒤에 나오는 외편(外篇)과 잡편(雜篇)에 있는 내용도 그 안에 포함됩니다.

우리의 문화 역사에는 이해해야 할 것이 또 하나 있습니다. 그것은 바로 법가의 학문입니다. 법가의 학문도 도가에서 나왔습니다. 법가는 대단히 잔혹했습니다. 역사 기록에 의하면 형법이 너무 엄격한 법치는 잔혹한 한 시대로 변했습니다. 그러므로 중국 역사에서는 사마천으로부터 시작하여 완전히 법치만을 애기하는 사람을 따로 분류하여 혹리(酷吏)라는 전기 속에 열거해 놓았습니다. 혹리는 오로지 법치만 쓰는 사람들인데, 그들은 대단히 잔혹했습니다.

이러한 법가들의 잔혹한 법치를 보면 문제가 하나 나타납니다.

법가는 왜 도가에서 나왔을까요? 도가는 도덕과 청정무위를 얘기하고 자비를 얘기하는데 왜 이와 같이 엄중한 편차가 발생했을까요? 우리는 알아야 합니다. 청정무위를 말하면서 수도하는 사람은 틀림없이 도덕을 대단히 중시합니다. 왜냐하면 도덕을 중시하기 때문에 남과 자기에 대한 요구가 대단히 엄격하기 때문입니다. 엄격한 결과가 바로 법치의 정신입니다. 불가의 계율을 예를 들어 보면 우리가 부처님을 배우는 것은 본래 해탈하기 위함이며, 부처님을 배우는 사람은 자기의 생명도 상관하지 않습니다. 머리털도 깎고 옷도 바꾸어 입습니다. 모든 것을 놓아버리고 바라지 않기로 합니다. 본래는 그래도 자재했던 한 인간이 결국은 출가하여 오히려 자재하지 못함을 느낍니다. 왜 그럴까요? 계율을 반드시 지켜야 하기 때문입니다.

계율은 하나의 도덕적 규범입니다. 자기에 대한 요구가 엄격하고 관리가 엄격합니다. 그래서 법가의 정신이 산생(産生)하였습니다. 그러므로 말하기를 법가는 전체 문화사상 입장에서 보면 바로 계율이라고 하는 것입니다. 뿐만 아니라 전체 사회에 대한 전면적인 계율입니다. 이를 지나치게 쓰면 잔혹으로 변해버립니다. 적당하게 쓰면 법가는 곧 치세에서 가장 중요한 규범이 됩니다. 그러므로 장자는 여기서 제시하기를 '자기의 심념을 다스림을 위주로 하는 것[以刑爲體]'만으로는 안 되고 '문화정신인 예를 보조로 해야[以禮爲翼]' 한다고 말합니다.

이로부터 우리가 유가의 두 마디 말을 다시 보겠습니다. 맹자는 철저하게 말했습니다. '선한 마음만으로는 정치를 하기에 부족하고, 법도만으로는 저절로 실행될 수 없다[徒善不足以爲政, 徒法不能以自行]', 도덕만을 얘기하고 사람들에게 선(善)을 행하라고만 권하면 그것은 종교에는 써도 좋습니다. 정치에는 써서는 안 됩니다.

종교는 바로 그렇습니다. 자비로우니까요! 종교가들은 종교를 보급하면 천하가 태평해질 수 있다고 보는데, 그것은 해 낼 수 없는 것입니다. 사람들에게 선(善)을 행하라고만 권하고 하나의 규범이 없다면, 높은 이상에 속할 뿐 실행해보면 그렇게 할 수 없을 뿐 아니라 도리어 엉망진창이 되게 할지 모릅니다. 그러므로 반드시 법치행위로써 도와 이끌어야 합니다. 만약 법치만 신뢰하면 '법도만으로는 저절로 실행될 수 없습니다.' 자기가 길조차도 걸어서 통과할 수 없고 오히려 자기를 옴짝달싹 못하게 해버립니다. 우리가 유가의 이 두 마디를 이해하고서 다시 장자의 '이형위체(以刑爲體), 이례위익(以禮爲翼)'을 보게 되면 곧 이해가 갑니다. 그러므로 유가와 법가도 서로 통하는 것입니다. 다음에서 장자는 이 네 가지 점을 다시 의미를 넓혀 말하고 있습니다.

형벌제도를 위주로 한다는 것은 그 죽임에 관대하다는 것이다. 문화정신인 예(禮)를 보조로 한다는 것은 세상에서 영원히 행하여지도록 하기 위한 것이다. 지혜로써 자기 처신의 때를 안다는 것은 일을 부득이함에 따라 한다는 것이다. 도덕행위로써 인생의 바른 길을 따라 걸어간다는 것은 그 도덕의 기준과 규범대로 하여 원만하여져 높은 산언덕과 같은 기준에 도달함을 말하는 것이다. 그런데 사람들은 그와 같은 진인을 겉으로만 보고는 그가 부지런히 행하는 것이라고 생각한다(하지만 그의 마음속에는 일이 없다).

以刑爲體者, 綽乎其殺也；以禮爲翼者, 所以行於世也；以知爲時者, 不得已於事也；以德爲循者, 言其與有足者至於丘也；而人眞以爲勤行者也。

우리는 개인의 자기 수양이든 국가의 정치이든 간에 왜 '형(刑)'을 위주로 해야 할까요? 그 이유는 조금 전 말했고 이제는 그렇게 하는 방법을 말합니다. '형벌제도를 위주로 함[以刑爲體]'은 지나쳐서는 안 됩니다. 과분하면 혹리(酷吏)가 하는 방법이 됩니다. '작호기살야(綽乎其殺也)' '작(綽)'이라는 글자에 주의하기 바랍니다. 이른바 '작호(綽乎)'란 가뿐하고 자재한 것입니다. 결코 엄중한 형벌과 가혹한 법이 아닙니다. 형법이 지나치게 무겁고 법령이 너무 엄밀하면 바로 엄중한 형벌, 가혹한 법입니다. 우리의 문화사에서는 원래 그것은 잘못이라고 보았습니다. 엄중한 형벌과 가혹한 법도 법가의 진정한 정신이 아닙니다. '이례위익자(以禮爲翼者)', 문화정신으로 보조를 삼는 것입니다. '소이행어세야(所以行於世也)', 충분히 영원토록 전해질 수 있습니다.

세상을 벗어날 수도 세상에 들어갈 수도 있다

'지혜로써 자기 처신의 때를 안다는 것[以知爲時者]'은 앞서 말했듯이 기(機)를 알아야한다는 것입니다. 진퇴존망의 시기를 알아야 한다는 것입니다. '일을 부득이 함에 따라 한다는 것이다[不得已於事也]', 일이 어떤 단계에 이르러 마땅히 멈춰야 할 때는 멈춰야 합니다. 이는 부득이 그렇게 할 수밖에 없으며 그렇게 하지 않을 수도 없습니다. '부득이(不得已)'에는 두 개의 관념이 있습니다. 하나의 관념은, 유가의 입장으로 말하면 공자는 세상을 구제하려고 하였는데 구제할 수 없는 시대라는 것을 분명히 알면서도 그는 여전히 구제하려고 했습니다. 그러므로 구제하려고 그의 일생을 다 바쳤습니다. 종교가마다 다 그랬습니다. 이것이 '부득이어사야(不得已於事也)'로서, 그렇게 하지 않을 수 없습니다. 또 하나의 관념은 일을 할 방법이 없다는 것을 알고서 적당한 선에서 그치고 꼭 알맞은 정도에 이를 수 있는 것이 바로 '부득이어사야(不得已於事也)'입니다. 이른바 안다는 것은 바로 두 방면으로의 응용입니다.

'도덕행위로써 인생의 바른 길을 따라 걸어간다는 것은 그 도덕의 기준과 규범대로 하여 원만하여져 높은 산언덕과 같은 기준에 도달함을 말하는 것이다[以德爲循者, 言其與有足者至於丘也]', 이 '구(丘)'는 공구(孔丘)를 가리키는 것이 아니라, 이곳을 쌓으면 산언덕과 같아진다는 것을 말합니다. 도덕을 기준으로 하고 도덕의 규범대로 하여 '유족자(有足者)', 불가에서 말하는 원만(圓滿)에 해당하는데, 하나의 원만한 기준에 도달합니다. 그리고 '지어구야(至於丘也)', 하나의 높은, 산언덕과 같은 기준을 수립합니다.

위에서 우리는 많은 시간을 들여 해설했는데 여러분들에게 분명히 이해하도록 하지 못한 것 같습니다. 중점은 후면의 이 한마디를 이해해야한다는 것입니다. 이른바 무위인 수도(修道)의 경계입니다. 왜 수도로 부를까요? '그런데 사람들은 그와 같은 진인을 겉으로만 보고는 그가 부지런히 행하는 것이라고 생각한다[而人眞以爲勤行者也]', 예컨대 우리들 부처님을 배우는 사람들은 계율[戒]도 지켜야하고 선정[定]도 닦아야하고 지혜[慧]도 닦아야하고 채식도 해야 하고 부처님께 절도해야 합니다. 기타의 종교 신자들은 일요일마다 또 가서 예배해야 하고, 또 거리에 나가 나팔 불고 전도해야 합니다. 마치 '바쁘니 즐겁지 아니한가'인 것 같습니다. 실제로는 수도하는 사람은 '자기의 심념을 다스림을 위주로 하고 문화정신인 예를 보조로 하느라[以刑爲體, 以禮爲翼]' 겉으로야 아주 바빠 보이지만, 사실 그의 내심은 아무 일도 없으며 소요하고 자재합니다. 하루 종일 내내 바쁘지만 일이 없는 것이나 마찬가지입니다. 일반인들은 알아보지 못하고 '진이위근행자야(眞以爲勤行者也)', 이 사람이 도를 닦느라 노력하는구나! 이런 모습이야말로 도를 닦는다고 부르는 것으로 여깁니다. 이것은 외형만 본 것일 뿐입니다. 이 한마디 말은 바로 장자가 이 대종사 편 이 단락의 주제를 가리키는 것으로, 진정으로 수도하는 사람은 세속에 들어가 처세하여 황제가 된 경계인, 하루에 일만 건의 일이 있듯이 그렇게 바쁘더라도[日理萬機] 마음속에서는 일이 없다는 것입니다. 이를 무위의 도라고 부릅니다. 왜냐하면 일체에서 그는 모두 하나의 제도가 있고 규범이 있어서 이미 마련해 놓았기 때문입니다. 그래서 다음에서 이어서 말합니다.

그러므로 (세상의 일이란 정면과 반면이 있어서) 좋아하는 것도 일면이고 좋아하지 않는 것도 일면이다. 그 일면도 하나의 편견이요 그 다른 일면도 하나의 편견이다. (편견이 발생하면 한 가지 한 가지 많아진다. 하지만 정면과 반면 이 양면을 귀납하면 두 개의 상황이 있을 뿐이다) 그 일면은 천도(天道)와 서로 합하는 것이고, 그 다른 일면은 인도(人道)와 서로 합하는 것이다. (두 가지는 다 겸할 수 없다. 오직 진정으로 도를 얻으면) 천도와 인도가 서로 다투어 이기려하지 않는 것, 이것을 진인(眞人)이라고 한다.

故其好之也一, 其弗好之也一。其一也一, 其不一也一。其一與天爲徒, 其不一與人爲徒。天與人不相勝也, 是之謂眞人。

'그러므로 좋아하는 것도 일면이고 좋아하지 않는 것도 일면이다[故其好之也一, 其弗好之也一]', 이 두 마디 말은 장자의 우아하고 아름다운 문자인데 무엇을 설명할까요? 세상의 일이란 정면과 반면 이 양면이 있을 뿐입니다. 좋아하는 일면이 있으면 좋아하지 않는 일면이 있습니다. 온통 좋기만 할 방법은 없습니다. '그 일면도 하나의 편견이요 그 다른 일면도 하나의 편견이다[其一也一, 其不一也一]', 좋아함이 있는 바에야 좋아하지 않음이 있어서, 양면은 저마다 하나의 편견이 있습니다. 편견이 발생하면 한 가지 한 가지 많아집니다. 장자는 이제 제시하기를 진정한 이른바 하나인, 정면반면의 양면은 다음의 두 개의 상황이 있을 뿐이라고 합니다.

'그 일면은 천도(天道)와 서로 합하는 것이고, 그 다른 일면은 인도(人道)와 서로 합하는 것이다[其一與天爲徒, 其不一與人爲徒]', 귀납하면 이 두 가지 상황인데 앞서 인간세 편에서 얘기한 적이 있습니다. '기일여천위도(其一與天爲徒)', 장자가 여기서 말하는 '천(天)'이란 천도입니다. 이 '천'은 종교적인 '천'을 대표하는 것이 아니며 자연과학의 '천'을 대표하는 것도 아닙니다. '여천도위도(與天道爲徒)'인데, 여기서의 '도(徒)'는 제자가 된다는 것이 아니라 친구로서 한데 합하여 천도와 서로 합한다는 것입니다. '기불일여인위도(其不一與人爲徒)', 또 하나는 바로 인도(人道)의 방식 방법에 순응하는 것입니다.

'천도와 인도가 서로 다투어 이기려하지 않는 것, 이것을 진인(眞人)이라고 한다[天與人不相勝也, 是之謂眞人]', 두 가지는 다 겸할 수 없습니다. 오직 진정으로 도를 얻으면 인도는 자연히 덧붙여집니다. 인도를 다하고 난 다음에 천도에 접근한다는 것이 아닙니다. 도를 얻은 이런 사람은 중점이 생사를 마쳐버린 것이어서 생사가 없습니다. 우리들 인생의 가장 큰 것이자 최후의 문제는 바로 생사입니다. 일체의 종교나 철학 심지어 과학까지 발전한 까닭은 모두 이 문제의 답안을 찾기 위한 것입니다. 그러나 지금까지 그 답안을 아직 찾지 못했습니다. 지금 장자는 제시하기를 도를 얻은 진인은 그의 생사문제가 이미 존재하지 않는다고 합니다.

죽음과 삶은 인간의 본유(本有) 생명에서 나오는 상대적인 현상이요, 밤과 낮이 교체하는 일정함은 천지자연의 현상이다. 사람이 자기 뜻대로 할 수 없는 것으로 모두 물질의 실정이다.

死生, 命也, 其有夜旦之常, 天也。人之有所不得與, 皆物之情也。

우리가 여러 차례 얘기했듯이 생사 문제는 인류의 근본문제입니다. 그것을 회의하지 않는 사람이 없으며 두려워하지 않는 사람이 없습니다. 특히 사람이 늙으면 늙을수록 이 문제를 두려워합니다. 이미 살날이 많지 않고 죽어서는 어디로 가는지를 모릅니다. 만약 예약할 여관이 있다면 하나 예약할 수도 있을 것입니다만 어디에 있는지를 모릅니다! 이것은 성가신 일입니다. 그러므로 인류의 동서양 문화는 온통 이 문제의 답안을 찾고 있습니다. 오직 중국의 옛 선조들만이 수천 년 전에 이미 이 문제를 부정해버렸습니다. 그렇지만 사람이 이해하기 어렵고 믿기 쉽지 않습니다. 만약 믿을 수 있다면 도를 얻고 생사를 마칩니다.

그것은 다시 말하면 '죽음과 삶은 인간의 본유 생명에서 나오는 상대적인 현상입니다[死生, 命也]', 여러분 잘못알지 말기 바랍니다. 이 '명(命)'은 사주팔자 보기의 그 '명'이 아닙니다. 생과 사는 생명본원에서 본래 존재하는 양쪽의 현상입니다. 보기에는 생이 있고 사가 있지만 사실 우리가 본래 가지고 있는 생명은 결코 사망이 없으며 태어난 적도 없습니다. '밤과 낮이 교체하는 일정함은 천지자연의 현상이다[其有夜旦之常, 天也]', 예컨대 우리들이 이 허공을 보면, 머리꼭대기 위의 이 자연계의 과학적인 '천'은 밤에는 이 하늘이 어둡고 날이 밝으면 여전히 이 하늘입니다. 그러므로 깜깜한 밤과 날이 밝음은 허공에 대하여 방해함이 없고 하나의 자연스런 자연의 현상입니다. '사람이 자기 뜻대로 할 수 없는 것으로 모두 물질의 실정이다[人之有所不得與, 皆物之情也]', 사람이 생사에 대하여 자기 뜻대로 할 수 없고 생사를 지배할 길도 없습니다. 이것은 본명(本命)의 문제가 아닙니다. '개물지정야(皆物之情也)', 이 신체도 바로 물질입니다. 외계의 물질에 성가심을 당하여 우리들 심리상의 정서적 변화를 불러일으키기 때문에. 그래서 생사는 대단히 두렵다고 느끼는데, 사실 두려워할 게 뭐 없습니다.

그런데 도를 얻은 사람은 오로지 천도를 어버이로 삼고 항상 그 청정한 경계 속에 있으며, 그 몸이 오히려 그의 도업(道業)에 따라 변화하고, 더구나 그는 물리와 일반적인 감정을 초월하여 세상에서 우뚝하다!

彼特以天爲父, 而身猶愛之, 而況其卓乎!

그러므로 도를 얻은 사람은 생사를 마쳐버리고 물정(物情)에 사로잡히지 않습니다. 물리세계의 환경과 생리의 작용은 그의 정서적 변화를 일으키지 못하고 영원히 청정한 가운데 있습니다. 그러므로 그는 '그런데 도를 얻은 사람은 오로지 천도를 어버이로 삼고 항상 그 청정한 경계 속에 있으며[以天爲父]', 처음부터 끝까지 천도라는 경계 속에 있습니다. '그 몸이 오히려 그의 도업에 따라 변화하고, 더구나 그는 물리와 일반적인 감정을 초월하여 세상에서 우뚝하다[而身猶愛之, 而況其卓乎]!', 그의 심리는 한결같이 도를 얻은 경계에 있습니다. 이 몸은 어떨까요? '유애지(猶愛之)', 신체를 사랑하는 것이 아니라 신체가 이 도업을 따라 좋게 변해버렸습니다. '이황기탁호(而況其卓乎)!', 그래서 도를 얻은 사람은 이 세상에서 우뚝이 독립적인 정신이 있어 일반적인 감정과 물리 밖으로 초월합니다.

그러나 사람들은 특별히 어떤 주재자를 하나 두어 자기보다 고명하다고 여기지만 그와 상관없이 몸은 여전히 죽는다. 하물며 따로 있는 자기의 진정한 생명존재는 이 몸의 죽음과 무슨 상관이 있겠는가!

人特以有君爲愈乎己, 而身猶死之, 而況其眞乎!

　　그러나 일반인들은 자기 생명의 근본을 모르고 인식하지 못합니다. '그러나 사람들은 특별히 어떤 주재자를 하나 두어 자기보다 고명하다고　여기지만[人特以有君爲愈乎己]', '유군(有君)', 하나의 주재자가 있는 것입니다. 일반인들은 모두 이 생명 이외에 따로 하나의 주재자가 있어서 '위유호기(爲愈乎己)', 우리 사람들보다 고명한 것으로 봅니다. 그러므로 종교가들은 이 고명한 것을 하느님이나 천제(天帝), 혹은 부처나 신이라고 부릅니다. 마치 하나의 초인적인 힘이 존재하는 것 같습니다. '그와 상관없이 몸은 여전히 죽는다. 하물며 따로 있는 자기의 진정한 생명존재는 이 몸의 죽음과 무슨 상관이 있겠는가[而身猶死之, 而況其眞乎]!', 그러나 당신이 어떤 것이 하나 존재한다고 여기든 존재하지 않는다고 여기든 간에 신체는 역시 죽어버리고 그것과 아무 관계가 없습니다. 왜냐하면 따로 생명존재가 하나 있기 때문입니다. 이 두 마디 말은 일반종교

신앙에 대한 결론이라고 말할 수 있습니다.

　우리가 늘 우스개 이야기를 하는데 진리이기도 합니다. 바로 또 다른 일면에서 종교를 바라보는 것입니다. 모든 종교에는 한 가지 공통적인 겉모습이 있습니다. 마치 모두다 사람들에게 죽음을 두려워하지 말라고 권하는 것 같습니다. 내가 있는 곳에는 초대소와 관광호텔을 열어놓았으니 당신이 지금 먼저 표를 사고 장래에 죽은 뒤 내가 있는 곳으로 오세요. 내가 잘 초대할게요! 예컨대 극락세계나 천당이나 저마다 한 곳이 있습니다. 뿐만 아니라 그런 곳마다 모두 큰 광고를 게재하고 끌어당기는 호객 행위를 하고 있습니다. 다시 말해서 '당신은 두려워하지 마세요. 좀 빨리 죽으세요. 잘 죽으세요. 죽고 난 다음에 내가 있는 곳으로 오세요.' 하는 겁니다. 이것이 종교입니다. 모든 종교는 죽음이라는 일면을 상관합니다. 오직 중국문화만이 이것을 말하지 않습니다. 특히 요순우 삼대 이상에는 오늘날 후세의 종교 형태가 없었습니다. 중국 문화는 죽음이라는 일면에 서서 바라보는 것이 아닙니다. 죽음이라는 일면에 서서 바라보면, 해는 서쪽으로 지는데 비바람은 처량하게 불고 여관도 찾을 수 없으며 게다가 우산은 망가졌고 우의도 감당할 수 없습니다. 그때에 몸에는 돈 한 푼도 없어 만두도 살 수 없습니다. 정말로 비참합니다. 그래서 천지를 보니 회색빛이요 인생을 보니 슬프기 이를 데 없습니다. 『사기』 오자서전(伍子胥傳)에는 이런 말이 한마디 있습니다. '나는 해는 지고 갈 길은 멀어, 도리에 어긋난 일을 할 수밖에 없었다[吾日暮途遠, 吾故倒行而逆施之]', 그 때에 이르러서는 정말로 아무 희망도 없습니다. 그러므로 종교는 시종 장의사의 문 앞에 서서 바라보는 것입니다. 날마다 널들이 들락날락하는 것을 바라봅니다. 우리 중국문화는 원래 그곳에서 바라보지 않고 산부인과의 문 앞에서 바라봅니다. 영원히 새로 태어난 생명을 바라봅니다. 한 아이가 '응애'하고 또 하나의 아이가 '응애'하면서 끊임없이 태어나는 것을 바라봅니다[生生不已].

그러므로 중국문화는 종교를 얘기하지 않습니다. 도가든 유가든 특히 『역경』이나 모두 아침 태양의 방향을 마주 대하고 일출을 바라보고 봅니다. 광명이 대지를 두루 비추니 몹시 기쁩니다. 죽으면 고통스러울까요? 해가 지고 난 다음에는 슬픕니다. 그는 말합니다. 괜찮아요. 한 잠 자고 나면 내일 아침에는 또 떠오릅니다. 그러므로 그가 보기에는 죽어도 무슨 관계가 없습니다. 돌아가서 잠자니까요! 당신은 어쨌든 잠을 자야 하니까요! 살아있는 것은 마치 연극공연과 마찬가지입니다. 당신이 이미 수십 년 동안 창(唱)을 했으니 어쨌든 결국은 내려와서 한번 절을 해야 하니까요! 이 무대는 결국 다른 사람이 올라와 창을 한번 하도록 주어야 합니다. 이게 중국문화의 다른 점입니다.

그렇지만 일반인은 도리를 꿰뚫어보지 못하고 그저 생명의 양쪽 현상에 끌려가버리고는 아무래도 생사 밖에 결정권을 가진 자가 하나 있다고 보는데, 이것은 종교 신앙인이 찾고자 하는 것입니다. 장자는 말합니다. '그와 상관없이 몸은 여전히 죽는다[而身猶死之]', 그 결정권을 가진 자가 무슨 소용이 있겠는가! 결정권을 가진 그 주재자 자신은 죽을까요 죽지 않을까요? 우리는 주재자 자신이 죽는지 죽지 않는지를 묻지 말고 하느님은 어디서 오는지만 물어보자는 것과 같은데, 만약 하느님을 엄마가 낳은 것이라면 하느님의 외할머니는 또 누구일까요? 그러므로 장자는 말합니다. '그와 상관없이 몸은 여전히 죽는다. 하물며 따로 있는 자기의 진정한 생명존재는 이 몸의 죽음과 무슨 상관이 있겠는가[身猶死之, 而況其眞乎]!', 당신이 생(生)과 사(死)의 사이를 연구하면서 무엇이 진실한 것인지를 찾아내고자 한다면 어려워집니다. 그 진실한 도를 얻어야만 됩니다. 즉, 진인의 성취입니다.

충신과 간신이 함께 지내다

앞에서 역사상 병길과 한나라 선제의 이야기를 했는데, '병길이 소를 묻다'는 이야기는 여러분들이 다 아는 것이자 긴 이야기이기도 합니다. 요 며칠간 텔레비전에서 대한천위(大漢天威)라는 프로를 방영했습니다. 텔레비전의 영향을 받아 방금 식사할 때 어떤 학우도 한나라 무제 얘기를 꺼내 한무제의 사람됨을 토론했습니다. 한무제 곁에는 역사상 대단히 유명한 한 분의 대신이 있었습니다. 바로 소박하고 정직한 급암(汲黯)이었습니다. 이 학우는 급암이 도가의 인물이었는지 아니면 유가의 인물이었는지를 저에게 물었는습니다. 급암은 당연히 도가였습니다. 일반적으로 후세 사람들은 도가 인물들이 원만하고 대충대충한다고 보았는데, 그것은 잘못된 관념입니다. 사실 그렇지 않습니다. 한나라 시대의 많은 도가 인사들은 대단히 엄숙했습니다. 바로 조금 전에 말했던 '이형위체(以刑爲體)'의 도리입니다.

한나라 무제라는 사람은 물론 재미있는 일들이 많은데, 좋은지 나쁜지는 잠시 그에 대해서 평론하지 않겠습니다. 그도 총명했습니다. 그러나 나중에 가서는 한 병폐가 있었습니다. 대체로 역사상 황제였던 사람들은, 제 개인의 연구에 의하면 삼대의 성왕(聖王) 이외에는 그 자리가 대체로 정신병적인 전염 요소가 있었습니다. 만약 노장과 공맹의 도의 내면 수양 도덕이 없이 그 자리에 오래 앉아 있다 보면 흐리멍덩해질 수 있고 많은 문제가 발생할 수 있었습니다. 그 자리는 앉기에 아주 좋지 않았습니다.

오늘날의 이야기를 하나 해보겠습니다. 우리는 다들 대륙의 예전 북평(北平)의 황궁을 압니다. 제가 어렸을 때 저의 웃어른 한 분에게 들었는데, 중화민국이래로 만청(滿淸)을 뒤엎어버리고 난 뒤 예전의 청나라 거인(擧人)인 그가 북경에 도착했답니다. 황궁이 때마침 개방되어 있어서 들어가서 유람할 수 있었습니다. 그 황제의 자리를 보고는 그는 한사코 뛰어가 자리에 한 번 앉아서 만족했답니다! 마침내 그 자리에 한 번 앉아보니 이상하게도 머리가 어지러워지더랍니다. 그러므로 황제의 그 자리는 앉기 어렵습니다. 제가 지금 생각해보건대 황제의 자리가 사람으로 하여금 머리를 어지럽게 하는 것이 아니라 머리가 어지러운 것은 자기의 문제입니다. 우리가 역사상의 제왕을 보면 정치가 청명한 시대의 영도자들은 모두 민간으로부터 나왔습니다. 모두 낮은 층의 사회로부터 나왔습니다. 그래서 그가 황제가 된 뒤에는 대단히 사리를 잘 알았습니다. 오랫동안 태평하면 황제의 아들 손자들이 자리를 계승했습니다. 이러한 황제들에 대해서는 제가 특별히 하나의 명칭을 창작했는데 '직업 황제'라고 부릅니다. 일반 역사가들은 사용해 보지 않은 것 같습니다. 저는 본래 특허권을 신청하려고 했지만 특허청에서 또 허락을 하지 않습니다!(대중이 웃다)

이렇게 태어날 때부터 황제가 될 운명이었던 사람들은 모두 깊은 궁전에서 태어나 부인들 손에 성장하였습니다. 태어나자마자 궁전 속에서 생활하여 궁전 밖의 초지(草地)가 어떤 모양인지 전혀 몰랐습니다! 무엇이 옥수수 가루인지 좁쌀죽인지를 몰랐습니다. 아마 본 적은 있을 겁니다. 그들은 부인의 손에서 성장하여서 궁녀가 그들을 돌봐준 이외에 남자도 아니고 여자도 아닌 그런 태감들 속에서 성장하였습니다. 그래서 삼천 년의 역사 속에서 이러한 직업 황제들은 대단한 인물로 세 사람도 골라낼 수 없습니다. 모두 다 머리가 흐릿했습니다. 다행히도 그들은 모두 오래 살지 못했습니다. 직업 황제는 기껏해야 삼십 여세였고 몇 년 동안 황제 노릇 하고는 곧 물러났습니다. 그러므로 하늘은 호생지덕(好生之德: 생명을 아끼고 보호하고 죽이기를 좋아하지 않는 인의仁義의 마음/역주)이 있어서 그들로 하여금 좀 일찍 잠들게 했습니다. 그런데 한나라 무제라는 사람은 절반 절반이었습니다. 절반은 직업 황제요 절반은 민간이었습니다. 한무제 자신도 민간에서 고생해본 경험이 있었습니다. 하지만 그가 황제가 된 뒤에는 여전히 간사한 사람들에 의하여 이간질되었습니다. 한무제 같은 이러한 총명한 사람이 왜 간사한 사람들에 의해서 이간질될 수 있었을까요?

그래서 제가 늘 학우들에게 우스개 이야기를 하며 여러분들이 알아야한다고 저는 말합니다. 역사상의 간신들은 모두 대단히 사랑스런 사람이었습니다. 가령 제가 황제가 되었다할지라도 이런 약을 먹었을지도 모릅니다. 우리가 경극에서 그 간신들을 보면 예컨대 조조(曹操)나 진회(秦檜)는 네모난 얼굴 모습으로 분장하고 있으며 어깨는 그렇게 치켜 올라가 있습니다. 중국의 경극에는 따로 한 체계의 학문이 있는데 그것은 상징적입니다. 조조 얼굴이 흰 것은 백면서생을 표시합니다. 대단히 청수(淸秀)하고 예쁩니다. 경극 속에는 흰 얼굴이 둘이 있는데, 하나는 천상의 신선으로서 얼굴이 흰 옥과 같습니다. 또 하나는 간신의 얼굴인데 역시 희면서 더없이 총명한 독서인을 표시합니다. 왜 조조나 진회 이런 간신들이 나오면 어깨가 모두 그렇게 치켜 올라갔을까요? 이 사람이 머리를 쓴다는 것을 표시하는 겁니다. 즉, 사무실 탁상에서만 생각한다는 것입니다. 생각하다보니 머리가 움츠려 들어가 버리니 어깨는 자연히 치켜 올라간 겁니다.

간신은 아주 사랑스럽습니다. 간신은 말하는 수준이 그렇게 낮지 않을 것입니다. 그가 어떤 사람을 헤치려고 할 때 틀림없이 그 사람을 먼저 추켜세웁니다. 대단히 좋다고 추켜세웁니다. 그는 먼저 황제 면전에서 말하기를 어떤 사람은 좋습니다. 대단히 좋습니다. 우연히 작은 문제가 있지만 관계없습니다 라고 말할 것입니다. 서서히 이런 말 한마디 저런 말 한마디 함으로써 사람을 해쳐버릴 것입니다. 한무제는 그런 화살에 맞아 태자를 마치 반역한 것처럼 몰아붙였습니다. 그런데 사실은 한무제 자신을 보호하기 위한 것이었습니다. 결과적으로 그런 태감 간신들이 말하기를 태자는 과연 모반을 했다고 했습니다. 그때 마침 한무제는 병이 났었는데 화가 난 나머지 사람을 잡아다 죽이고 싶었습니다. 태자는 부인을 데리고 도망갈 수밖에 없었습니다. 뒷날 몰려서 자살했습니다. 몇 명의 왕의 첩들도 모두 자살했습니다. 이 사건이 뒷날 진압되고 난 뒤에 태자와 관계가 있던 사람들, 심지어 태자의 아이들까지도 모두 감옥 속에 잡아넣었습니다. 한나라 선제는 한무제의 증손이었습니다. 그의 모친은 그를 낳은 뒤에 자살했습니다. 그는 겨우 한 살이었을 뿐인데도 감옥에서 지냈습니다.

역사상의 기록에 의하면 당시에 밖에서는 유언비어가 있어 한무제에게 보고하기를 장안 감옥 속에는 천자의 기(氣)가 있다고 말했습니다. 옛사람들은 이런 학문을 '망기(望氣)'라고 불렀습니다. 풍수를 본다든지 사람의 기를 보고서 판단할 줄 아는 것입니다. 한무제는 그때 나이도 많았습니다. 뿐만 아니라 마음속에는 속임을 당했다는 것을 어느 정도 알았습니다. 그러나 화를 벌컥 낼 수 없었습니다. 그래서 성깔이 대단히 안 좋았습니다. 그는 곧 명령을 내려 장안 감옥에 있는 그런 범인들을 모조리 죽여 버리라고 했습니다. 다행히도 병길이 극력 논쟁했습니다. 한무제는 그제야 죽이지 않았습니다. 뿐만 아니라 천하 죄수들을 크게 사면했습니다. 자신의 증손도 감옥에 있는 바에야 왜 얼른 가서 안고 오지 못했을까요? 아마 황제의 아들 손자들이 매우 많아서 이 어린 손자도 대수롭지 않게 여겼을 것입니다. 게다가 무제는 나이가 많았기에 이 일을 다시 처리하지 못했습니다.

한나라 선제를 다시 말한다

이른바 문경지치의 단계부터 줄곧 뒷날에 이르기 까지 모두 도가 노장사상의 학설이 유행했습니다. 병길이라는 사람은 원래 도덕이 높았습니다. 수도한 사람들은 인자하기에 그는 한나라 무제의 증손자가 가련하게 느껴졌습니다. 돌봐주는 사람이 없는 한 외로운 고아는 유모가 필요했습니다. 병길은 그 자신이 자기 돈을 내어 유모를 청하여 이 어린 아이에게 젖을 주게 하여 마침내 이 어린 아이를 서서히 키웠습니다. 황제가 비록 그더러 조상을 인정하고 종씨문중으로 돌아가라[認祖歸宗]고 조칙을 내려 뒷날 궁정 변사(邊舍) 주관 장하(張賀)가 수양(收養)하였지만 그를 상관하지 않았습니다. 역시 병길은 그더러 이 아이를 특별히 돌봐달라고 부탁하고 글공부나 생활 등에 드는 돈들은 모두 병길이 냈습니다. 이는 바로 그의 인자한 마음이었습니다.

장하가 보니 이 아이는 아무래도 왕의 후손이고 외모가 달라 장래 언제인가는 황제가 되거나 왕에 봉해질지도 몰랐습니다. 그날에 이르면 그의 형제들이 그것은 자기의 혈통임을 생각할 것이었습니다. 고대의 가정 제도에 의하면 아이를 찾아와 왕에 봉해야만 했습니다. 왕에 봉하는 것도 대단했습니다. 오늘날 성(省) 주석(主席)보다도 훨씬 컸습니다. 황제를 만세(萬歲)라고 불렀습니다. 한 왕에 봉해지는 것은 비록 구천세는 없었지만 팔천세의 모습은 있었습니다. 그 역시 대단한 것이었습니다. 장하는 곧 허광한(許廣漢)이라는 사람에게 말했습니다. 내가 보기에 당신이 장래가 유망한 사람에게 아예 미리부터 아첨하여 딸을 그에게 시집을 보내시오. 내가 돈을 가지고 가서 그를 위해 신랑의 약혼증빙금[聘金]을 삼기를 희망하오. 허광한은 이전에 죄를 범해 궁형(宮刑)을 받았던 사람으로 감옥에서 아주 착실하여 성적이 좋았기에 뒷날 감옥의 작은 책임자가 되었습니다.

허광한은 돌아가 자기 부인에게 말했습니다. 부인은 허락하지 않으며 말했습니다. 우리 집안은 이미 재수가 없게 되었습니다. 어떻든 간에 그는 한 범죄자입니다. 허광한이 말했습니다. 남의 범죄는 우리들 집하고는 다르오. 남은 용종(龍種)이요. 황제의 후예요. 간신히 부인을 설득했습니다. 그래서 딸을 그에게 시집보냈습니다. 그때 한나라 선제는 겨우 열 몇 살이었습니다. 두 부부도 몹시 가련했습니다. 뒷날 그는 민간에서 이리저리 돌아다녀보았습니다. 이른바 하류 사회인데 칼을 들고 창을 든 사람들을 그는 보았고 경험해보았습니다. 지방관의 탐오, 좋은 것 나쁜 것을 그도 분명히 보았습니다. 하지만 그도 매우 자기를 아끼고 함부로 행동하지 않았습니다. 자기의 신분 출신에 대하여 이미 알지 못하고 있었고 부인과 두 사람은 사이가 좋았습니다. 그 부인이 뒷날 유명한 허황후(許皇后)였습니다. 그들의 아들이 바로 뒷날의 한나라 원제(元帝)였습니다. 역시 처지가 곤란하고 생활이 곤궁한 가운데에서 출생한 사람이었습니다.

뒷날 조정에서는 문제가 나타났습니다. 유방의 후대 가운데에서 어느 누가 황제에 비교적 좋은가를 고려하게 되었습니다. 당시에 전체 국가 권력은 곽광(霍光)의 손안에서 조종되었습니다. 병길은 곽광에게 제의하기를 유씨 집안의 후대에는 오직 이 한나라 선제만이 사리를 알고 밖에서 어려움을 겪어 본적이 있기 때문이라고 했습니다. 그래서 선제를 찾아와 황제로 삼았습니다. 그는 어린 나이에 황제가 되어 전전긍긍했습니다. 정치가 맑고 깨끗하고 머리는 명석했습니다. 왜냐하면 민간의 질고(疾苦)를 모두 이해하고 있었기 때문입니다.

곽광은 이 황제를 떠받들어 나오게 한 뒤에 권력이 더욱 커졌습니다. 그 자신은 좋았지만 그의 부인은 유명한 막돼먹은 여자였습니다. 그리고 곽광 본인은 또 부인을 가장 두려워했습니다. 이 부인이 말했습니다. 황제는 당신이 받들어 나온 사람이니 우리의 딸을 그에게 시집보내 황후로 삼게 합시다. 곽광은 안 된다고 말했습니다. 그는 젊은 시절 밖에서 유랑할 때 이미 황후가 있었다고 했습니다. 그래서 문학에서 '고검난구(故劍難求)'라는 전고가 있는데 바로 한나라 선제의 고사입니다. 당시 한나라 선제는 황제가 되었고 황후는 아직 맞아들이지 못했습니다. 일반 대신들은 모두 생각하기를 황후를 아직 선발하지 않았으니 저마다 집안의 딸들이 있어 모두 임금의 장인이 될 희망이 있다고 하며 다들 방법을 짜냈습니다. 특히 곽광의 집안이 그랬습니다.

이때 좌우 측근들이 한나라 선제의 의사를 탐문해보았습니다. 한나라 선제는 옆에 있는 사람들에게 말했습니다. 어떤 사람이 나의 옛 칼을 찾아올 수 있을까! 그러면 내가 몹시 감격하겠다. 한나라 선제는 왜 이렇게 말했을까요? 그는 아예 말하기를 나의 저 옛 마누라를 찾아와 황후로 삼았으면 그것으로 좋겠다! 고 했습니다. 우리가 역사를 읽을 때 알아야합니다. 이제 막 자리를 이은 황제는 주변에 권신들의 힘이 대단히 크고 정치 환경도 아직 잘 모르기에 감히 말을 하지 못한다는 것을 알아야합니다. 이것은 바로 그의 고명함입니다. 오늘날 박사 학위를 받은 스무 일고여덟 살 된 사람들의 경우도 모두 철이 없는데, 보세요, 그 사람은 스무 살 남짓에 말을 잘할 줄 알았습니다. 그는 이 문제에 대하여 정면으로 답하지 않고, 내가 한 자루의 옛 칼이 있는데 어떤 사람이 나를 도와 내가 어려움에 처해 있었을 때의 그 한 자루 칼을 찾아올 수 있으면 좋겠다고만 말했습니다. 곽광은 듣자마자 그가 여전히 그 원래의 마누라를 바란다는 것을 알았습니다. 총명은 어디까지나 총명이어서, 우리 같은 사람들 경우는 한 자루에 천오백 원 짜리의 칼을 정말로 가서 사서 그에게 주었을 겁니다. 그럼 그 칼로 당신의 머리를 자를 수밖에 없을 겁니다. 남이 옛 칼 한 자루를 구하겠다고 말하자 곽광은 즉시 알아들었습니다. 그래서 이 대신들은 얼른 그 부인을 찾아와 황후로 세웠습니다.

곽광의 부인은 듣자마자 말했습니다. 이건 안 된다. 당연히 우리 딸을 황후로 삼아야 한다. 뿐만 아니라 허씨는 한 옥졸의 딸인데 우리 국가의 황후가 된다면 우리는 또 그녀에게 무릎 꿇고 절해야 한다. 그게 뭐가 대단하다고! 반드시 우리 딸을 그에게 시집보내야 한다고 했습니다. 그래서 곽광의 부인은 방법을 생각해 내어 황후를 독살했습니다. 죽음을 앞두고 고통스러웠습니다. 황제도 황후가 독살된 것이 아닌가 의심했습니다. 몇 년 뒤에 한나라 선제는 줄곧 그리워했습니다. 이것이 환난을 함께한 부부의 소중함입니다. 뒷날 곽광의 부인이 한 짓임을 발견했습니다. 당시에 곽광은 이미 죽었습니다. 선제는 화가 극에 달해 곽광의 후대를 모두 죽여 버렸습니다.

병길을 다시 얘기한다

선제가 황제가 된 뒤에 병길도 뜻을 이룬 것이 그리 없었습니다. 하지만 계속 중앙정부에서 일을 했습니다. 병길의 일생은 이른바 혁혁한 공이 없었습니다. 특별한 성적이 없었으며 나쁜 점도 없었습니다. 그렇게 고명한 영도 아래서 천하가 태평했기 때문에 특별히 표현할 필요가 없었으며 특별한 충신도 필요하지 않았습니다. 그러므로 그도 평범했습니다. 즉, 계급에 따라 승진하고 마지막에도 황제의 곁까지 승진했습니다! 하지만 한나라의 선제는 그에 대해서 특별히 잘해주었습니다. 또 노인이었고 해서 그랬습니다, 그러나 아주 이른 시기에는 자기의 목숨을 병길이 구해냈다는 것을 몰랐습니다. 또한 어려서부터 병길이 돈을 써 그를 위해 유모를 구해 불러다가 슬하에서 길렀다는 것도 몰랐습니다. 그는 그저 자기가 비참하다는 것만 알았을 뿐이며 병길도 그런 사실을 얘기한 적이 없었습니다.

역사적으로 병길에 대해 말하기를 '일생불념은(一生不念恩)'이라고 했습니다. 남을 도와주고 남에게 큰 은혜가 있으면서도 자신은 일생동안 얘기하지 않았던 겁니다. 그는 참은 채 말을 하지 않은 것이 아니라 그 자신의 도덕수양으로 마음속에 상관없었고 늘 생각하는 일이 없었기 때문입니다. 그게 바로 병길이었습니다. 다시 역사 이야기로부터 병길을 얘기해 보겠습니다. 영도자인 한나라 선제가 고명했기 때문에 병길의 일생을 볼 것 같으면 모두 평범했습니다. 하지만 한나라 선제는 자신이 어려움에 처해 있을 때 낳았던 이 아이에 대해서는 결코 마음에 들어 하지 않았습니다. 아들이 너무 성실하다고 생각했습니다. 비록 도덕은 좋지만 기백이 충분하지 않았습니다. 그래서 이 태자를 폐위해버릴 생각도 몇 번이나 했습니다. 단지 태자를 보면 허 황후가 생각났고 환난을 같이 한 부부로서 또 죽게 된 원인이 명확하지 않았기 때문에 마음속이 괴로웠습니다. 그래서 바꾸려하지 않았는데 그가 바로 뒷날의 한나라 원제(元帝)였습니다.

게다가 병길은 한나라 선제가 유아였을 때 그를 위해 몇 명의 유모를 청했습니다. 어떤 유모의 남편이, 아마 시골의 건달이었을 겁니다, 그 남편이 유모에게 다그쳐 서울에 가서 소란을 피워버리라고 했습니다. 결국 잡혀서 그녀더러 증거를 제시하라고 했습니다. 그래서 비로소 일체가 병길이 안배한 것이라고 자백했습니다. 병길은 그 여인을 보고서 곧 꾸짖었습니다. 당신은 그래도 나를 볼 면목이 있습니까! 진짜 공로가 있는 사람은 앞서 두 사람의 유모였습니다. 안타깝게도 그들은 모두 이미 죽어버렸습니다. 병길은 이때에야 비로소 얘기를 했습니다. 한나라 선제는 알게 되어 그 유모를 궁으로 보내오라고 시켜 그녀와 따로 얘기를 했습니다. 그 유모는 한나라 선제에게 말하기를 병길의 말이 틀림없다며, 맨 처음에 몇 사람을 청했고 뒤에 자기를 청했다고 했습니다. 그리고 자신은 그에 의하여 해고되었다고 했습니다. 이렇게 사실 그대로를 얘기했습니다. 한나라 선제는 잘 처리했습니다. 어떤 관리의 직위에도 임명하지 않았고 제후로 봉하지도 않았습니다. 국가의 관리 직위를 가지고 사적인 정을 베풀어서는 안 되었습니다. 그래서 그녀에게 많은 돈을 주었고 많은 선물을 주었습니다. 그러나 그는 병길에 대해서는 표시를 하지 않았습니다. 병길도 이 일을 더 이상 꺼내지 않았습니다. 이게 곧 우리가 마땅히 본받아야할 병길의 사람됨의 풍모와 도량이었습니다.

대략 5년의 세월이 지났는데 한나라 선제는 그동안 사실 병길이 도대체 어떠한지를 살펴보았습니다. 병길은 나이가 한나라 선제보다 몇십 살 많아서 이미 늙은 신하였습니다. 그러나 황제를 보면 무릎을 꿇어야만 했습니다. 그래서 뒷날 한나라 선제는 그더러 재상을 해 달라고 청했습니다. 그 시대에 재상은 거의 부(副) 황제였습니다. 당시에는 정(正), 부(副) 두 재상이 있었습니다. 그 다른 부 재상은 소망지(蕭望之)였는데 재능과 지혜가 높고 비교적 똑똑하고 빈틈이 없었습니다. 그는 병길이라는 늙은이가 아주 성실하고 그를 그리 상관하지도 않는 것을 보고 자신의 뜻대로 했습니다. 병길은 부 재상이 자신의 뜻대로 하기를 아주 좋아한다는 것을 알았습니다. 어쨌든 국가 정치도 괜찮고 황제도 괜찮으니 그는 기꺼이 상관하지 않고 큰 문제에만 주의를 기울였습니다.

역사에서 말하는 이른바 '병길이 소를 물었다'는 것은 다음과 같습니다. 어느 날 그가 중앙의 회의에 가고 있는 중이었습니다. 수레가 거리를 가고 있는데 어떤 사람이 싸우는 게 보였습니다. 사람이 죽어 길 위에 누워있었습니다. 병길은 쳐다보지도 않고 수레를 계속 몰라고 했습니다. 어떤 백성이 소를 한 마리 끌고 가는 것을 만났는데 여름이라 날씨가 더워 그 소는 헐떡거리면서 걸어갔습니다. 소의 침과 흰 거품이 흘러나왔습니다. 병길은 소를 끌고 가는 사람에게 얼마 동안 비가 내리지 않았냐고 물었습니다. 비가 내리지 않았기 때문에 날씨가 너무 더웠고 소는 물속에 들어가 뒹굴 수 없었습니다. 그래서 견디지 못하고 숨을 헐떡거렸습니다. 병길은 그해 농작물 수확이 문제가 있을 것으로 예측했습니다. 이것은 국가의 대사로서 식량이 제일 중요하기 때문이었습니다. 특히 농업사회에서는 더욱 그러했습니다. 그러므로 역사상 '병길이 소를 물었다'라고 합니다. 실제로는 그는 소의 상황으로부터 기상을 판단했던 겁니다. 기상을 통해 전국의 어느 지방에 비가 내렸고 어느 지방에 비가 내리지 않아서 모든 식량의 수확이 국가의 백성들의 운명에 관계된다는 것까지 연상을 했습니다.

어떤 사람이 그에게 물었습니다. 왜 길에서 사람이 죽은 것을 보고도 묻지 않았습니까? 그는 말했습니다. 싸우다 사람이 죽은 일은 현장(縣長)이 관활할 것이므로 그것은 그들의 일이고 나의 직무는 국가의 큰 정무이다 고 했습니다. 소를 묻는 게 음양(陰陽)을 다스리는 것으로 바뀌었는데 이 음양의 의미는 아주 많습니다. 그것은 국가의 대사인데 어떻게 내가 묻지 않겠는가! 는 것이었습니다. 그러므로 '병길이 소를 묻다'는 바로 이 도리입니다. 한편으로는 중요한 이치를 병길이 깊이 알았다고 말할 수 있습니다. 재상은 국가의 큰 정무를 관리하고 작은 일은 저마다 전문적으로 관리하는 사람이 있어 관리한다는 것입니다. 두 번째 면으로는 그의 부 재상이 일을 상관하기를 대단히 좋아하는데 구태여 두 사람이 권력을 다툴 필요가 있겠느냐는 겁니다. 이게 바로 병길이 소를 물은 고명한 점입니다. 그는 나이도 많았고 그 자리에 앉아있는 것도 아주 좋았습니다. 그가 배양해 낸 황제의 자리를 단단히 보고 기울어지지 않게 하고 남에게 앉도록 주지 않으면 충분했으니까요. 이것은 병길의 일생의 장점을 말해주는 것입니다. 특히 그가 배양해 낸 황제에 대하여 일생동안 그 은혜를 생각하지 않았습니다. 이 점이 사람됨에서 가장 어려운 부분입니다.

송나라 왕조에 여단(呂端)이라는 재상이 있었는데 병길과 유사한 점이 있었습니다. 한 폭의 대련은 다음과 같이 말합니다. '제갈일생유근신(諸葛一生唯謹愼), 여단대사불호도(呂端大事不糊塗)', 제갈량은 일생토록 다른 장점은 없고 바로 조심하고 근신했다는 것입니다. 사람이 만약 최고로 총명하지만 작은 일에 대해서는 흐리멍덩한 척하며 대충할 수 있어야 제1류의 총명인입니다. 송나라 시대의 여단과 같은 경우는 재상이었는데 그가 어디 정말로 흐리멍덩했겠습니까! 큰 일에는 절대 흐리멍덩하지 않았습니다. 작은 일에는 대충 지나갔습니다. 그 당시에는 천하가 태평해서 그는 기꺼이 이와 같이 하면서 태평재상이 되었습니다.

병길이 하는 식도 그와 같았습니다. 그러므로 병길의 개인의 도덕은 그의 장점과 더불어 틀림없이 많았습니다. 그러나 한걸음 더 나아가 연구해보면 역사상 병길의 좋은 점에 대하여는 그리 많이 쓰지 않았습니다. 이로써 알 수 있듯이 이 사람의 도덕은 더욱 더 높았습니다. 그의 도덕이 좋다는 것을 알아볼 수 없었으며 사람들에게 주는 인상은 한결같이 평범한 한 사람이었습니다. 사회적으로 도덕을 빚은 그런 사람들처럼 말하기를 어떤 사람도 그가 도와준 것이라고 하고 그가 얼마의 돈을 희사했다고 신문에 늘 오르고 어느 지방에 얼마나 좋은 일을 했다는 등등의 행위를 하지 않았습니다. 이런 사람에 대해서는 30%나 50%는 깎아야 합니다. 병길은 그렇지 않았습니다. 일생동안 그가 평범하고 평범한 것만 보았고 그가 소를 묻고 몇 마디 말을 했다는 것만 보았을 뿐 그 나머지는 일이 없었습니다. 그러므로 그의 도덕이 높았음은 우리 청년들이 본받아야할 가치가 대단히 있습니다.

법가와 도가가 함께 다스리다

앞에서 한나라 선제와 병길 사이의 이야기를 했는데 이 단락에서 왜 또 제시할까요? 그 이야기에는 아직 얘기하지 않은 꼬리가 있기 때문입니다. 즉, 한나라 선제의 태자인, 뒷날의 한나라 원제입니다. 한나라 원제는 유가사상 학문을 연구하기를 좋아했습니다. 그래서 부친인 한나라 선제의 정치 방법에 대해서는 의견이 있었습니다. 그는 부친에 대하여, 국가를 너무 좀 엄숙하게 관리한다며 좀 느슨하게 할 수 없느냐며, 유가가 말하는 인의도덕을 말하는 일반적인 유가의 선비들을 더 많이 쓰면 좀 좋아질 것이라고 본다고 표시했습니다. 한나라 선제는 듣고서 크게 역정을 냈습니다. 그러나 그의 이 한바탕의 성깔은 역사적으로 유명한 제왕정치 방법의 비밀을 다 폭로했다고 말할 수 있습니다. 한나라 선제는 자신의 아들에게 대답하여 말했습니다. 한나라는 응당 법령제도[章法]가 있고 왕도(王道)와 패도(覇道)를 함께 쓴다[王覇雜用]. 즉, 법가와 도가를 섞어 쓴다는 것입니다. 서로를 쓴다는 것은 어느 한 가의 사상에 절대 편향되어서는 안 된다는 것이다. 편향되면 천하의 일이 통하지 않게 된다. 너는 이렇게 철이 없으니 장래에 어떻게 국가를 다스릴 수 있겠느냐!

고대의 제왕제도는 가족의 입장에서는 부자사이이고 공적인 일의 입장에서는 군신사이였습니다. 부자도 군신이요 부부도 군신이었습니다. 그것은 엄중했습니다. 그러므로 한나라 선제는 몹시 못마땅했습니다. 아들이 나가는 것을 보고 눈썹을 찡그리면서 말하기를 장래에 한가(漢家)의 천하는 그의 손안에서 내리막길을 갈 것이라고 했습니다. 이 말은 물론 역시 틀리지 않았습니다! 이른바 중국문화사상에서 유가는 필사적으로 왕도를 주장했습니다. 바로 우리가 얘기한 적이 있던 맹자의 다음과 같은 말입니다. '선한 마음만으로는 정치를 하기에 부족하고, 법도만으로는 저절로 실행될 수 없다[徒善不足以爲政, 徒法不能以自行]' 어느 한 쪽으로 편향되면 통하지 않습니다. 실제로 역대의 제왕이 쓴 비결인 대원칙 대정치는 바로 『장자』이 단락인 '자기의 심념을 다스림을 위주로 하고

(형벌제도를 위주로 하고), 문화정신인 예(禮)를 보조로 하며, 지혜로써 자기 처신의 때를 알고, 도덕행위로써 인생의 바른 길을 따라 걸어갔다[以刑爲體, 以禮爲翼, 以知爲時, 以德爲循]'였습니다.

그러므로 중국철학사상, 정치사상을 얘기함에 있어서는 이것이 바로 관건입니다. 이런 비밀들을 제왕들은 비록 쓸 수는 있었지만 말할 수는 없었습니다. 말을 해버리면 제왕 노릇을 할 수 없고 교육방법이 구태의연한 교사 노릇만 할 수 있었을 뿐입니다. 만약 여러분들이 이 비밀을 배워 할 줄 알고 대단한 사람이 되고 싶다거나 혹은 사장이 되고 싶다면 써도 좋지만 말을 해서는 안 됩니다. 이 점을 특별히 한 번 설명합니다.

이제 대종사 편에서 공공연히 이 한 절(節)을 제시합니다. 우리가 지난번 두 방면에서의 작용을 말했는데, 개인의 도덕수양과 남들과 지내면서 일하는 것도 모두 이 원칙입니다. 이른바 대종사란 세간에서 벗어날 수도 있고 세간에 들어갈 수도 있습니다. 출세간에도 국한되지 않고 입세간에도 국한되지 않습니다. 오직 도를 얻은 사람만이 그렇게 할 수 있습니다. 우리가 방금 이 학우와 토론했던 『장자』의 '예의 과녁 속에서 노니는 것[遊於羿之彀中]'처럼 오직 이런 사람이라야 세간에 들어갈 수 있습니다. 왜냐하면 그는 몸은 세간에 들어갔지만 마음은 해탈하여 마음이 세간을 벗어났기 때문입니다.

이런 도리로부터 우리들은 말하기를 사람의 이 생명이 만약 도를 얻지 못하면 자기가 주재자가 될 수 없다고 합니다. 외부의 환경인 물리세계 그리고 자기의 신체에 지배되기 때문에 당연히 자기의 생명을 지배하지 못합니다. 오직 도를 얻은 사람만이 자기의 생명을 지배할 수 있고, 그래야 비로소 세간에 들어가 큰 공을 세우고 큰 사업을 이룰 자격이 있습니다. 하지만 공을 이루고 난 다음에는 역시 노자의 노선인 '공이 이루어지면 몸이 물러나는 것은 하늘의 도이다[功遂身退, 天之道也]'입니다. 그러므로 모든 성공은 나에게 있을 필요가 없습니다. 남을 성공하도록 도와주고 나서는 자기는 몰래 빠져나가버립니다. 이것이 바로 노자의 원칙이자 자연의 법칙입니다.

사람의 일생을 말하다

연못 속의 샘물이 말라 물고기들이 육지에 서로 한데 모여 누운 채 입으로 서로 물기를 숨 쉬고 흰 물거품을 뿜어내어 서로의 몸을 적셔 다행히 살아있는 목숨을 조금 유지하는 것은, 강이나 호수에서 강이나 호수가 있음을 서로를 잊어버리고 자유로움만 못하다.

泉涸, 魚相與處於陸, 相呴以濕, 相濡以沫, 不如相忘於江湖。

장자의 이 몇 마디 말은 수천 년 동안 문학적으로 상용되어 왔던 것입니다. 앞으로 이런 상황을 언급하면 그 출처가 『장자』라는 것을 알 것입니다. '연못 속의 샘물이 말라[泉涸]', 연못 속에 샘물이 마른 것입니다. 물고기는 물이 없으면 육지로 뛰어올라와 마침내 한 무더기 물고기들이 한데 모여 있으면서 '입으로 서로 물기를 숨 쉬고 흰 물거품을 뿜어내어 서로의 몸을 적셔 다행히 살아있는 목숨을 조금 유지하는 것은[相呴以濕, 相濡以沫]', 입에서 흰 물거품을 내어 서로가 이 물거품으로 다행히 살아있는 목숨을 조금 유지합니다. 그렇지 않고 물이 없으면 물고기는 죽습니다. 물고기는 이러기를 바랄까요? 물고기는 절대 이렇게 하고 싶지 않을 겁니다!

예컨대 우리들이 어항에 금붕어를 기르는데 오늘날 물고기 기르기가 유행입니다. 또 전동설비가 물을 내뿜어 움직이는 것도 있습니다. 그러나 우리가 물고기라면 차라리 강 속에서 생활할지언정 어항 속에서 길러지기를 절대 바라지 않을 것입니다. 그래서 다음의 한 마디 말인 '강이나 호수에서 강이나 호수가 있음을 서로를 잊어버리고 자유로움만 못하다[不如相忘於江湖]', 물고기는 차라리 강 속에서 자유자재 하기를 바랍니다. 그것은 그 자체 생명의 천지입니다. 사람들의 영양공급[滋養]에 기대는 것은 영원히 믿을 수 없습니다. '강이나 호수에서 강이나 호수가 있음을 서로 잊어버린다[相忘於江湖]'라는 이 한 마디는 우리 후인들이 늘 인용한 것인데 강이나 호수 속에서 어떻게 서로 잊을까요? 강이 있고 호수가 있는 것을 잊어버립니다. 외부 힘에 의한 통제가 있는 것을 잊어버리고 어떤 사람의 간섭도 받지 않습니다. 우리들의 인생의 경우는 모든 사람이 물을 떠난 물고기와 같아서 약간의 물에 기대어 생명의 영양을 취합니다. 진정으로 도를 얻은 사람만이 강과 호수속의 물고기이며 '강이나 호수에서 강이나 호수가 있음을 서로 잊어버립니다.' 이어서 장자는 또 다시 인생사회를 얘기합니다.

고대의 요(堯)임금을 성군(聖君)이라 칭찬하고 하(夏)나라 걸(桀)임금을 폭군이라 비난하는 것은, 차라리 그 들에 대한 시비선악을 잊고 도와 일체가 됨만 못하다.

與其譽堯而非桀也, 不如兩忘而化其道。

인간세상에서는 다들 착한 사람을 치켜세우고 나쁜 사람을 싫어

합니다. 역사상 요임금이나 순임금은 물론 성현인 명군(明君)으로서 착한 사람이었습니다. 걸(桀)임금과 주(紂)임금은 물론 역사상의 나쁜 황제였습니다. 과거에 습관적으로 우리들이 어렸을 때의 성어는 '걸임금이 포학하도록 돕다[助桀爲虐]'였는데, 요 수십 년 동안에 '주임금이 포학하도록 돕다[助紂爲虐]'로 바뀌었습니다(나쁜 사람이 나쁜 일을 하도록 방조하다/역주). 저는 아무래도 습관이 안 되어 그대로 내버려둡니다. 걸이든 주이든 『장자』를 연구한 우리들은 '강이나 호수에서 강이나 호수가 있음을 잊어버리고자' 하여 상관없습니다. 어쨌든 그런 의미를 안다면 그것으로 좋습니다.

장자는 말합니다. 요임금 순임금을 추켜세우고 또 하나라 걸을 비난한 것은 차라리 시비선악을 녹여버리는 것만 못하다고 합니다. 시비를 너무 분명히 하면 좋지 않은 일입니다. 선악을 너무 분명히 하고 학문이 너무 좋고 지식이 너무 해박함은 스스로 골칫거리를 만들어 인생이 대단히 고통스럽습니다. '차라리 그 둘에 대한 시비선악을 잊고 도와 일체가 됨만 못하다[不如兩忘而化其道]', 선에도 머물지 않고 악에도 머물지 않습니다. 물론 선에 머물지 않는다고 하니 그럼 악을 행하지요! 선조차도 하지 않은 바에야 당연히 악은 더더구나 하지 않고 '차라리 그 둘에 대한 시비선악을 잊고 도와 일체가 됩니다'. 인생이 옳음과 그름[是非] 선과 악[善惡] 비난과 칭찬[毀譽]을 녹여버릴 수 있다면 자기가 강이나 호수에서 강이나 호수가 있음을 잊어버릴 수 있으며, 천지에서 서로 잊어버리고 생사조차도 서로 잊어버릴 수 있습니다.

천지는 나에게 형체를 주어 삶으로써 나를 수고롭게 하고, 늙음으로써 나를 안일하게 하고, 죽음으로써 나를 안식하게 한다. 그러므로 내가 (도를 얻어) 잘 살아가야 마침내 내가 잘 죽어갈 수 있는 것이다.

夫大塊載我以形, 勞我以生, 佚我以老, 息我以死。故善吾生
者, 乃所以善吾死也。

이 말이 바로 장자가 생사에 대하여 철저히 알고 난 도리입니다.
여기에는 하나의 큰 문제가 있습니다. 우리들은 불가 도가의 사상
으로서 사람을 위협하는 중요한 문제는 바로 생사문제라고 여러
차례 얘기했습니다. 기타의 종교들은 온갖 방법을 생각하여 생사
문제를 해결하지만 오직 중국문화의 유가와 도가는 생사의 문제를
해결하지 않습니다. 유가와 도가는 해결하지 않음으로써 해결로
삼습니다. 선종에서 말하는 '문이 없음으로써 법문을 삼는다는[無
門爲法門]' 말과 같습니다. 바꾸어 말하면 당신은 왜 살아가는 것을
싫어하고 싶을까요? 어떤 사람들은 왜 자살할까요? 죽은 뒤에는
도대체 좋을까요 나쁠까요? 죽은 뒤에 만약 현재보다 더 골치 아프
다면 그때는 후회해도 이미 늦을 겁니다. 그리고 구태여 죽음을 두
려워할 필요가 어디에 있느냐고도 말할 수 있습니다. 만약 정말로
죽을 때가 되면 자연스럽게 떠나가니까요! 우리가 지금 죽음을 두
려워하는 것은 죽고 난 뒤에 지금보다 못하다고 두려워하기 때문
입니다. 만약 지금보다 더 좋다면 현재의 어리석음을 후회하지 않
겠습니까? 이 두 가지 문제를 장자는 두 쪽 다 철저하게 말했습니
다.

지금 장자는 말합니다. '천지는 나에게 형체를 주어[大塊載我以
形]', '대괴(大塊)'는 장자가 제시한 명칭입니다. '대괴(大塊)'를 우
주라고 부릅니다. 더욱 분명하게 말하면 바로 이 지구요 이 천지입
니다. 천지는 나에게 형체를 하나 주었습니다. 나에게 사람 모습을
하나 주었습니다. 그러나 이 천지는 공평해서 당신에게 생명을 하
나 주어 '삶으로써 나를 수고롭게 하고[勞我以生]', 이 글자는 대단

히 잘 사용되었습니다. 당신에게 생명을 주고는 당신에게 대단히 바쁘라고 요구합니다. 대단히 바쁘지 않다면 생명이라고 부르지 않습니다. 사람만 이럴 뿐만 아니라 어떤 개미나 모기 등등도 모두 몹시 바쁘게 일생을 지내야 합니다. 그러므로 중국문학 속에는 '노생(勞生)'이라는 한 고유명사가 있는데 그 출처가 바로 이곳입니다.

'천지는 나에게 형체를 주었다[大塊載我以形]', 이 토지가 우리들에게 베푼 은혜는 대단히 좋은데, 보답할 길이 없습니다. 그러므로 노자는 우리더러 땅을 본받으라고 합니다. '사람은 땅을 본받고, 땅은 하늘을 본받고, 하늘은 도를 본받고, 도는 자연을 본받는다[人法地, 地法天, 天法道, 道法自然]', 여기서의 '법(法)'자는 본받는다[效]는 뜻입니다. 사람은 왜 천지를 본받아야할까요? 보세요, 천지는 만물을 낳고 자라나게 했지만 주기만하고 조금도 보답을 바라지 않습니다. 우리가 그에게 돌려준 것은 무엇일까요? 가장 더러운 것은 다 그에게 돌려줍니다. 그는 화도 내지 않고 사람이 최후에 죽었을 때는 한 무더기의 구린 물과 구린 뼈를 땅속에 묻더라도 그는 그대로 거두어줍니다. 그러므로 사람의 도덕수양은 천지의 그런 위대함, 주기만하고 거두어들이지는 않는 위대함을 본받아야 합니다. 이게 바로 도입니다.

'대괴재아이형(大塊載我以形)'은 이 땅을 형용합니다. 기차나 비행기나 고속도로, 철근콘크리트로 된 높은 다리 등 모든 것의 모두를 땅은 그대로 짊어진 채 조금도 원망을 품지 않습니다. 그러나 천지는 아주 공평해서 '노생이생(勞我以生)', 우리들로 하여금 일생토록 고생하면서 살아가게 합니다. '늙음로써 나를 안일하게 하고[佚我以老]', 노년은 당연한 것입니다. 사람은 태어남이 있으면 늙음이 있습니다. 늙음은 사람들에게 휴식을 줍니다! 사람이 늙지 않으면 기꺼이 쉬려하지 않습니다. 하지만 어떤 사람들은 우리들처럼 늙어서도 기꺼이 쉬려하지 않습니다. 그것은 이러한 원칙에 부합하지 않습니다! '죽음으로써 나를 안식하게 한다息我以死)', 바로 당신에게 긴 휴가, 완전한 퇴직을 주는 것입니다. 생로병사(生老病死)는 생명의 단계인데 노장의 도가에서는 그 자연스러움에 따릅니다[順其自然]. 그런데 후세에 신선술을 닦은 도가들은 그렇지 않았습니다. 그들은 이 생로병사의 범위를 뛰어넘고자 했습니다. 노장의 도가는 그 자연스러움에 따라서 생명이 살아 어느 단계에 도달하면 자연스럽게 죽어서 휴식으로 돌아갔습니다. 그러므로 산소호흡기든 뭐든 번거롭게 하기를 바라지 않았습니다. 죽어서 좀 빨리 쉬기를 바라고 별 다른 것이 없었습니다.

다음은 중요한 결론입니다. '그러므로 내가 도를 얻어 잘 살아가야 마침내 내가 잘 죽어갈 수 있는 것이다[故善吾生者, 乃所以善吾死也]', 한 인간이 진정으로 자기의 생명의 가치를 분명히 인식하고 생명의 의의, 생명의 방향, 생명이 살아가는 방식을 분명하게 인식해야 비로소 어떻게 살아갈지를 압니다. 이것은 하나의 큰 학문입니다. 그러므로 말하기를 잘 살아가야 비로소 잘 죽으며, 비로소 어떻게 사망, 죽음을 마주대할지를 안다고 합니다.

노장 도가의 사상은 노장 이후의 도가나 공맹사상을 대표하지 않습니다. 춘추전국 시대에 유가와 도가는 한 집안으로서 나누어지지 않았습니다. 진나라 한나라 이후 유가 도가 법가 등등이 모두 분가했습니다. 중국문화는 과거에 본래 한 세트였습니다. 그러므로 우리들은 공자가 생사문제에 대해서 똑같이 말하고 있는 것을 봅니다. 자로가 이 생사문제를 제시하였을 때 공자는 말했습니다. '미지생(未知生), 언지사(焉知死)', 너는 어떻게 사는지조차도 모르면서 죽어서 어디로 가는지를 묻는구나! 공자는 모르는 게 아니라 그에게 대답을 하지 않았을 뿐입니다. 이 도리도 바로 '그러므로 내가 도를 얻어 잘 살아가야 마침내 내가 잘 죽어갈 수 있는 것이다'입니다.

바꾸어 말하면, 보기에는 문자가 간단하지만 장자는 모든 인류를 꾸짖기를 살아가는 동안 자기의 인생을 분명하게 인식하는 사람이 하나도 없다고 했습니다. 우리는 영문을 모른 채 살아가고 있다고도 말할 수 있습니다. 그것은 불가에서 해석하는 것처럼 인연에 기대어 되는대로만 살아가고 자기는 자기의 뜻대로 하지 못한다는 것입니다. 진정으로 '선오생자(善吾生者)', 삶을 잘 살아가는 자는 바로 도를 얻은 사람으로, 자신이 뜻대로 할 수 있으며 '선오사야(善吾死也)', 내가 잘 죽어갈 수 있습니다.

이 때문에 그는 또 하나의 비유를 제시 합니다. 장자는 비유를 우언(寓言)이라고 불렀습니다. 잡편(雜篇)속에도 우언(寓言) 편이 하나 있습니다. 우리 먼저 장자가 말하는 우언을 말해보겠는데, 바로 인도의 인명(因明)에서 말하는 유(喻)이기도 합니다. 비유는 의미가 있는 것이지 의미가 없는 것이 아닙니다. 그러므로 우언에서의 이 '우(寓)'자는 장자가 먼저 제시한 명칭인데, 우리들 지금으로부터 이천년 전의 일입니다. 하지만 외국문화가 들어오게 되자 황당무계하고 허황된[神怪虛幻] 소설들이 번역되었는데 그 중에 『이솝우화집』이라는 책이 하나 있습니다. 후세의 청년 학우들은 어린 시절에 그런 우언소설들을 읽었기 때문에 우언이란 말만 들으면 모두 거짓말이라고 여기고 멋대로 떠들어대는 것을 우언이라고 여깁니다. 결과적으로 장자의 말을 보고서, 장자 자신도 자기 말이 모두 우언이라고 하니까, 장자는 모두 입에서 나오는 대로 마구 지껄이고 함부로 지껄이는 것으로 알고 있는데, 이것은 관념상의 착오입니다. 왜냐하면 당시의 번역에서는 우언이라는 명사만 차용했을 뿐이기 때문입니다.

우언이 바로 비유입니다. 이른바 인명(因明: 논리)의 종(宗)·인(因)·유(喩)는, 하나의 전제의 요지로부터 이유를 끌어내고 마지막으로 분명하게 얘기할 수 없어서 비유를 하나 써서 설명할 수밖에 없는 것입니다. 그래서 『장자』 속에는 곳곳이 비유로서, 도리를 하나 설명합니다. 다음에는 우리들이 문학에서 관용하고 상용하는 아주 좋은 것이 있습니다.

장자의 비유

(탐욕심에서) 배를 산골짜기에 숨기고, 산을 바다 속에 감추고는 가장 안전하다고 생각한다. 그러나 밤중에 (대자연이라는) 힘센 자가 짊어지고 가버린다는 것을 우매한 자는 모른다.

夫藏舟於壑, 藏山於澤, 謂之固矣。然而夜半有力者負之而走, 昧者不知也。

여기에서의 '장(藏)'자는 무슨 뜻일까요? 명칭을 하나 빌려 말하면 바로 탐욕, 탐심입니다. 즉, 불학에서 말하는 집착입니다. 단단히 붙들어 쥐는 것입니다. 사람의 생명 가운데는 모든 것을 다 단단히 붙들어 쥐고 싶어 하는데 사실은 영원히 불가능합니다. 왜냐하면 사람이 단단히 틀어쥐고자 하기 때문에 '배를 산골짜기에 숨기고[藏舟於壑]', 배가 풍랑에 불어져 부서질까 걱정되어 그 배를 들어서 산 계곡으로 가져가 감춰놓는 것입니다. '산을 바다 속에 감추고는[藏山於澤]', 산을 어디에다 감춰둘까요? 바다 속에 감추어

둘 수밖에 없습니다! 여기서의 '택(澤)'자는 해양을 대표합니다. '가장 안전하다고 생각한다[謂之固矣]', 우리 사람들의 관념에서 보면 이것은 대단히 튼튼하며 이렇게 하면 극히 믿을 만합니다. 배를 산속에다 감추어놓았고 그 산을 태평양 속에다 놓았는데도 무슨 문제가 있겠습니까! 장자는 말합니다. 자기가 잘 감추어놓았다고 생각하지만 '그러나 밤중에 힘센 자가 짊어지고 가버린다는 것을 우매한 자는 모른다[然而夜半有力者負之而走, 昧者不知也]', 밤중 삼경에 힘이 센 사람이 태평양과 이 산을 모두 짊어지고 가버렸다는 것을 모른다.

그래서 어떤 사람은 말하기를 장자는 이 지구가 돌고 있다는 사실을 이미 일찍이 알고 있었다고 합니다. 지금 우리들도 다 알듯이 지구는 돌고 있는 원형인데 옛사람들도 다 알았습니다. 중화민국 초년에 서양문화가 들어오자 많은 사람들이 자기의 중국문화를 욕하며 말하기를 하늘은 둥글고 땅은 네모나다는 설은 근본적으로 틀렸다고 했습니다. 공자의 학생으로서『대학』을 저술한 증자(曾子)에게는『증자(曾子)』라는 책이 한 권 있는데 이 책은 지금도 전해지고 있으며 하늘은 둥근 것이라고 언급하고 있습니다. 뒷날 말한 하늘은 둥글고 땅은 네모나다는 것은 지구가 네모나다는 덩어리를 말하는 것이 아니라 땅에는 방위가 있다는 것을 말합니다. 그러므로 우리가 옛 책을 볼 때 자기의 문화를 잘못하지 말기 바랍니다.

이로부터 이해할 수 있듯이 장자가 말한 밤중에 어떤 사람이 산을 업어가버렸다는 것은 사실 돌고 있다[轉動]는 것입니다! '매자부지야(昧者不知也)', 그렇지만 일반인들은 알지 못하고 자기가 지구상에 앉아 있는 것아 안정되어 있으며 움직임이 없다고 생각합니다. 우리가 지금 앉아있으면서 역시 안정되었다고 생각하는데 실제로는 지구는 돌고 있습니다. 만약 지구 물리를 아는 사람이라면 이렇게 앉아 있는 것이 거꾸로 앉아 있는 것인지도 모릅니다. 왜 떨어지지 않을까요? 지구 인력이 있기 때문입니다. 그렇지만 고대 인들은 이런 도리를 몰랐습니다. 하지만 장자는 알았는데, 그게 바로 '밤중에 힘센 자가 짊어지고 가버린다는 것을 우매한 자는 모른 다'입니다.

(이치대로 라면) 작은 것을 큰 것 안에 감추는 것이 적합하지만 여전히 달아날 수가 있다. 그러나 만약 천하를 천하 안에 감추면 달아날 수가 없는데, 이것이 물리자연의 크나큰 도리이다.

藏小大有宜, 猶有所遯。若夫藏天下於天下而不得所遯, 是恆物之大情也。

우리가 크고 작은 물건들을 감추고자 하면 모두 적당한 곳을 찾아서 잘 감추고 싶어 하지만 '여전히 달아날 수가 있다[猶有所遯]', 이 '둔(遯)'은 바로 도망간다는 둔(遁)입니다. 천하의 일을 정말로 잘 감출 수 있을까요? 정말로 단단히 틀어쥘 수 있을까요? 불가능합니다! 잘 감출수록, 단단히 틀어쥘수록 믿을 수 없습니다. 그러므로 우리들 이런 노인 친구 분들은, 제가 어제에서야 한 친구를 얘기했는데, 당신의 그 어린애는 당신에게 너무나 사랑받아서 당신이 사랑하면 할수록 망쳐집니다. 사랑의 교육에는 방법이 있어야 합니다. 사랑이 지나치면 이 아이는 당신 때문에 잘못됩니다. 굳게 사랑하고 싶어 할수록 그만큼 빨리 도망갑니다. 천하의 일은 모두다 이와 같습니다. '작은 것을 큰 것 안에 감추는 것이 적합하지만 여전히 달아날 수가 있다[藏小大有宜, 猶有所遯]', 또 도망가버립니다. 그렇다면 어떻게 감추어야할까요? 정말로 잘 감추고 싶다면 다음에서 장자가 어떻게 말하는지를 보기 바랍니다.

'그러나 만약 천하를 천하 안에 감추면 달아날 수가 없다[若夫藏天下於天下而不得所遯]', 어느 곳에 감추는 게 제일 좋을까요? 본자리에 감추는 것입니다. 천하를 천하 속에 감춥니다. 그러면 문제가 조금도 없습니다. 한 잔의 물을 어디에다 감출까요? 제일 좋은 곳은 물속에 따라 붓는 것입니다. 이렇게 감추는 것이 제일 좋습니다. 바로 천하를 천하에 감추는 것입니다. '이부득소둔(而不得所遯)', 그럼 영원히 도망가지 못합니다. '이것이 물리자연의 크나큰 도리이다[是恒物之大情也]', 바로 물리자연의 도리입니다. 그러므로 사람들에게 모든 것을 자연으로 돌려서 본래의 자리로 되돌아가 마땅히 어떻게 해야 할대로 그렇게 하라고 합니다. 만약 사심(私心)을 쓰고 개인의 작은 관념을 써서 그것을 붙들어 쥐려고 기도한다면, 결국은 붙들어 쥘수록 붙들어 쥐고 있지 못하게 됩니다.

장자의 이런 문장들 같은 것은 1~2천 년 동안의 시사가부(詩詞歌賦) 문장에서 항상 써왔던 것입니다. 하지만 옛사람들이 문장을 쓸 때는 전체적인 구절을 온전히 그대로 써버린 것은 아니었습니다. 그렇게 하면 문초공(文抄公: 남의 글 표절자, 글 도적/역주)이라고 불렸습니다. 그렇지만 '천고문장일대초(千古文章一大抄)', 모두 베낀 것입니다. 하지만 베끼는 기술도 고명해야 좋습니다. 이 단락 같은 경우 어떤 사람이 문장을 쓸 때 '장산(藏山)'이나 '소장(所藏)'이라고 단지 몇 글자만 언급하기만 하면 장자의 이 단락의 정신을 드러내게 되었습니다. 그러므로 우리가 후세의 문장 시사가부 등등을 보면 많은 좋은 것들이 모두 『장자』 속에서 나왔습니다.

곽상이 인생변화를 해석하다

다음에서 우리는 '그러나 밤중에 힘센 자가 짊어지고 가버린다는 것을 우매한 자는 모른다[然而夜半有力者負之而走, 昧者不知也]' 이 두 마디에 대한 곽상의 주해를 다시 보겠습니다.

夫無力之力, 莫大於變化者也。故乃揭天地以趨新, 負山獄以舍故。 故不暫停, 忽已涉新, 則天地萬物, 無時而不移也。世皆新矣, 而目以爲故；舟日易矣, 而視之若舊；山日更矣, 而視之若前。今交一臂而失之, 皆在冥中去矣。故向者之我, 非復今我也, 我與今俱往, 豈常守故哉！而世莫之覺, 謂今之所遇可係而在, 豈不昧哉！

'부무력지력(夫無力之力), 막대어변화자야(莫大於變化者也)', 우주천지 사이에서 가장 힘이 있는 것은 무엇일까요? 종교가들은 하느님이나 신 혹은 부처님이라고 말합니다. 중국문화는 그런 것들을 말하지 않고 그런 명칭들을 조화(造化)라고 부르는데, 물리적인 것으로서 종교적인 외피가 없습니다. 이 조화는 변화라고도 합니다. 뒷날 운명 감정가들이 운명을 감정하며 팔자를 풀어보는 것도 조화라고 불렀습니다. 나의 운명이 좋지 않다거나 조화가 좋지 않다거나 하는 것도 이것입니다. 조화는 곧 생명의 주재자라는 의미인데, 여기서는 변화이며 '무력지력(無力之力)'입니다. 보세요, 그는 힘이 없는 것 같습니다. 그러나 만물에 대하여 일체 중생에 대하여 주재하는 힘이 있습니다. '막대어변화(莫大於變化)', 이것은 바로 우주의 이 기능, 이 조화의 기능입니다.

조화라는 이 물건인 우주생명은 '게천지이추신(揭天地以趨新)',

우주사이의 만물은 날마다 모두 변화가 있습니다. 그러므로 '날마다 새로우면 날마다 새로워집니다[苟日新, 日日新]' 날마다 모두 같지 않습니다. 같지 않은 것을 새로움이라고 부릅니다. 누가 주재하고 있을까요? 바로 이 기능입니다. '부산옥이사고(負山獄以舍故)', 우주는 이 지구를 짊어진 것이라고 말할 수 있습니다. 지구는 또 날마다 돌고 있습니다. 어제는 화살처럼 지나가버렸고 영원히 끊임없이 앞으로 나아가고 끊임없이 지나갑니다. '고불잠정(故不暫停)', 일초도 멈추지 않습니다.

'홀이섭신(忽已涉新), 즉천지만물무시이불이야(則天地萬物無時而不移也)', '홀이(忽已)'는 홀연한 사이에, 자기도 모른 사이에 '섭신(涉新)', 천지만물은 언제 어디서나 새로운 변화가 있습니다. 도가는 이러한 상황을 변화라고 부르고 불가에서의 명칭은 무상(無常)이라고 합니다. 영원하지 않으며 끊임없이 변화하고 있는 것입니다. '세개신의(世皆新矣), 이목이위고(而目以爲故)', 세계는 시간과 물리세계가 언제나 앞으로 향하여 나아가며 새로워집니다. 단지 우리들의 지식이 부족하고 인식이 부족하기 때문에 '이목이위고(而目以爲故)', 눈으로 보면 오늘의 대북시는 어제의 대북시입니다. 사실은 오늘의 대북시는 이미 어제의 대북시가 아니요 내일의 대북시도 오늘의 대북시가 아닙니다. 일체는 모두 언제나 변화하고 있습니다.

'주일역의(舟日易矣), 이시지약구(而視之若舊)', 장자는 앞에서 배를 언급했는데 이 비유는 대단히 묘합니다. 곽상도 이것을 가지고 비유를 하고 있습니다. 우리들의 생명이 이 지구에서 살고 있는 것은 한척의 배를 타고 있는 것과 다름없습니다. 배는 날마다 역시 옛것으로 변화고 있지만, 볼 것 같으면 여전히 이전과 같은 모습입니다. '산일경의(山日更矣), 이시지약전(而視之若前)', 우리가 앞에 있는 저 산을 보면 날마다 그 산입니다. 당나라 사람의 시는 이렇습니다. '서로 바라보아도 둘이 싫지 않는 것은, 오직 경정산이네[相看兩不厭, 唯有敬亭山]', 사실은 오늘의 경정산(敬亭山)은 이미 어제의 경정산이 아닙니다. 산은 날마다 변하고 있습니다. '이시지약전(而視之若前)', 하지만 우리 사람들은 도를 얻지 못했고 알지 못하기 때문에 바라보면 여전히 예전의 그 산과 마찬가지입니다.

'금교일비이실지(今交一臂而失之), 개재명중거의(皆在冥中去矣)', '교일비(交一臂)'에 대해서는 앞에서 이미 해석했던 것입니다. 공자가 안회에게 교비실지(交臂失之)라고 말했습니다. 두 사람이 마주 보고 걷다가 서로 만나는 곳에서 두 사람의 팔과 어깨가 한번 스치는 것입니다. 당신은 지나오고 나는 지나가면 지나가버렸습니다. 일체의 지나간 일들은 지나가버렸습니다. 지나가버리면 영원히 되돌아오지 않습니다. 영원히 바로 과거입니다. '개재명중거의(皆在冥中去矣)', 모두 어두컴컴한 가운데 자기도 모르는 사이에 생명은 그렇게 변해 지나가버렸습니다.

'고향자지아(故向者之我), 비부금아야(非復今我也)', 그러므로 우리들은 이해해야 합니다. 우리들의 이 생명은 어제의 나가 오늘의 나가 아닙니다. 본래 신체상의 신진대사는 언제나 바뀌고 있습니다. '아여금구왕(我與今俱往), 기상수고재(豈常守故哉)!', 나의 오늘 이 생명은 오늘의 시간과 함께 일초가 지나가자 모두 지나가버렸습니다. '구왕의(俱往矣)! 기상수고재(豈常守故哉)', 어찌 영원히 여기에서 지키고 있으면서 움직이지 않을 수 있겠습니까! 불가능한 일입니다.

'이세막지각(而世莫之覺), 위금지소우가계이재(謂今之所遇可係而在), 기불매재(豈不昧哉)!', 세상 사람은 이 도리에 대하여 영원히 이해하지 못하고 꿰뚫어보지 못하고, 아무래도 오늘의 성취를 단단히 틀어쥐려 하고, 성과가 있기를 바라고 또 그 성과를 단단히 틀어쥐려고 합니다. 사실 어디 그렇게 할 수 있겠습니까! '기불매재(豈不昧哉)!', 얼마나 어리석고 어리석습니까!

이것은 곽상의 주해입니다. 천고이래로 『장자』 주해의 제일인자로서 문자가 아름다울 뿐만 아니라 『장자』보다 더 이해하기 쉽습니다. 왜냐하면 뒷시대와 조금 접근해 있기 때문입니다. '작은 것을 큰 것 안에 감추는 것이 적합하지만 여전히 달아날 수가 있다[藏小大有宜, 猶有所遯]'에 대한 곽상의 주해는 다음과 같습니다.

不知與化爲體, 而思藏之使不化, 則雖至深至固, 各得其所宜, 而無以禁其日變也, 故夫藏而有之者, 不能止其遯也, 無藏而任化者, 變不能變也。

'부지여화위체(不知與化爲體), 이사장지사불화(而思藏之使不化)', 우리들은 조화가 언제나 변화하고 있다는 것을 모르고 모든 것을 영원히 단단히 틀어쥐고 그것이 변하지 않게 하려고하기 때문에, 그래서 영원히 젊고 싶고 번 돈을 영원히 보존하고 싶어 합니다.

저의 경제사상은 다릅니다. 저는 늘 젊은 학우들에게 말합니다. 여러분들은 돈을 벌었습니까? 장사를 해서 돈을 벌어 이달에는 오십만 원을 벌었습니다. 저는 말합니다. 주머니 속에 있습니까? 은행에 있습니다. 그럼 저는 말합니다. 그것은 벌었다고 할 수 없습니다. 저는 돈이란 호주머니 속에 넣어두면 내 것이라고 할 수 없다고 봅니다. 잃어버릴지도 모르고 혹은 날치기 당할지도 모릅니다. 그래서 저는 말하기를 내가 얼마 벌어 얼마 쓰느냐가, 즉 돈을 모두 써야 비로소 내가 번 것이라고 합니다. 은행에다 예금해 놓은 것도 믿을 수 없습니다. 왜냐하면 저에게 경험이 있기 때문입니다.

제가 젊었을 때에 때마침 북벌(北伐)을 만났는데 우리 집 돈은 은행에 예금해 놓았었습니다. 북양(北洋)정부가 공격받아 무너지자 은행도 변했고 돈도 사라졌습니다. 그래서 은행도 믿을 수 없다고 말합니다. 금고[鐵櫃]도 믿을 수 없습니다. 좀도둑이 훔쳐갈 수 있기 때문입니다. 호주머니에 넣으면 날치기 당할 수 있습니다. 어쨌든 귀찮습니다. 외출해서는 또 호주머니를 더듬어서 결과적으로 날치기에게 일러줍니다. 내 여기에 돈이 있다! 이건 아주 귀찮습니다! 그래서 저의 원칙은 돈을 써버리는 것입니다. 내가 돈을 얼마나 쓰는가야말로 정말로 번 것입니다. 그거야말로 진짜 돈을 번 것입니다. 이것은 다시 말해 우리들은 그것을 사용해야한다는 것입니다. 우리는 사용할 권리가 있습니다. 만약 돈을 호주머니 속에만 넣거나 혹은 영원히 싸매놓고만 있다면 나의 사용 권리는 없어진 것이니까요! 그렇게 하는 것은 천하에 어리석은 일이라, 저는 언제나 그렇게 하지 않습니다. 그래서 저는 자신이 아주 총명하다고 생각합니다(대중이 웃다).

'즉수지심지고(則雖至深至固), 각득기소의(各得其所宜), 이무이금기일변야(而無以禁其日變也)', 그러므로 당신이 그렇게 잘 감추고 그렇게 단단히 깊게 감추어서 '각득기소의(各得其所宜)', 이번에는 잘 감추고 잘 놓아두었지만 '무이금기일변야(無以禁其日變也)', 그것의 변화를 금지할 방법은 없습니다. 그것은 영원히 변해가기 마련입니다. '고부장이유지자능지기둔야(故夫藏而有之者不能止其遯也), 무장이임화자변불능변야(無藏而任化者變不能變也)', 바로 우리들의 원칙인, 백만 원을 벌었으면 백만 원을 써야 비로소 일백만원을 번 셈입니다. 이것이 바로 '변불능변야(變不能變也)', 당신에게는 더 이상 변하게 할 방법이 없게 된 것입니다. 왜냐하면 나는 본래 비워버렸기 때문입니다. 비워버렸는데도 무슨 변화가 있겠습니까!

 장자가 말한 '그러나 만약 천하를 천하 안에 감추면 달아날 수가 없는데, 이것이 물리자연의 크나큰 도리이다[若夫藏天下於天下而不得所遯, 是恒物之大情也]'에 대한 곽상의 주해는 이렇습니다.

無所藏而都任之, 則與物無不冥, 與化無不一。故無外無內, 無死無生, 體天地而合變化, 索所遯而不得矣。此乃常存之大情, 非一曲之小意。

 '무소장이도임지(無所藏而都任之)', 본래 감출 필요가 없어서 각각 본래의 자리로 돌아가도록 맡기면, 일체를 붙들어 쥐고 감춘다고 말할 것이 없습니다. '즉여물무불명(則與物無不冥), 여화무일(與化無不一)', 그러므로 이 우주 조화와 합하여 하나가 되었습니다. '고무외무내(故無外無內), 무사무생(無死無生), 체천지이합변화(體天地而合變化), 색소둔이부득의(索所遯而不得矣)', 이것은 천지와 합하여 하나가 되어 이미 생사를 끝마쳐버렸습니다. 그렇다면 도망가고자 해도 도망갈 수 없게 되어버렸습니다. '차내상존대정(此乃常存大情), 비일곡지소의(非一曲之小意)', 곽상이 장자의 '대정(大情)'을 해석한 것인데, 바로 장생불사의 도리를 공(空)으로 돌린 것입니다. 공(空)은 죽을 수가 없습니다. 왜냐하면 공(空)은 이미 생겨나지 않았기 때문에 당연히 죽지도 않기 때문입니다. '차내상존지대정(此乃常存之大情)', 이런 것을 영원히 살면서 태어나지도 않고 죽지도 않는다[不生不死]한다 합니다. '비일곡지소의(非一曲之小意)', 이 도리는 너무나 깊어서 당신의 그 약간의 굴곡진 견해로 이해할 수 있는 것이 아닙니다. 당신이 총명하여 이 도리를 알았다고 스스로 인정하지만 사실은 이해하기 쉽지 않습니다. 이 도리는 바로 공(空)에 감춘다는 것입니다. 공은 감출 곳이 없기 때문에 태어남도 없고 죽음도 없습니다.

이제 『장자』 본문으로 되돌아가서 보겠습니다.

도를 닦고 도를 전하고

그저 사람의 형체를 얻어 수고롭게 살아가고 있으면서도 오히려 그것을 기뻐한다. 그러나 사람의 형체 따위는 만물의 온갖 변화 가운데 하나이지만 그 생명의 근본인 도는 무궁무진하게 변화하며 일찍이 그 종점이 없었다. (만약 진정한 생명은 이 신체가 아니라는 것을 알게 되면 도를 얻을 것이니) 그 즐거움을 어찌 다 헤아릴 수 있겠는가! 그러므로 도를 얻은 성인은 만물이 달아나지 못하는 곳에서 유희하며 만물의 변화와 병존한다.

特犯人之形而猶喜之。若人之形者，萬化而未始有極也，其爲樂可勝計邪！故聖人將遊於物之所不得遯而皆存。

이 부분은 하나의 큰 문제로서 바로 도가사상입니다. 우리 사람들에게 가장 기쁜 것은 이 생명이 있는 것입니다. 이른바 생명이란 바로 이 육체가 있는 것인데, 이것은 사람들의 잘못된 인식입니다. 생명은 육체가 아닙니다. 육체는 단지 하나의 기계일 뿐으로, 생명이 그것을 통하여 한번 사용하는 것입니다. 도는 진정한 생명입니다. 이것은 전등이나 다름없습니다. 진정한 생명인 이 도를 알지 못하고 이른바 '그저 사람의 형체를 얻어 수고롭게 살아가고 있으면서도[犯人之形]', 우리들이 잘못을 범하여 사람의 형체를 하나 얻고는 결과적으로 죽도록 바빠서 하루 종일 내내 그것을 위해 바쁩니다. '오히려 그것을 기뻐한다[而猶喜之]', 그런데도 이 신체에 대하여 대단히 보호하고 기뻐하고 사랑합니다.

'그러나 사람의 형체 따위는 만물의 온갖 변화 가운데 하나이지만 그 생명의 근본인 도는 무궁무진하게 변화하며 일찍이 그 종점이 없었다[若人之形者, 萬化而未始有極也]', 사실 인체와 같은 이런 한 개의 생명은 우주조화 속에서의 천변만화[萬化]이며, 천만억 변화 가운데 하나일 뿐이지 그리 귀할만한 것이 없습니다. 사람의 예쁨은 장미꽃만 못하고 향기는 난초꽃만 못하며 어리석음은 돼지만도 못하며 총명함은 또 원숭이만도 못합니다. 한 가지도 취할 바가 없습니다. 이 신체는 뭐 대단할 게 없습니다. 원숭이·돼지·꽃·새 등등은 모두 천변만화속의 한 가지입니다. 그러나 이 생명의 근본인, 우주의 그 도는 생생불이(生生不已)하여 만유는 무궁무진하게 변화하며 영원히 변화가 끝나지 않습니다. 그러나 우리들은 사람의 이 형체를 그렇게도 단단히 보고 영원히 불변하기를 바랍니다. 우리가 만약 이 진정한 생명을 인식하여 진정한 생명은 이 신체가 아니라는 것을 알게 되면 정말로 도를 얻을 것입니다. '그 즐거움을 어찌 다 헤아릴 수 있겠는가[其爲樂可勝計邪]!', 그 즐거움은 헤아릴 길이 없습니다.

'그러므로 도를 얻은 성인은 만물이 달아나지 못하는 곳에서 유희하며 만물의 변화와 병존한다[故聖人將遊於物之所不得遯而皆存]', 그러므로 진정으로 도를 얻은 사람은 꼭 이 육체를 인정하려하는 것은 아닙니다. 그는 생명의 그 진제(眞諦)를 얻고자 합니다. 진제를 얻으면 '유어물지소부득둔이개존(遊於物之所不得遯而皆存)', 그는 천변만화와 병존합니다. 그렇게 하면 도망가지 못하고 영원히 존재합니다. 이것도 바로 도를 얻은 것입니다. 곽상의 주해를 다시 보겠습니다.

夫聖人遊於變化之途, 放於日新之流。萬物萬化亦與之萬化, 化者無極亦與之無極, 誰得遯之哉! 夫於生爲亡, 而於死爲存, 於死爲存, 則何時而非存哉?

'부성인유어변화지도(夫聖人遊於變化之途)', 도를 얻은 사람은 인간세계에 유희합니다. 변화라는 이 길에서 유희하는데 이 변화란 바로 조화입니다! '방어일신류(放於日新之流)', 그 자연스러움에 맡깁니다[任其自然]. 하루하루 오직 내일이 있을 뿐 오늘은 상관하지 않습니다. 이 생명은 영원히 만고토록 언제나 새롭습니다[萬古常新]. '만물만화(萬物萬化), 역여지만화(亦與之萬化), 화자무극(化者無極), 역여지무극(亦與之無極), 수득둔지재(誰得遯之哉)!', 그러므로 천지자연의 법칙인 도의 자연스런 변화에 따라서 변화하지, 억지로 하지 않고 거부하지 않습니다. 일체의 지나간 것은 되찾으려고 하지 않고 미래의 것도 거부하지 않습니다. 자연히 오고 자연히 갑니다. 저 자연은 달아나 숨을 곳이 없습니다. 이것이 바로 도입니다.

'부어생위망(夫於生爲亡), 이어사위존(而於死爲存), 어사위존(於死爲存), 즉하시이비존재(則何時而非存哉)!', 그러므로 도를 얻은 사람은 우리들의 이 현재의 생명을 가련한 것으로 보며 실패한 것으로 봅니다. 그러므로 장자가 이 단락에서 말하는 '범인지형(犯人之形)'이란 죄를 범하였기에 비로소 이 사람의 형체가 있는 것입니다. '어생위망(於生爲亡)', 삶[生]은 곧 사망을 향하여 걸어가고 있습니다. '어사위존(於死爲存)', 그 사망은 오히려 존재입니다. 그 죽음의 존재를 인식했다면 '즉하시이비존재(則何時而非存哉)!', 그러므로 우리들은 영원히 장생(長生)합니다. 물론 그는 사람들더러 자살하라고 격려하는 것은 아닙니다. 이것은 보통의 죽음이 아닙니다. 이것은 이 생사를 끝마쳐버린 것으로 도를 얻은 사람입니다. 다음에서 『장자』의 본문으로 돌아가겠습니다.

도를 얻은 사람은 수명이 짧아도 좋고 길어도 좋다. 어떻게 태어나도 좋고 어떻게 죽어도 좋다. 사람들은 오히려 그를 본받아야 하거늘, 하물며 만물이 의지하는 곳이요 만물의 변화가 나오는 곳인 도(道)를 본받아야 함은 더 말할 나위가 있겠는가!

善妖善老, 善始善終, 人猶效之, 而況萬物之所係, 而一化之所待乎!

그러므로 도를 얻은 사람이라야 비로소 자기의 생명을 이해할 줄 압니다. 이 책에서의 '선요(善妖)'는 요괴의 '妖'자를 썼는데 옛 책에서는 계집녀변이 없는 '夭'자입니다. 요(夭)는 바로 단명입니다. 도를 얻은 사람은 수명이 길든 적든, 어떻게 태어나고 어떻게 죽든 모두 상관없다는 것을 말합니다. 이는 천지자연의 이치로서 아침저녁의 변화와 다름없습니다. '사람들은 오히려 그를 본받아야 하거늘[人猶效之]', 그러므로 사람은 본받아야 합니다. 그럼 도를 얻은 이런 사람은 '하물며 만물이 의지하는 곳이요[又況萬物之所係]', 이것은 바로 도의 체로서 형이상 도의 근본입니다. 만물은 모두 이 하나의 도를 의지하고, 이 기능에 의지하여 변화되어 나옵니다. '만물의 변화가 나오는 곳인 도(道)를 본받아야 함은 더 말할 나위가 있겠는가[而一化之所待乎]!', 만물의 온갖 변화는 바로 '일

화(一化)', 최후의 기능은 한 개일 뿐입니다. 이 하나가 바로 도입
니다. 다시 말하면 본체는 오직 하나가 있을 뿐입니다. 그럼 이 도
는 어떻게 닦아야할까요? 이어서 그는 말합니다.

도는 그 경지가 있고 징후가 있지만, 작위(作爲)가 없고 형체가 없다.
전할 수는 있어도 받을 수는 없고, 얻을 수는 있어도 볼 수는 없다. 도
스스로는 본래 그 스스로에게 뿌리를 두고, 천지가 있지 아니한 태고
적부터 본디 존재하였다. 도는 귀신에게 신령(神靈)을 부여하고 상제
(上帝)에게 신성(神聖)을 부여하였으며, 하늘을 낳았고 땅을 낳았다.

夫道, 有情有信, 無爲無形 ; 可傳而不可受, 可得而不可見 ; 自
本自根, 未有天地, 自古以固存 ; 神鬼神帝, 生天生地。

　'도는 그 경지가 있고 징후가 있지만, 작위(作爲)가 없고 형체가
없다[夫道有情有信, 無爲無形]', 이 도를 말해본다면 번거롭습니다.
그래서 다들 도를 전해줄 밝은 스승을 찾고자 하지만 찾지 못합니
다! 그런데 장자는 지금 도를 전했습니다. 그는 말하기를 도는 '유
정(有情)'이라고 말합니다. 이 '정(情)'은 감정의 '정'이 아니라 경계
가 있다는 '정'입니다. '유신(有信)', 징후가 있습니다. 그의 경계가
있어서, 한걸음의 공부를 하고 한걸음을 이해하면 곧 한걸음의 상
징이 나타납니다. 그러나 '무위(無爲)', 당신이 공부(工夫)를 해보면
할수록 도와는 멀어집니다. 심경(心境)이 청정할수록 공령(空靈)할
수록 무위에 그만큼 접근합니다. 비록 무위이지만 또 '무형(無形)'
입니다. 만약 무위 무형이 공한 것이라고 말한다면 볼 수 없습니
다. 그렇지만 당신이 정말로 심성수양이 볼 수 없는 데까지 도달할
수 있다면, 여보세요! 공(空)에는 공(空)의 한걸음 한걸음의 경계가

있고 한걸음 한걸음의 징후가 있으며 한걸음 한걸음의 공부가 있습니다. 이 공부에 관하여는 장자가 앞에서 심재(心齋)를 말할 때 이미 말했습니다.

공자도 누설한 적이 있는데, 공자는 원칙만을 말했을 뿐으로, 독서의 공부를 말했던 것입니다. 공자는 말했습니다. '열다섯 살에 배움에 뜻을 두었고, 서른 살에는 내 인생의 길이 섰다[五十有五而志於學, 三十而立]', 우리가 어렸을 때 말하기를 공자는 두 다리가 그리 편하지 못해서 삼십 세에야 비로소 일어설 수 있다고 했습니다. '삼십이립(三十而立)'은 서른 살에야 비로소 이 도를 확정하고 징험과 신념[徵信]이 비로소 왔다는 것을 말합니다. 하지만 열다섯 살부터 학문을 추구하여, 서른 살에 이 신념을 세우고, 다시 십년 동안의 공부를 더해 '마흔 살에는 그 길을 의심하지 않게 되었고[四十而不惑]', 의심하지 않게 되었습니다. 사십 이전에는 아직도 흔들리고 있었습니다. 다시 십년을 더해 '쉰 살에는 우주만물의 근원인 천명을 알게 되었고[五十而知天命]', 비로소 소식이 좀 있었습니다. '예순 살에는 무슨 이야기를 들어도 마음이 평온하였으며[六十而耳順]', 어떤 사람의 귀가 순하지 않을까요? 귀가 모두 순합니다. 한편으론 들어오고 한편으론 나갑니다. '이(耳)'자는 고문에서 어미 조사로 쓰는데 바로 어조사의 의(矣)나 파(吧)에 해당합니다. '육십이이순(六十而耳順)', 시비선악이 합하여 하나가 되었습니다. 다시 십년 동안의 공부를 더해 '일흔 살에는 마음이 하고자 하는 대로 따라도 법도를 넘어서지 않게 되었다[七十而從心所欲, 不踰距]', 그는 비로소 도를 말할 수 있게 되었습니다.

그런데 맹자는 '마흔 살 이후부터는 더 이상 마음이 동요되지 않았다[四十而不動心]'고 말했습니다. 역시 공자가 말한 '사십이불혹(四十而不惑)'과 거의 마찬가지입니다. 그러나 맹자가 도를 전하고 공부하는 것을 말하면서 '우리 사람에게 본래 갖추어져 있는 호연지기(浩然之氣)를 잘 기르는 것이다[養吾浩然之氣]'라고 말했는데 어떻게 넓혀[浩]갈까요? 이에 대해 그는 또 말하지 않고 또 말하기를 '하늘과 땅 사이에 충만하다[充塞於天地之間]'라고 했는데 어떻게 가득 채울까요? 원자탄을 하나 떨어트려도 천지사이를 채울 정도는 되지못합니다. 그러나 맹자의 진정한 공부수양은 『맹자』진심편(盡心篇)에 있습니다. 여러분들은 돌아가서 읽어보기 바랍니다. 그는 몇 단계의 공부를 모두 당신에게 완전히 말해주었습니다. 그는 말했습니다. '가욕지위선(可欲之謂善)', 예컨대 우리들 이 자리에 계신 많은 분들은 도를 배우고 부처님을 배우는 사람이요 저마다 종교를 믿는 사람들인데 애를 써서 이리저리 절을 찾아다니기를 좋아하며 가는 곳마다 선생님을 찾는데, 이것은 당신이 착한 사람이라고 말할 수 있을 뿐입니다. 당신이 도에 대하여 조금이라도 추구하고 싶음이 있다면, 이것을 선(善)이라고 부릅니다. 그러나 당신은 아직 도를 보지 못했습니다. '유저기지위신(有諸己之謂信)', 바로 『장자』에서 말하는 '도는 그 경지가 있고 징후가 있다[有情有信]'인데, 도가 몸에 도달하여서 소식이 있는 것입니다. 몸에 도달한 것으로는 아직 안 되고 몸과 마음에 충실해져야합니다. '충실지위선(充實之謂美)', 그건 바로 맹자가 기의 배양[養氣]을 말한 것인 '수면앙배(睟面盎背)'로서, 그것이 충실한 아름다움입니다. 한 걸음 더 나아가 '충실이유광휘지위대(充實而有光輝之謂大), 대이화지지위성(大而化之之謂聖), 성이불가지위신(聖而不可知謂神)', 이것을 가지고 '도는 그 경지가 있고 징후가 있지만, 작위(作爲)가 없고 형체가 없다[夫道有情有信, 無爲無形]'를 주해한 것입니다. 그러나 모두 진보 징후의 도리가 있습니다. 사실 이 몇 가(家)의 도리는 모두 마찬가지이며, 각각의 설이 다를 뿐입니다.

'전할 수는 있어도 받을 수는 없고, 얻을 수는 있어도 볼 수는 없다[可傳而不可受, 可得而不可見]', 이 두 마디 말은 번거롭습니다. 도를 전해주는 밝은 스승을 찾아보았자 소용없다고 말하는 듯합니다. '가전이불가수(可傳而不可受)', 이것은 묘합니다. 전해줄 수 있는 바에야 왜 받을 수 없을까요? 절대 장자의 문자에 혼미해지지 마십시오. 도는 당연히 전할 수 있습니다! 대대로 서로 전승되어 온 일이 있습니다. 그러나 도를 얻었다는 관념을 하나 가져서는 안 됩니다. 도라는 관념이 있게 되면 이미 틀렸습니다. 이른바 '불가수'라는 이유는 스승이 나에게 도를 하나 전해주었다는 이 한 생각이 있으면 이미 무위의 관념에 어긋나고 무형의 관념에 어긋나버립니다. 그래서 '전할 수는 있어도 받을 수는 없다'라고 합니다. 무엇이 또 '얻을 수는 있어도 볼 수는 없다'일까요? 도를 얻고 나면 무형무위이니까 당연히 볼 수 없습니다.

그래서 옛사람이 말하기를 어떤 사람이 '엄연유도지사(儼然有道之士)'이다 말했는데 정말 대단히 잘 형용한 것입니다. 여기서의 '엄연(儼然)'이란 불가의 여여부동(如如不動)의 '여(如)'에 해당합니다. 불학에서 여래(如來)라고 번역한 것은 대단히 고명합니다. 마치 온 것 같지만 오지 않았다는 것입니다. 여거(如去)라고 번역할 수도 있지만 그렇게 하면 의미가 없습니다. 재미가 없습니다. 일반적으로 '여거'를 사용하지 않고 '여래'를 사용하는데 그 맛이 무궁합니다. 오면서도 오지 않고, 가면서도 가지 않는다는 그런 도리입니다. 이른바 '엄연유도지사(儼然有道之士)'란 도가 있는 것처럼 보이지만 그러나 도는 형상(形象)에 있지 않다는 것입니다. 그러므로 '엄연(儼然)' 이 두 글자를 사용한 것은 고명합니다. 때로는 옛사람들이 정말 총명하다고 생각됩니다. 우리는 옛사람만큼 총명하지 않습니다. 그렇다면 장자는 이 도를 왜 '전할 수는 있어도 받을 수는 없고, 얻을 수는 있어도 볼 수는 없다'라고 말할까요?

　왜냐하면 '도 스스로는 본래 그 스스로에게 뿌리를 두고, 천지가 있지 아니한 태고 적부터 본디 존재하였기[自本自根, 未有天地, 自古以固存]' 때문입니다. 당신에게 분명이 일러줍니다. 도는 선생님한테 있는 것이 아니요 보살한테도 있는 것이 아니라, 당신 자신한테, 자기가 본래 가지고 있는 뿌리에 있다는 것입니다. 이른바 밝은 스승이 도를 전해준다는 것은 그의 경험을 당신에게 일러줄 뿐입니다! 당신은 그의 경험을 가지고 그대로 해보고 당신이 얻은 도는 당신 자신에게 본래 있었던 것이지 그가 당신에게 준 것이 아닙니다. 이것은 현금이 아닙니다. 현금은 써 버릴 수 있습니다. 도를 얻으면 잃어버릴 수 없습니다. '도 스스로 본래 그 스스로에게 뿌리를 둔[自本自根]' 이 도는 천지만유가 있기 이전에 있었으며 영원히 길이길이 존재합니다. '자고이고존(自古以固存)', 이것이야말로 실존주의 철학입니다. 영원히 존재하는 것으로, 천지가 있기 이전에 이미 존재했고, 천지우주가 파괴소멸한 뒤에도 여전히 존재합니다. 왜냐하면 그것은 스스로 본래 그 스스로에게 뿌리를 두고 본디 존재하였기[自本自根固存] 때문입니다.

　'도는 귀신에게 신령을 부여하고 상제에게 신성을 부여하였으며, 하늘을 낳고 땅을 낳았다[神鬼神帝, 生天生地]', '귀(鬼)'는 찾아와서 사람을 홀릴 수 있는데, '귀'는 무엇에 의지하여 사람을 홀릴까요? 바로 이 한 점의 영명한 광명[靈光]에 의지하여서입니다. 도의 영명(靈明)한 광명이 변한 것입니다. 여기서의 '신(神)'자는 형용사이지 명사가 아닙니다. '신귀(神鬼)'는 바로 귀가 한 점의 영명한 광명을 얻어 영(靈)으로 변하고 영귀(靈鬼)로 변한 것입니다. 그렇지 않다면 멍청한 귀[笨鬼]입니다. 도를 얻지 못한 귀가 멍청한 귀입니다. '신제(神帝)'인 이 하느님[上帝]은 도를 얻었기에 비로소 하느님이 될 수 있습니다. 그렇지 않다면 하제(下帝)가 될 것입니다. 그에게는 반드시 이 도가 있어야 합니다. 그러므로 이 도는 '하늘을 낳았고 땅을 낳았습니다.'

도는 우주가 맨 처음 생겨난 극점인 태극(太極)보다 위에 있어도 높지 않고, 유형의 우주인 육극(六極)보다 아래 있어도 깊지 않다. 천지보다 먼저 생겼으나 오랜 것이 아니며, 상고(上古)보다 오래 되었으나 늙은 것이 아니다.

在太極之先而不爲高, 在六極之下而不爲深, 先天地生而不爲久, 長於上古而不爲老。

이 말은 노자 관념의 발휘입니다. 노자는 도덕을 말한 적이 있는데 이른바 '황홀한 빛이여, 그 가운데 어떤 것이 있네[恍兮, 惚兮, 有中有物]'는 바로 이 도리입니다. '태극(太極)'은 상고 시대의 명칭입니다. 우리가 『장자』를 읽고 다시 공자의 저작인 『역경계사』를 보면 '태극'이란 명칭을 볼 수 있는데, 공자가 창작한 것도 아니요 장자가 창작한 것도 아닙니다. 상고 시대에 이런 명사를 하나 남겼습니다. 이것은 우주가 맨 처음 생겨난 그 극점을 대표합니다. 그런 하나의 어떤 것이 있었는데 그것을 태극이라고 부릅니다. '무극(無極)'은 어떨까요? 우리 중국문화에서 뒷날 사람들이 지은 명칭인데, 태극 위에 또 무극이란 것을 하나 더했습니다. 열자(列子)는 노자의 손제자입니다. 그의 『열자』란 책에는 태역(太易)·태초(太初)·태시(太始)·태소(太素)가 있는데, 이 네 가지 명사를 함께 창조하였습니다. 원래 이 태극은 최초의 어떤 것을 말합니다. 그러므로 이 도를 태극이라고 부릅니다. 오늘날 물리에서 말하는 운동에너지에 해당하는데, 최초 움직임의 그 한번입니다.

　'도는 우주가 맨처음 생겨난 극점인 태극(太極)보다 위에 있어도 높지 않고[在太極之先而不爲高]', 그 자신이 자기가 높다고 여기지 않습니다. '유형의 우주인 육극(六極)보다 아래 있어도 깊지 않다[六極之下而不爲深]', '육극(六極)은 바로 육합(六合)입니다. 공간인 동서남북상하(東西南北上下)를 가리킵니다. 중국은 과거에 우주에 대하여 육합이란 명칭으로만 형용했는데, 진나라 한나라 이후에 두 개의 방향을 더하여 팔방(八方)이 되었습니다. 이른바 '사면팔방에서 비바람이 중원지역에 불어모이네[八方風雨會中州]'는 강유위(康有爲)의 유명한 대련입니다. 불학이 중국에 들어오게 되자 또 더해서 시방세계(十方世界)가 되었습니다. 이른바 십방이란 동서남북에다 네 개의 모퉁이를 더하고 그 위에 상하를 더해서 바로 십방입니다. 그러므로 장자는 말하기를 '육극지하이불위심(六極之下而不爲深), 이 유형의 우주 아래 있더라도 깊지 않다고 합니다. '천지보다 먼저 생겼으나 오랜 것이 아니며[先天地生而不爲久]', 천지가 아직 있기 이전에 도는 이미 영원히 길이길이 존재했었습니다. '상고(上古)보다 오래 되었으나 늙은 것이 아니다[長於上古而不老]', 이 '상고(上古)'는 무시이래(無始以來)로서, 대단히 대단히 오래된 것입니다. 그러나 도는 늙었다고 할 것이 없습니다. 이 네 구절은 도가 높고 깊고 오래된 것을 형용합니다. 대종사 편 의 이 단락은 훌륭한 결론 부분에 거의 도달했습니다.

도가 있던 옛사람의 성취

상고 시대의 희위씨(狶韋氏)는 이를 얻었기에 천지사이를 종횡으로 날아다닐 수 있었으며,

狶韋氏得之, 以挈天地。

　이것은 중국 상고사를 얘기합니다. '희위씨(狶韋氏)'는 인황(人皇)이었는데, 중국 원고사(遠古史)를 연구해야 조금 이해할 것입니다. 하지만 오늘날 역사학자들은 이 부분을 빼 버렸습니다. 우리 같은 경우 어렸을 때 글공부하면서 구식 관념에서 중화민족의 문화는 이미 수백만 년 이상이 되었다고 알았습니다. 천황(天皇)·지황(地皇)·인황(人皇) 이후에야 복희(伏羲)가 나타나 팔괘를 그렸고, 그 이전에는 문자가 없었습니다. 그런 사람들은 모두 도가 있는 사람이었습니다. 그때 우리들의 세계는 천인들과 왕래하고 하늘과 오고갔으며, 태양과 달이 우리들의 전등으로서 문 앞에 걸려 있었습니다. 뒷날 사람들이 갈수록 나빠져서 땅과 하늘이 나누어져 갈수록 멀어졌습니다. 그래서 지금은 우주선을 이용해 천천히 다시 돌아갈 수밖에 없습니다. 그때에는 사람들이 다 날아다닐 수 있었는데, 이것은 부처님의 말씀과 같았습니다. 우리 인간들은 어디로부터 왔을까요? 원숭이가 변한 것이 아닙니다. 천상세계에서 내려온 것입니다. 몸에는 빛이 있고 이리저리 날아다녔습니다. 우리들의 옛 조상들은 지구로 내려왔고 뒷날 지미(地味), 즉 소금을 먹고는 뼈가 무거워져 날아오르지 못하게 되어서 이 지구에 머무를 수밖에 없었습니다. 서서히 사과를 먹고 난 뒤에도 또 병폐가 나타났

습니다. 동서양 문화의 설도 거의 차이가 나지 않습니다.

중국의 옛 이야기들은 얘기하자면 아주 멀고 아주 멉니다. 오늘날은 다들 그런 것을 신화라고 보는데 도대체 신화일까요 아닐까요? 그것도 하나의 문제입니다. 우리가 앞서 얘기했듯이 미국의 학우는 애를 써서 『산해경』을 찾고 있습니다. 왜냐하면 미국인도 연구해내기를 우임금이 치수할 때 미국에 가 본적이 있고, 오늘날은 그 증거가 있는 일로 되었기 때문입니다. 전설이 어수선하게 많은 것은 어찌 송나라 당나라에만 그치겠습니까? 우리들은 이미 어떤 사람이 미국에 가본 적이 있었습니다. 하지만 그런 지방을 우리는 황량하여서 중국 산천의 수려함만 못하다고 보았습니다. 희위씨는 도가 있었기 때문에 비로소 천지사이를 종횡할 수 있었습니다. 그래서 그를 인황이라고 불렀습니다.

복희씨(伏戲氏)는 이를 얻었기에 원기(元氣)의 근원에 합하여 장생불사할 수 있었다.

伏戲氏得之, 以襲氣母。

'복희씨(伏戲氏)는 이를 얻었기에[伏戲氏得之]', 복희(伏戲: 伏羲) 황제가 나왔을 때 이르러 문자가 없어서 팔괘를 그리기 시작했습니다. 복희는 도를 얻은 사람이었습니다. 도는 무형무상(無形無相)의 것으로, 공부 방법은 저마다 다릅니다. 복희는 도를 얻은 뒤에 '원기(元氣)의 근원에 합하여 장생불사할 수 있었다[以襲氣母]', '습(襲)'은 합하다는 뜻입니다. '기모(氣母)'는 원기(元氣)의 모(母)입니다. 복희는 기를 수련하여 성공해서 장생불사에 도달했습니다.

북두칠성은 이를 얻었기에 천체의 지휘에 영원히 어그러질 수 없고,

維斗得之, 終古不忒。

　'유두(維斗)'는 하늘의 북두칠성입니다. 북두칠성이 도를 얻었기 때문에 천체를 지휘합니다. 우리들의 이 천체는 밤에 성상(星象: 별을 통틀어 이르는 말, 별자리의 모양/역주)을 관찰함에 있어서 북두칠성을 기준으로 삼습니다. 북두에는 일곱 개의 별이 있는데 실제로는 일곱 개에 그치지 않습니다. 일곱 개가 중추(中樞)로서, 그것들을 연결하여 한 선으로 그리면 국을 뜨는 국자 모양 같아서 고대에 '두(斗)'라고 불렀습니다. 고대에 옷을 다리는 인두 모양 같기도 합니다. 오늘날은 전기다리미인데 고대의 인두는 하나의 합(盒)으로, 앞부분에는 입이 있고 윗부분에는 손잡이가 있습니다. 그 안에서 숯불이 이글이글 타오르는 바로 그런 두(斗)입니다. 북두칠성은 뒷면에 네 개의 별이 있고 앞면에 세 개의 별이 있습니다. 앞 끝 쪽에 또 두 개의 빛나는 별이 있는데 하나는 요광성(搖光星)이라고 합니다. 후인들은 이를 초요성(招搖星)이라고도 불렀는데 마치 눈처럼 빛납니다. 그러므로 우리들이 오늘날 말하는, 이 사람은 '초요당편(招搖撞騙: 남의 눈을 끌어 속임수를 쓰다. 남의 명의를 사칭하여 과시하며 공공연히 사기를 치다. 허장성세로 협잡질 하다/역주)'에서의 바로 이 '초요'라는 두 글자입니다. 춘하추동에 북두의 두병(斗柄: 북두칠성을 국자 모양으로 보고 그 손잡이가 되는 세 개의 별/역주)이 가리키는 지구상의 방위는 다릅니다. 봄에는 동방을 가리키고 여름에는 남방을 가리킵니다. 가을에는 서쪽으로 가고 겨울에는 북쪽으로 갑니다. 우리가 어렸을 때 배운 천문학은, 여름밤에는 책도 읽지 않고 더위를 피하여 바람을 쐴 수 있었습니다. 서늘한 평상에 누워

큰 부채를 하나 쥐고 모기를 쫓으면서 한편으로는 하늘의 별들을 바라보았습니다. 누워서 견우와 직녀성을 바라보았는데 바로 그런 경계에서 이런 작은 천문들을 배워 알게 되었습니다.

해와 달은 이를 얻었기에 그 운행을 그치지 않을 수 있다. 한 움큼의 진흙은 이를 얻었기에 서서히 쌓여 곤륜산이 될 수 있었고. 수신(水神)인 풍이(馮夷)는 이를 얻었기에 황하에서 헤엄칠 수 있었다. 견오(肩吾)는 이를 얻었기에 높은 산에 살면서 영원히 죽지 않을 수 있었고, 황제(黃帝)는 이를 얻었기에 용을 타고 구름이 나부끼는 하늘에 올라 신선이 될 수 있었다.

日月得之, 終古不息 ; 勘坏得之, 以襲崑崙 ; 馮夷得之, 以游大川 ; 肩吾得之, 以處大山 ; 黃帝得之, 以登雲天。

'해와 달은 이를 얻었기에 그 운행을 그치지 않을 수 있다[日月得之, 終古不息]', 태양과 달은 도를 얻었기 때문에 그 기능이 있습니다. 그러므로 영원히 천체에 걸려 있습니다. '한 움큼의 진흙은 이를 얻었기에 서서히 쌓여 곤륜산이 될 수 있었고[勘坏得之, 以襲崑崙]', '감배(勘坏)'는 작고 작은 한 덩이 진흙입니다. 바로 한 움큼 정도입니다. 감배는 바로 한 움큼입니다. 한 움큼 정도의 진흙이 도를 얻었기에 서서히 누적해가서 곤륜의 높은 산으로 변했는데, 후인들은 이를 사람 얼굴에 짐승의 몸을 한 곤륜의 신이라고 불렀습니다. '수신인 풍이(馮夷)는 이를 얻었기에 황하에서 헤엄칠 수 있었다[馮夷得之, 以游大川]', 중국 신화속의 '풍이(馮夷)'는 바로 수신(水神)입니다. 태평양이나 대서양, 천하의 물은 모두 풍이의 관할에 소속됩니다. 풍이가 도를 얻었기에 대천을 헤엄칠 수 있습니다. 그는 물위의 신선으로서 바다의 용왕도 그의 관할에 소속됩니다. '견오(肩吾)는 이를 얻었기에 높은 산에 살면서 영원히 죽지 않을 수 있었고[肩吾得之, 以處大山]', '견오(肩吾)'는 도를 얻었기에 높은 산에서 살고 있으면서 영원히 죽지 않습니다.

상고 역사로부터 쭉 내려와 우리들의 조상인 황제까지 이르렀습니다. '황제(黃帝)는 이를 얻었기에 용을 타고 구름이 나부끼는 하늘에 올라 신선이 될 수 있었다[黃帝得之, 以登雲天]', 그래서 중국의 옛 역사에서는 말하기를 황제는 도를 얻은 사람으로 도를 얻은 뒤에야 비로소 '정호룡거(鼎湖龍去)'했다고 했습니다. 이른바 '정호(鼎湖)'란 바로 안휘성의 황산(黃山)의 위쪽입니다. 황제는 최후에 도를 얻고서 황제 노릇을 하지 않고 하늘로 올라가고자 하니 하늘에서 용이 한 마리 날아 내려왔습니다. 그는 용의 등을 타고 낮에 하늘로 날아올라갔습니다. 당시에 한 무리의 재상 대신들은 용의 꼬리와 대가리를 얼른 붙잡고 역시 함께 올라갔습니다. 일부 지혜가 낮은, 계급이 좀 낮은 사람들은 용의 수염을 붙잡았습니다. 결과적으로 수염이 끊어지는 바람에 떨어져 세상에 머무르고 모두 신선으로 변해 영원히 죽지 않았습니다. 이게 바로 반룡부봉(攀龍附鳳)입니다. 그래서 뒷날 사람들은 말하기를 어떤 사람이 사업을 하면 가서 그를 치켜세우거나 혹은 권세와 부귀에 아부하는 것을 모두 반룡부봉이라고 일컬은 것도 이 전고에서 나온 것입니다.

전욱(顓頊)은 이를 얻었기에 현궁(玄宮)에 들어갈 수 있었으며, 우강(禺强)은 이를 얻었기에 북극의 깊은 바다를 관장할 수 있었다. 서왕모(西王母)는 이를 얻었기에 곤륜산 위의 소광천(少廣天)에 앉아 있을 수 있었다.

顓頊得之, 以處玄宮 ; 禺強得之, 立乎北極 ; 西王母得之, 坐乎
少廣。

'전욱(顓頊)은 이를 얻었기에 현궁(玄宮)에 들어갈 수 있었으며
[顓頊得之, 以處玄宮]', '전욱(顓頊)'은 상고 시대에 도를 얻은 제왕
입니다. 이 제왕은 죽은 뒤에 '현궁(玄宮)'이란 곳에 있습니다. '우
강(禺強)은 이를 얻었기에 북극의 깊은 바다를 관장할 수 있었다
[禺強得之, 立乎北極]', '우강'은 북해의 신입니다. 신화 속에서는
그가 북극의 깊은 바다를 관장하는 신이라고 합니다. 이것은 중국
인이라고 전해오므로 북극의 주권은 마땅히 우리 중국인에게 속해
야 합니다. 장래에 여러분들이 북극 탐험할 때 그를 좀 찾아가 우
리들의 한 조상이 그곳에서 일을 관리하고 있는지를 살펴보기 바
랍니다. '서왕모(西王母)는 이를 얻었기에 곤륜산 위의 소광천(少廣
天)에 앉아 있을 수 있었다[西王母得之, 坐乎少廣]', '소광(少廣)'은
하늘의 명칭입니다. 불경의 삼계천인(三界天人: 삼계천인에 대해서는
'생과 사 그 비밀을 말한다' 부록 2를 참조하기 바람/역주)에도 이런 명칭
이 있습니다. '서왕모(西王母)'는 여자입니다. 전해오는 바에 의하
면 옥황대제(玉皇大帝)의 모친입니다. 바로 하느님의 어머니입니
다. 서왕모는 영원히 스물 몇 살의 모습으로, 그녀는 곤륜산 위의
소광천에 있습니다. 그의 남편은 동방의 동왕공(東王公)인데 9년마
다 한번 씩 만나봅니다.

이 두 사람은 모두 도를 얻었습니다. 낳은 자식이 바로 옥황대제
인데 중앙의 주재자입니다. 이것은 우리 중국의 신화입니다. 우리
가 비교종교학을 연구해서 각지의 신화를 수집해본다면 이 천상세
계는 대단히 시끌벅적하다는 것을 발견합니다. 서양인에게는 서양
인의 구역이 있고 우리에게는 우리의 구역이 있습니다. 왜냐하면

이런 사람들은 모두 도를 얻었기에 때문에 신이 될 수 있었습니다.

상고 시대 전설속의 그들이 얼마나 오래 살았는지 그 태어남도 알 수 없고 그 죽음도 알 수가 없다. 그런데 가까운 역사속의 인물들로서, 팽조(彭祖)는 이를 얻었기에 위로는 순(舜)임금 시대부터 아래로는 춘추 오패[五伯] 시대까지 살았다. 부열(傅說)은 이를 얻어 무정(武丁)의 재상이 되어 천하를 일통(一統)하고 물러난 뒤 하늘에 올라가 동유(東維)의 별을 타고 기미(箕尾)의 별을 걸터탄 채 여러 별들과 나란히 있게 되었다.

莫知其始, 莫知其終。彭祖得之, 上及有虞, 下及及五伯;傅說得之, 以相武丁, 奄有天下, 乘東維、騎箕尾, 而比於列星。

　'상고 시대 전설속의 그들이 얼마나 오래 살았는지 그 태어남도 알 수 없고 그 죽음도 알 수가 없다[莫知其始, 莫知其終]', 상고 시대로부터 전해오는 설로서, 우리들의 이 한 무리의 조상들은 확실히 도를 얻었습니다. 그들이 얼마동안 오래 살았는지, 생사가 있었는지 없었는지도 모릅니다. '그런데 가까운 역사속의 인물들로서, 팽조(彭祖)는 이를 얻었기에 위로는 순임금 시대부터 아래로는 춘추 오패[五伯] 시대까지 살았다[彭祖得之, 上及有虞, 下及五伯]', 그런데 뒷날 우리와 비교적 가까운 팽조는 역사적으로 고증할 수 있습니다. 그는 요임금 때의 사람으로 전하는 바에 의하면 팔백 살을 살았다고 합니다. 『신선전』의 설에 의하면 팽조는 지금까지 아직 세상에 있습니다. 팽조는 남방의 초나라 사람입니다. 호남 호북 일대의 선조입니다. '오백(五伯)'은 줄곧 춘추전국 시대까지 살았습니다. 위에서 말한 것은 모두 세상을 벗어나 도를 얻은 사람이었습니다. 보세요. 장자는 한바탕 멋대로 지껄였는데 멋대로 지껄이는 것 같아 보이지만 옛 선조들의 신화를 모두 꺼내 한번 얘기합니다. 이러한 사람들은 세상 사회에서 공덕을 다 짓고 좋은 일은 다 하고 국가를 잘 다스린 뒤에 최후에는 떠나버렸다. 도를 얻어서 태어나지 않고 죽지도 않는다. 이것이 상고 시대 사람들이다. 후세의 그보다 좀 한 층 못한 이로서 도를 얻은 사람은 재상 노릇을 했다.

'부열(傅說)은 이를 얻어 무정(武丁)의 재상이 되어[傅說得之, 以相武丁]', '부열(傅說)'은 상고 시대 은나라 왕인 고종(高宗)의 명재상이었는데 역시 도를 얻었습니다. '천하를 일통(一統)하고 물러난 뒤[奄有天下]', 이 때문에 천하를 통일했습니다. '하늘에 올라가 동유(東維)의 별을 타고 기미(箕尾)의 별을 걸터탄 채 여러 별들과 나란히 있게 되었다[乘東維, 騎箕尾, 而比於列星]', 전하는 바에 의하면 부열은 공명을 이룬 뒤에 몸이 물러났습니다. 죽은 뒤에는 천상 세계에 올라갔는데 성수(星宿)의 신이라고 불립니다. 이 단락은 장자가 이러한 사람들은 모두 도를 얻었다고 인용 증명하여 말한 것입니다. 장자는 몹시 애를 써서 종교를 선전합니다. 마치 어떤 사람이 흰옷을 입고 성경(聖經) 하나 들고서 거리에서 소리치는 것처럼 그는 그곳에서 자신의 도를 선전하며 외치고 난 뒤에는 한 사람을 이끌어 냅니다.

여신선의 전수

남백자규(南伯子葵)가 여신선인 여우(女偊)에게 물었다. "당신은 나이가 많아도 용모는 어린애 같은데 무슨 까닭입니까?" "도를 들었기 때문이오." 남백자규가 물었다. "도는 배울 수 있는 것입니까?"

南伯子葵問乎女偊曰：子之年長矣，而色若孺子，何也？曰：吾
聞道矣。南伯子葵曰：道可得學邪？

'여우(女偊)'는 여신선(女神仙)입니다. 남백자규가 이 여신선에게
묻습니다. 당신의 나이는 대단히 많습니다. 그러나 당신의 얼굴색
이나 외모는 여전히 계집아이 같은데 무슨 까닭입니까? 여신선이
그에게 일러줍니다. 내가 도를 얻었기 때문입니다. 남백자규가 묻
습니다. 도는 배울 수 있습니까? 남백자규는 물론 저와 같은 종씨
입니다만 복성인지 아닌지는 모르겠습니다. 그가 도를 배우고 싶
었습니다. 우리들이 지금 그렇듯이 말입니다. 도를 배우고 싶어 하
는 사람은 주의하기 바랍니다! 이 여신선은 그에게 일러줍니다.

"아, 안되오. 그대는 배울 사람이 못되오. 저 복량의(卜梁倚) 신선은
성인의 재능은 있으나 성인의 도가 없었고, 나는 성인의 도는 있으나
성인의 재능이 없었소. 내가 그에게 가르쳐주고 싶었소. 어쩌면 그가
과연 성인이 될 수 있을는지 모르기 때문이었소. 비록 그렇게 되지는
못했더라도 성인의 도를 성인의 재능을 가진 사람에게 일러 주는 것은
아무래도 쉬운 일이었소."

曰：惡！惡可！子非其人也。夫卜梁倚有聖人之才，而無聖人之
道，我有聖人之道，而無聖人之才，吾欲以教之，庶幾其果爲聖
人乎！不然，以聖人之道告聖人之才，亦易矣。

'오(惡)!'는 바로 아! 의 뜻입니다. '안 되오[惡可]!', 안됩니다! 도

를 어떻게 배울 수 있겠습니까! '그대는 배울 사람이 못 되오[子非 其人也]', 여러분들이 도를 배우려하지만 그럴 자격이 없습니다. 당신은 도를 배울 사람이 아닙니다. '복량의(卜梁倚)'는 고대 사람인데 역시 신선이었습니다. 그에게는 성인의 재능이 있고 성인의 총명이 있어서 철학자가 될 수 있고 이론을 말할 수 있었습니다. '성인의 재능은 있으나 성인의 도가 없었고[有聖人之才, 而無聖人之道]', 그러나 도덕 자격이 없었습니다. 이 여자 신선은 그에게 말해줍니다. '나는 성인의 도는 있으나 성인의 재능이 없었소.[我有聖人之道, 而無聖人之才]', 그러므로 출세간과 입세간 이 두 가지를 서로 합일하고자 한다면 불가는 십지(十地) 이상의 대보살이라야 한다고 말하고, 도가는 대도(大道)를 얻은 사람만이 그렇게 할 수 있다고 말합니다. 그렇지 않으면 어느 한편으로만 걸어갈 수 있지 양쪽을 다 겸할 수 없다고 합니다.

바꾸어 말하면, 공자는 성인의 재능은 있었지만 아마 성인의 도는 없었을지 모릅니다. 장자는 성인의 도는 있었지만 성인의 재능은 없었습니다. 그래서 처음부터 끝까지 농림공사에서 식물원을 좀 관리하며 일생동안 관리원 노릇을 했습니다. 우선 도는 말하지 않기로 하겠습니다. 한 인간이 학문이 있다고 해서 꼭 그런 재능이 있는 것은 아닙니다. 어떤 사람은 학문이 아주 좋고 도덕도 좋지만 그에게 일을 하라고 시켜보면 에이! 그는 와자호(窩字號)입니다. 와자호란 바로 무능하다는 것[窩囊]입니다. 어떤 사람은 일을 하거나 일을 처리하는 데는 정말 재능이 있습니다. 하지만 학문이 없습니다. 심지어는 자기 이름조차도 제대로 못씁니다.

그러므로 고대의 제왕이 사람을 쓰려할 때는 그 사람의 재능만 쓰고 그의 도덕은 쓰지 않았습니다. 당신이 탐오하든 엉망진창이든 상관없이 그는 모두 묻지 않았습니다. 왜냐하면 당신이 탐오를 많이 하면 최후에는 법을 범하여 온 집안이 멸족을 당하고 재산은 몰수당해 공유화되는데, 이는 당신의 손을 한번 거치도록 주고 최후에는 여전히 회수하고자 하는 것이나 다름없었기 때문입니다. 그러므로 고명한 황제는 내버려두어 당신더러 그렇게 하도록 했습니다. 당신이 탐오를 해도 보지 못한 척하고 당신이 한참 했어도 아직은 그를 위하여 거두어들이지 않았습니다. 그것은 다시 말해, 어떤 사람은 재능이 있지만 도가 없고, 어떤 사람은 도도 있고 덕도 있지만 재능이 없다는 것입니다. 재능·도덕·학문 이 세 가지를 겸비한 사람은 거의 없습니다. 만약 있다면 그건 대단합니다! 이 사람은 바로 도를 얻은 것입니다.

이 단락의 말을 여러분은 주의하기 바랍니다. 성인의 재능이 있는 사람은 도가든 불가든 서양 철학자든 무슨 신구약 성경이든 모두 통하여 말할 수 있고 학문도 좋지만, 그러나 도를 닦아 꼭 성공하는 것은 아닙니다. 이것은 바로 성인의 재능은 있고 성인의 도가 없는 것입니다. 어떤 사람은 도를 얻었지만 당신이 그더러 가르침을 널리 펴고 도를 전하라고 하면 그는 한마디도 말하지 못합니다. 이것은 성인의 도는 있지만 성인의 재능이 없는 것입니다. 두 가지를 겸비하지 못합니다. 이것은 모두 장자가 말한 진실한 이야기입니다. 이 여우는 말합니다. '내가 그에게 가르쳐주고 싶었소. 어쩌면 그가 과연 성인이 될 수 있을는지 모르기 때문이었소[吾欲以教之, 庶幾其果爲聖人乎]!,' 복량의 이 사람의 경우는 성인의 재능은 있지만 성인의 도가 없었습니다. 나는 성인의 도는 있지만 성인의 재능은 없었습니다. 내가 그를 좀 가르쳐서 긴 것을 잘라내 짧은 것을 보충하여 두 사람의 재간을 한데 모으면 그도 아마 도를 닦을 수 있을 겁니다. 만약 그렇지 않다면 '비록 그렇게 되지는 못했더라도 성인의 도를 성인의 재능을 가진 사람에게 일러 주는 것은 아무래도 쉬운 일이었소[不然以聖人之道告聖人之才, 亦易矣]', 그러므로 성인의 도가 있는 사람이 성인의 재능을 구비한 학생을 하나 찾아 그에게 도를 전해준다면 그는 배워서 성공할 것입니다. 그렇지 않다면 어렵습니다.

"내가 가르쳐 주며 사흘이 지나자 그는 천하를 초월할 수 있었소."

吾猶守而告之, 吾守之三日而後能外天下;

복량의 경우 그의 총명, 재주와 지혜[才智]는 성인의 재능이 있어서 하나의 인재이지만 그는 성인의 도가 없습니다. '오유수이고지(吾猶守而告之)', 여신선은 말합니다. 나는 성인의 도가 있지만 성인의 재능은 아닙니다. 마침내 내가 그를 가르치면 아마 간신히 성공을 할 수 있을 것입니다. 하지만 가르치는 게 몹시 수고스럽습니다. 단지 삼일을 가르쳤습니다. 옛사람은 삼일을 가르쳤는데 이미 귀찮아 죽을 지경이라고 합니다. 우리들은 수 년 동안을 아직도 가르치고 있으니 보세요, 얼마나 고통스럽습니까! 그녀는 말합니다. 내가 삼일을 가르친 뒤에 복량의는 '천하를 초월할 수 있었소[而後能外天下]', 저 공(空)의 경계, 공령한[空靈], 허령한[虛靈] 경계는 우주를 초월했고, 우주가 모두 그의 이 도의 마음[道心] 속에 있게 되었습니다.

"천하를 초월한 뒤에 내가 다시 가르치며 이레가 지나자 물리세계의 속박을 초월할 수 있었소. 물리세계의 속박을 초월한 뒤에 내가 다시 가르치며 아흐레가 지나자 삶과 죽음을 초월할 수 있었소. 삶과 죽음을 초월한 뒤에는 아침 해의 광명 같은 큰 깨달음의 경지인 조철(朝徹)

에 도달할 수 있었소. 조철에 도달한 뒤에는 천상천하유아독존(天上天下唯我獨尊)의 도를 볼 수 있었소. 유아독존의 도를 본 뒤에는 고금을 초월할 수 있었소. 고금을 초월한 뒤에는 죽지도 않고 태어나지도 않는 경지에 들어갈 수 있었소."

已外天下矣, 吾又守之, 七日而後能外物; 已外物矣, 吾又守之, 九日而後能外生; 已外生矣, 而后能朝徹; 朝徹, 而後能見獨; 見獨, 而後能無古今; 無古今, 而後能入於不死不生。

'천하를 초월한 뒤에[以外天下矣]', 몸을 잊어버리고 공간을 잊어버리고 시간을 잊어버렸습니다. 우리가 좀 들어보면 얼마나 위대하고 얼마나 대단합니까! 그러나 이 여우는 아직은 부족하다고 말합니다. 삼일 이후에 '내가 다시 가르치며[吾又守之]', 나는 또 그를 '칠일(七日)' 동안 가르쳤는데, 고통스러워 죽을 지경이었습니다. 칠일 이후에는 '물리세계의 속박을 초월할 수 있었소[能外物]', 물리세계에 속박되지 않게 되었습니다. 당신이 도를 얻은 뒤에도 물리환경을 벗어나지 못하여 풍(風)·한(寒)·서(暑)·습(濕)과 감기병균이 당신을 침입 습격할 수 있기 때문에, 물리세계를 완전히 초월했어야 비로소 삼계(三界) 밖으로 뛰어넘었다고 말할 수 있습니다. 꼭 마지못해서 그녀는 말하기를 그렇게 할 수 있게 되었다. 하지만 아직도 오행(五行)가운데 있다고 합니다.

'물리세계의 속박을 초월한 뒤에 내가 다시 가르치며 아흐레가 지나자[已外物矣, 吾又守之九日]', 나는 또 그더러 서서히 하라고 가르치며 또 구일 동안을 가르쳤습니다. 여기에다 바로 앞서의 칠일을 더해 계산해보면 십 며칠이 지났습니다. '삶과 죽음을 초월할 수 있었소[而後能外生]', 이제야 비로소 생사를 끝마칠 수 있었습니다. 그가 생사를 끝마치게 된 뒤에 '삶과 죽음을 초월한 뒤에는 아침 해의 광명 같은 큰 깨달음의 경지인 조철에 도달할 수 있었소[已外生矣, 而後能朝徹]', 이때야 비로소 대철대오 했습니다. '조철(朝徹)'은 아침에 일어나자 태양이 산위에 떠올라 광명 전체가 두루 비춘다는 뜻인데, 바로 대철대오의 경계입니다. '조철에 도달한 뒤에는 천상천하유아독존의 도를 볼 수 있었소[朝徹, 而後能見獨]', 대철대오한 뒤에도 닦아야할까요? 역시 닦아야합니다! 닦은 뒤에 '견독(見獨)', 천상천하유아독존(天上天下唯我獨尊)이요 외롭디 외로운 이 도라는 물건을 찾아냈습니다. '유아독존의 도를 본 뒤에는 고금을 초월할 수 있었소[見獨, 而後能無古今]', '능무고금(能無古今)'하여 곧 불생불멸에 도달했습니다.

'고금을 초월한 뒤에는 죽지도 않고 태어나지도 않는 경지에 들어갈 수 있었소[無古今, 而後能入於不死不生]', 보세요, 이 도가 얼마나 성취하기 어렵습니까? 한걸음 한걸음씩 이 여자 신선은 우리들에게 경계가 있고 징후가 있다고 일러줍니다. 이 여신선, 여자보살의 입을 통해 이 도를 전했습니다. 그러므로 장자는 대종사 편 속에서 분명히 말하기를 만약 여러분들이 대사(大師)가 되고 싶다면 성인의 재능과 성인의 덕을 겸비해야 한다고 합니다. 하지만 오늘날은 대사(大師)가 값이 나가지 않습니다. 가는 곳마다 누구나 다 대사입니다. 제가 보기에는 장래에 여러분들은 태사(太師) 노릇할 겁니다. 태사 노릇하려면 먼저 이 단락을 가지고 자아반성하기 바랍니다. 하지만 한마디 덧붙이겠습니다. 오늘날 시대는 달라서 성인의 덕이 있어야 합니다. 품행도덕이 좋아야합니다. 그런 뒤라야 성인의 도를 닦을 자격이 있습니다. 최후에 도를 얻고 도를 이루면 죽지도 않고 태어나지도 않는 경지에 들어갑니다.

우언이면서 수도이다

"생각이 일어나자마자 이를 죽여 비우는 자 그것은 영원히 죽지 않고, 끊임없이 생겨나게 하고 생겨나게 하는 자 그것은 영원히 태어나지 않소. 그것은 만물을 부리지 않음이 없고 맞이하지 않음도 없소. 만물을 파괴하지 않음도 없고 생성하지 않음도 없소. 이러한 경지를 영녕(攖寧)이라고 이름 하오."

殺生者不死, 生生者不生。其爲物, 無不將也, 無不迎也；無不毁也, 無不成也。其名爲攖寧。

어떻게 하는 것을 '살생자불사(殺生者不死)'라고 할까요? 이것은 불법에 의하여 말하면 대단히 엄중합니다. 사실은 진짜로 당신더러 살생하라는 것이 아닙니다. 만약 사람을 죽였다면 당신은 죽지 않으면 안 됩니다. 여기서의 '생(生)'이란 생명의 '생'이 아니라, 염두(念頭)가 일어나는 것입니다. 생각 염두가 움직이자마자 평정(平靜)해야 하고 그것을 비워 버려야합니다. 뒷날의 도가에서 신선을 닦는 도리인 두 마디가 있습니다. '미사선학사(未死先學死), 유생즉살생(有生即殺生)', 바로 장자의 이 두 마디에 근거해서 나온 것입니다. 그러므로 우리들이 정좌는 무엇을 할까요? 먼저 죽음을 배워야 합니다. 생각이 움직이자마자 일어나자마자 즉시 그것을 비워버리는 것입니다. 이것을 '살생'이라고 합니다. 공령한 경계에서 영원히 정(定)의 상태로 지속해 가는 것입니다. 이게 바로 '죽음을 배우는 것'입니다. 이렇게 죽으면 사람이 영원히 죽지 않습니다. 영원히 죽지 않는다는 것은 무엇일까요? 이른바 불사(不死)란 바로 장생(長生)입니다! 생생불이(生生不已)하면서 영원히 전진하는 것입니다.

그러므로 '생생자불생(生生者不生)', 당신이 장생불사하려면 제일 좋기로는 태어나지 않는 것입니다. '불생'은 바로 생각, 망념, 정서가 움직이기조차도 하지 않는 것이지 억눌러가는 것이 아닙니다. 맹자는 사십이부동심(四十而不動心)이라고 말했는데 맹자는 한사코 억눌러 간 것이라고 한다면 그건 큰일 납니다. 공령(空靈)해야 합니다. 즉, '생생자불생(生生者不生)'입니다. 부처님을 배우는 학우들은 주의하기 바랍니다! 불가에서는 말하기를 팔지(八地)보살에 도달해야 비로소 무생법인(無生法忍)을 얻는다고 하는데 장자가 말한 것은 바로 무생법인입니다. '살생자불사(殺生者不死), 생생자불생(生生者不生)', 생겨나게 하면서 생겨나지 않고 생겨나지 않으면서 생겨나게 하는 것이 바로 무생법인입니다. 한 생각 일어나지 않는 곳인 무생법인에 도달하면 '기위물(其爲物), 무불장야(無不將也)', 그 때에는 심능전물(心能轉物), 일체 만물이 당신을 따라서 전환 변화합니다. 당신은 만물에 의하여 전환 변화되지 않습니다. 만물을 변화시키고자하면 변화시킬 수 있습니다. 우리같이 도를 얻지 못한 보통사람들은 물질 환경의 영향을 받아 우리 자신들이 변화됩니다. 수양이 마음이 만물을 전환 변화시킬 수 있는 경계에 도달하면 그것을 파괴하고자 해도 가능하고 그것을 이룩시키고자 해도 가능합니다. '무불영야(無不迎也)', 오는 것을 거절하지 않습니다.

장자의 이 단락에 나오는 '장(將)', '영(迎)' 이 두 글자는 뒷날 송나라 유학자들에 의하여 사용되었습니다. 송나라 왕조의 유가들에 대해서 저는 대단히 감탄합니다. 우스개 얘기를 하는 것이 아닙니다. 송나라 명나라 이학가들은 불가의 율종과 같아서 인품도덕이나 사람됨이 그렇게 엄숙하였는데, 이에 대해서는 할 말이 없습니다. 정말 좋았습니다. 대단히 좋았습니다. 단지 한 가지 점이 있다면 학문에 대하여 주관이 너무 강했다는 것입니다. 이곳저곳에서 불가와 도가의 것들을 모은 다음 필사적으로 그들을 이단(異端)이라고 꾸짖었습니다. 그러지 말았어야 할 일이었습니다. 이단의 의미는 바로 외도(外道)입니다. 유가는 전문적인 명칭으로 이단이라고 불렀는데, 이것은 공자의 것을 빌려 쓴 것입니다. 예컨대 정명도(程明道: 程顥)는 유명한 대유학자로서 『정성서(定性書)』를 써서 어떤 것을 정좌입정(靜坐入定)이라고 하는지를 말했습니다. 그 가운데 네 번째와 다섯 번째의 말은 아주 유명합니다. '무장영(無將迎), 무내외(無內外)', '장영(將迎)' 이 두 글자는 어디서 왔을까요? 장자의 것을 훔친 것입니다! 애를 써서 도가의 것들을 훔치고 명사조차도 훔쳤습니다. 이것은 집안에 홍포(紅包; 축하할 때 붉은 종이에 싸서 아이들이나 심부름꾼에게 주는 돈/역주)가 없어서 남의 집에 가서 하나 가져온 다음 또 남의 집에 홍포가 없다고 꾸짖는 것이나 다름없습니다. 왜냐하면 그가 훔쳐버렸기 때문입니다! 송나라 유학자들은 그런 일을 했습니다.

『정성서』에서 정좌하고 공부하는 것을 얘기하는데, '무장영(無將迎), 무내외(無內外)'는 철저하게 말한 것입니다. 정좌하면서 '무장영(無將迎)', 일부러 염두를 비워버리지 말라고 말합니다. 다시 말하면, 생각을 이끌어오지 말라. 생각이 오면 환영하지 않으면 자연히 떠나가 버린다는 말입니다. 떠나가더라도 전송하지 않습니다. 그렇게 앉아있으면 정(定)의 상태가 됩니다. '무내외(無內外)', 몸 안에서도 지키지 말고 몸 밖에서도 지키지 말라는 것입니다. 그가 말한 것은 완전히 옳습니다. 도가와 불가의 공부 정화(精華)를 그는 다 가져갔습니다. 그러나 책을 다 쓰고 난 다음에는 또 도가와 불가를 이단(異端)이라고 꾸짖었습니다. 오직 그만이 어느 한 쪽인 지를 모르겠습니다. 도량이 너무 적었습니다. 그게 바로 성인의 재능은 있지만 성인의 덕이 없는 것입니다. 이것도 너그럽지 못한 것입니다. 남의 것을 가져갔으면 마땅히 남의 집에서 나온 것이라고 말을 해야 합니다! 그밖에 이른바 내성외왕(內聖外王)도 장자가 말한 것이지 유가가 말한 것이 아닙니다.

장자는 말합니다. 도를 얻은 사람은 '무불장야(無不將也), 무불영야(無不迎也), 무불훼야(無不毁也), 무불성야(無不成也)', 그것은 바로 마음이 만물을 전환 변화시키는 것입니다. 이러한 경계에 대하여 장자는 명칭을 하나 정하여 '영녕(攖寧)'이라고 부릅니다. 불가의 입장에서 비유하면 '영녕' 바로 자재(自在)이며 관자재(觀自在)라고 부릅니다. 그러나 자재는 원칙을 말한 것으로 자유자재한 것이고 '영녕'은 그 현상의 편안함을 말한 것입니다! 그러므로 이 도의 경계를 영녕이라고 부릅니다.

"영녕(攖寧)이란 만물을 쥔 듯 만 듯한 뒤에 이루어진 자재하면서 차분하고 평정한 상태라는 뜻이오."

攖寧也者, 攖而後成者也。

무엇을 '영녕(攖寧)'이라고 부를까요? 어떤 사람이 도를 얻어 성공하였으면서도 여전히 이 세계에 있습니다. 이 세계를 떠나지 않을 것입니다. 하지만 그가 만물을 만지는 것은 어린아이가 물건을 만지작거리는 것과 다름없습니다. 갓난애가 태어난 지 백일이 못되었을 때에 어떤 물건을 하나 가지면 마치 단단히 잡은 것 같습니다. 하지만 그는 힘을 쓰지 않습니다. 그래서 갓난애는 반드시 엄지손가락을 그 안쪽에 넣고 주먹을 쥐고 있는데, 이것을 악고(握固)라고 합니다. 이 속은 학문이 큽니다. 무슨 까닭일까요? 이유가 많습니다! 밀종을 얘기하자면 수인(手印)을 말하는데 왜 그렇게 맺어야할까요? 왜 갓난애는 그렇게 주먹을 쥐고 있으려 할까요? 사람은 태어나자마자 쥐는데 뭐든지 다 쥐고 싶어 합니다. 갓난애는 하루 종일 내내 쥐고 싶어 합니다. 젖 먹을 때에도 두 손으로 쥐고 싶어 합니다. 어느 때 이르러야 쥐지 않을까요? 민권동로(民權東路) 장의사에 도달했을 때에 쥐고 있지 못하게 됩니다. 이는 당신에게 이것이 곧 인생이요 바로 도라고 일러줍니다. '영녕(攖寧)'은 곧 그런 도리입니다. 갓난애가 비록 그런 모양으로 쥐지만 있는 듯 없는 것 같으면서 차분하고 평정하면서도 단단히 쥡니다. 그러므로 이것은 자재함입니다. '영녕이란 만물을 쥔 듯 만 듯한 뒤에 이루어진 자재하면서 차분하고 평정한 상태라는 뜻이오[攖寧也者, 攖而後成者也]', 장자는 앞에서 말하기를 도는 전해질 수는 있지만 받을 수는 없다고 했습니다! 지금은 이 여신선의 말을 빌려서 저하고 같은 종씨인 남백자규에게 전해주었습니다. 모두 그에게 전해주었습니다.

남백자규가 물었다. "당신은 이런 것을 어디서 들었습니까?"

南伯子葵曰 : 子獨惡乎聞之?

　남백자규는 도를 얻고 난 뒤에 좀 의심이 가서 선녀에게 묻습니다. '자독오호문지(子獨惡乎聞之)?', 당신의 이런 것은 어디서 왔습니까? 어떤 사람이 당신에게 전해주었습니까?

"부묵(副墨)의 아들에게서 들었소. 부묵의 아들은 낙송(洛誦)의 손자에게서 들었고, 낙송의 손자는 첨명(瞻明)에게서 들었소. 첨명은 섭허(聶許)에게서 들었고, 섭허는 수역(需役)에게서 들었고, 수역은 오구(於謳)에게서 들었고, 오구는 현명(玄冥)에게서 들었고, 현명은 참료(參寥)에게서 들었고, 참료는 의시(疑始)에게서 들었소."

曰 : 聞諸副墨之子, 副墨之子聞諸洛誦之孫, 洛誦之孫聞之瞻明, 瞻明聞之聶許, 聶許聞之需役, 需役聞之於謳, 於謳聞之玄冥, 玄冥聞之參寥, 參寥聞之疑始。

이것은 한 대(代) 한 대 전해졌습니다. 마치 우리들이 귀신 이야기를 듣는 것처럼 당신이 얘기한 귀신은 사람을 놀라죽을 지경으로 하는데, 정말일까요? 보았습니까? 보지 않았습니다. 저의 외사촌 형한테 들었던 것입니다. 당신의 외사촌 형한테 가서 물어보면 외사촌 형은 자기 외할머니에게 들었다고 합니다. 외할머니는 말하기를 우리 친정집 할머니가 말한 것을 들었다고 합니다. 한참 찾고 나서 지금도 여전히 찾고 있습니다.

'부묵(副墨)의 아들에게게서 들었소[曰: 聞諸副墨之子]', 여신선은 말하기를 나는 '부묵(副墨)'의 아들이 말한 것을 들었다고 합니다. 이런 명사(名辭)들은 모두 고증할 수 없습니다. 뒷날 도가들은 모두 이런 명사들을 민간설로 돌려버렸습니다. 비유이기도 하면서 장자의 우언이라고 할 수 있다고 했습니다. 그렇다면 무엇을 '부묵'이라고 할까요? 이에 대해 곽상의 주해가 있는데 저는 이 주해에 그리 동의하지 않습니다. 왜냐하면 그는 모든 것을 장자의 우언으로 돌리고 있기 때문입니다. 사실 이 우언은 도를 닦아가는 한걸음 한걸음의 공부경계를 말하고 있습니다. 장자는 여기에서 긴요

한 대목에서 한번 시치미를 떼고 있는 것입니다.

'부묵의 아들[副墨之子]'이란 바로 검은 칠통입니다. 도를 닦기 시작할 때 눈을 감고 있으면 깜깜한 것입니다. 그래서 이것을 부묵의 아들이라고 부릅니다. '부묵의 아들은 낙송(洛誦)의 손자에게서 들었고[副墨之子聞諸洛誦之孫]', 서서히 조용해져 오래 지나면 이근(耳根)이 청정하고, 한 걸음 한걸음 공부를 닦아 갑니다. 고요한 상태가 오래 지속되고 난 뒤에 '첨명(瞻明)', 바로 장자가 앞서 말한 '원만 청정한 곳인 저 둥그스름한 것을 바라보노라면, 자기 내심의 빈 방에서 밝은 광명이 나타난다[瞻彼闋者, 虛室生白]'인데, 약간의 광명이 출현하였습니다. '첨명은 섭허(聶許)에게서 들었고[瞻明聞之聶許]', '섭허(聶許)'는 광명 사이에 어떤 것이 하나 있는 것입니다. '섭허는 수역(需役)에게서 들었고[聶許聞之需役]', 이 어떤 것은 움직이곤 합니다. '수역은 오구(於謳)에게서 들었고[需役聞之於謳]', '오구(於謳)'는 우리가 불가로 비유하면 바로 이근원통(耳根圓通)입니다. 이근이 원통하게 된 뒤에는 '현명(玄冥)에게서 들었고[聞之玄冥]', 완전히 공(空)의 경계인데 공의 경계가 극점에 도달한 것입니다. 하지만 아직은 도의 궁극은 아닙니다. '현명은 참료(參寥)에게서 들었고[玄冥聞之參寥]', '참료(參寥)'는 대단히 광대(廣大)하고 원대(遠大)한 무엇입니다. 그러므로 후대에 어떤 학자가 자기를 일컫기를 참료자(參寥子)라고 했습니다. 도가의 신선이라고 할 수 있는데 그에게는 많은 저작이 있었습니다. 참료자는 이 사람의 도호(道號)인데 장자의 이 부분에서 취한 것입니다.

'참료는 의시(疑始)에게서 들었소[參寥聞之疑始]', 여기까지는 불가와 마찬가지입니다. 보세요, 만약 연구한다면, 이런 것들은 밀쳐두고 모두 얘기하지 않기로 하고, 그저 동서문화의 비교를 연구해 본다면, 장자 이 시기는 불교가 중국에 들어오기 훨씬 이전이었으며, 진시황조차도 아직 출생하지 않았습니다! 그러나 장자는 시작 없는 시작인, 무시지시(無始之始)를 이미 말했습니다. 불가에서 말하는 우주 시작의 문제에 해당하는데 닭이 먼저 있었느냐, 달걀이 먼저 있었느냐의 문제입니다.

이 우주는 하나의 동그라미입니다. 그러므로 불가는 이를 '무시지시'라고 명칭을 정했습니다. 하나의 기점이 있는지 없는지를 규명해보고 불가에서는 무시(無始)라고 명칭을 붙였습니다. 무시(無始)란 바로 무시지시(無始之始)를 대표합니다. 장자 여기서의 한 가지 명칭은 '의시(疑始)'라고 부르는데 같은 도리입니다. 우리가 동서양의 문화를 연구 비교해보면 바로 옛사람들이 말한 '동방에도 성인이 출현하고, 서방에도 성인이 출현하며, 이 마음은 동일하고, 이 이치도 동일하다[東方有聖人, 西方有聖人, 此心同, 此理同]'입니다. 무릇 도를 얻은 사람은 명칭 언어가 비록 다르더라도 이 도를 확대 발전시킴에 있어 비록 지역이 다르더라도 그 도리와 의미는 서로 같습니다. 진리는 바로 하나인데 표현 방식이 다를 뿐입니다. 장자는 대종사 편에서 도도 전했고 어떻게 도를 닦는지도 전했습니다. 이어서는 또 다른 각도에서 설명합니다.

생명은 신체의 구속을 받을까

자사(子祀)·자여(子輿)·자리(子犁)·자래(子來) 등 네 사람이 모여 서로 토론하며 말했다. "그 누가 무(無)를 머리로 여기고, 삶을 등뼈로 여기며, 죽음을 꽁무니로 여길 수 있을까? 그 누가 생사존망(生死存亡)이 일체(一體)로서 하나의 현상이라는 것을 아는 자일까? 우리가 그런 자와 벗하겠네."

子祀子輿子犂子來四人相與語, 曰：孰能以無爲首, 以生爲脊,
以死爲尻, 孰知生死存亡之一體者, 吾與之友矣。

  '자사·자여·자리·자래(子祀子輿子犂子來)', 이 네 사람은 사이
좋은 친구이자 학우이며 도우인데 그들은 토론했습니다. 세상에
누가 '무(無)를 머리로 여기고[以無爲首]', 바로 공무(空無)를 머리
로 여길 수 있느냐는 것입니다. 사람의 신체로 비유하면 공(空)은
우리들의 머리요 공(空)은 도의 체입니다. '삶을 등뼈로 여기며[以
生爲脊]', 지금 살아있는 생명은 척추로써 대표하고 '죽음을 꽁무니
로 여길 수 있을까[以死爲尻]?', 죽음은 마치 엉덩이처럼 최후에 해
당합니다. 바꾸어 말하면 사람이란 언제나 공령한[空靈] 속에 있기
에 살아있어도 살아 있다고 할 것이 없이 그저 그렇게 살아갈 뿐이
며, 죽으면 이 몸을 내버리고 상관하지 않습니다. 한마디 투철한
방언으로 말하면, 이 세상에 똥 한 덩어리를 누고 떠나버린 것이나
다름없습니다. 사람이 만약 이렇게 할 수 있다면 이 육체를 마치
배설 한번 하듯이 버리고 곧 떠나버립니다. '그 누가 생사존망(生
死存亡)이 일체(一體)로서 하나의 현상이라는 것을 아는 자일까?
우리가 그런 자와 벗하겠네[孰知生死存亡之一體者, 吾與之友矣]',
누가 죽음과 삶이 일체(一體)요 도의 과정이요 하나의 현상이란 것
을 알 수 있다면 그 사람과 친구가 되겠다. 그건 불가의 유식학에
서 말하는 법상이요 하나의 현상이고, 이 본능 도체는 움직인 적이
없습니다. 만약 세상에 이 도리를 아는 사람이 있다면 우리들은 그
와 함께 친구가 될 수 있으니 그에게 모임에 가입하라고 하겠지만,
그렇지 않다면 모임에 가입할 자격이 없다고 합니다. 보세요, 이

네 사람은 아주 밉지요! 천하 사람들을 마치 친구가 될 자격이 한 사람도 없다는 듯이 깔보고 있습니다. 이 네 사람은 사방에 서서 이렇게 천하를 바라봅니다.

네 사람이 서로 쳐다보고 웃고는 마음에 반대하는 뜻이 없어 곧 서로들 벗이 되었다. 얼마 뒤에 자여(子輿)가 병에 걸렸다. 자사(子祀)가 문병을 가서는 말했다. "위대하군, 저 조물자는 우리를 이런 물건으로 만들어 구속하려고 하니 말일세."

四人相視而笑, 莫逆於心, 遂相與爲友。俄而子輿有病。子祀往問之。曰:偉哉夫造物者, 將以予爲此拘拘也!

　이 네 사람은 서로 돌아보았습니다. 이해하는 사람이 보이지 않자 그들은 나는 너를 너는 나를 다들 서로 보고 웃었습니다. '마음에 반대하는 뜻이 없어[莫逆於心]', '역(逆)'은 반대의 의미입니다. '막역(莫逆)'은 반대가 없는 것입니다. 서로가 완전히 마음과 뜻이 합했습니다. 그래서 뒷날 중국문학에서 사귀는 우정이 좋은 친구를 막역지교(莫逆之交)라고 불렀는데 그 전고가 바로 여기서 왔습니다. '곧 서로들 벗이 되었다[遂相與爲友]', 이 네 사람은 친구가 되었습니다. '얼마 뒤에 자여가 병에 걸렸다[俄而子輿有病]', 뒷날 자여가 병이 났습니다. '자사가 문병을 가서는 말했다[子祀往問之]', 우리가 병문안을 가면 반드시 과일 한 바구니를 가지고 가거나 꽃 한 다발을 보냅니다. 병문안은 다들 그렇게 합니다. 그러나 자사는 가서 말했습니다. '위재(偉哉)!', 아주 위대하구나! 남이 병이 났는데 그는 와서 아주 위대하다고 외칩니다.

　'저 조물자는 우리를 이런 물건으로 만들어 구속하려고 하니 말일세[夫造物者, 將以予爲此拘拘也]', 그는 말합니다. 자네는 지금 아주 위대하네. 자네는 곧 높이 올라갈 것이네. 아주 대단하네! 나는 와서 축하드리네. '조물자(造物者)'는 바로 이 조화인 생명의 주재자입니다. 그는 말합니다. 정말 싫군. 조물자가 이런 물건을 하나 만들어 우리들을 구속하고 있으니 '위차구구(爲此拘拘也)', 내가 보니 자네는 지금 형기(刑期)가 끝나서 곧 해탈하려 하네. 곧 감옥을 뛰어나가려 하네. 하!

자여의 등은 굽어 불룩 튀어나왔고, 머리에는 오관이 있는데, 턱은 배꼽을 가리고 있었다. 두 어깨가 정수리보다 높았고 얼굴이 하늘을 향해 있었다. 음양의 기운이 조화를 이루지 못하여 병이 났지만 그 마음은 대범하여 개의하지 않았다. 그는 비틀거리며 우물로 걸어가서 자기 모습을 비춰보더니 말했다. "아, 조물자는 또 나를 이런 물건으로 만들어 구속하려는 것인가?"

曲僂發背, 上有五管, 頤隱於齊, 肩高於頂, 句贅指天。陰陽之氣有沴, 其心閒而無事, 跰(足+鮮)而鑑於井, 曰 : 嗟乎! 夫造物者又將以予爲此拘拘也 !

자네는 저 조물자를 보게나, 사람을 조화시켜 놓은 게 아주 밉네. 이 몇 십 근 나가는 육체를 골격 하나가 우리들을 짊어지고 있네. '곡루(曲僂)', 우리들 인체는 완전히 곧은 것은 아닙니다. 이 등뼈가 그렇게 굽어있습니다. '발배(發背)', 등은 굽어졌고 그 위쪽에는 머리 하나와 오관(五官)이 있습니다. '턱은 배꼽을 가리고 있었다. 두 어깨가 정수리보다 높았고 얼굴이 하늘을 향해 있었다[頤隱於齊, 肩高於頂, 句贅指天]', 턱은 배꼽에 가까워져 가고 있고, 두 어깨는 머리보다도 더 높고, 머리와 얼굴은 위로 향하고 있습니다. '음양의 기운이 조화를 이루지 못하여 병이 났지만 그 마음은 대범하여 개의하지 않았다[陰陽之氣有沴, 其心閒而無事]', 하지만 자여는 비록 음양이 조화를 이루지 못해 병이 났지만 그의 마음은 대범하여 개의하지 않습니다. 내가 보니 자네는 곧 승천하겠네. 위대하네, 위대해. 병이 났으니 형기가 곧 다 차가기에 나는 와서 자네를 축하하네.

　'그는 비틀거리며 우물로 걸어가서 자기 모습을 비춰보더니 말했다[跰〈足+鮮〉, 而鑑於井]', '변선(跰〈足+鮮〉)'은 형체가 바르지 않고 다리를 저는 사람입니다. 그는 우물물을 대하고 자신의 모습을 살펴보고는 탄식하면서 말합니다. 조물자가 이런 몸더러 나를 구속하고 있기를 바라는구나! 조물(造物)이라는 이 고유명사는 도가의 학술사상에서 천지가 만물을 만드는 기능을 대표했습니다. 종교가들은 이를 주재자라고 부르고 철학에서는 제1 원인이라고 합니다. 중국문화에서는 그런 것들이 없어서 종교와 철학의 문제를 다 뽑아내버리고 따로 한 명칭을 주어서 조물자라고 부르는데, 만물을 창조할 수 있는 것입니다.

자사가 물었다. "자네는 그 몸을 싫어하는가?" 자여가 대답했다. "아니, 내가 무엇을 싫어하겠나! 도를 얻은 자는 이해하는데, 만약 조물자가 내 왼 팔을 닭으로 변화시킨다면 나는 그것으로 새벽을 알리기를 바라겠네. 만약 내 오른 팔을 새총으로 변화시킨다면 나는 그것으로 새를 쏘아 잡아 구워먹기를 바라겠네. 만약 내 꽁무니를 수레바퀴로 변화시키고 내 정신을 말로 변화시킨다면 나는 그것을 탈 수 있으니 어찌 다른 탈 것이 필요하겠는가!"

子祀曰：女惡之乎？曰：亡，予何惡！浸假而化予之左臂以爲雞，予因以求時夜；浸假而化予之右臂以爲彈，予因以求鴞炙；浸假而化予之尻以爲輪，以神爲馬，予因以乘之，豈更駕哉！

자사가 자여에게 묻습니다. 자네는 자신의 그 몸을 싫어하는가. 자여가 말합니다. 자네는 생각이 어디로 간 것인가! '아니, 내가 무엇을 싫어하겠나[亡, 予何惡]?', 만약 우리가 나가 없다는 것을 안다면 이 모든 변화인, 잘생겼다든지 못생겼다든지 삶과 죽음이든 이 모든 것들과 모두 상관이 없습니다. '침가(浸假)'도 장자가 사용하는 단어인데 이 두 글자는 문학상 고유명사입니다. 용거지(庸詎知)와 침가(浸假)는 모두 허자(虛字) 어조사로서 우리가 오늘날 말할 때 이…, 어데…하는 것에 해당합니다. 어떤 문제에 답을 하지 못할 경우에 이거, 이거… 이렇게 한참하거나 어데, 어데…라고 하는데 바로 그런 의미입니다. '침가'는 만약, 가령이라는 의미입니다.

만약 자네가 자기 몸이 싫고 이 신체의 구속을 받는다고 느낀다면, 자여는 말합니다, 도를 얻은 사람은 곧 이해하는데 이것은 결코 무슨 구속이 없네. 가령 천지가 우리들의 왼팔을 닭으로 변하게 한다면 그건 좋다니까! 나는 손목시계를 살 필요가 없게 되네. 울자마자 시간을 알게 되니 말일세. 옛 사람들은 시계가 없어 바로 닭이 알리는 시간에 의존했습니다. 밤에는 두세 차례 울고 낮에 두세 차례 웁니다. 옛사람들은 닭이 우는 소리나 고양이 눈빛의 변화 이 두 개의 천연적인 큰 시계에 의존해서 시간을 알았습니다. 가령 우리들의 오른팔을 또 새총[彈弓]으로 변화시키면 좋지, '이구요구(以求鴞炙)', 새를 잡으러 가서 새를 잡은 뒤에 구워서 먹을 것이네. 이렇게 하면 좋지 않은가? 어떻게 변화하더라도 모두 좋네. 가령 우리들의 등뼈를 위에서부터 가장 아래인 미려골(尾閭骨)까지 바퀴로 변화시키면 좋다니까. 내가 정신이 아직 있기만 한다면 내가 내 정신을 말로 삼아서 이 바퀴를 끌며 수레를 운전하고 가면서 내 자신은 수레에 앉아 있으니 따로 택시를 부를 필요가 없게 되네.

장자의 이 단락은 볼 것 같으면, 말하는 게 이도저도 아니고 모두 영문을 모를 말이지만, 그러나 그 속에는 한 가지 도리가 있습니다. 일체의 만유생명은 모두 자연스러운 변화이며, 만물과 생명, 사람의 신체와 심리는 모두 자연스럽게 변화과정 중에 있다는 것입니다. 이른바 조물(造物)과 또 하나의 명사인 조화(造化)도 장자가 말한 것입니다. 조물이란, 우주 사이에는 한 가지 기능이 있고 한 가지 힘이 있어서 만물을 창조할 수 있음을 말합니다. 종교가들이 말하는 인격화된 어떤 것이 아닙니다. 인격화된 어떤 것이거나 고정적으로 형체화된 하나의 전능한 어떤 것이 아닙니다. 이 기능은 할 수 있다[能] 할 수 없다[不能]고 말할 것이 없습니다. 그래서 조물이라고 명칭을 하나 지었습니다. 그것은 만물을 창조하고 만물은 자연스럽게 모두 변화 속에 있습니다.

예컨대 우리 사람들의 신체에는 식물·광물·동물 등 뭐든지 다 있으며 그것들이 누적되어서 이 형체로 변했습니다. 그러므로 우리가 병이 있을 때 먹는 약은, 예컨대 양약 속에는 광물 식물 등 뭐든지 다 있고 한약은 식물에 편중되어 있으며, 약을 먹으면 병이 나아지는데, 이것도 화학작용입니다. 그러므로 일체는 모두 변화 속에 있습니다. 이 변화는 대단히 자연스러운 것이며, 이것과 저것이 서로 생명이 되며, 이것과 저것이 서로 생사(生死)가 됩니다. 우리가 채소를 먹으면 채소는 풀이라고 부를 수 있습니다. 그래서 진(陳)교수는 채식[吃素]할 때 풀을 먹는다고 말하는 것도 틀리지 않습니다. 채소와 풀은 본래 거의 차이가 없습니다. 고기를 먹으면 사람을 먹는 것이라고 하는데, 다른 사람의 고기를 먹으며 모두 서로 변화하고 있습니다. 모든 변화는 대단히 자연스럽습니다. 그러므로 조화라고 부릅니다. 만물을 지어 만들면서[造作] 서로 변화하고 있는 것입니다. 이 때문에 태어나오는 것도 한 가지 변화의 현상이요 죽어가는 것도 한 가지 변화의 현상입니다. 이 생명이 있어도 구속이라고 할 것이 없고 이 형체가 없어도 비애라고 할 것이 없습니다. 이것이 바로 중국 도가에서 말하는 자연(自然)입니다. 이 자연은 결코 하나의 주재자가 아니요 인도나 서양철학에서 말하는 자연도 아닙니다. 아주 자연스러운 변화인 것입니다.

자여는 말합니다. 자네라는 사람은 어찌 통달하지 못하는가! 일체만물은 저마다 자연스럽게 변화하고 있네. 사람은 태어나서부터 늙음으로 변하고 늙었으면 늙은 것이며 늙었으면 보기 좋게 늙어야하네. 당신은 내가 늙어서 가련하다고 말하는데 젊은 사람들은 이 가련함을 바라고 싶어도 그렇게 할 수 없습니다! 저에게는 한 친구가 있는데 어느 날 식사를 하러 와서 말했습니다. 이제 우리들은 나이가 많아져서 만나는 사람마다 모두들 늙은 친구들이네. 늙은 친구들은 만나자마자 바로 당나라 사람의 시가 말한 대로이지. '방구반위귀(訪舊半爲鬼), 상비각문년(相悲各問年)', 옛 친구들을 물어보니 절반은 이미 죽어서 귀신이 되었습니다. 그밖에 서로 만나면 묻습니다. 자네는 몇 살인가? 아! 일흔아홉이 되었네. 어! 나는 여든둘이 되었네. 서로 슬퍼하면서 각각 나이를 묻습니다.

그 친구는 말했습니다. 자네들은 어찌 이렇게나 싫은가! 우리는 만났으면 다른 얘기를 좀 하자니까! 만나자마자 자네 혈압은 높은가 안 높은가? 심장은 좋은가 안 좋은가? 최근에 가서 검사해 봤는가! 라고 묻는데 이건 얼마나 싫은가! 노년 친구들은 말하기를 늙으면 아프고 힘들기 때문에, 그래서 공공보험 외래진료의원으로 달려간다고 말하는데 정말 어리석네. 그는 말합니다. 나는 자신이 대단히 행복하다고 느끼네. 하느님이 만약 내게 이 생명을 주지 않았다면 나는 죽을 기회가 없을 것이네. 이미 나에게 이 생명을 준 이상 어느 날엔가 나를 죽으라고 할 것이니 나는 대단히 영광스럽네. 죽을 기회가 얼마나 얻기 어려운가! 인생은 오직 한번만 얻는데 자네들은 늙어서 그 죽음을 두려워해서 뭐 하자는 것인가?

비록 이 친구는 도를 조금도 배우지 않고『장자』도 연구하지 않지만 그가 말하는 것은 원래 통쾌합니다. 그는 말했습니다. 만약 암병을 얻었다면 나더러 수술해라 그래도 좋고 수술하지 말라 그래도 좋네. 모두 얻기 어려운 기회이며 최후의 큰 기회 하나는 죽음인데 이를 꿰뚫어 보아야하니까! 내가 죽기 전에는 어떤 것을 먹어도 암병을 얻을 것이니 나는 예전대로 어김없이 먹겠네. 어쨌든 한 기회이니까. 그래서 그는 말했습니다. 최근에 외국에 한번 갔다 왔는데 딸과 아들을 좀 보러갔는데 내가 어디 가고 싶었겠는가! 그것은 바로 중화항공이 최근에 비행기 실종사고가 났기 때문에 내가 생각하자마자 나는 곧 표를 하나 사러갔지. 내가 그에게 물었습니다. 이것은 무슨 뜻인가? 그는 말했습니다. 나는 그렇게 떨어질 기회를 하나 몹시 찾고 싶은데 간단명료하지 않는가? 만일 장래에 산소 호흡기를 꽂는다면 그건 아주 싫다네. 결국 운이 좋지 않아서 떨어지지도 않았고 외국에 가서 반달이나 있었는데 서양말도 할 줄 모르고 비행기를 탄 뒤에는 줄곧 남에게 안내되어 다녔다네.

그는 국내에서 상당히 지위도 있습니다. 물론 외국어는 할 줄 모릅니다. 그는 말했습니다. 나는 어디사람이고 어디 간다는 팻말을 하나 거의 거는 정도이지. 그래서 스튜어디스가 내가 정말로 서양말을 이해 못한다는 것을 보고는 하나하나 설명해 준다네. 그리고 어느 곳에 도착하여 비행기가 멈추기에 비행기에서 내리고 싶어 했네. 곁에 있는 그 인사를 했던 사람이 내 부탁을 받았기에 NO, NO 라고 말했네. 그가 NO 라고 말하자 나는 비행기에서 내리지 않기로 했네. 그 다음에 저는 그에게 묻기를 비행기에서 뭘 먹을 때는 어떻게 하느냐고 했습니다. 그는 말했습니다. 아이구, 바로 이건 싫어. 그것은 양식인데다 먹기도 어려웠어. 그래서 나는 후추와 고추장을 함께 쏟아 넣었지. 남이 뭘 마실 거냐고 묻기에 나는 그저 커피라고 만 말할 수 있었네. 이 반달 동안에 온통 커피만 마셨네. 이 노년 친구는 오면 항상 얘기할 우스개 이야기가 있는데, 모두 현장에서 겪었던 이야기들입니다. 그래서 저는 지금 여러분들에게 격려하겠습니다. 출국하면 그분처럼 커피만 두둑이 마시지 마십시오. 적어도 메뉴판은 알아볼 수 있어야합니다! 그는 비록 도를 배우지 않고 뭘 배우지 않지만 그의 생각은 오히려 통달했습니다.

도를 이길 수 없다고 장자는 말하다

"내가 이 몸을 얻어 세상에 사는 것은 시간이 준 한 기회요, 이 몸을 잃는 것은 변화에 따르는 것이네. 현재의 시간에 편안하고 변화에 따라 맡기면, 희노애락(喜怒哀樂)이 마음속으로 끼어들어올 수가 없네. 이것이 고대에 말한 현해(縣解)인데, 자기가 해탈하지 못하는 까닭은 물리환경에 사로잡혀 묶여 있기 때문이네. 게다가 만물이 도[天]를 이길 수 없음은 영원한 도리인데, 내가 또 무엇을 싫어하겠나!"

且夫得者, 時也, 失者, 順也; 安時而處順, 哀樂不能入也, 此
古之所謂縣解也, 而不能自解者, 物有結之。且夫物不勝天久
矣, 吾又何惡焉!

장자는 말하기를 우리가 이 신체를 얻어 이 세상에 사는 것은
'시야(時也)'라고 합니다. 이것은 하나의 기회, 하나의 시간을 대표
합니다. 이 기회가 있고 이 시간이 있어야 비로소 우리로 하여금
수십 살을 살게 합니다. 만일 태어나자 곧 죽어서, 시간이 좀 짧은
데 곧 떠나가더라도 되고, 무슨 아쉬움이 없습니다. 그러므로 '내
가 이 몸을 얻어 세상에 사는 것은 시간이 준 한 기회요[得者, 時
也]', 이것은 기회입니다. '이 몸을 잃는 것은 변화에 따르는 것이
네[失者, 順也]', 생명이 끝나면 되돌아가야 하는 것은 마땅한 것입
니다. 본래 이 세상에 나가 없었는데 홀연히 하나의 나가 뛰어나와
이 세상에서 수십 년 동안 놀았으니 밑지지 않았습니다. 애초에 아
무것도 지니지 않은 채 벌거숭이로 왔다가 또 먹고 머물고 또 놀고
남 욕도 하고 말다툼도 하면서 수십 년 동안 놀았으니 아주 재미있
었습니다. 돌아가면 곧 돌아가는 것입니다. 마땅히 그래야하는 것
이니까요, 뭐 대단한 것이 아닙니다.

그래서 뒷날 중국문화에는 한마디 명언이 있었습니다. '안시처
순(安時處順)' 이 네 글자는 늘 사용하는 전고요 원칙인데, 바로 대
종사 편 이 단락에서 온 것입니다. 그래서 그는 말합니다. '현재의
시간에 편안하고 변화에 따라 맡기면[安時而處順]', 살아 있는 동안
에는 현재를 틀어줍니다. 현재는 바로 가치입니다. 돌아가야 할 때
는 자연스럽게 돌아갑니다. 그러므로 모든 환경의 변화, 심신의 변
화는 모두 관계없습니다. 그것은 자연스러운 본래의 변화입니다.
항상 많은 친구들이 이렇게 저렇게 하겠다고 말합니다. 특히 만년

에 이르면, 공자도 말했듯이 사람이 노년에 이르면 한 가지 크게
경계해야할 것[大戒]이 있으니, 그것은 바로 '경계할 것은 물욕에
있다[戒之在得]'입니다. 사람이 늙은 뒤에는 손이 갈수록 꽉 틀어쥐
고 생각도 갈수록 꽉 틀어쥡니다. 왜냐하면 살날이 많지 않고 날은
저문데 길은 멀고 해는 서산에 지려하니 앞길이 망망하기 때문입
니다. 그래서 쥐고 있지 못할까 몹시 두려워합니다. 이른바 평소에
는 돈을 좋아하지 않는 사람들도 늙으면 유난히 돈을 좋아합니다.
평소에 씀씀이가 큰 사람도 늙으면 자식도 내 것이요 딸도 내 것이
요 손자도 내 것입니다. 왜냐하면 그는 쥐지 못했기에 아무래도 쥐
고 싶어 하고, 이렇다면 이미 이 생명을 이해하지 못하기 때문에,
그래서 변화에 따라 맡길 줄[處順] 모릅니다.

사람이 늙음에 이르렀다면 이 세상은 당신에게 그렇게 오랫동안
놀게 해 주었으니 이미 밑지지 않은 것이므로 그 자연스러움에 순
응해야 합니다. 만약 이 도리를 이해한다면 '희노애락이 마음속으
로 끼어들어올 수가 없네[哀樂不能入也]', 모든 희노애락이 아무것
도 아니며 정서(情緖)조차도 움직이지 않습니다. 정서가 움직이지
않음은 낙심한 것이 아닙니다! 자연히 비워진[空] 것입니다. 무슨
좋아할 것이 없는 것입니다! 물론 당신더러 좋아하지 말라는 것이
아닙니다. 당신이 기뻐서 웃는다면 한번 웃고, 다 웃고 나면 그만
입니다. 울고 싶으면 한바탕 울고, 다 울고 나면 그만입니다. '희노
애락이 마음속으로 끼어들어올 수가 없네'. 그는 이 도리가 가장
이해하기 어렵다고 말합니다. 이것이 바로 도입니다. 불가의 선종
이 깨달음을 얘기함은 바로 이 도리를 깨달아야 하고 인생을 꿰뚫
어 보아야 한다는 것입니다.

'이것이 고대에 말한 현해(縣解)인데[此古之所謂縣解也]', 옛사람
의 '縣(현)'자는 곧 '懸(현)'자입니다. 무엇을 '현해(縣解)'라고 할까

요? 바로 가장 고명한 견해입니다. 마지못해 다시 해석한다면 형이
상 철학의 도리가 바로 현해입니다. 만약 엄격히 말하면 현해나 조
화 이런 것들의 제목에 포함되어 있는 의미는 모두 많습니다. 간단
히 말해서 이것이 바로 도임을 이해했고 알게 되었다는 것입니다.
그러므로 뒷날 어떤 사람이 매달 '현(懸)'자로 썼습니다. 사람은 마
땅히 저마다 이 지혜가 있어야 하고 이 인생을 이해하고 도를 얻어
야 합니다. '자기가 해탈하지 못하는 까닭은[而不能自解者]', 그러
나 인생에서 자기가 해탈을 얻지 못하고 '현해(懸解)'의 해탈경계에
도달하지 못하는 것은 '물리환경에 사로잡혀 묶여 있기 때문이네',
물리의 환경에 어리둥절하게 되어 그에 묶여있기 때문입니다.

우리들 이 자리에 있는 불학을 연구하는 친구 여러분이 보았듯
이 많은 불경상의 번역 명칭인 무슨 해탈(解脫)이나, 마음속의 번
뇌망상을 결사(結使)라고 부르는 것이나, 이런 것들은 장자의 것을
그대로 베껴 쓴 것이 특별히 많습니다. 그러므로 고명한 견해가 있
고 도를 깨달은 사람은 자기가 해탈을 얻습니다. 사람이 만약 해탈
을 얻지 못하면 자신이 고뇌합니다.

'게다가 만물이 도[天]를 이길 수 없음은 영원한 도리인데, 내가
또 무엇을 싫어하겠나[且夫物不勝天久矣, 吾又何惡焉]!', 이것이 최
후의 결론인데, 그는 말하기를 우주만물은 '천(天)'을 이길 수 없다
고 합니다. 이 '천'은 도를 대표합니다. 천체의 천이 아닙니다. 무
슨 자연과학의 천도 아닙니다. 만물은 도의 경계를 떠날 수 없습니
다. 즉, 물질도 마음에 영향을 미칠 수 없으며, 마음이 바로 도입니
다. 그러나 마음 '심(心)'자 하나를 얘기하게 되면 우리들은 낮추기
일쑤여서 자기의 생각을 마음으로 여기는 것 같습니다. 이 마음은
생각·정신·물리(생리) 이 세 부분을 포함한 일체(一體)입니다. 그
런데 옛사람은, 특히 장자는 이 글자를 쓰지 않고 천(天)자를 쓰거

나 도(道) 같은 부류의 글자를 씀으로써 바로 마음과 물질은 일체라는 것[心物一體]을 대표했습니다. 그러므로 '물불승천(物不勝天)', 그는 말합니다. 우리들이 구태여 외물 때문에 자기를 성가시게 할 필요가 있는가! 만물을 보고 비워버리고[空] 꿰뚫어 보고 성가심을 당하지 않으면 곧 속박되지 않는다. 그러므로 우리는 또 구태여 이 몸을, 더 나아가 물리세계의 것들을 싫어할 필요가 있겠는가! 다음에서 따로 이야기를 하나 시작합니다.

당신은 죽음이 두렵습니까

얼마 뒤에 자래(子來)가 병이 들었다. 숨이 차 헐떡거리며 곧 죽으려하니, 처자가 그를 둘러싸고는 울고 있었다. 자리(子犁)가 문병을 왔다가 꾸짖었다. "쉿, 저리 물러가라. 변화를 두려워 하지마라."

俄而子來有病, 喘喘然將死, 其妻子環而泣之。子犁往問之,
曰：叱！避！無怛化。

　자사(子祀)·자여(子輿)·자리(子犁)·자래(子來) 이 네 명의 친구가 한동안 지난 다음 자래가 병이 났습니다. 아마 폐에 물이 찼거나 기관지염으로 숨을 헐떡거렸을 것입니다. '숨이 차 헐떡거리며 곧 죽으려 하니[喘喘然將死]', 기(氣)가 밖으로 나오지 못해 곧 죽게되었습니다. '기처자환이읍지(其妻子環而泣之)', 그의 아내와 아들이 그를 둘러싸고 울고 있었습니다. 자리(子犁)가 '왕문지(往問之)', 그의 병문안을 가서 그의 집안사람들이 그를 둘러싸고 그렇게 슬퍼하는 것을 보았습니다. 자리는 사람들을 꾸짖었습니다. '쉿, 저리 물러가라[叱! 避]!', 여러분들은 전부 비키라며 그의 집안사람들을 모두 쫓아버렸습니다. '변화를 두려워 하지마라[無怛化]', 병이 났든 죽든 일체가 모두 천지 물리의 자연스런 변화입니다. 병이 났을 때는 병이 난 것입니다. 물론 당신더러 약을 먹지 말라는 것이 아닙니다. 약은 역시 먹어야만 합니다. 구태여 심리적으로 마음속에서 두려워할 필요가 있겠습니까!

우리 먼저 이점을 토론해보겠습니다. 자래가 병이 난 것에 관하여 장자는 세 글자만 얘기했습니다. '무달화(無怛化)', '달(怛)'은 두려워하는 것입니다. 변화를 두려워한 것인데, 이것은 바로 병이 남의 철학입니다. 위에서 생리변화의 도리를 하나 말했습니다. 우리가 병이 나면 중의든 양의든 의학이론상으로 가장 큰 원칙이 하나 있는데, 의학을 배우는 학우들은 더욱 주의해야 합니다. 어떤 병이든지 3푼(分)만 있습니다. 그러나 우리들의 심리의 고통이 더해져 7푼이 되어버려, 아주 아파요!. 아주 아파요! 합니다. 특히 병이 난 사람은 다른 사람이 돌봐주는 것을 좋아합니다. 마치 어린애가 엄마를 보면 까닭 없이 세 바탕을 우는 것이나 같습니다. 일이 없는데도 한번 울려고 합니다. 사람이 병이 났을 때 남이 자기를 보러오고 그를 돌봐주고 하는 것을 가장 좋아합니다. 아파요 안 아파요? 아주 아파요. 많은 사람들이 어린애 성깔입니다. 특히 그렇게 아프지도 않는데 아프다고 소리 지르는 것은 모두 자기의 심리작용 탓입니다.

예컨대 어떤 사람이 감기에 걸려 아프지만 자기의 심리가 그것을 가중시킵니다. 왜냐하면 병이 난 것을 두려워하여 잠재의식의 심리가 작용하기 때문입니다. 이것이 더해진 뒤에 병이 제거되는데 많은 어려움이 증가합니다. 그러므로 의학에서 많은 사실들을 볼 수 있는데, 왕왕 어떤 사람들은 약을 잘못 먹었지만 병을 잘 먹어버립니다. 왜냐하면 의사를 신뢰하여 약을 먹으면 자기가 구해질 것이라고 여기기 때문입니다. 그러므로 많은 진료카드에는 병자에게 먹도록 주는 것이 아예 약이 아닙니다. 오늘날 미국의 많은 가정에 다들 약병들이 놓여 있고, 대단히 약을 신뢰합니다. 물론 의사의 장사도 좋습니다. 특히 갖가지 비타민은 굉장히 많습니다.

그러나 제가 아는 자료에 의거하면, 뿐만 아니라 의학적으로 가장 고명한 자료가 있는데, 치료하지 못하는 많은 병들에 대하여 의사가 환자에게 먹도록 하는 것은 백설탕입니다. 포장하면 알약 같은데, 의사는 말하기를 대부분은 병자의 심리를 위안시킨다고 합니다. 결과적으로 환자도 잘 살았습니다. 왜냐하면 심리병이 엄중하기 때문입니다. 과학문명이 발달할수록 일반인들의 심리병은 갈수록 심각해집니다. 자기 심리의 이 문제를 해결하고자하면 바로 장자의 이 세 글자입니다. '무달화(無怛化)', 그렇게 두려움이 없습니다. 생명을 바라보되 좀 비워버리면 병이 났어도 그렇게 두려워하지 않으며 그렇게 죽음을 두려워하지 않게 됩니다. 그래서 자리는 이 두 마디 말로 그의 집안사람들을 꾸짖고 그들더러 비키라고 했습니다. 여러분들은 뭘 두려워하는가? 이것은 자연스러운 변화이다.

자리는 창가에 기대어 그에게 말했다. "위대하구나, 조화옹이여! 또 자네를 무엇으로 변화시켜 어디로 가게하려 하는 것일까? 자네를 쥐의 간으로 변화시키려는 것일까? 아니면 자네를 벌레의 팔로 변화시키려는 것일까?"

倚其戶與之語曰 : 偉哉造化! 又將奚以汝爲, 將奚以汝適! 以汝爲鼠肝乎？以汝爲蟲臂乎？

자리는 창(窓) 옆에 기대고 있었습니다. 창은 호(戶)라고 합니다. 문(門)은 문이고 호(戶)는 호입니다. 호는 실내에 있는 것으로, 집 안의 문을 호라고 합니다. 밖에 있는 대문을 문이라고 합니다. 아래가 땅이나 마룻바닥에 닿는 높고 긴 창문을 호(戶)라고 부른다고 말함과 같습니다. 자리는 창문에 기대고 그에게 말을 합니다. '위대하구나, 조화옹이여! 또 자네를 무엇으로 변화시켜 어디로 가게 하려 하는 것일까[偉哉造化! 又將奚以汝爲, 將奚以汝適]!', 그는 말합니다. 아주 위대한 조화가 자네를 어떤 모습으로 변하게 하려는지 모르겠네! 자네를 어디로 보내려고 하는지는 더더구나 모르겠네! 왜냐하면 병이 났고, 병이 난 다음 단계는 죽음이기 때문입니다. '자네를 쥐의 간으로 변화시키려는 것일까? 아니면 자네를 벌레의 팔로 변화시키려는 것일까[以汝爲鼠肝乎? 以汝爲蟲臂乎]?', 죽은 뒤에 쥐 간으로 변할까? 아니면 한 마리 벌레의 팔로 변할까? 여기서 말하는 것은 마치 생명의 윤회같은데 사실은 쥐 간이나 벌레의 팔은 모두 없는 것입니다.

자래가 대답했다. "부모가 자식에게 동서남북 어디로 가라 하면 자식은 그 명령에 따라야 할 뿐이네. 음양(陰陽)이 사람에게 미치는 보이지 않는 빠른 작용은 부모의 명령 이상이라네. 저 음양이 내게 죽으라고 명령하는데, 내가 따르지 않는다면 내가 반항하는 것이지 저 음양이야 무슨 죄과가 있겠나!"

子來曰：父母於子, 東西南北, 唯命之從。陰陽於人, 不翅於父母；彼近吾死而我不聽, 我則悍矣, 彼何罪焉？

자래가 말합니다. 우주천지는 우리들의 부모나 다름없고, 크나큰 부모이네. 우주만유는 바로 음양이 변한 것이네. 그것은 '불시(不翅)', 날개가 없네. 바로 형상이 없으면서 대단히 빨리 날아서, 만물의 속도가 그것을 따라잡지 못하며, 변화는 무궁하고 그 속도가 아주 빠르다는 것입니다. 장자는 이것이 바로 우리들의 크나큰 부모라고 말합니다. 그래서 사람을 포함한 만유생명은 모두 이 크나큰 부모인 음양의 소생으로서, 음양의 빠른 작용은 부모의 명령 이상입니다[不翅於父母].

　'저 음양이 내게 죽으라고 명령하는데, 내가 따르지 않는다면 내가 반항하는 것이지 저 음양이야 무슨 죄과가 있겠나[彼近吾死而我不聽, 我則悍矣, 彼何罪焉]!', 나의 이 크나큰 부모인 우주의 주재자로서 음양조물의 이 작용이 만약 내가 죽어야한다고 여기면 나도 항거할 방법이 없고 그를 따를 수밖에 없네. 만약 내가 명령을 따르지 않고 그 자연스러움에 따라 죽지 않으면 곧 반항이네[我則悍矣]. 왜 부모의 명령에 거역하고 음양의 명령에 거역해야만 하겠는가! 그가 자네를 죽으라고 요구해도 죄과가 아니네. 그가 자네더러 살라고 요구해도 은혜가 아니네. 자연스러운 것이 바로 이런 규율이네. 뿐만 아니라 우리의 이 생명은 그가 변해 나온 것이니 우리는 반드시 그에게 생명을 돌려주어야 하고 그에게서 명령을 들어야 되네.

"천지는 나에게 형체를 주어 삶으로써 나를 수고롭게 하고, 늙음으로써 나를 안일하게 하고, 죽음으로써 나를 안식하게 하네. 그러므로 (도를 얻어) 내가 잘 살아야 마침내 내가 잘 죽어갈 수 있는 것이네."

夫大塊以載我以形，勞我以生，佚我以老，息我以死。故善吾生者, 乃所以善吾死也。

중국철학에서는 조물(造物) · 조화(造化) · 음양(陰陽) · 대괴(大塊) 등의 단어들을 상용합니다. 앞서 말했듯이 '대괴(大塊)'는 바로 우리들의 이 천지(天地)입니다. '천지는 나에게 형체를 주어 삶으로써 나를 수고롭게 하고 늙음으로써 나를 안일하게 하고 죽음으로써 나를 안식하게 하네[載我以形, 勞我以生, 佚我以老, 息我以死]'인데, 이것은 생로병사(生老病死)입니다. 여기에 한 가지 비교가 있습니다. 과거에 불가의 철학에서는 인생에 대한 네 가지 단계인 생로병사에 대하여 대단히 중요하게 보았습니다. 인도철학 전체에서도 모두 중요하게 보았습니다. 인도철학에서 제시한 네 가지 단계는 분명한데 중국에도 본래 있었습니다. 인도철학은 이 네 가지 문제로부터 뛰어나와서 해탈하기를 바라고 사람들이 생로병사에서 어떻게 해탈하도록 요구하였습니다. 그래서 불학의 철학계통을 창립하였습니다, 즉, 불교의 기본 종교철학입니다.

종교의 외피를 벗겨버리고 문화정신으로만 비교한다면 장자가 여기서 말한 설은 중국 상고문화의 생로병사에 대한 견해를 대표하며 그 견해가 몹시 홀가분합니다! 기타의 종교들처럼 그렇게 심각하게 바라보지 않습니다. 장자는 말합니다. 이 대괴 천지는 '나에게 형체를 주어[載我以形]', '재(載)'자에 유의하기 바랍니다. 우리가 지난번에도 언급했듯이 이 신체는 자동차처럼 '나'를 그 안에 집어 넣어놓은 것임을 말하며 이것이 바로 '재아이형(載我以形)'의 의미입니다. 그러므로 신체는 '나'가 아닙니다. '나'도 신체가 아닙니다. 하지만 신체는 현재 '나'의 사용에 속해 있습니다. 나의 차한 대나 다름없습니다. 형체가 있어서 살아있을 때에는 '삶으로써 나를 수고롭게 하고[勞我以生]', 살아가느라 대단히 바쁩니다. '늙

음으로써 나를 안일하게 하고[佚我以老]', '늙으면 나에게 퇴직의
편안함을 하나 줍니다. '죽음으로써 나를 안식하게 하네[息我以
死]', 죽으면 나를 휴식하게 합니다. '그러므로 도를 얻어 내가 잘
살아야 마침내 내가 잘 죽어갈 수 있는 것이네[故善吾生者, 乃善吾
死也]', 그러므로 진정으로 생명을 이해하는 사람이라야 진정으로
죽음을 이해할 수 있습니다. 살았다고 삶이 기뻐할 것이 되지 못할
진대 죽음도 두려할 것이 못됩니다. 이것은 하나의 자연스러운 단
계입니다.

　그러나 모든 철학, 그리고 종교철학은 모두 여기까지만 얘기하
고 끝납니다. 죽은 뒤에도 있을까요 없을까요? 그렇게 되면 이것은
또 불학 속으로 돌아가게 됩니다. 그 답안은 또 있다는 것입니다.
도가에서는 그렇게 분명하게 말하지 않았지만 또 있다고 인정합니
다. 또 다시 돌아온다고 하는 것이 바로 윤회(輪廻)입니다. 윤회는
다시 되돌아와 또 생로병사 하는 것입니다. 그러므로 이 생명은 영
원히 이어져가고 끊어지지 않습니다. 이것이 생명현상입니다. 이
현상의 뒤에는 어떤 것이 하나 있습니다. 견줄 수 없는 기능이 있
는데 그게 바로 종교철학에서 정한 제1 원인입니다. 제1 원인은
그 밖에도 갖가지 명칭이 있는데, 그것을 도라고 해도 좋고 무엇이
라고 해도 다 좋습니다. 장자에는 이어서 또 하나의 형용이 있습니
다.

자연에 순응하고 자연에게 거역하고

"지금 대장장이가 황금으로 주물을 만들려고 하는데 그 황금이 기뻐

뛰면서 말하기를 '나는 반드시 막야(鏌邪) 명검이 되겠다!' 고 한다면, 대장장이는 반드시 불길한 황금이라고 여길 것이네.”

今大冶鑄金, 金踊躍曰 : 我且必爲鏌邪! 大冶必以爲不祥之金。

이 비유는 묘합니다. 장자가 한 가지 비유를 하여 말합니다. '대야(大冶)', 어떤 대장장이가 용광로에서 황금을 제련하여 금을 다른 물건으로 주조할 준비를 하고 있습니다. 어찌 알았겠습니까? 황금을 용광로 속에 쏟아 넣자 이 황금은 뛸 듯이 기뻐하면서 말하기를, 좋구나! 이번에는 내 차례가 되었구나. 내가 곧 한 자루 '막야(鏌邪)' 보검으로 변하겠구나! 할 줄을. 고대에 명검을 제련할 때는 다섯 가지 금속을 혼합하여 제련해야 했습니다. 만약 이 금이 용광로 속에 들어갔을 때 뛰면서 소리친다면 그 대장장이는 틀림없이 이 황금을 요괴라고 여기고 이 황금덩이를 어떻게든 해치워버릴 겁니다.

“지금 사람의 모습으로 변해 있다고 해서 소리치기를 '나는 사람이다, 나는 사람이다' 라고 한다면 저 조화옹은 반드시 불길한 인간이라고 여길 것이네.”

今一犯人之形而曰 : 人耳! 人耳! 夫造化者必以爲不祥之人。

이제 우리들의 이 생명이 '범인지형(犯人之形)', '범(犯)'은 바로 모범 범(範)입니다. 지금 우리들은 사람의 모습으로 변해 있어서'이왈인이인이(而曰人耳人耳)', 스스로 여전히 소리치기를 나는 사람이다. 나는 사람이다... 라고 하기 때문에, 그래서 생명의 주재자는 우리 사람들은 모두 요괴이며 상서롭지 못한 사람으로서 마치 저 금덩어리와 마찬가지로 본다는 것입니다. 본래 사람인데 왜 스스로 선전하고자 할까요? 바로 자기 스스로 못되게 굴고 있는 것입니다.

"지금 천지를 큰 용광로로 여기고, 조화옹을 대장장이로 여긴다면, 나를 무엇으로 변하게 하여 어디로 보낸들 안 될 것이 없네! 사람의 형체가 이루어지면 그 안에서 잠을 자다 어느 날 정신이 떠나면 홀연히 깨어난다네."

今一以天地爲大爐, 以造化爲大冶, 惡乎往而不可哉! 成然寐, 遽然覺。

장자는 이 단락에서 특별히 제시하여 말하기를 이 우주는 바로 거대한 화학 용광로라는 것을 우리는 분명히 알아야 한다고 합니다. '금일이천지위대로(今一以天地爲大鑪)', 지금 천지를 거대한 화학용광로로 여긴다는 것입니다. 천지 사이에는 하나의 기능이 있어 만물을 창조할 수 있습니다. 이 기능을 조화라고 부릅니다. 조화는 바로 이 대장장이입니다. 그가 우리를 변화시키고자 하는 모습대로 그대로 되는 것입니다. '오호왕이불가재(惡乎往而不可哉)!,' 받아들이겠다 못 받아들이겠다 말해서는 안 되고 그 자연스러움에 따라야 합니다. 우주는 바로 하나의 거대한 변화라는 것을 본래에 알기에 우리들은 그것이 변화하는 대로 맡겨 두고 무엇으로 변화해도 다 좋습니다. 그런데 당신이 구태여 소리 지를 필요가 있겠습니까? 자기가 생명의 모순에 대하여 불쾌해 하며 의견이 맞서지 말아야 합니다.

이 도리는 설명하기를 우리들이 생명을 잘 모르기 때문에 자기 생명에 대하여 원한이 있고 인생에 대하여 불만이 있다고 합니다. 사실은 어떤 환경에서도 사람은 모두 생활할 수 있습니다. 하지만 한사코 사람들은 어떤 환경에 대해서든 모두 만족하지 못하고 모두 원망하곤 합니다. 마치 그 황금이 용광로 속으로 뛰어 들어가자 스스로 소리 지르는 것처럼 말입니다. 그것은 바로 요괴입니다. 그러므로 사람은, 자기의 생명은 바로 그런 변화이니 원망할 필요도 없으며 슬픔이나 기뻐함도 없으며 일체가 자연스럽다는 것을 분명히 알아야 합니다.

'사람의 형체가 이루어지면 그 안에서 잠을 자다 어느 날 정신이 떠나면 홀연히 깨어난다네[成然寐, 蘧然覺]', 조화가 용광로에서 하나의 완성품을 만들어 낸 것이 바로 우리 사람들입니다. 완성품이 이미 만들어졌으면 사람의 생명도 이 신체 속에 집어넣어져 있습니다. '성연매(成然寐)', 사람이라는 물건으로 변하면 잠을 잡니다. 흐리멍덩하게 잠을 잡니다. 불경에서 말한 장야만만(長夜漫漫)입니다. 밤은 길고 이 한 잠을 잡니다. 육십 살을 산 것이 바로 육십 년을 잔 것인지도 모릅니다. '거연교(蘧然覺)', 어느 날 우리들의 신체가 말을 안 들어 이 도구를 다 사용하게 되었을 때는 우리들의 그 정신은 이 신체라는 도구를 떠나 대자연으로 되돌아갑니다. 그것이 바로 꿈에서 깰 때이며 대단히 편안합니다.

이 단락 이야기에서 마지막의 두 마디 말은 설명하기를 우리가 살아가는 동안 생명이 이 몸속에 집어넣어져 있는데, 이것은 재수 없는 때이며 우리가 큰 잠을 자고 있는 때이다. 우리가 어느 날 꿈에서 깨어났을 때 이 신체는 우리를 구속할 수 없다고 합니다.

장자에서 말하는 생명과 관계되는 도리와 우언 비유 가운데에서 대단히 중요한 중심점이 하나 있는데, 여러분들은 소홀히 하지 말기 바랍니다. 그것은 바로 사람이 도(道)를 안다면 비록 자연스러운 변화 속에 있으면서도 스스로 우주의 주인이 되어 자기의 생명을 주재할 수 있다는 것입니다. 이게 바로 생명의 승화입니다. 이러한 사람을 진인이라고 부릅니다. 진인은 천체 상의 해와 달을 손에 가지고 있어 마치 새알처럼 가지고 논다고 말할 수 있습니다. 이 진인은 우주보다도 더 위대하며 견줄만한 생명의 기능이 있습니다.

장자의 내7편 내용은 겉으로 보면 모두 어떻게 해탈하고 그 자연스러움에 따른다는 것입니다. 그러나 자연법칙에 위반하는 것으로서 이 변화를 따라가지 않고 이 변화를 초월할 수 있는 것이 하나 있습니다. 오직 도를 아는 사람만이 그렇게 할 수 있습니다. 이거야말로 중심의 중점입니다. 우리가 『장자』를 읽을 때 왕왕 이 자연스러운 변화와, 아름다우면서도 유머적이며 재미있는 문자에 빠져버려 그 사이에 자기 뜻대로 할 수 있는 것이 하나 있다는 것을 잊어버립니다. 대개 『장자』를 연구하는 사람들은, 심지어 장자를 좋아하는 우리 같은 사람들도 제 경험에서 보면, 고금 이래의 각종의 주해는 대부분 그저 소요해탈(逍遙解脫) 순기자연(順其自然)이라는 이 일면에만 주의를 기울이고, 역행수도(逆行修道)하여 생명을 주재한다는 이 일면은 소홀히 했습니다.

이전에 제가 대륙의 서남 지역 일대에 있을 때 노년 친구를 한분 만나게 되었는데 유명한 천문학자였습니다. 이름이 갑자기 생각이 나지 않는데 사천 사람이었습니다. 아마 살아있다면 백여 살 쯤 되었을 것입니다. 그는 이름난 영국대학 유학생으로서 천문학을 배운 사람이었습니다. 중국문학도 좋았습니다. 우리 중국문화가 과학을 접촉하고서부터 요 일백 년 동안 천문과학을 진정으로 배운 사람은 몇 사람 되지 않습니다. 일반적으로 모두 실용과학을 배운 사람이 많습니다. 그래서 우리가 어떤 사람이 천문을 배운 사람이라고 들으면 대단히 훌륭하다고 느낍니다. 뿐만 아니라 그가 배운 천문은 서양 천문을 알고 있을 뿐만 아니라 중국의 전통 천문에 대해서도 대단히 연구했었습니다. 그러므로 우리가 그에게 웃으면서 말하기를 어제 밤에 또 잠 못 주무셨지요? 라고 했습니다. 그는 밤에 보통 잠을 자지 않았습니다. 밤에 천문을 연구했습니다. 예전에는 천문대가 없었으며 오늘날과 같은 과학 설비가 없었습니다. 그때는 수십 년 전이었는데 그는 두터운 갖저고리를 입고 두꺼운 모자 차림에 집의 건물 높은 층 꼭대기에 서서 천상을 쳐다보고 관찰했습니다. 그에게 국가에 무슨 변화가 있겠느냐고 물어보면 그는 정확히 말했습니다. 우언을 얘기한 것보다 더 정확했습니다. 그것은 과학입니다. 어떤 별자리가 변하면 세계에는 어떤 변란이 있을지 모릅니다. 일본과의 전쟁 시기에 우리가 그에게 묻기를 얼마동안 전쟁을 해야 되느냐고 했더니 그는 삼사오년이 아니라면서 손가락을 꺼내 셈을 했습니다. 무슨 자축묘유(子丑卯酉)를 헤아리는 것이 아니었습니다! 그는 수학을 셈하고 있었습니다. 아무래도 십여 년은 걸리겠지. 팔구 년은 면하지 못하겠어 라고 말했습니다.

이 사람은 보면 이상야릇합니다만 우리들은 아마 아주 익숙해져서 그럴 것인데 그가 오히려 아주 자연스럽게 보였습니다. 바로 장자가 말한 자상(子桑)·자여(子輿) 이런 부류의 사람입니다. 그는 길을 걸으면서 눈은 모두 하늘을 바라보고 있습니다. 안하무인으로 대단히 오만한 것 같습니다. 그는 말하기를 자신은 어떤 사람이든 다 존중하지만 천문을 보는 게 습관이 되어 사람만 보면 아주 작아 보인다고 했습니다. 그가 찻집에 앉아 있을 때나 혹은 사람들과 함께 밥을 먹을 때에도 이와 같이 위를 쳐다보았습니다. 그는 천문을 배운 사람이었기 때문에 이 세상을 보거나 이 지구를 보기를 마치 새알처럼 보았습니다. 하물며 우리 이런 인류들이 이 지구 상에 살아가고 있는 것은 새알 위의 개미와 같은데 더 말할 나위가 있겠습니까? 조금도 재미가 없다고 말했습니다. 그러므로 사람들 보기를 귀찮아하고 하늘을 살펴보았습니다.

그는 말년에 『장자』를 가장 즐겨 보았습니다. 마치 장자의 도가 이미 그에게 전해졌다는 그런 분위기였습니다. 이런 사람과 친구 가 되면 아주 재미가 있지만 일을 처리해보면 엉망진창입니다. 인 정세태에 대해서 아무것도 알지 못합니다. 집에는 또 돈도 있으니 옷을 어떻게 입든 상관하지 않았습니다. 단추가 어지럽게 끼워져 있어 친구가 보고는 '또 잘못 끼웠네' 하면서 풀어서 다시 끼워주 면 그는 이런 게 다 상관없다 느낀다면서 말했습니다. 자네들은 왜 『장자』를 읽지 않는가! 이 단추 저 단추는 그저 끼웠으면 된다니 까! 그러므로 이 사람은 아주 자연스러웠습니다. 이와 같은 친구의 경우는 『장자』의 소요해탈(逍遙解脫)의 방면, 순기자연(順其自然) 면에서 철저하게 연구했습니다. 그의 생활은 천문의 경계, 우주의 경계 속에 있으니 우리는 그가 『장자』의 경계 속에서 살고 있다고 일컬었습니다. 그러나 그는 해탈만 알았을 뿐 한 가지 것을 잊어버 렸습니다. 해탈 속으로부터 어떻게 생명으로 하여금 뜻대로 할 수 있게 할 것인가라는 것을 하나 잊어버린 겁니다. 그래서 오늘 특별 히 제시하여 설명합니다.

우리가 『장자』를 연구하는데, 이것은 중국 도가의 도이며, 도가 의 도에는 주로 하나의 정신이 있는데, 그것은 자기가 뜻대로 할 수 있다는 것입니다. 당신이 읽어보면 『장자』 각 편 가운데에 모두 이런 몇 마디가 나옵니다. 이는 도가의 밀종에 해당하여 비밀한 것 입니다. 그는 몇 마디 하고나서는 또 더 이상 얘기하지 않고는, 도 를 얻은 사람은 어떤 모습이라고 빚어놓았습니다! 진인은 또 어떤 모습이다! 라고 빚어 놓은 다음 더 이상 얘기하지 않습니다. 그리고는 이어서 보통의 세속 이야기가 나옵니다. 이점을 우리 특별히 한번 주의해야합니다. 이제 다시 말해갑니다.

무극(無極)에 도전하는 사람

자상호(子桑戶) · 맹자반(孟子反) · 자금장(子琴張) 세 사람이 서로 같이 벗이 되어 말했다. "그 누가 서로 같이 무상(無相) 가운데서 살며, 서로 같이 무상 가운데서 세상을 위하여 일할 수 있을까? 그 누가 천상에 올라 운무(雲霧) 속에서 유람하며, 무극(無極)의 우주를 자유롭게 굴리며, 현상계의 이 생명 형체를 서로 잊고 무궁무진할 수 있을까?"

子桑戶、孟子反、子琴張三人相與友，曰：孰能相與於無相與，相爲於無相爲？孰能登天遊霧，撓挑無極；相忘以生，無所終窮？

'자상호(子桑戶) · 맹자반(孟子反) · 자금장(子琴張)' 이 세 개는 사람 이름입니다. 이게 바로 장자의 문장인데, 이른바 '상여(相與)'는 서로 같다[相同]는 것입니다. 그는 말합니다. 어떤 사람이 다음 네 가지를 할 수 있을까? 첫 번째는 '그 누가 서로 같이 무상(無相) 가운데서 살며[相與於無相與]', 서로 같이 무상(無相) 가운데 있는 것입니다. 부처님을 배우는 학우는 주의하기 바랍니다. 이 무상(無相)과 유상(有相)이라는 용어는 장자가 일찍이 제시하였습니다. 불학이 중국에 전래되기를 기다리지 않았습니다. 그들은 말합니다. 어느 사람이 서로 같이 무상 가운데에서 살 수 있을까? 그것은 바로 상(相)에 집착하지 않는 것입니다. 살아있는 이 생명에 대해서 일체 집착하지 않고 현상(現狀)에 미혹되지 않는 겁니다. 첫마디 말은 상에 집착하지 않음을 해낸 것입니다. 상에 집착하지 않으면 해탈합니다. 해탈한 뒤에는 만사를 상관하지 않을까요? 바로 우리가 얘기했던 천문학을 배운 그 노년 친구 모습처럼 이상야릇할까요? 저는 지금 생각하기를, 앞전 세대들의 인격자로서 괴이한 친구들이었던 그런 종류 사람을 오늘날 수십 년 사이에 모두 찾을 수 없게 되었다고 생각합니다. 그래서 그들을 생각하면 할수록 사랑스럽습니다. 안타깝게도 옛 친구들 찾아보니 반이나 죽어 귀신이 되었거나[訪舊半爲鬼], 신선 되러 가버려서[當仙人去] 귀신이 되지 않았습니다.

두 번째는 '서로 같이 무상 가운데서 세상을 위하여 일할 수 있을까[相爲與無相爲]?', 해탈만 해서는 안 됩니다! 세상에 들어갈 수 있고 작위(作爲)하는 바가 있을 수 있어야 합니다. 비록 세상에 들어가서도 비록 평범한 사람 노릇을 하고 있더라도 일체의 행위는 상(相)에 집착하지 않습니다. 그러므로 도가는 시종 출세간과 입세간의 중간에 처해 있다고 우리는 말할 수 있습니다. 유가는 입세간에 편중되어 있습니다. 예컨대 공맹은 이 도를 반드시 알았습니다. 이 도를 깨달았습니다. 그러나 입세간에 편중되어 있었습니다. 인애대비(仁愛大悲)의 심정에서, 이 세상은 구할 수 없다는 것을 분명히 알았으면서도 그는 한사코 세상을 구제하고 사람들을 구제하고자 했습니다. 그가 어리석은 것이 아니라 그것을 해서는 안 된다는 것을 분명히 알면서도 한 것입니다. 이것이 성인의 행위입니다.

불가는 어떨까요? 솔직히 말해서 당신이 무슨 승(乘) 정도까지 크더라도 마지막에는 역시 출세간에 치우칩니다. 도가는 중간에 서서 들어가도 좋고 나와도 좋습니다. 들어갈 수도 있고 나올 수도 있습니다. 나오고자 하거나 들어가고자 하거나 다 좋습니다. 도가는 시종 문의 중간에 서 있습니다. 들어올까요? 그는 다리를 뽑아 나가버립니다. 나갈까요? 그는 다시 발을 들어 들어옵니다. 시종 그 중간에 서 있습니다. 이것이 도가의 묘함입니다. 다들 선종을 연구한 사람들은 흔히 선종은 노장의 영향을 받았다고 말합니다. 이것은 오히려 다 그런 것은 아닙니다. 하지만 선종과 노장은 대단히 서로 합치합니다. 특히 선(禪)과 불학의 많은 명사들은 노장에서 차용한 것이 아주 많습니다. 예컨대 방금 얘기했던 '상(相)'은 장자가 벌써 제시했습니다. 이 두 마디 말은 두 가지 중점의 관념입니다. '숙능(孰能)', '숙(孰)'은 누가의 의미입니다. 누가 서로 무상 가운데에서 놀 수 있을까요? 이것이 유희삼매인데 인간세계에 유희하는 겁니다. 그러나 오로지 해탈만을 추구하지 않는 일부 사람들은 세간에 들어갑니다. '서로 같이 무상 가운데서 세상을 위하여 일함[相爲於無相爲]'은 바로 입세간의 작위입니다. 이상이 두 가지 관념입니다. 다음은 다시 문제를 제시합니다.

세 번째로는 '그 누가 천상에 올라 운무(雲霧) 속에서 유람하며, 무극(無極)의 우주를 자유롭게 굴리며[孰能登天遊霧, 撓挑無極]', 그는 말합니다. 어느 사람이 천상에 올라갈 수 있을까? '등천(登天)', 이것은 유형의 하늘을 가리킵니다. '유무(遊霧)', 천상의 운무 속으로 가서 유람하며 노는 겁니다. 수영장으로 껑충 뛰어 들어가는 것은 놀기에 좋지 않습니다. 허공의 운무 속으로 가서 좀 놀아야 합니다. 이 정도로는 안 되고, 또 그 허공 속에서 구름을 타고 안개를 몰면서 '효조무극(撓挑無極)'합니다. '무극(無極)'은 또 하나의 명칭인데 무량무변(無量無邊)한 이 대 우주를 대표합니다. 이 텅텅 빈

태공(太空)인 무량무변한 우주를 손가락으로 골라서 마치 우리가 동전을 가지고 놀듯이 마음대로 손안에서 뒤집고 굴리는데 누가 그런 경지에 이를 수 있을까요? 이상이 세 가지 관념입니다. 이어서 다음은 네 번째 관념입니다.

'현상계의 이 생명 형체를 서로 잊고 무궁무진할 수 있을까[相忘以生, 無所終窮]?', 이 현상계의 생명을 잊어버릴 수 있습니다. '상망이생(相忘以生)', 이 세 사람의 현재의 형체는 여전히 사람입니다! 이른바 자상호·맹자반·자금장은 현상계의 생명을 잊어버렸습니다. '무소종궁(無所終窮)', 생명의 하나의 진정한 주재자를 틀어쥐었는데 그 주재자는 무량무변하고 다함도 없고 그침이 없습니다[無盡無止]. 그러나 영원히 있다고는 말하지 않고 '무소종궁(無所終窮)'이라고 했습니다. 끝남도 없습니다. 영원히 끝나지 않습니다. 이 생명의 몇 가지 원칙을 어느 사람이 해낼 수 있을까요? 그러므로 도를 닦고 부처님을 배우는 많은 친구들 중에서 제가 보기에 그의 성격이 서로 가까우면 그더러 『장자』를 읽는 것이 좋다고 권유합니다. 『장자』를 읽는 것이 불학을 읽는 것보다 좋습니다. 불학을 읽으면 너무 종교화되고 너무 엄숙해져 곧바로 풀을 먹고자 하거나, 그렇지 않으면 부처님께 절하고자 합니다! 이것은 진교수의 우스갯소리를 인용한 것인데 우리가 채식하자마자 우리는 풀을 먹는 것이라고 말하는데, 이것은 너무나 엄숙합니다. 『장자』를 읽으면 어떨까요? 그런 엄숙함이 없습니다. 대단히 해탈적입니다. 한편으로는 목탁을 치고 한편으로는 『장자』를 읽으면 모든 번뇌가 다 잊어집니다.

『장자』는 도교의 경전입니다. 도교에서는 경전을 읽을 때 『장자』를 읽는데, 바로 『남화경』입니다. 도가의 큰 사원에서는 도사(道士)나 도고(道姑)가 이런 경들을 목탁을 치면서 읽는 일이 드뭅니다. 그러나 당신이 만약 목탁을 치면서『남화경』을 읽는 것도 다른 맛이 있어서 해탈적이고 가뿐합니다. 하지만 당신은 읽은 결과 가뿐하고 해탈적인 가운데 상에 집착해버리고 문자에 속임을 당하여, 해탈적이며 가뿐한 이 일면에 집착한 나머지 오히려 그 속의 가장 엄숙한 일면인, 생명을 자기가 뜻대로 할 수 있는 이 도리를 소홀히 해버립니다. 장자는 그 도리를 분명히는 말하지 않았습니다! 그는 은밀히 말했고 비밀스럽게 말하기를 '현상계의 이 생명 형체를 서로 잊고 무궁무진할 수 있을까[相忘以生, 無所終窮]'라고 했는데 이런 구절은 대단히 많습니다. 내7편 속 곳곳에서 그런 관념들을 언급했습니다.

세 사람이 서로 쳐다보고 웃으며 마음에 반대의 뜻이 없는지라 마침내 서로 벗 하였다.

三人相視而笑, 莫逆於心, 遂相與友。

그들 세 사람은 이 말을 제시한 뒤에, 제가 여러분들에게 조금 전에 말씀드렸던 그 친구, 저의 그 노년 친구처럼 하루 종일 눈을 위로 쳐다보고 안하무인(眼下無人)이었습니다. 그래서 '삼인상시이소(三人相視而笑)', 서로 쳐다보며 한번 웃었습니다. '마음에 반대의 뜻이 없는지라[莫逆於心]', 다들 마음속으로는 알았습니다. 그들 세 사람은 자기 마음으로 이해했습니다. 그래서 세 사람은 좋은 친구가 되었습니다.

방외인(方外人) 방내인(方內人)

어느덧 한 동안의 시간이 흘러 자상호가 죽었는데 아직 장례를 치르지 않았다. 공자가 이를 듣고 자공(子貢)을 파견하여 가서 장례일을 거들어 주도록 했다.

莫然有閒(間), 而子桑戶死, 未葬, 孔子聞之, 使子貢往侍事焉。

'막연(莫然)' 이 두 글자는 형용사인데 오늘날 사용하는 말인 '홀연(忽然)', '홀연한 사이에'에 해당합니다. 홀연한 사이에 '유간(有間)', 한 동안의 시간이 흘렀다는 것입니다. 마침내 '자상호가 죽었는데[子桑戶死]', 그 세 친구 중에 한 사람이 죽었습니다. '아직 장례를 치르지 않다[未葬]', 아직 매장하지 않았습니다. 장의사에 보내지 않았습니다. 공자는 아주 마음이 따뜻하여서, 자상호가 죽었다는 말을 듣고는 돈이 제일 많고 자신에게 가장 큰 도움을 주었던 학생인 자공(子貢)을 파견했습니다. 네가 가서 보거라! '장례일을 거들어 주도록 했다[侍事焉]', 가서 처리해야할 일이 있는지 좀 살펴봐라. 돈이 필요하면 돈을 내고 힘이 필요하면 힘을 내는 것을 자공은 다 할 수 있었습니다.

그 두 친구 중 하나는 편곡을 하고 하나는 거문고를 타며 서로 어울려 노래하였다. "아이고, 상호여! 아이고, 상호여! 그대는 이미 진실한 생명으로 돌아갔구나, 그렇지만 우리는 아직도 사람으로 있구나!"

或編曲, 或鼓琴, 相和而歌曰 : 嗟來桑戶乎! 嗟來桑戶乎! 而已
反其眞, 而我猶爲人猗 !

　결과적으로 자공은 선생님의 명령을 받들어 들어가 보니, 그 두
친구는 곁에 앉아있으면서 눈물도 흘리지 않고 무슨 괴로움도 없
이 노래를 부르고 있었습니다. 한 사람은 편곡을 하고 있었는데 우
리가 오늘날 출상(出喪)하듯이 그랬습니다. 그러므로 우리 중국인
은 모두 도를 배운 사람들입니다. 장의차가 나갈 때 바이올린도 있
고 종도 있고 북도 있고 뭐든지 다 있습니다. 고금의 중국이나 외
국의 음악이 다 갖춰져 있습니다. 스님·도사·무당이 모조리 더해
져 거리에 가득히 늘어 서 있습니다. 남들은 우리를 비웃지만 우리
는 이게 중국문화라고 말합니다. 이것을 사람이 시끄러워 죽을 지
경이라고 합니다. 죽은 사람이 관속에서 틀림없이 그 때문에 시끄
러워서 깨어날 것입니다.
　자상호의 이 두 친구는 이렇게 놀았습니다. 편곡도 하고 거문고
도 탔는데 무슨 노래를 불렀을까요? '아이고, 상호여[嗟來桑戶乎]!',
이것은 고문(古文)입니다. 바로 오늘날의 '아이고'인데, 그렇게 노
래를 했습니다. 그 두 사람은 말했습니다. 상호여, '아이고' 그대는
마침내 돌아갔구나. 가련하게도 우리 두 사람은 '그렇지만 우리는
아직도 사람으로 있구나[猶爲人猗]!', 가련하게도 아직도 사람 노릇
하고 있구나. 사람 노릇 아주 싫구나. 그대는 잘되었네. 드디어 저
곳으로 돌아갔으나 우리는 여전히 가짜 사람[假人]이라네. 가짜의
이 물건을 무엇이라 부를까? 사람이라고 부르네. 가련하여라 우리
는 아직도 사람이라네.

　자공이 종종걸음으로 나아가 말했다. "감히 묻겠습니다. 시체 앞에서

노래하는 것이 예의에 맞습니까?" 두 사람이 서로 쳐다보고 웃으면서 말했다. "이 사람이 어찌 예의의 진정한 뜻을 알리오!"

子貢趨而進曰：敢問臨尸而歌，禮乎？二人相視而笑曰：是惡知禮意！

자공은 공자의 학생인데, 얼마나 엄숙합니까! 여보시오! 이런 상황을 보자마자 얼른 두 걸음 앞으로 뛰어가 그 두 선생님 앞으로 뛰어갔습니다. '감문(敢問)', 잠깐 여쭙겠습니다. 그들은 자공보다 연장자였습니다. 그래서 예의상 '감문'이라고 썼습니다. '시체 앞에서 노래하는 것이 예의에 맞습니까[臨尸而歌, 禮乎]?', 그는 말합니다. 사람이 죽었는데 당신은 눈물 콧물도 흘리지 않고 오히려 노래를 부르다니, 이것이 예의에 맞습니까? 만약 이 장면을 드라마로 연출했더라면 틀림없이 묘할 것입니다. '두 사람이 서로 쳐다보고 웃었다[二人相視而笑]', 결과적으로 이 두 사람은 아마 한 사람은 한산(寒山), 한 사람은 습득(拾得)같은 모습으로, 자공이란 녀석이 와서 이 말을 하는 것을 보고서는 '헤헤' 너는 무슨 말을 하는 것이냐! 는 듯 이 두 사람은 서로를 쳐다보며 웃었습니다. '이 사람이 어찌 예의의 진정한 뜻을 알리오[是惡知禮意]!', 너 이 젊은이가, 너도 예의를 이해한다고! 예(禮)가 무슨 뜻이냐? 네가 아느냐? 곧 그를 이렇게 한바탕 꾸짖었습니다. 자공은 코가 납작해졌고 몽둥이를 맞았습니다.

자공이 돌아가 공자에 보고했다. "그들은 어떤 사람들입니까? 수행이 무유(無有)의 경지에 도달하여 그 형체를 도외시한 채, 시체 앞에서 노래하면서도 얼굴색도 변치 않으니, 저는 이해할 길이 없습니다. 그들은 도대체 어떤 사람들입니까?"

子貢反, 以告孔子, 曰：彼何人者邪？修行無有, 而外其形骸, 臨尸而歌, 顏色不變, 無以命之。彼何人者邪？

　자공은 꾸지람을 듣고 돌아와 선생님께 보고했습니다. 장례위원 (葬禮委員)도 아직 되지 않았는데 이미 한바탕 꾸지람을 당했습니다. 그리고는 곧 공자에게 물었습니다. 그 두 사람은 어떤 사람들입니까? '수행무유(修行無有)', 보아하니 그 두 사람은 평소 인품이 다 좋습니다. 마치 도를 얻은 선비처럼 수행을 중시합니다. 부처님을 배우는 학우 여러분 주의하십시오! 수행이란 두 글자도 장자가 제시한 것입니다. 뒷날 불학에서 번역한 수행이란 말조차도 장자의 것을 사용한 것입니다. '수행이 무유(無有)의 경지에 도달하여 그 형체를 도외시한 채[修行無有, 而外其形骸]', 그는 말합니다. '무유(無有)', 수행하여 공(空)에 도달했습니다. 그 두 사람은 수행하여 조금도 개의치 않은 듯 했습니다. 일체가 모두 공했습니다. 심지어는 사람의 생명인 형체, 형상조차도 내던져버리고 하루 종일 건들건들했습니다. '임시이가(臨尸而歌)', 죽은 사람 앞에서 노래를 부르고 얼굴색도 변하지 않고 오히려 기뻐했습니다. '저는 이해할 길이 없습니다[無以命之]', 자공은 말했습니다. 저는 지금 바로 이해하지 못하겠습니다. 선생님! '피하인자야(彼何人者邪)?', 그들은 어떤 사람들입니까?

　공자가 대답했다. "그들은 물리세계 밖인 방외(方外)에서 노니는 사람들이고, 나는 그 안인 방내(方內)에서 노니는 사람이다."

孔子曰：彼，遊方之外者也；而丘，遊方之內者也。

공자가 말합니다. 너는 모른다. 그들은 '물리세계 밖인 방외(方外)에서 노니는 사람들이고[遊方之外者也]', 방외(方外)의 인사이다. '방(方)'은 바로 범위입니다. 그들은 이미 일체의 범위를 초월했습니다. 삼계 밖으로 뛰어넘어 오행(五行) 중에 있지 않습니다. 그들은 방외에서 노닐고 있다. 물리세계의 일체의 범위를 뛰어넘어 아무것도 그들을 구속할 수 없습니다. 그래서 '방외'라고 부릅니다. 뒷날 불학에서는 이 명사를 차용하여 출가자를 방외인(方外人)이라고 불렀습니다. 공자는 말합니다. '나는 그 안인 방내(方內)에서 노니는 사람이다[丘游方之內者也]', 나 같은 경우는 아직도 이 범위 안에 있다. '방외에 노닐다'와 '방내에 노닐다'는 이 명칭 관념도 장자가 제시한 것입니다. 그러므로 우리 후세의 중국문화는 도가의 도사이든 불가의 출가 스님이든 모두 자칭 방외인이라고 했는데 바로 이 부분에서 온 전고입니다. 다음 단락은 곽상의 주해인데 아주 고명합니다.

夫理有至極，外內相冥，夫有極遊外之致而不冥於內者也，夫有能冥於內而不遊於外者也。故聖人常遊外以弘內，無心以順有。故雖終日揮形而神氣無變，俯仰萬機而淡然自若。夫見形而不反神者，天下之常累也。是故覩其與群物並行，則莫能謂之遺物而離人矣。觀其體化而應務，則莫能謂之坐忘而自得矣。豈直謂聖人不然哉？乃必謂至理之無此是，故莊子將明流統之所宗，以釋天下之可悟，若直就稱仲尼之如此者，或者將據所見以排之，故超聖人之內迹而寄方外於數子，宜忘其所寄，以尋述作之大意，則夫遊外弘內之道坦然自明，而莊子之書故是超俗蓋世之談矣。

‘부리유지극(夫理有至極), 외내상명(外內相冥)’, 곽상의 문자는 장자를 배웠습니다. 시대가 장자보다는 후대 쪽으로 비교적 늦지만 비교해보면 문자의 통(通)·현(顯)·창(暢)·달(達)은 장자의 것을 읽는 것보다도 더 통쾌합니다. ‘리유지극(理有至極)’, ‘리(理)’는 바로 철학·진리인데, 최고의 진리가 있는 것입니다. ‘외내상명(外內相冥)’, 안에도 있지 않고 밖에도 있지 않습니다. 물론 중간에도 있지 않습니다. 안과 밖이 서로 섞여 하나가 된[混同] 것입니다.

‘부유극유외지치이불명어내자야(夫有極遊外之致而不冥於內者也)’, 여기서의 ‘극(極)’자는 동사로 변했습니다. 다시 말해서, 어떤 사람의 수양이 방외에 마음을 노닐 수 있는 정도에 진정으로 도달하여 해탈한데다 소요하고 방외의 경계에 도달했다면, 자연히 내면과 진정으로 서로 통합니다. ‘부유능명어내이불유어외자야(夫有能冥於內而不遊於外者也)’, 이와 반대로 만약 내면에서 진정으로 도를 깨달았고 내면이 진정으로 통하게 된 뒤에는, 자연히 삼계 밖으로 뛰어나오고 방외에서 노닙니다.

그러므로 도를 얻은 성인은 항상 ‘유외이홍내(遊外以弘內)’, 이 마음(心: 精神)이 물질세계 밖으로 뛰어 나가 천지 밖에 서 있습니다. 그렇지만 내면은 여전히 이 도업(道業)을 널리 확대 발전시킵니다. ‘무심이순유(無心以順有)’, 비록 무심(無心)하여 공(空)하지만 여전히 현실세계 속에서 유희(遊戲)합니다. 우리들의 오늘날의 멋진 명사를 가지고 얘기한다면, 진정으로 도를 얻은 사람은 출세간의 정신으로써 입세간의 사업을 하는 것입니다. 비록 형체상으로는 입세간의 일을 하지만 그의 정신은 영원히 뛰어나가 공령(空靈)하여 구속을 받지 않습니다.

‘고수종일휘형이신기무변(故雖終日揮形而神氣無變), 부앙만기이담연자약(俯仰萬機而淡然自若)’, 이것이 바로 유가에서 표방하는 요순과 같은 성왕들의 도입니다. 이른바 도를 얻은 성군과 현명한 재상인 내성외왕(內聖外王)이라는 도리입니다. 그러므로 도를 얻은 사람이라야 비로소 세간에 들어갈 수 있습니다. '종일휘형(終日揮形)', 하루 종일 대단히 일이 많아 아주 바쁘더라도 '이신기무변(而神氣無變)', 실제로 그의 내면의 수양은 신(神)과 기(氣)가 외부의 영향을 받지 않습니다. 그렇게 바빠도 내심에는 변동이 없습니다. 사람이 이런 정도까지 닦아야 제왕이 될 수 있고 제왕의 왕사가 될 수 있으며 영도자가 될 수 있습니다. '부앙만기(俯仰萬機)', 하루 종일 바빠서 만 가지의 갖가지 일이 모두 부담이 되지만 그의 내심은 텅텅 비어서 담담한 채 흔들리지 않습니다[淡然自若].

'부견형이불반신자(夫見形而不反神者), 천하지상루야(天下之常累也)', 일반인들은 그저 자기의 외형을 붙들어 쥐고 외부의 모든 일들을 붙들어 쥔 채 되돌아 자기 생명의 그 진제(眞諦)를 찾지 않습니다. 그러므로 생명은 고통스럽고 부담스런 것이요 모순적인 것이라고 느낍니다. '시고도기여군물병행(是故觀其與群物並行)', 그러기 때문에 이런 사람들은 도를 알지 못하고 자기가 도를 얻지 못합니다. 이 인간세상에서 비록 육체가 하나 있고 영혼이 하나 있지만 자기가 영혼의 진제를 찾아내지 못하고 자기도 하나의 기계적인 인간으로 변해버립니다. '막능위지유물이리인의(莫能謂之遺物而離人矣)', 물질세계의 속박에서 뛰어나올 수 없어서 진정으로 하나의 인생을 이해하지 못합니다.

'관기체화이응무(觀其體化而應務), 즉막능위지좌망이자득의(則莫能謂之坐忘而自得矣)', 만약 도를 이해했고 도를 얻었고 우주 만물의 변화[萬化]의 자연스러움[自然]을 체험하여 변한다면, 비록 당신이 장사를 해도 좋고 아무리 바쁜 사이에도 사무실 책상에 전화기가 열 대나 있어 온통 울리더라도 상관이 없습니다. 하지만 이것은 훈련을 해야만 합니다! 만약 열 대의 전화가 한꺼번에 울린다면 당신은 먼저 어느 것을 받아야할지 준비가 되어 있습니까? 당신 은 마음속으로 긴장 될까요 긴장되지 않을까요? 여러분 청년 학우들은 장래에 이런 경계에 이르게 될지 모르는데, 이때에 당신은 어떻게 하겠습니까? 우리 한번 연구해봅시다. 이때에 어느 전화를 받는게 가장 중요한지를 모른다면 틀림없이 긴장할 것입니다. 만약 변화의 도리를 체험했다면 자연스럽게 저절로 대처할 수 있습니다. '즉막능위지좌망이자득의(則莫能謂之坐忘而自得矣)', 도에 들어갈 수 있습니다. 좌망(坐忘)은 장자가 제시한 것인데 바로 불가에서 말하는 입정(入定)입니다. 그건 바로 두보가 제갈량을 말한 시인, '전투 지휘는 입정한 듯하고 모략은 소하와 조참을 능가하네[指揮若定失蕭曹]'의 도리인데, '지휘약정'이란 바로 입정한 것처럼 자연스러운 것입니다.

방금 이 말을 가지고 해석했는데, 천군만마가 내달리는 듯한 상황을 만났을 때는 당신이 입정한 것처럼 자연스럽게 지휘하여 좌망의 경계에 도달할 수 있느냐 없느냐에 달려 있습니다. '기직위성인불연재(豈直謂聖人不然哉)?', 그러므로 당신이 그렇게 할 수 있다면 비로소 성인이 세간에 들어간다는 것을 이해합니다. 꼭 세간을 벗어나는 것이 아니요 꼭 홍진(紅塵)세상을 벗어나야 비로소 도를 얻은 사람이라고 부르는 것은 아닙니다. 다시 말해서 진정으로 도를 얻은 사람은 꼭 홍진세상을 벗어나버린 것은 아닙니다. '내필위지리지무차시(乃必謂至理之無此是)', 이 도리를 모르기 때문에 도를 닦는 것은 마치 현실 생활과 관계를 벗어난 것처럼 생각할 수 있는데, 이것은 완전히 틀린 것입니다. 진정으로 도를 닦고 부처를 배우고 알고 난 뒤에는 더욱 적극적으로 세간에 들어가고 더욱 적극적으로 현실을 마주대합니다. 그러므로 대승 불학도 그렇고 도가의 도리도 그렇습니다. 장자의 여기서의 도리도 그와 같습니다. '고장자장명류통지소종(故莊子將明流統之所宗)', 그러므로 장자는 도를 깨닫는 도리를 아는 것을 하나의 종지 속으로 귀결시키고, 이 것을 도라고 불렀습니다. 이 도는 당신이 지혜로써 이해하고 체험 하기를 요구합니다. '이석천하지가오(以釋天下之可悟)', 도는 만질 수 있는 것이라고 우리들에게 일러줍니다.

'약직취칭중니지여차(若直就稱仲尼之如此), 혹자장거소견이배지(或者將據所見以排之)', 『장자』에서 공자에 대하여 비꼬는 것을 늘 볼 수 있는데 사실은 그렇지 않습니다. 공자의 호(號)는 중니(仲尼) 라고 불렀습니다. 상고인들은 오히려 피휘(避諱: 옛날 말과 글에서 왕 이나 높은 이의 이름 부르기를 피하는 것/역주)하지 않아서 성인에 대해 서도 직접적으로 이름을 불렀습니다. 더 나아가 자기 부모에 대해 서도 호를 불러도 되었습니다. 후세인들은 이상하게도 부친의 이 름에 대해서 모두 감히 부르지 않았지만 오늘날은 상관하지 않습 니다. 그러나 자사(子思)가 『중용』을 저작할 때에 부자(夫子)라거나 나의 조부(祖父)라고 부르지 않았고 직접적으로 역시 조부의 이름 을 불렀습니다. 이것이 고례(古禮)였습니다. 그러나 이름[名]을 불 러서는 안 되고 호만 부를 수 있었습니다. 중니는 공자의 호입니 다. 이 때문에 곽상은 말하기를 장자는 사실 공자를 비꼬지 않았고 공자를 대단히 받들었다고 합니다. 그는 어떻게 받들었을까요? '약 직취칭중니지여차(若直就稱仲尼之如此)', 그는 공자도 이런 도리라 고 단도직입적으로 말했습니다. 에둘러 말하지 않았습니다. 혹은 고의로 그를 한번 유머적으로 말하지 않았습니다. '혹자장거소견이 배지(或者將據所見以排之)', 일반인들처럼 구실삼아 배척하지 않았 으니, 이것은 바로 장자가 공자를 받들었다는 것을 증명합니다.

'고초성인지내적이기방외어수자(故超聖人之內迹而寄方外於數

子)’, 실제로는 공자가 마음속으로 이미 방외에 유희하였지만 고의적으로 입으로는 이렇게 겸손하게 말했습니다. ‘의망기소기(宜忘其所寄), 이심술작지대의(以尋述作之大意)’, 그러므로 우리 후세인들이 학문을 연구하고 문장을 읽을 때 자구(字句)만 보지 말고 문장 속에 담겨진 도리를 더욱 이해해야 합니다. 문자 밖을 통하여 그 속의 진정한 함의를 진정으로 이해해야 합니다. ‘즉부유외홍내도탄연자명(則夫遊外弘內之道坦然自明)’, 마음은 삼계 밖으로 뛰어나왔지만 행위는 여전히 현실 가운데 있습니다. 이게 바로 현실 생활 속에서 삼계 밖으로 뛰어나온 것입니다. 이 도리를 알아야 비로소 도를 이해합니다[坦然自明].

‘이장자지서고시초속개세지담의(而莊子之書故是超俗蓋世之談矣)’, 여기서 곽상은 특별히 장자를 떠받들고 있습니다. 그는 말하기를 『장자』는 과거에도 그런 사람이 없었고 미래에도 그런 사람이 없을 것이라며 대단하게 떠받들고 있습니다. ‘초속(超俗)’, 세간의 일반적인 범위를 뛰어넘는 ‘개세지담(蓋世之談)’입니다. 물론 게슈타포[蓋世太保: 나치스 독일의 비밀경찰/역주]가 아닙니다. 우리들 요 몇 년 사이의 새로운 말인 ‘당신 허풍치지 말아요[你不要蓋了]’란 말입니다. 역사에는 ‘허풍 치지 말라[不要蓋]’란 말을 쓴 경우가 많았습니다. 그러므로 여기서의 ‘개(蓋)’자도 역시 오래된 말입니다!

이제 우리는 곽상의 이 한 단락의 묘한 글도 살펴보았는데, 한 가지 중점이 있습니다. 공자는 자공에게 말해주기를 그들은 방외에 노니는 사람들이다. 나 같은 경우는 여전히 방내에 있는 사람이라고 했습니다. 바꾸어 말하면 아직도 예(羿)의 과녁 속에 있으며 그 중심점에 있어서 윤회 밖으로 뛰어나오지 못했다는 것입니다. 다음에서는 다시 『장자』의 원문으로 되돌아갑니다.

성인(聖人)이 바라보는 생사의 문제

"방외와 방내가 서로 달라 미치지 않거늘 내가 깜박하여 세속적인 관념에서 너를 파견하여 가서 조문하라 했으니, 내가 창피하구나!"

外內不相及, 而丘使女往弔之, 丘則陋矣。

공자가 말합니다. 아! 내가 방금 잊었다. 친구가 죽었다는 얘기만 듣고 관심을 보였다. 사실은 방내와 방외는 다르다. 출가자와 재가자는 '방외와 방내가 서로 달라 미치지 않는다[外內不相及]', 그들은 이미 도를 얻었다. 결과적으로 나는 방금 잊어버리고 또 세속적인 관념에서 너로 하여금 가서 그의 상사를 치르고 조문하게 했는데 정말 창피하다. 부끄럽다, 부끄러워!

"저들은 장차 조물주와 벗이 되어, 천지의 뿌리요 만물과 일체인 일기(一氣) 가운데서 노닐고자 한다. 저들은 생사를 해탈하여 자신의 육체 생명을 달라붙은 군살이나 매달린 혹 정도로 여기고, 죽음을 나쁜 종기를 터뜨리는 정도로 여긴다. 그같은 사람들이 그런데도 어찌 죽음과 삶, 과거와 미래가 있음을 알겠느냐!"

彼方且與造物者爲人, 而游乎天地之一氣。彼以生爲附贅縣疣, 以死爲決疣潰癰, 夫若然者, 又惡知死生先后之所在!

공자는 말합니다. 그들은 도를 얻은 사람이다. '저들은 장차 조물주와 벗이 되어[彼方且與造物者爲人]', 이 천지가 한 생명을 부여

하여 한 사람이 되었으니 생명이 붙어있던 인체는 하나의 군더더기이다. 이제 이 사람이 죽었으니 군더더기에서 이미 해탈하여 '천지의 뿌리요 만물과 일체인 일기(一氣) 가운데서 노닐고자 한다[游乎天地之一氣]', 천지와 만물이 일체(一體)인 그 기(炁) 가운데 돌아갔다. 저 기(炁)는 공기의 '기'가 아니라 오늘날 말하는 본능·에너지에 해당하는데 그 속으로 되돌아갔다는 것입니다. 그러므로 그들은 현재에 지니고 있는 형체의 생명에 대하여 몸에 난 두드러기 정도로 돌아보고 마땅히 떼어내야 할 것이라고 생각한다. 그들은 죽음이라는 바로 이 두드러기를 떼어내 버렸으니 아주 통쾌하다! 고 여긴다. 그러므로 그들은 그런 사람들이다. '그같은 사람들이 그런데도 어찌 죽음과 삶, 과거와 미래가 있음을 알겠느냐[夫若然者, 又惡知死生先后之所在]!', 그들은 이미 생사를 해탈하여서 과거도 없고 미래도 없으며 선후도 없다. 일체가 모두 자연스럽다.

"머리 몸 팔다리 등 갖가지 다른 것들을 빌리며 하나의 신체에 의탁하고 있으나, 간이나 쓸개 등의 내장을 잊고 귀와 눈 등의 외모를 잊어버린 채, 삶과 죽음을 마치 동그라미처럼 그 시작과 끝의 실마리를 알 수 없듯이 영원히 반복하면서, 아득히 세속 밖에 배회하고 무위(無爲) 사업에 소요한다. 그들이 그러한데 어찌 번거롭게 세속의 예의를 따라함으로써 뭇사람들의 눈과 귀에 보여주겠느냐!"

假於異物, 托於同體; 忘其肝膽, 遺其耳目; 反覆終始, 不知端倪; 芒然仿徨乎塵垢之外, 逍遙乎無爲之業。彼又惡能憒憒然爲世俗之禮, 以觀衆人之耳目哉!

도를 얻은 이런 사람들은 우리가 보면 그들의 육체는 죽었지만 사실 죽음과 삶은 그들에게 있어서 모두 상관없습니다. 여기에서 우리들에게 인생의 비결을 전하고자 합니다. '머리 몸 팔다리 등 갖가지 다른 것들을 빌리며 하나의 신체에 의탁하고 있으나[假於異物, 托於同體]', 우리들의 이 육체에 대해서 얘기해봅시다! 육체는 나일까요? 나가 아닙니다! 당신이 분석해보세요. 세포·신경·뼈·머리털 중 어느 하나 진짜 나인 것은 없습니다. 모두 빌려 온 것이요. 수십 년 동안 빌려서 사용하는 것입니다. 나와 다른 것이 '이물(異物)'인데 '이물'을 한데 모아 놓은 것이 한몸[同體]입니다. 마지 못해 말한다면 이게 바로 나의 신체로서 나와 서로 같습니다. 그러므로 당신이 빌려와서 쓴 것이니 그렇게 엄중하게 보지말기 바랍니다.

신체도 하나의 기계입니다. 오늘날 과학은 로봇[機械人]을 발명했는데 우리 인류가 로봇을 지휘하면 장래에 로봇에게 지휘 당할지도 모릅니다. 그렇다면 두렵게 됩니다! 물론 필연은 아닙니다. 하지만 신경병이 있는 외국의 일부 과학자들은 한참 이 방향으로 발전하고 있습니다. 중국은 얘기할만한 정도가 못됩니다. 그러므로 어떤 사람은 이 일을 걱정하여 글을 쓴 사람도 있습니다. 그러나 이런 신경병 과학자들은 우리가 본래 바로 로봇이라는 것을 이해하지 못하고 있습니다. 『장자』를 이해하고 나면 우리들 조상이 본래 로봇이라는 것을 알게 됩니다. '머리 몸 팔다리 등 갖가지 다른 것들을 빌리며 하나의 신체에 의탁하고 있으나', 우리가 손을 들어 인사하거나 악수하는 게 바로 기계적인 동작입니다. 우리들의 생명은 이 육체에 있지 않습니다. 신체는 우리들의 기계입니다. 그런데 이 로봇을 사용할 때는 '간이나 쓸개 등의 내장을 잊고 귀와 눈 등의 외모를 잊어버린 채[忘其肝膽, 遺其耳目]', 무슨 내장(內臟) 일체를 다 잊어버리고 눈과 귀도 잊어버립니다. '삶과 죽음을 마치 동그라미처럼 그 시작과 끝의 실마리를 알 수 없듯이 영원히 반복하면서[反覆終始, 不知端倪]', 신체를 잊어버리고 나도 잊어버리면 이 세상에서 아주 편안합니다. 기쁨도 없고 슬픔도 없으니 무슨 별 것이 있겠습니까! 그는 '반복종시(反覆終始)'라고 말하는데 바로 하나의 동그라미나 마찬가지입니다. 불가에서는 그 동그라미를 윤회라고 묘사하는데, 바퀴처럼 영원히 구르며 돌아가고 있습니다. '반복종시(反覆終始), 부지단예(不知端倪)', 하나의 둥근 것은 어디에서 시작하고 어디서 끝날까요? 그것은 영원히 하나의 동그라미로 시작이 없고 끝이 없습니다.

'아득히 세속 밖에 배회하고[芒然仿徨乎塵垢之外]', 이런 사람들은 이 세상 홍진속의 일들에 대하여 벌써 해탈을 얻었습니다. 진정한 해탈을 얻음이 진정한 소요입니다. '무위(無爲) 사업에 소요한다[逍遙乎無爲之業]', 우리들 부처님을 배우는 학우들은 주의하기 바랍니다! '무위(無爲)'는 노자가 제시하였는데 장자도 사용하고 있습니다. 불가에서는 '열반(涅槃)'을 번역했는데 정식적으로는 '무위'라고 해야 마땅합니다. 그래서 뒷날 현장 법사가 오랫동안 연구하고 최후에는 역시 무위라는 두 글자를 채용했습니다. 인도 철학 속에서 열반이라는 두 글자는 여섯 가지 무위가 포함되어있는데, 마지못해 서로 비교하여 본다면 전체적으로 통틀어 담은 관념이 바로 무위입니다. 무위는 아무것도 하지 않는다는 것이 아닙니다. 우리가 말하는 공(空)이나 다름없는데 공은 없다는 것이 아닙니다. 예컨대 이 허공 속에는 비할 바 없는 재부(財富)가 있습니다. 천둥은 어디에서 올까요? 전기는 어디에서 올까요? 허공 속에서 옵니다. 전기는 최대의 재부이지만 허공 속에 함유된 것들 중의 한 가지에 불과합니다! 아직 발견하지 못한 것이 많습니다! 무위 속에는 대유위[大有爲]가 있습니다. 그러므로 '그들이 그러한데 어찌 번거롭게 세속의 예의를 따라 함으로써[彼又惡能憒憒然爲世俗之禮]', 당신이 가서 그에게 세속적인 예의를 얘기하며 시끄럽게 하면 그들이 어떻게 받아들이겠습니까! '뭇사람들의 눈과 귀에 보여주겠느냐[以觀衆人之耳目哉]', 세속의 예의는 일반인들에게 보여주는 것으로 허위적으로 건성건성 대하고 있는 것입니다. 이런 사람들이야말로 이런 허위적인 일을 하지 않습니다. 허위적으로 건성건성할 시간이 없습니다.

대종사 편의 주요 종지는 바로 뒷부분에서 제시하는 내성외왕의 도입니다. 즉, 자기가 어떻게 먼저 자기를 수양하여 도를 얻을 것인가? 입니다. 도를 얻은 모습은 하나의 모형이 있는데 본편의 앞부분과 그 앞 몇 편들에서 모두 말했습니다. 본편에는 한 가지 가장 중요한 요점이 있습니다. 성인의 재능은 있지만 성인의 도가 없다거나, 혹은 성인의 도는 있지만 성인의 재능이 없다는 것은, 모두 온전히 갖춘 재능이라고 말할 수 없다는 것입니다. 그러므로 이 단락은 생사문제와 성인의 도, 그리고 성인의 재능이 없는 도리를 언급했습니다. 이 단락은 공자가 자공을 파견하여 자상호에게 조문을 하게 한 일을 말했고 이제는 결론을 제시합니다.

자공과 공자 고달픈 운명을 타고나다

자공이 물었다. "그러면 선생님은 방외와 방내 중 어느 쪽을 따릅니까?" "나는 세상을 구제하기 위해 방내에서 고달픈 운명을 살도록 하늘로부터 벌을 받은 사람이다. 그렇더라도 나는 너와 함께 이 고달픈 운명의 이 길을 가고 있다." 자공이 물었다. "그 방향이 무엇인지요?"

子貢曰 : 然則夫子何方之依？孔子曰 : 丘, 天之戮民也。雖然, 吾與汝共之。子貢曰 : 敢問其方？

자공이 공자에게 묻습니다. 그럼 당신은 무엇인 셈입니까? 공자가 말합니다. 나는, 하늘이 내게 준 형벌은 고생하라는 것이다. 이른바 '천지륙민(天之戮民)'은 하늘에 의하여 살육당하는 것으로 살아서 고생하는 것에 해당합니다. 사람들은 대부분은 이와 같다고 우리들은 말할 수 있습니다. 한 마디 속담이 이렇게 말합니다. '한 사코 체면 차리다가 생고생 한다[死要面子活受罪]', 사람은 다들 그렇습니다. 그럼 성인(聖人)이 되면 공자처럼 정말 '천지륙민(天之戮民)'입니다! 스스로 대단히 고생합니다. 왜냐하면 세상을 구제하고 사람들을 구제하고자 하기 때문입니다. 이 중점이, 성인의 도와 성인의 재능 이 두 가지를 겸해서 얻을 수 없다는 본편의 중심을 반영합니다. 그래서 여기로부터 우리들에게 한 가지 인생관을 주는데, 바로 당나라 시인 이상은(李商隱)이 이렇게 말한 것입니다.

벼슬 중에 적당히 지냄이 나의 능한 재주라	中路因循我所長
예로부터 재능과 운명은 반대였다네	由來才命兩相妨
권하노니 그대여 다시 뱀 발을 더하지 마소	勸君莫更添蛇足
맛 좋은 탁주 한 잔을 맛볼 수 없네	一盞醇醪不得嘗

고금 이래로 재능 재간이 있는 사람들은 운명이 좋지 않았습니다. '유래재명량상방(由來才命兩相妨)', 두 가지가 꼭 서로 방해가 되었습니다. 이 시도 재능과 운명이 서로 방해가 된다는 것을 설명

합니다. 어떤 사람은 재능은 있으나 운수가 좋지 않아 일생동안 좋은 운명이 없습니다. 그래서 저는 늘 말하기를 중국문화의 철학사상은 모두 문학 속에 있다고 합니다. 특히 시사(詩詞) 속에는 철학사상이 충만해있습니다. 이런 문학적인 구절들은 인생철학의 큰 관념을 포괄하고 있습니다. 그러므로 꿰뚫어보고 나면 인생에는 무슨 큰 번뇌가 없습니다. '유래재명양상방(由來才命兩相妨)', 재능이 있으면 좋은 운명이 없습니다. 총명하고 유능하며 재간이 많음은 결과적으로 당신에게 일생동안 고통을 줍니다. 거기 앉아서 한 사코 체면만 차리다가 생고생합니다. 곧 공자가 말한 '나는 세상을 구제하기 위해 방내에서 고달픈 운명을 살도록 하늘로부터 벌을 받은 사람이다[丘, 天之戮民也]'입니다.

어떤 사람은 운명이 좋습니다. 운명이 좋아 수고를 하지 않고도 얻습니다. 그에게는 칠자(七字)는 좋지 않지만 팔자(八字)가 좋은 바로 그런 운명이 있는 것을 당신은 질투할 길이 없습니다. 남을 부러워할 필요도 없습니다. 불가의 도리로 말하면, 인생의 관념인데, '욕제번뇌수무아(欲除煩惱須無我)'. 어떤 사람이 번뇌를 없애고자하면 반드시 수양이 무아의 경지에 도달해야 비로소 진정으로 번뇌가 없습니다. '각유전인막선인(各有前因莫羨人)', 사람마다 그의 원인과 결과가 있습니다. 그게 바로 재능과 운명이 서로 방해하는 것이니 번뇌할 필요도 없고 질투할 필요도 없습니다. 공자가 '나는 세상을 구제하기 위해 방내에서 고달픈 운명을 살도록 하늘로부터 벌을 받은 사람이다'를 제시했기 때문에 이런 인생철학의 문제를 말하게 되었습니다.

다음은 공자의 말입니다. '그렇더라도 나는 너와 함께 이 고달픈 운명의 이 길을 가고 있다[雖然, 我與汝共之]', 공자는 말합니다. 그러나 나 한 사람만이 운명이 고달픈 것이 아니다. 나의 학생이 되었고 의기가 투합하고 지향하는 바가 같은 너도 나와 마찬가지로 태어날 때부터 운명이 고달팠다. 변란의 시대에 태어나 세상을 구제하고 사람들을 구제하기 위해서는 운명이 고달프기 마련이다. 여기까지 말했을 때 자공이 묻습니다. '그 방향이 무엇인지요[敢問其方]?', 선생님, 당신이 한참 말씀하셨는데 그 속의 이런 도리는 제가 집어내지 못했습니다. 당신은 제게 한 가지 방향을 일러주십시오. 공자는 아직 이해하지 못한 것을 보고서 비유로 말할 수밖에 없었습니다.

고기는 물에서 잊어버리고 사람은 도에서 잊어버린다

공자가 대답했다. "물고기는 물에서 살면서 물을 모르고, 사람은 도에서 살면서 도를 모른다."

孔子曰 : 魚相造乎水, 人相造乎道。

공자가 비유를 하나 했습니다. '어상조어수(魚相造乎水)', 이 '조(造: 造의 짓다, 시작하다, 처음, 성씨 조의 뜻일 경우 중국 현대 북경어 발음은 zao임. 그러나 이루다, 이르다, 넣다, 벌여놓다, 갑자기의 뜻일 경우는 cao임/역주)'자는, 우리가 원래 받은 교육대로는 '조(操: 중국 현대 북경어 발음으로는 cao임/역주)'자로 읽어야 합니다. 조조(曹操)의 '조'자인데 음이 서로 같지만 의미는 약간 다릅니다. 그는 말하기를 물고기는 물속에 있으면서 물이 있는 줄 모른다고 합니다. 우리 사람들이 날마다 공기 속에서 생활하지만 공기가 있는 줄 모르는 것과 다름없습니다. 이게 바로 '인상조호기(人相造乎氣)'입니다. 물고기는 '상조호수(相造乎水)'입니다. '인상조호도(人相造乎道)', 우리들은 다들 도를 닦고 도를 구하고 싶어 하는데 도는 구할 필요가 없습니다. 사람 자신이 도속에서 살고 있습니다. 그래서 『중용』에서도 말합니다. 도는 결코 사람을 떠나지 않았다. 다만 사람 자신이 도를 떠났다. 『중용』은 말합니다. '도야자(道也者), 불가수유리야(不可須臾離也)', 한 찰나라도 우리를 떠난 적이 없습니다. '가리비도야(可離非道也)', 우리들을 떠날 수 있는 것이어서 도를 닦아오는 것이라면, 그것은 도가 아닙니다. 도는 천연(天然)입니다. 자기가 본래 갖추고 있는 것입니다. 그러므로 사람은 본래 도 가운데 있지만 자기가 모릅니다.

"물에서 살면서 물을 모르면 일부러 못을 파 물을 집어넣어서 길러줄 수 있고, 도에서 살면서 도를 모른다면 마음속에 일이 없게 하여서 정정(定靜)이 일어나게 할 수 있다."

相造乎水者, 穿池而養給 ; 相造乎道者, 無事而生定。

공자는 두 가지 원칙을 제시합니다. 사람이 도 가운데 생활하면서 도가 있는 줄 모르는 것은, 마치 물고기가 물속에 있으면서 물이 있는 줄 모르는 것이나 다름없다고 합니다. 다시 더 확대하여 말하기를 물고기는 물을 필요로 하기 때문에 우리들은 물고기를 기를 때에 '천지이양급(穿池而養給)', 일부러 못을 하나 파서 물을 집어넣어야 물고기를 기를 수 있다고 합니다. 사람은 본래 도가 있습니다. 도는 본래 사람한테 있습니다. 그렇지만 사람 자신이 찾아내지 못합니다. 마치 물고기가 물속에 있으면서도 물을 보지 못하는 것과 같습니다. 어떻게 할까요? '마음속에 일이 없게 하여서 정정(定靜)이 일어나게 할 수 있다[無事而生定]', 진정으로 정좌하여 정(定)을 닦아서, 다시 말해서 당신의 마음속에 하루 종일 일이 없음을 느껴서 마음속에 일이 없으면, 그게 바로 곧 진정으로 정(定)을 얻은 것입니다. 마음속에 일이 없는 경계에 도달하기 위하여 정좌하는 것은 자기를 훈련하는 초보적인 방법입니다. 정좌가 바로 정(定)이요 바로 도를 닦는 것이라고 생각하지 말기 바랍니다. 만약 정좌를 했지만 마음속은 여전히 바쁘고, 또 진언을 외우고 무슨 기맥을 하고, 무슨 수규(守竅)를 한다고 여기를 지키거나 저기를 지키면서 몸에서 뼈마디 하나가 달아나버릴 것처럼 두려워하는데, 이런 것은 도를 닦고 있는 것이 아니라 앉아서 마음속에서 운동회를 열고 있는 것입니다. 좌치(坐馳)입니다! 그러면 도가 아닙니다. 그러므로 공자의 이 한마디 말은 수도방법도 우리들에게 일러준 겁니다. '마음속에 일이 없게 하여서 정정(定靜)이 일어나게 할 수 있다'

진정한 정(定), 이른바 일이 없는 경지를 이룬 것은, '일에서는 무심하고, 마음에서는 일이 없다[於事無心, 於心無事]'입니다. 그래야 진정으로 진짜 정(定)을 얻은 것입니다. 정(定)이란! 당신이 만사를 상관하지 말고 다리 틀고 산속에 앉아서 마음속에 일이 없는 그것을 도라고 부른다고 말하지 않습니다. 그것은 얼치기 도입니다. '반쪽 도[半道]'입니다. 일에서 무심해야 세상에 들어가 일을 할 수 있습니다. 마음속에서 일이 없는 것이 바로 공부입니다. 하루 종일 바쁘지만 마음속에서는 일이 없습니다. 일에서 무심합니다. '희노애락, 발이개중절(喜怒哀樂, 發而皆中節: 희노애락이 일어나더라도 모두 중中으로 돌아가도록 조절한다/역주)', 지나가면 사라져버립니다. 일에서 무심하고 마음에서 일이 없습니다. 마음속에 일이 머물러 있지 않습니다. 그래야 진짜로 일이 없는 경지까지 해낼 수 있습니다. 일이 없으니까 바로 정(定)입니다. 자공이 '감히 그 방향을 묻지' 않았습니까? 공자는 곧 그에게 일러주었습니다. 그렇게 하면 정(定)이 있기 마련이다. 정정(定靜)이 있고 자기 자신에게 본래 도가 있다는 것을 안다. 그러므로 공자는 결론을 하나 짓습니다.

"그러므로 말하기를 '물고기는 강이나 호수에 살면서 강이나 호수를 잊고, 사람은 도를 얻어 도에서 살면서 도를 잊는다.' 고 했다."

故曰：魚相忘乎江湖，人相忘乎道術。

또 한걸음 나아가서 물고기 기르기[養魚]에 관한 이야기를 시작하는데, 반드시 못을 하나 파고 물을 집어넣어 물고기가 그 속에서 유유자재하게 해야 한다고 합니다. 도를 닦을 때도 반드시 마음속에서 일이 없어야 정(定)이 생겨납니다. 한 걸음 더 나아가면 물고기가 물속에서 물이 있는 줄 모르고 물도 물고기가 있는 줄 느끼지 못하는 것과 다름없습니다. 마치 우리가 공기 속에서 생활하지만 일생을 살았어도 공기의 형상을 모르고 모두 본 적이 없는 것과 마찬가지입니다. 날씨가 추워 코에서 기(氣)가 나올 때 약간 흰 연기가 솟아나는 것은 본 적이 있지만 그것도 진짜 기는 아닙니다. 그러므로 진정으로 도를 얻은 사람은 자기가 도가 있다고 느끼지 않습니다. 만약 도를 얻었다고 말하는 사람이 자신에게 아직도 도인인 양 점잔을 빼거나 혹은 흡사 도가 있는 듯한 그런 모습이며 온통 입에서 도 얘기고 온 몸이 도 분위기라면, 그건 문제가 있습니다. 그러므로 사람은 '상망호도술(相忘乎道術)', 도를 얻은 사람은 자기가 도가 있음을 잊어버립니다. 이는 한 가난뱅이가 복권에 당첨되었거나 혹은 이백만 원씩 나눠가지면 이레 밤낮으로 잠을 이루지 못해 진정제조차도 소용이 없지만, 그러나 습관적으로 돈이 있는 사람은 몸에 돈을 지닌 적이 없으며 오늘 또 이십억을 벌었다고 말하면 좀 들을 뿐 기쁨을 느끼지 않는 것이나 다름없습니다. 안타깝게도 다들 마치 이런 경험이 없는 것 같은데 여러분들이 천천히 돈을 벌게 되면 이런 경험이 있게 될 겁니다. 진짜로 그 때가 가서 돈이 또 그렇게 많이 들어온 것을 보게 되면 아마 조금 싫어하여, 당신은 말하기를 정말로 그것을 내버리지요! 할지 모르지만 역시 아깝습니다. 그렇지만 들어오고 난 뒤에는 물고기들이 서로 물에서 잊어버리는 것처럼 그렇습니다. 우리들 이 자리에도 큰 장사를 하는 대 자본가 분이 있습니다. 그는 듣고서 웃었는데, 제가 그의 심리를 잘 알고 있다는 바로 그런 분위기입니다.

천도의 군자 세속의 군자

자공이 말했다. "기인(畸人)은 무엇인지요?"

子貢曰 : 敢問畸人。

자공은 이어서 또 묻습니다. '감문기인(敢問畸人)', '기(畸)'와 '기(奇)'자는 마찬가지입니다. '기(畸)'는 단(單)자의 의미입니다. 그러므로 『역경』을 배울 때는 기수(畸數)를 항상 기수(奇數)로 쓴다는 것을 알아야 합니다. 기인(畸人)은 바로 괴상한 사람입니다. 오늘날 말로 하면 도를 닦는 사람을 보면 괴인(怪人), 괴상한 사람입니다. 기인(畸人)은 홀로이며 보통의 감정을 초월한 사람입니다.

"기인(畸人)은 세속의 보통사람들과는 다르지만 천도에는 부합한다. 그러므로 말하기를 '천도의 기준에서 볼 때의 소인이 세속 사람들의 기준에서는 군자요, 세속 사람들의 기준에서 볼 때의 군자는 천도의 기준에서는 소인이다.' 라고 했다."

曰：畸人者，畸於人而侔於天。故曰：天之小人，人之君子；人之君子，天之小人也。

'기자(畸者)'는 바로 기수(奇數)입니다. 양수(陽數)가 기(奇)입니다. 그러므로 도를 얻은 사람의 행위는 일반 사람들과는 다르기 때문에 기인(畸人)이라고 부릅니다. 공자는 말합니다. 도를 얻은 사람은 '기인'이다. 양수가 충만한 것이 순양의 체[純陽之體]이다. 이런 부류의 사람은 보면 다들 이상야릇하다. 특히 사람들과 다르다. '기인은 세속의 보통사람들과는 다르지만 천도에는 부합한다[畸於人而侔於天]', 그는 인간세상의 요구에 부합하지 않는 사람이다. 그러나 천도에는 부합한다. 이어서 공자에게는 한 가지 결론이 있는데, 이것은 수도만을 얘기하는 것이 아니라 사람됨의 도덕, 인생철학을 얘기합니다.

'그러므로 말하기를 천도의 기준에서 볼 때의 소인이 세속 사람들의 기준에서는 군자요, 세속 사람들의 기준에서 볼 때의 군자는 천도의 기준에서는 소인이다 라고 했다[故曰, 天之小人, 人之君子 ; 人之君子, 天之小人也]', 하지만 이 네 마디에 대하여 먼저 말하고 싶은 점은, 젊은이들은 함부로 가져다 쓰지 말라는 겁니다. 경우에 따라서는 남이 당신을 꾸짖거나 당신을 싫어할 때, 당신은 말하기를 당신이 하늘의 군자[天之君子]이기 때문에 사람들이 깔보는 것이라고 합니다. 자기가 군자로서 대단한 사람이라고 생각하는 사람들은 하늘의 입장에서 보면 소인입니다. 사람됨도 좋아서 새알처럼 어느 곳이든 다 이리저리 둥글둥글 잘 굴러다닙니다. 사람을 만나면 꼭 웃지만 실제로는 그런 게 아닙니다. 이것이 '인지군자(人之君子)'입니다. 일반인들은 군자라고 부르지만, 그러나 그는 '천지소인(天之小人)', 도에 부합하지 않고 심보가 곧지 않습니다.

이 네 마디 말에 비추어, 우리가 역사상 많은 인물들을 보면 고금동서에 확실히 많은 사람들이 도덕은 대단히 고명하지만 사람됨은 가는 데마다 적합하지 않았습니다. 뿐만 아니라 운명도 좋지 않아서 가는 데마다 뜻을 이루지 못했습니다. 공자가 당시에 바로 그런 모습이었습니다. 열국을 주유하면서 도시락 하나조차도 마련하지 못했습니다. 그런데 어찌 알았겠습니까? 사후에는 어디서나 소고기요 차가운 돼지머리로 그에게 한 무더기 제물들을 쌓아놓고 절을 올릴 줄을. 그러므로 저는 말하기를 사후에 그에게 차가운 돼지머리를 드시도록 주는 것보다 오히려 당시에 그에게 따듯한 도시락 하나를, 핫도그도 좋습니다, 주었더라면 얼마나 좋았을까 라고 합니다. 그렇지만 당시에는 가련하게도 그는 사람들 가운데 소인이었고 하늘의 군자였습니다. 우리가 젊었을 때에도 빌려 쓴 것이었는데, 때로는 남이 나를 짜증나게 하면 학우들 사이에서도 이렇게 말했습니다. 너는 나를 사람들 가운데 소인으로 보지 말아라. 너희들에게 깔봐지다니, 흥! 사람의 소인이 하늘의 군자란다.

실제로 진정으로 도를 닦은 사람은 흔히들 세상 법에 부합하지 않고 세속 사람들이 보면 싫습니다. 그러나 당신은 알아야합니다. 재능이 다 갖추어지지 않은 사람은 대종사가 될 자격이 부족하니다. 장자가 인용하는 이 네 마디 말은 대종사를 가리키는 것이 아닙니다. 만약 대종사라면 하늘의 군자이자 사람의 군자이기도 합니다. 그것은 바로 성인의 재능도 있고 성인의 도도 있는 것입니다. 여기서 말하는 것은, 성인의 도가 있는 사람이 성인의 재능이 없기 때문에 처세에 고명하지 못하다는 겁니다.

방금 우리가 말한 이 단락의 이야기는 이렇습니다. 공자가 자공을 자상호의 조문에 파견하였었는데 가서보니 그의 몇 명의 친한 친구들이 울지 않을 뿐만 아니라 오히려 곁에서 기쁘게 노래를 부르고 있었습니다. 자공은 돌아와 보고하였습니다. 그러자 공자가 설명했습니다. 그런 사람들은 도를 얻은 사람들이다. 너는 세속적인 예법으로써 그들에게 요구하지 말아라. 그들은 이미 생사를 마쳐버렸기 때문에 태어나오고 죽어가는 것을 자연스럽게 본다. 죽음이란 긴 잠을 자는 것에 불과할 뿐, 뭐 별것 아니다. 그래서 공자가 자기의 이야기를 하게 됩니다. 그리고 수도의 방향을 얘기합니다. 이제 우리는 또 한 단락이 시작되는데 약간 다릅니다.

장례　상례

안회가 중니에게 물었다. "맹손재(孟孫才)는 자기 어머니가 죽었을 때 소리 내어 울면서도 눈물을 흘리지 않았고, 마음속으로 괴로워하지 않았으며, 장례를 치르면서 조금도 슬퍼하지 않았습니다. 일반 도리 상 그래야 할 이런 세 가지 일이 없었는데도 장례를 잘 치렀다고 소문이 온 노나라에 퍼졌습니다. 그런 사실이 없는데도 그런 명성을 얻는 일이 본래 있습니까? 저는 줄곧 이점을 이상하다고 생각합니다."

顏回問仲尼曰：孟孫才，其母死，哭泣無涕，中心不感，居喪不哀。無是三者，以善喪蓋魯國。固有無其實而得其名者乎？回一怪之。

안회가 어느 날 공자에게 물었습니다. 노나라에는 맹손재(孟孫才)라는 사람이 있는데 자기 어머니가 죽어서 그도 울었습니다. 그러나 '곡읍무체(哭泣無涕)', 눈물과 콧물이 없고 입으로만 아이고 아이고 하고 울었습니다. 이로써 보면 슬퍼하지 않았다는 것을 알 수 있습니다. '중심불척(中心不感)', 내심으로 엄마가 죽었다는 것을 정말로 느끼지 않은 것 같았습니다. '거상불애(居喪不哀)', 장례를 치르는 사람이 조금도 슬퍼하는 모습이 없었습니다. 만약 울면 눈물이 없고 웃으면 웃자마자 눈물이 나온다면 그것은 노인의 현상이며, 노인의 뒤바뀜[顚倒]입니다. 노인에게는 여러 가지 뒤바뀐 게 있는데, 이것은 크게 뒤바뀐 것 중에 하나입니다. 그 밖에, 앉아 있을 경우 잠자고 싶지만 누우면 잠이 오지 않습니다. 지금의 일을 얘기하면서 한편으론 잊어버리고 수십 년 전의 일은 도리어 기억해냅니다. 이런 것들이 모두 노인의 뒤바뀜입니다.

그러나 맹손재는 결코 노인이 아니었지만 울면 눈물이 없었습니다. 마음속에서도 슬퍼함이 없고 괴로워하지 않았습니다. 또 '장례를 치르면서 조금도 슬퍼하지 않았습니다[居喪不哀]', '일반 도리상 그래야 할 이런 세 가지 일이 없었는데도[無是三者]', 보통의 인정에 맞지 않는 이런 세 가지 일은 사람됨의 도리, 원칙에 다 어긋났습니다. 그런데 '장례를 잘 치렀다고 소문이 온 노나라에 퍼졌습니다[以善喪蓋魯國]', 노나라 국민 전체가 오히려 말하기를 그는 모친에게 가장 효순했고 치른 장례는 가장 훌륭했다고 했습니다. 안회가 말합니다. '그런 사실이 없는데도 그런 명성을 얻는 일이 본래 있습니까[固有無其實而得其名者乎]?', 이것은 어찌 유명무실(有名無實)한 것이 아니겠습니까? 겉으로는 크게 선전하지만 실제로는 그런 모습이 아닙니다. 이런 도리가 있습니까? '회일괴지(回一怪之)', 안회가 말합니다. 선생님, 저는 정말 이상하다고 생각합니다.

중니가 대답했다. "맹손씨는 사람됨이 최고에 도달하였고, 지혜의 성취까지 나아간 것이다. 그는 비록 장례 처리를 간단하게 하였지만 간단히 해야 한다는 원칙에는 위반하였다. 그래도 이미 간단히 해서 합리적이었다. 맹손씨는 이미 생사를 초월하였기에 사는 까닭을 모르고 죽는 까닭을 모르며, 시간상 어느 것이 먼저고 어느 것이 뒤인지를 모른다."

仲尼曰：夫孟孫氏盡之矣，進於知矣。唯簡之而不得，夫已有所簡矣。孟孫氏不知所以生，不知所以死；不知就先，不知就后。

공자가 말합니다. 너는 잘못하지 말아라. 사회적으로 그를 존경한 것은 우연한 것이 아니다. 맹손재란 사람은 사람됨이 최고에 도달하였다. 비록 세상에서 살아가고 있지만 그는 도가 있는 사람이다. '지혜의 성취까지 나아간 것이다[進於知矣]', 이 '지(知)'자는 바로 지혜의 성취요 도를 얻은 것입니다. '그는 비록 장례 처리를 간단하게 하였지만 간단히 해야 한다는 원칙에는 위반하였다[唯簡之而不得]', 장례 처리를 비록 충분히 간단하게 했다하더라도 그는 이미 이 간단히 한다는 원칙에 위반한 것이다. 너는 보아라, 그는 울기만 했고 눈물도 콧물도 흘리지 않았다. 실제로는 그는 이미 초월해버렸다.

이 속에는 무슨 도리가 있을까요? 이 속에는 큰 도리가 하나 있습니다! 중국문화에서 삼대 이후 주(周)나라 진(秦)나라에 이르는 이 단계에서 가장 중요한 것은 양생송사(養生送死)에 유감이 없어야한다는 것이었습니다. 젊은 아이들에 대한 교양이나 노년에 대한 보살핌 그리고 사후의 장례까지 이 양쪽 일을 반드시 잘 처리해야 했습니다. 이것이 중국문화의 정신이요 대단히 중요한 것이었습니다. 사실 어느 국가와 정치사회에든 한 인간이 이런 것들을 해내지 못했다면 적어도 중국문화 속에서는 그는 사람이 아니라고 봅니다. 그러나 오히려 하나의 문제가 일어나는데 그것은 삼대부터 주나라 진나라에 이르는 사이에 부모의 장례에 대하여 너무 엄중하게 처리했다는 것입니다. 관(棺) 밖에는 곽(槨)이 있어야 했습니다. 이른바 의친관곽(衣襯棺槨)입니다. 망자에게 몇 명의 딸과 사위가 있으면 그 숫자만큼의 몇 벌의 이불을 덮어야만 했습니다. 고대에는 또 일부다처제라서 만약 이십 명의 사위가 있다면 죽은 자의 몸에는 이십 층의 이불을 덮었습니다. 아들이 몇 명이냐에 따라 그 숫자만큼의 몇 개의 바지를 입었습니다. 그래서 관속에는 춘하추동의 의복이 다 갖추어져 있었습니다. 오늘날은 또 장포(長袍)와 마괘(馬褂)를 덧입고 군인은 또 군복이 필요하고 또 서양식 복장이 필요합니다. 그러면 너무나 많아서 관속에 다 집어넣을 수가 없습니다. 관 밖의 것들은 더욱 많습니다. 무슨 차 잎이야 석회목탄이야 갖가지 것들이 있는데 여러분은 보기조차도 않았을 겁니다. 그 밖에 또 입속에다가 뭘 물리고 손에다가 뭘 쥐게 하는데, 이렇게 많은 것을 뒤죽박죽이라 하고 대단히 복잡합니다.

그러므로 춘추전국 시대 이르렀을 때 지나친 장례를 가장 반대한 사람은 묵자였습니다. 그는 회교의 장례법을 찬동하는 것이나 마찬가지였습니다. 회교도들의 관은 하나를 가지고 수백 년을 쓸 수 있습니다! 그 관의 바닥은 빼서 움직일 수 있는 판자인데 사람이 죽은 뒤에 흰 천으로 싸고서는 관속에 집어넣습니다. 무덤은 구덩이를 하나 판 것인데 관을 그 구덩이에 메고 갑니다. 그런 다음 판자를 빼자마자 시체는 땅으로 내려오고 시체는 땅에까지 받아야 합니다. 이것은 그 나름의 이유가 있습니다. 사람은 지상의 동물입니다. 천지는 나를 낳았고 죽은 뒤에는 땅으로 돌아가는 것에도 철학적인 도리가 매우 있습니다. 시체가 땅에 내려지면 흙을 잘 봉(封)하고관은 메고 돌아와서 두 번째로 사용할 수 있습니다.

물론 회교의 장례는 관목 부분은 간단하지만 다른 부분은 역시 간단하지 않습니다. 상례(喪禮)가 너무 지나친 것은 저도 반대합니다. 이것을 시끄러워 죽을 지경이라고 하는데, 사람이 관속에서 아주 좋다가도 그를 시끄럽게 할 것입니다. 그래서 여기에서 당신이 보듯이 공자도 상례가 과분한 것을 반대했습니다. 공자는 『역경계전(易經繫傳)』에서도 말하기를 '고지장자(古之葬者)……불봉불수(不封不樹)', 우리들의 상고시대 가장 과거의 조상들도 죽은 뒤에 회교도처럼 땅에 묻었지만 무덤이 없었으며 표시도 하지 않았습니다. 후인들이 소위 문화사회의 진보로 말미암아 비로소 많은 양생송사(養生送死)의 양식들을 세운 것입니다. 이것이 중국문화의 상례상의 하나의 커다란 문제였습니다.

물론 우리들 오늘날에 이르러서는 가련합니다. 혼례나 상례가 오늘날에는 자기 문화인 것이 하나도 없습니다. 그러므로 중국인이 스스로 말하기를 예의(禮義)의 나라라고 했지만 오늘날 이르러서는 예(禮)가 없고 의(義)도 없습니다. 혼례는 일곱 번 여덟 번으로 변해서 오늘날은 아빠가 딸의 손을 잡고 예식장에 들어갑니다. 그런 다음 사위에게 넘겨줍니다. 너에게 선사했다는 겁니다. 당신은 주의하십시오! 팔로 이렇게 끼고 데리고 들어가 걸어 갈 때는 느리게 걸어가야 합니다. 만약 내가 데리고 들어간다면 좀 빨리 걸어가고 싶습니다. 이 일은 불합리한 점들이 많습니다!

상례에 관하여 공자가 이 부분에서 말한 것으로 보면 까다로운 예절[繁縟之禮]에 대해서 반대했음을 알 수 있습니다. 그러므로 '그는 비록 장례 처리를 간단하게 하였지만 간단히 해야 한다는 원칙에는 위반하였다[唯簡之而不得]'라는 이 한마디를 위하여 우리는 많은 역사상의 도리를 이끌어 냈습니다. 공자는 맹손씨가 이미 충분이 잘 치렀다고 보았습니다. '생자기야(生者寄也), 사자귀야(死者歸也)', 우리 사람들이 세상에 살아있음은 여관에 머물고 있는 것이요 죽으면 돌아가는 것입니다. 그러므로 상례는 마땅히 간단해야 합니다. '그래도 이미 간단히 해서 합리적이었다[夫已有所簡矣]', 공자는 말합니다. 맹손씨의 모친이 죽어서 그가 이렇게 장례를 처리할 수 있었던 것은 이미 아주 합리적이었다. 너는 지나치게 요구하지 말아라.

우리 중국의 옛사람들이 말하는 합리란 만약 팔십 세 이상으로 세상을 떠났다면 고수(高壽)라고 불렀습니다. 복과 수명이 온전하게 돌아갔다는 겁니다. 당신이 비록 붉은 만련(輓聯)을 보내더라도 고례(古禮)에 부합했습니다. 사망이라고 부르지 않고 등선(登仙)이라고 불렀습니다. 신선이 된 겁니다. 만약 부모가 백 살까지 살았거나 혹은 백여 살을 살았다면, 옛사람들은 그렇게 오래 산 사람들이 늘 있었습니다, 그 아들이 칠, 팔십 세이어서 눈물이 나올 수 없는데 구태여 눈물을 흘려야했을까요! 그러므로 장례를 처리함에 있어서 공자는 말하기를 힘을 다하기만 하면 된다고 했습니다. 이것이 첫 번째 이유입니다. 두 번째 이유로 공자는 말합니다. '맹손씨는 이미 생사를 초월하였기에 사는 까닭을 모르고 죽는 까닭을 모르며[孟孫氏不知所以生, 不知所以死]', 그 본인은 도를 얻어서 이미 생사를 마쳐버렸기 때문에 생사에 대하여 이미 문제가 안 됩니다.

'시간상 어느 것이 먼저고 어느 것이 뒤인지를 모른다[不知就先, 不知就後]', 이런 사람은 시간관념도 없습니다. 과거도 없고 미래도 없습니다. 사람이 도를 얻을 수 없는 까닭은 가장 고통스러운 것으로 바로 두 가지 제한이 있습니다. 하나는 공간 관념이요 하나는 시간관념입니다. 그러므로 여러분들이 정좌하면서 항상 자기의 관념에 사로 잡혀서 이렇게 말하는 사람들이 있습니다. 아이고, 선생님 저는 앉은 지 30분밖에 못 앉고 1분조차도 더 해가지 못합니다. 왜냐하면 그는 생각 속에서 시간관념에 사로잡혀있기 때문에 그 시간이 되면 눈을 뜨고 바라보고 싶습니다. 아이고, 여전히 30분이네. 그는 '물고기는 강이나 호수에 살면서 강이나 호수를 잊고, 사람은 도를 얻어 도에서 살면서 도를 잊는다'를 할 수가 없습니다. 만약 당신이 시간관념을 일단 잊어버리기만 한다면 곧 달라집니다.

사람들은 얼마나 스스로 고통을 찾고 있는지를 모릅니다. 어떤 수도자들은 동쪽 방향만을 마주해야 정좌할 수 있습니다. 북쪽 방향으로는 정좌할 수 없을까요? 어느 방향이든 사람이 살지 않습니까? 어느 방향인들 사람이 태어나지 않고 죽지 않습니까? 왜 꼭 동쪽 방향이어야 생기(生起) 방향입니까? 북쪽 방향도 불공여래(不空如來)라고 부르지 않습니까! 북쪽 방향을 대하고 있으면 더욱 좋지 않습니까? 이것은 사람 자신이 지혜가 부족한 것인데 가련하게도 시간과 공간에 사로잡혀있는 것입니다. 그러므로 공자는 말합니다. 맹손씨는 첫째, 생사를 끝마쳤다. 둘째, 과거 현재 미래를 잊어버렸다. '부지취선(不知就先), 부지취후(不知就後)', 어느 것이 먼저 있고 어느 것이 뒤에 있는지를 모른다.

생명은 변화이자 꿈이다

"사람이 죽으면 바로 외형이 변화하여, 그 다음에 무슨 생명체가 될지 모를 변화를 기다릴 뿐이다!"

若化爲物, 以待其所不知之化已乎!

그러므로 도가의 관념으로는 태어남과 죽음이 별것 아닙니다! 이 천지는 거대한 화학 실험실입니다. 모든 생명은 이 거대한 화학 용광로속의 변화물입니다. 사후의 육체는 또 다른 것으로 변화합니다. 우리들의 신체도 다른 것들이 변화하여 이루어진 것입니다. 물론 많은 채소야 두부야 소고기야 또는 소금이야 설탕 등 각종의 영양을 먹어서 변화되어 나온 이 신체는 죽은 뒤에는 또 복잡한 단계를 거쳐 다시 변화하여 되돌아갈 뿐입니다.

그래서 중국문화는 생사에 대하여 물화(物化)라고 부릅니다. 모든 것은 변화하고 있습니다. 부처님을 배우는 사람은 무상(無常)이라고 부르는데, 무상도 바로 변화입니다. 고정불변 하는 것은 없습니다. 그러므로 사람이 죽으면 바로 '화위물(化爲物)', 외형이 변화합니다. 왜냐하면 생명의 정신은 영원히 생겨나지도 않고 소멸하지도 않기 때문에 그래서 '그 다음에 무슨 생명체가 될지 모를 변화를 기다릴 뿐이다[以待其所不知之化]!', 다음 생명이 무엇으로 변화할지, 그것은 우리들이 알 수 없는 것입니다. 도를 얻은 사람은 압니다. '이호(已乎)', 바로 이렇다는 것입니다.

"그리고 막 변화하려 할 때 변화하지 않을 것을 어찌 알겠느냐? 막 변화하지 않으려할 때 이미 변화해버렸음을 어찌 알겠느냐?"

且方將化, 惡知不化哉? 方將不化, 惡知已化哉?

   지금 바로 우리들에게 일러줍니다. 현재 다들 살아있고 죽지 않았는데 '차방장화(且方將化), 오지불화재(惡知不化哉)?', 새로운 생명이나 혹은 우리 현재 살아있는 사람들이 변화하지 않을 것이라고 어떻게 알겠는가? 도가 없기 때문에 자기가 변화하고 있다는 것을 모르는데, 사실은 자기의 신체는 언제나 태어나고 죽고 있으며 변화하고 있습니다. 1초 전의 일은 이미 죽었습니다. 현재의 뇌 속은 1초 후의 일입니다. 어제의 나는 이미 죽어버렸습니다. 오늘의 나는 어제의 나가 아닙니다. 1초 전의 나도 지금의 나가 아닙니다. 언제나 변화 중에 있습니다. '방장불화(方將不化), 오지이화재(惡知已化哉)?', 막 태어났을 때 설마 당신은 죽음을 향하여 변화하고 있다는 것을 모르는가? 당신은 자기가 살아서 존재하고 있다고 느끼고 있지만 현재 일부분은 이미 죽어갔다는 것을 모르는가? 그러나 다른 일부분은 또 태어나온다. 왜냐하면 사람이 이것을 모르고 이 도리를 깨달을 수 없기 때문에 그래서 도를 얻을 수 없다.

   "나와 너만이 그 꿈에서 아직 깨어나지 못했다!"

吾特與汝, 其夢未始覺者邪!

   공자는 안회에게 일러줍니다. 나와 너는 모두 꿈을 꾸고 있는 것이다! 눈을 뜬 채 백일몽을 꾸고 있으면서 깨어나지 않았다. 만약 깨어난다면 바로 깨달음이다. 꿈을 꾸지 않으면 깨어나고, 깨어나면 깨닫고 도를 얻는다. 나와 너 두 사람은 모두 아직 꿈을 꾸고 있다. 도를 깨닫지 못했고 맑게 깨어나지 못했다.

"또 그의 입장에서 보면 형해(形骸)의 죽음은 있지만 생명의 본심(本心)이 사망하는 일이 없으며, 삶이라는 아침과 죽음이라는 저녁이 있지만 생명의 진정한 작용은 죽음이 없다."

且彼有駭形而無損心, 有旦宅而無情死。

　뿐만 아니라 도를 얻은 사람인 맹손씨의 경우 입장에서 보면, 보이는 죽음은 외형입니다. 우리가 보아서 이 사람이 눈을 뜨지 않고 호흡이 없으면, 이것을 죽음이라고 부르고 곧 울기 시작합니다. 이 것은 껍데기입니다. 이 외형은 전구와 마찬가지입니다. 생명은 이 외형이 아닙니다. 전구가 파괴되어도 전기 에너지 전원은 파괴되지 않았기에 또 다른 전구로 하나 바꿔 끼면 또 밝아집니다. 그러므로 우리 보통사람은 단지 외형만 보고 몸뚱이가 생명의 근본이라고 여깁니다. 도를 얻은 사람이 보면 죽은 것은 형해이며 '이무손심(而無損心)', 그 생명의 본심은 죽지 않았습니다. 외형의 죽음 때문에도 사망하지도 않고, 그것은 영원히 항상 있습니다. 뿐만 아니라 그는 '삶이라는 아침과 죽음이라는 저녁이 있지만 생명의 진정한 작용은 죽음이 없다[有旦宅而無情死]'라고 느낍니다. '단(旦)'은 이른 아침이며 '택(宅)'은 주택인데, 실제로는 아침저녁[旦暮]입니다. 저녁이 되면 집에 돌아가 휴식을 취한다는 겁니다. 공자는 말합니다. 태어나오고 죽어가는 것은 아침과 저녁이나 마찬가지이다. 그 생명이 진정으로 작용하는 그것은 항상 존재한다. 그 진실하고 항상 있는[眞常] 진정한 생명은 죽지 않았다. 그래서 그는 말합니다. 너는 맹손씨에 대하여 처음부터 잘못 보았다.

"맹손씨는 아무래도 인간세계에 있음을 느끼고 사람들이 우니 자기도 울었는데, 그것은 다들 그렇게 하기를 바랐기 때문이었다."

孟孫氏特覺, 人哭亦哭, 是自其所以乃。

　지금 네가 가서 조상을 했는데, 맹손씨는 이미 잘한 것이다. 도를 얻은 사람은 슬픔도 없고 즐거움도 없다. 하지만 그는 아무래도 자기는 여전히 인간세계에 있다고 느낀다. 아직 사람 노릇하고 있으니까. 인간세상은 사람이 죽으면 마땅히 울어야한다고 느낀다. 그래서 그도 입을 벌리고 아이고 아이고 한번 소리친 것인데, 그는 이미 충분히 잘 했다. 그는 마침내 다른 사람에게 기꺼이 한 번 응수(應酬)한 것이다. '사람들이 우니 자기도 울었는데, 그것은 다들 그렇게 하기를 바랐기 때문이었다[人哭亦哭, 是自其所以乃]', 그렇기 때문에 부득이했을 뿐이다. 왜냐하면 다들 그렇게 하기를 바라기 때문에 그래서 그는 어쩔 수 없이 부득이 그렇게 한 것이다.

"또한 '사람들의 자아가 하자는 대로 서로 같이 하였을 뿐인데, 내가 말하는 진정한 자아를 사람들이 어찌 알겠는가?' 였었다."

且也相與吾之耳矣, 庸詎知吾所謂吾之乎?

　'또한 '사람들의 자아가 하자는 대로 서로 같이 하였을 뿐인데[且也相與吾之耳矣]', 그는 말합니다. 여러분이 다들 그렇게 하니 그도 여러분을 따라서 그렇게 할 수 밖에 없었다. 여러분들이 날이 샜다고 하면 그도 역시 따라서 날이 샜다고 말한다. 한 무리의 미치광이들을 만나 한데 있게 될 때 남들이 그더러 춤을 추라하는데도 그가 곧 춤을 추지 않으면, 그 미치광이들이 그를 때려 죽이려 하면서 오히려 그가 미쳤다고 말하기 때문이다. 그래서 그는 그런 모습일 수밖에 없었다. '내가 말하는 진정한 자아를 사람들이 어찌 알겠는가?' 였었다[庸詎知吾所謂吾之乎]?', '용거지(庸詎知)'는 네가 어디 알겠느냐는 의미입니다. 바꾸어 말하면, 너는 '오소위오지호(吾所謂吾之乎)?'를 모른다는 겁니다. 그는 도를 얻어서 무아(無我)가 돼버렸다. 그러므로 그는 자기의 아(我)가 없고 일체가 모두 대아(大我)이다. 당신이 당신의 '아'가 이렇게 해야 한다고 여기면 그는 당신의 '아'를 따라서 하겠다고 한다. 당신이 울기를 바라면 당신과 함께 운다. 당신이 웃기를 바라면 당신과 함께 웃는다. 이와 같을 뿐이다. 그는 이미 무아의 경지에 도달했다.

만약 다른 문자라면, 예컨대 불가의 경우는 단도직입적으로 하나의 무아라고 말하면 그것으로 좋습니다. 장자는 그렇지 않았습니다. 문자로써 '용거지오소위오지호(庸詎知吾所謂吾之乎)?'라고 이렇게 '오(吾)'라고 해서 우리들을 어리둥절하게 만들었습니다. 실제로는 다시 말해, 그는 이미 무아에 도달해서 나가 없고 무슨 나라고 부를 만 한 것이 없다는 이 한 마디입니다. 그더러 문자를 한번 쓰라고 하니 이렇게 썼습니다. 다시 한걸음 나아가 무아의 경지를 말하면, 보세요, 인생에 어디에서 하나의 나를 찾을 수 있습니까! 당신의 머리털에서부터 내장에 이르기까지 어느 부분이 나입니까! 나인 곳이 아무 곳도 없습니다. 무아의 경지로부터 인생은 바로 꿈이라고 말했습니다. 인생이 꿈과 같다는 것이 아닙니다. 그것은 문학적인 형용사입니다. 인생은 바로 꿈입니다! 무슨 꿈과 같다! 느니 꿈은 또 인생과 같다! 느니의 '~과 같다'가 아닙니다. 이

'~과 같다[如]'는 쓸 수 없습니다. 왜냐하면 인생은 바로 꿈이기 때문입니다. 다음에서는 이 꿈을 말합니다.

"네가 밤에 꿈에 새가 되면 하늘에 날아오르고, 꿈에 고기가 되면 못에 잠겨 헤엄친다. 그런데 낮에 지금 그런 것을 꿈이라고 말하고 있는 것이 깨어있는 것인지 꿈을 꾸고 있는 것인지 알지 못한다."

且汝夢爲鳥而厲乎天, 夢爲魚而沒於淵。不識今之言者, 其覺者乎? 其夢者乎?

'네가 밤에 꿈에 새가 되면 하늘에 날아오르고[且汝夢爲鳥而厲乎天]', 우리가 꿈을 꾸고 있을 때 자기가 새로 변해서 높이 날아서 하늘로 날아올라갔습니다. '꿈에 고기가 되면 못에 잠겨 헤엄친다[夢爲魚而沒於淵]', 우리가 자기가 한 마리 고기인 꿈을 꾸었을 때 깊은 물속으로 숨어 들어갔습니다. 그때는 물의 두려움도 느끼지 못했고 사람도 겁내지 않았습니다. 하늘로 날아 올라가도 솜저고리를 입을 필요도 없고 털옷을 입을 필요도 없이 스스로 올라갔습니다. 꿈속에서는 편안했습니다. 이것은 밤 속의 꿈을 얘기한 것입니다. '그런데 낮에 지금 그런 것을 꿈이라고 말하고 있는 것이 깨어있는 것인지 꿈을 꾸고 있는 것인지 알지 못한다[不識今之言者, 其覺者乎? 其夢者乎]?', 지금 우리들은 눈을 뜨고서 그런 것들이 꿈이라고 느끼고 현재는 깨어있다고 느낍니다. 그러나 우리들이 생각해 봅시다! 지금 생각할 줄 알고 말할 줄 아는데, 당신은 자기가 정말로 깨어 있는 것이라고 봅니까! 이것이 의문부호입니다. '기몽자호(其夢者乎)?', 설마 지금은 눈을 뜬 채 꿈을 꾸고 있는 것은 아닐까요? 이것은 선종에서 말하는 화두참구입니다. 문제가 당신에게 답안을 주지 않습니다. 당신 스스로 답을 찾아야합니다. 당신 스스로 생각해 보세요, 당신은 지금 깨어있다고 여깁니까? 아니면 지금 꿈을 꾸고 있는 것이라고 여깁니까?

그러므로 인생이 도대체 지금 깨어 있는 것일까요, 아니면 꿈을 꾸고 있는 것일까요? 이것이 하나의 큰 문제입니다. 예컨대 우리들은 어제 낮 동안에 다들 많은 일을 했습니다. 당신이 지금 어제의 일을 회상해보면, 이것은 이미 이루어진 꿈이 아닙니까? 이것은 눈을 뜬 채 꿈을 꾼 것입니다! 그러나 다들 이해하지 못하고 자기가 눈을 감은 채의 정신생각 활동을 꿈이라고 여기고 자기가 바보여서 꿈에 속았다고 생각합니다. 사실 현재는 더 어리석습니다. 현재의 활동은 눈을 뜬 채 꿈을 꾸고 있는 것입니다. 현재 무엇에 속임을 당했을까요? 눈에 속임을 당한 것입니다. 믿지 못하겠거든 당신이 눈을 한번 감아보십시오. 곧바로 앞의 꿈이 사라져버렸습니다. 도대체 어떤 모습이 깨어 있는 것일까요? 아니면 지금 이런 모습이 깨어 있는 것일까요? 저도 모릅니다. 장자도 몰랐습니다. 공자도 몰랐습니다. 스님들은 매운 채소[葷]를 먹지 않아서 뱃속에는 소(素)가 있습니다—속으로는 다른 생각이 있습니다[心裏有數]. 다음에서는 한 가지 도리를 얘기합니다.

"사람의 자연적인 정감은 편안함이 절정에 이르면 웃기조차도 귀찮아지며, 진짜 웃음을 낳는 일을 만나면 미처 어떻게 안배하지 못한다. 평안이 자연스러우면서 천지의 변화에 내맡기면, 마침내 텅텅 비어 무량무변한 하늘[寥天]에 들어가 하나가 된다."

造適不及笑, 獻笑不及排, 安排而去化, 乃入於寥天一。

'사람의 자연적인 정감은 편안함이 절정에 이르면 웃기조차도 귀찮아지며[造適不及笑]', 사람의 자연적인 정감이 가장 편안하고 가장 득의할 때 도달하면 웃음조차도 미처 웃을 새가 없습니다. 물론 울지도 않을 것입니다. 즉, 편안함이 극점에 이르면 웃음조차도 웃기가 귀찮은데, 그건 정말 편안합니다. 웃고 싶을 때는 하하 크게 웃어야 합니다. 우스운 일을 하나 만났을 때는 '헌소불급배(獻笑不及排)', 미처 안배를 할 새가 없습니다. 어떤 때는 우리가 남이 하는 우스개 얘기를 듣고 배가 아플 정도로 웃습니다. 그더러 천천히 얘기하라고 하는 한편 또 배를 붙들고 웃습니다. 이게 바로 '헌소불급배(獻笑不及排)'입니다. 미처 안배할 새가 없는 것입니다. 그것을 진짜 웃음이라고 부릅니다. 만약 우스개 얘기를 하나 해서 나를 웃기라고 말한 다음, 먼저 하...하고 한참 있다 웃는다면 그게 바로 안배한 웃음입니다. 진짜 웃음이 아닙니다. '평안이 자연스러우면서 천지의 변화에 내맡기면[安排而去化]', 이 '안배(安排)'란 말은 오늘날의 관념으로 여기지 말기 바랍니다. 오늘날의 안배의 관념은 어떤 방법을 미리 생각하여 마련해 놓는 것입니다. 예컨대 우리가 수업을 한다면 자리를 잘 배치하고 하는데, 이것이 오늘날 사람들이 말하는 안배의 관념입니다. 장자의 여기서의 '안(安)'은 바로 평안이며 '배(排)'는 곧 자연스런 배열, 자연스런 법칙으로서 그 자연스러움에 내맡기는 것입니다. 천지에 평안하며 자연히 변화에 내맡기는 것입니다.

변화한 뒤에 무슨 경계로 나아갈까요? '마침내 텅텅비어 무량무변한 하늘[寥天]에 들어가 하나가 된다[乃入於寥天一]', 이것은 또 장자가 취한 명사인데 '료천일(寥天一)'이라고 합니다. 불가의 열반이나 보리, 득도(得道)에 해당합니다. '교천(寥天)'은 이 하늘 위는 아무것도 없습니다. 텅텅 빈 무량무변한 하늘입니다. 비어서 무량무변(無量無邊)하며 다함도 없고 그침도 없습니다[無盡無止]. 그러나 어디로 비우러가야 할까요? 역시 이곳에서 입니다. 천지와 나가 합하여 하나가 되고[合一] 만물이 나와 한 몸[一體]인 경지입니다. '평안이 자연스러우면서 천지의 변화에 내맡기면, 마침내 텅텅비어 무량무변한 하늘[寥天]에 들어가 하나가 된다[安排而去化, 入於寥天一]', 이것은 바로 불가에서 말하는 열반입니다. 이 단락은 또 사람의 생사문제인데, 안회가 공자에게 와서 물었습니다. 공자는 사망의 문제로부터 삶의 문제까지 말하면서 우리들에게 다음과 같이 일러줍니다. 밤에 꾸는 꿈은 꿈이다. 낮에도 역시 큰 꿈속에 있다. 이 큰 꿈을 철저하게 이해하면 도를 얻는다. 진정으로 깨어나면 삶과 죽음이 모두 꿈속에 있다. 이어서 또 다른 문제가 하나 옵니다.

인의와 시비를 담론하다

의이자(意而子)가 허유(許由)를 만나자 허유가 물었다. "요(堯)는 자네에게 무슨 말을 했는가?"

意而子見許由。許由曰 : 堯何以資汝？

　의이자(意而子)와 허유(許由)는 모두 상고 시대의 고사(高士)·은사(隱士)입니다. 허유는 요임금[唐堯] 때의 사람으로 요임금은 그에게 지위를 물려주고 싶었지만 허유는 황제가 되기를 원하지 않고 여전히 은사가 되었는데, 이런 얘기는 앞에서 말한 적이 있습니다. '요하이자여(堯何以資汝)', 허유가 의이자에게 묻습니다. 저 요가 도대체 자네에게 무슨 말들을 한 건가? '자(資)'는 당신에게 보충해주거나 당신에게 어떤 것들을 선사하다는 뜻입니다. 그는 도대체 자네에게 무슨 말들을 했는가? 역사상 기록으로는 요가 허유를 찾아와 그에게 나와서 황제가 되어달라고 청했습니다. 지금 허유는 의이자에게 반문하기를 요가 그에게 무슨 말을 했느냐고 합니다.

의이자가 대답하였다. "요는 나에게 몸소 반드시 인의(仁義)를 실행하고, 시비(是非)를 분명히 가려 말하라고 일러주었습니다."

意而子曰 : 堯謂我 : 汝必躬服仁義而明言是非。

　이 점은 중요합니다. 이른바 후세의 중국문화의 유가는 이 시비(是非)와 인의(仁義)를 대단히 중시했습니다. 특히 당나라 송나라 이후의 유가가 그랬습니다. 의이자는 말합니다. 요가 내게 일러주기를 나더러 인의의 도를 꼭 실행하라고 했습니다. '궁복인의(躬服仁義)', 몸소 인의를 실천하는 것입니다. '이명언시비(而明言是非)', 사람은 반드시 시비를 분명히 가려야하고, 인간세상의 시비를 반드시 분명히 해야 한다고 했습니다.

허유가 물었다. "자네는 왜 여기를 왔는가? 요가 이미 자네의 얼굴에 인의로써 낙인(烙印) 찍고 시비(是非)로써 코를 베었으니, 자네는 장차 무엇으로 저 자유자재하고 변화가 무궁한 도의 길에서 노닐 수 있겠는가?"

許由曰 : 而奚爲來軹？夫堯旣已黥汝以仁義，而劓汝以是非矣，汝將何以游夫遙蕩恣睢轉徙之塗乎？

허유가 말합니다. 큰일 났군! '이해위래지(而奚爲來軹)?', 그가
왜 자네에게 함정을 하나 만들고, 궤도를 하나 만들어서 자네에게
걸어가게 했다는 말인가! '요가 이미 자네의 얼굴에 인의로써 낙인
찍고 시비로써 코를 베었으니[夫堯旣已黥汝以仁義]', 사람은 태어
날 때는 어린애마냥 본래 깨끗하고 순결한데 무슨 인의야, 시비야,
철학이야, 종교야, 예술이야 등등은 모두 백지에 칠해놓은 색깔이
네. 사람은 태어날 때는 본래 깨끗한데 요는 이미 자네에게 얼굴에
먹물을 살에 찔러 넣은 것이네. '경(黥)'은 바로 범죄자의 얼굴이
그에 의해 낙인이 찍힌 것입니다. 그는 말합니다. 요는 이미 자네
의 모습을 망가트려놓았네. 본래 깨끗한 얼굴에 낙인을 찍어놓은
것이네. '이의여이시비의(而劓汝以是非矣)', 옛사람들에게는 형법이
하나 있었는데, 죄를 범하면 코를 베어버려서 이 사람은 영원히 범
죄인으로 보이는 것이었습니다. 요는 자네에게 시비를 분명히 가
려 말하라고 했는데, 이것은 자네의 코를 베어 내버린 것이나 다름
없네.

　사람이 인의(仁義) 선악(善惡) 시비(是非)의 관념이 있다면 곧 가
치의 문제가 대두됩니다. 그래서 이 문제를 저도 늘 말하며, 구세
대들이 다들 한데 모여 있을 때 젊은이들을 보면 볼수록 눈에 거슬
려 합니다. 늙어버린 사람은 몹시 싫습니다. 물론 저도 한 노인으
로서 젊은이들을 보면 이것도 옳지 않고 저것도 옳지 않습니다. 코
가 삐뚤어져 있거나 아니면 귀가 큽니다. 아무래도 옳은 것이 한
가지도 없습니다. 사실은 다들, 특히 오늘날 젊은이들은 도덕을 중
시하지 않고 이 사회가 대단히 나쁘다고 봅니다. 사실은 다들 잠꼬
대를 하고 있는 것입니다. 그래서 말하기를 도덕관념은 고금동서
를 막론하고 다 있어 왔으며 단지 표현법이 다를 뿐이라고 합니다.

　중국 옛사람들의 도덕은 종교적인 것이었습니다. 만약 부도덕하

다면 인과응보의 도리를 위배할까 두려워했습니다. 아이구, 큰일 났구나! 장래 죽으면 염라대왕한테 가서 심문을 당하거나 보살회처(菩薩會處)에서 처벌받아 지옥에 갈 것이다. 인과응보가 있기 때문이다. 오늘날 젊은이들은 이런 것을 믿지 않습니다. 그러나 젊은이는 도덕적인 가치 관념이 없을까요? 가치 있는 일이라야 비로소 한다고 하면 그것은 이해관념이자 하나의 도덕기준이기도 합니다. 기준이 없다고는 말할 수 없습니다. 무릇 사람이라면 반드시 하나의 기준이 있습니다. 한 동물이라 할지라도 나름대로의 하나의 기준이 있습니다. 단지 형태가 다르고 생각, 언어, 관념이 다를 뿐입니다. 그가 어떤 모습으로 변한지를 보지말기 바랍니다. 아무리 이렇게 저렇게 변해가도 그 사람도 역시 입을 벌려 밥 먹을 줄 알고 추우면 옷 입을 줄 압니다. 이 두 가지를 다 변해버리게 하지 않는 이상 그렇습니다. 그러므로 이것은 문화의식 형태가 다를 뿐이라고 말합니다. 그는 말합니다. 사람의 진정한 타고난 본성은 한 장의 백지와 같아 깨끗하고 순결한 것인데 요순이 자네에게 도덕 시비 인의를 가르쳐주었다니, 그럼 자네는 정말 끝장났네.

'자네는 장차 무엇으로 저 자유자재하고 변화가 무궁한 도의 길에서 노닐 수 있겠는가[汝將何以游夫遙蕩恣睢轉徙之塗乎]?', 자네는 끝장났네. 자유로울 수 없게 되었고 자재할 수 없게 되었네. 해탈할 수 없게 되었고 도를 얻을 수 없게 되었으며 소요할 수 없게 되었네! 자네는 이 후천적인 오염의 구속을 받게 되었네. 허유는 이렇게 의이자를 비평했습니다. 그러나 의이자의 관념은 다릅니다.

의이자가 대답했다. "그렇지만 나는 그 울타리에서 노닐고 싶습니다." 허유가 말했다. "그렇지 않네. 장님은 외모와 안색(顔色)의 아름다움을 볼 수 없으며, 눈이 나빠 희미하게 보이는 사람은 옷의 채색과 무늬를 볼 수 없네."

意而子曰：雖然，吾願游於其藩。許由曰：不然。夫盲者無以與
乎眉目顏色之好，瞽者無以與乎青黃黼黻之觀。

　　의이자가 말합니다. 에이! 이 도리는 나도 압니다! 그러나 '나는
그 울타리에서 노닐고 싶습니다[吾願游於其藩]', 나는 극장표를 하
나 사서 그 입구에 서 있기를 바랍니다. '번(藩)'은 울타리로서 문
주변에 서 있거나 깊이 들어가지 않은 것입니다. 허유는 이 말을
듣자 탄식했습니다. '불연(不然)', 그는 말합니다. 그런 게 아니네.
자네는 반드시 이렇게 해야하네. 나는 자네를 위해서 안타까워하
네. '장님은 외모와 안색의 아름다움을 볼 수 없으며[夫盲者無以與
乎眉目顏色之好]', 그는 말합니다. 눈이 보이지 않은 봉사는 사람의
안색 외모를 영원히 볼 길이 없네. 사람의 눈썹이 잘 자랐는지 자
라지 못했는지를 볼 수도 없네. '눈이 나빠 희미하게 보이는 사람
은 옷의 채색과 무늬를 볼 수 없네[瞽者無以與乎青黃黼黻之觀]',
'고자(瞽者)'와 '맹자(盲者)'는 같지 않습니다. '맹자'는 눈이 완전히
볼 수 없는 것입니다. '고자'는 눈이 나빠져 희미하게 밝은 빛을 볼
뿐입니다. 일부 병자들은 눈이 나빠져 또렷이 볼 수 없고 약간의
밝은 빛만 볼 수 있으며 색깔을 가리지 못하는데, 이게 바로 고자
입니다. 허유는 말을 잘할 줄 아는데, 우리들이 말하기를 배우고
싶다면 이런 사람들을 배워야합니다. 그는 남을 꾸짖고 있는데 꾸
짖으면서도 쌍스러운 말을 하고 있지 않습니다. 그는 말합니다. 봉
사니까 또렷이 볼 수 없네. 나는 자네에게 이미 일러주었는데 자네
는 두뇌가 명석하지 않군.

의이자가 물었다. "나이가 많아지자, 무장(無莊)이라는 미인이 자신의 미모가 사라져버렸고, 거량(據梁)이라는 용사가 그 힘이 사라져버렸으며, 황제(黃帝)가 그 지혜가 사라져버린 것은, 모두가 인생경험에 단련되어 나와서 천성의 순결함을 파괴하였기 때문입니다."

意而子曰 : 夫無莊之失其美, 據梁之失其力, 黃帝之亡其知, 皆在鑪捶之間耳。

　'무장(無莊)'은 고대의 예쁜 미인이었지만 마지막에는 나이가 많아져서 아름다움이 사라져버렸습니다. '거량(據梁)'은 고대의 한 용사(勇士)였지만, 상당한 나이에 이르렀을 때 체능이 한계점에 이르러 권투왕의 보좌가 무너졌습니다. 황제는 우리들 모두의 조상으로서 지혜가 가장 높았지만 '황제지망기지(黃帝之亡其知)', 나이가 많아져 늙어지자 지혜도 사라져버렸습니다. 이 세 사람은, 예쁜 사람은 아름다움이 사라져버렸고, 힘이 있는 사람은 힘이 사라져버렸습니다. 지혜가 있는 사람은 지혜가 없어져버렸습니다. 이 세 가지 것은 모두 인생에서 가장 중요한 것입니다. 사람이 예쁘면 남을 속일 수 있습니다. 힘이 있으면 남을 지배할 수 있습니다. 예쁘면 남이 사랑하게 되고 권력이 있으면 남을 두렵게 합니다. 지혜가 있으면 남을 혼미하게 합니다. 이 세 가지는 영웅이 창업을 하는 데 없어서는 안 될 것이기도 합니다.

　그러나 어떤 사람이 뛰어난 장점을 가지고 있다가 최후에 잃어버린다면 얼마나 가련합니까! 왜 잃어버릴까요? '모두가 인생경험에 단련되어 나와서 천성의 순결함을 파괴하였기 때문입니다[皆在鑪捶之間]', 마치 쇳덩이 하나가 화로 속에서 단련되어 집어져 나와 쇠망치로 두드려 때리는 것이 바로 '로추(鑪捶)'입니다. 이 '로

추(鑪捶)'는 인생 경험이 많은 것을 대표합니다. 인생의 경험이 많아져서 천성의 순결함을 파괴한 것입니다. 그러므로 나이가 많을수록 도와는 거리가 멉니다. 왜냐하면 깨끗한 마음씨가 깨끗하지 못하게 되었기 때문입니다. 학문이 좋을수록 지식이 많을수록 역시 그만큼 도를 얻을 수 없게 돼버립니다. 왜냐하면 마음속이 깨끗하지 못하고 뒤죽박죽인 것들이 너무 많기 때문입니다. '로추(鑪捶)'라는 두 글자는 후세 사람들이 늘 사용했는데, 여러분들은 장래에 고서에서 노추의 도리를 얘기하는 것을 보게 되면 『장자』에서 나왔다는 것을 알 것입니다. 이것이 대표하는 것은, 인생의 단련이 너무나 많아 원래의 천진한 지혜가 자연히 상실되었고, 남은 것은 후천의 찌꺼기이기 때문에, 그래서 도를 배우기가 갈수록 어려워지고 갈수록 멀어진다는 것입니다.

"저 조물주가 저의 낙인을 없애고 저의 벤 코를 붙여서 온전한 형상을 가지고 선생님을 따르게 하였는지 어떻게 알겠습니까?"

庸詎知夫造物者之不息我黥而補我劓, 使我乘成以隨先生邪?

그러므로 천지는 공평하여, 우리들에게 생명을 하나 주었고 우리들에게 순결한 두뇌 하나와 깨끗한 마음을 주었습니다. 하지만 또 우리들에게 생명 이외의 허다한 환경들을 만들어서 우리들을 단련시킵니다. 이는 한 덩이의 무딘 쇠가 많은 단련을 필요로 한 것과 마찬가지입니다. 결과적으로 우리의 얼굴에 낙인이 찍히고 코가 베어지게 되어 우리들 자신을 슬프게 만들었습니다.

이것은 무슨 도리일까요? 우리들 인생의 경우를 여러분 젊은 학우들은 이해할 길이 없습니다. 왜냐하면 저도 여러분들처럼 젊은 시절을 거쳐 왔기 때문입니다. 저는 십칠팔 세 때 남이 제게 몇 살이냐고 물으면 스물아홉 살이라고 말했습니다. 저는 스물한 살 때 이미 세상에 나와 일을 했는데, 다른 사람이 저에게 물으면 이미 사십오 세였습니다. 뿐만 아니라 수염도 기르고 있었습니다. 지금은 날마다 깎고 있습니다. 하루에 일고여덟 차례 깎지 못하는 것을 아쉬워하고 있을 정도입니다! 젊을 때 일수록 나이 든 척하고 싶어지고 관상보고 운명을 점쳐보기를 좋아합니다. 저의 관상을 보고 운명을 점쳐본 사람이 많았습니다. 저는 그때에도 자신의 앞길이 무량하고 뒷길도 무궁하다고 느꼈습니다. 어떤 친구들은 말했습니다. 당신은 장래에 눈의 운이 다 가버리면 어떻게 돼버리고 중년 사십여 세에 이르면 코 운이 또 어떻게 간다고 했습니다. 아이구, 제가 말했습니다. 이렇게 하는 게 좋겠습니다. 내가 코를 마땅히 당신에게 주겠습니다. 내가 코를 당신에게 저당 잡힐 테니 돈을 좀 빌려주시오. 코 운이 이르면 저는 필요 없습니다. 모조리 당신에게 주겠습니다.

관상을 보고 운명을 점치는 것은 믿을 수 없습니다! 대장부는 운명을 창조할 수 있습니다. 이런 것을 듣지 말기 바랍니다! 젊은이들이 이런 것을 하는 사람들이 많은데 저는 일생토록 이런 것을 가지고 놀았고 자신도 배웠습니다. 다 배우고난 다음에는 보지 않습니다. 무슨 관상이야 운명이야, 사람은 외모로써 판단해서는 안 됩니다. 당신은 믿지 마시기 바랍니다. 그런 일이 없습니다. 특히 젊은 여성들은 남편감을 찾을 때 절대 이런 것을 믿지 마시기 바랍니다. 이런 것을 믿어 얼마나 많은 사람들이 속임을 당했는지 모릅니다. 지금 이런 도리를 얘기하여서, 사람이 젊었을 때는 앞길이 무량하고 뒷길이 무궁하다고 느끼지만 중년에 이르렀을 때는 서서히 의기소침하고 노년에 이르렀을 때는 생각할수록 괴롭다는 것을 말해봅니다.

 사실은 이는 꿰뚫어보지 못한 것입니다. 이게 바로 장자의 여기서의 말인데, 하느님이나 하늘, 보살 등 어느 분이든 간에, 어쨌든 당신에게 나이가 많아지게 하고 정력이 부족하게 하고, 미모가 쇠로하여 꼴 보기 싫게 변했지만, 꼴 보기 싫으니 쉬기에 딱 좋습니다! 다른 사람의 눈도 많이 휴식하게 해 줄 수 있고 자신이 잠도 많이 잘 수 있으니 말입니다. 그렇지요? 늙으면 사람들이 깔보고 나도 마침 당신에게 응수하기 귀찮아집니다. 이 사람이 찾아오고 저 사람이 찾아오고, 외국인도 오고, 무슨 명성이 천하에 가득하다는 둥 하는데, 저는 말합니다. 나의 천하가 그렇게 크다 할지라도 나도 지금까지 천하에 나가 본 적이 없습니다! 이런 것들은 모두 듣지 마십시오.

 하늘이 당신을 늙게 한 것은 당신더러 쉬게 한 것입니다! 당신의 눈이 흐릿하여 보이지 않게 한 것은 안경을 쓸 필요도 없이 누워서 잠자기에 딱 좋습니다. 책도 보지 않고 그렇게 생각하기만 하면 사람이 도에 부합합니다! 이미 당신을 아름답게 해 준 것이요, 명성도 나게 해 준 것이니, 이제는 또 다른 사람이 좀 예쁘도록 해주어야 합니다. 당신을 영원토록 예쁘게 해 준다면 다른 사람은 어떻게 할 겁니까? 이렇게 한번 생각하기만 하면 당신은 곧 도를 얻고 통합니다. '사아승성이수선생아(使我乘成以隨先生邪)?', 내가 받은 형벌은 아마 바로 조물주가 나에게 도를 배울 기회를 준 것이기에 비로소 선생인 당신을 알게 된 것일 겁니다.

 허유가 대답했다. "아, 그런지는 모르겠네. 그러나 자네를 위해 그 대략을 말하겠네. 도(道)라는 나의 스승이여! 나의 스승이여! 만물을 만들고도 의롭다 여기지 않고, 은택이 만세에 미치어도 어질다 여기지 않으며, 아득한 옛날보다 오래 살았어도 늙다고 여기지 않고, 하늘이 만물을 덮고 땅이 만물을 실어 기르게 하고 만물의 형태를 조각하였으면서도 솜씨라고 여기지 않는도다. 이것이 내 스승이 노니는 경지일세."

許由曰：噫！未可知也。我爲汝言其大略。吾師乎！吾師乎！鳌萬物而不爲義，澤及萬世而不爲仁，長於上古而不爲老，覆載天地刻雕衆形而不爲巧。此所遊已。

　　허유가 말합니다. 나는 자네의 생각이 옳은지 옳지 않은지는 확정하지 못하지만 내가 지금 자네에게 도의 도리에 대하여 아주 조금 말해주겠네. '도(道)라는 나의 스승이여[吾師乎]!', 여기서의 '선생님[師]'이란 어떤 한 사람을 가리키는 것이 아니라 이 도(道)를 말하는 것입니다. '도를 스승으로 삼아 본받는다[師法於道]'에서의 도는 사람을 대표할 수도 있습니다. 예컨대 불가에서는 여래(如來)라고 합니다. 도가에서는 태상(太上)이라 하거나, 그렇지 않으면 광성자(廣成子)라고 합니다. 광성자라는 사람이 있었는지 없었는지는 모르지만 『신선전』에는 있습니다. 황제의 선생님으로서, 황제에게 도를 전해주었습니다. 실제로 그런 사람이 있었는지 없었는지는 상관하지 마십시오. 『봉신방(封神榜)』에는 이 신선이 있는데, 그는 '번천인(翻天印)'을 때릴 줄 안다고 말합니다. 그는 손에 도장이 하나 있는데 한번 때리자마자 우주천지가 사라져버리고 천지가 뒤집어짐[天翻地覆]으로 변합니다. 이 도리는 맞습니다. 바로 심인(心印)입니다.

　　광성자라는 그의 이름을 보면 곧 알게 되는데, 도를 얻고 싶다면 최후에는 학문을 필요로 하지 않고 지식을 필요로 하지 않습니다.

지식이 있으면 오염이 있습니다. 하지만 당신이 도를 얻기 전에는 뭐든지 다 할 줄 알아야 합니다. 널리 이루고 나서[廣成] 하나도 아는 것이 없음으로 변해야 도를 얻습니다. 허유가 말하는 선생님이 광성자를 가리키는지 혹은 태상을 가리키는지는 상관하지 않겠습니다. 그는 말합니다. 나의 저 선생님인 도(道)는 '만물을 만들고도 의롭다 여기지 않고[韲萬物而不爲義]', '제(韲)'는 바로 지(漬: 담그다. 적시다. 스미다/역주)입니다. 일체를 반죽하여 모아, 마치 한국의 김치를 지함채(漬鹹菜)라고 부르듯이, '제만물이불위의(韲萬物而不爲義)', 만물은 모두 그가 만들어 낸 것입니다. 그가 만들었으면 만든 것으로 자기가 대단한 인의(仁義)라거나 혹은 예술이라고 느끼지 않고 마땅히 해야 할 것으로 여깁니다.

'은택이 만세에 미치어도 어질다 여기지 않으며[澤及萬世而不爲仁]', 선생님인 도(道)는 천추만세토록 그에게 의지하여야 만물이 비로소 그 생명을 얻습니다. 그는 자기가 인(仁)한지 인하지 않은지를 느끼지 않습니다. 자비롭다 자비롭지 않다는 그런 것들은 모두 여러분들이 부르는 것이고 그는 그저 마땅히 주어서 천지만물을 만들었고, 만들었으면 그것으로 좋습니다. 그러므로 '아득한 옛날보다 오래 살았어도 늙다고 여기지 않고[長於上古而不爲老]', 이 천지가 아직 개벽하기 전에 이 도는 존재했습니다. 그는 늙지도 않고 젊지도 않습니다. 영원히 그런 모습입니다. '하늘이 만물을 덮고 땅이 만물을 실어 기르게 하고[覆載天地]', 이 천지는 모두 그가 만들어 이룬 것입니다. '만물의 형태를 조각하였으면서도 솜씨라고 여기지 않는도다[刻雕衆形而不爲巧]', 만물은 그가 만든 것으로, 풀은 그렇게 푸르고 나무는 그렇게 푸릅니다. 우리 사람을 만들어서 남자가 있고 여자가 있습니다. 백인종이 있고 홍인종, 흑인종 등 각색의 인종이 있습니다. 각색의 인종은 모두 귀, 눈이 있고 저마다 다릅니다. 이러한 재간은 얼마나 큽니까! 그는 자기의 기술이 고명하다거나 혹은 예술가로서 어느 날 전람회를 열어 여러분들더러 와서 좀 보라고 결코 그렇게 느끼지 않습니다. '이것이 내 스승이 노니는 경지일세[此所遊已]', 그는 말합니다. 당신이 도를 이해하고 싶다면 이 경계를 초월해야 한다. 이 도는 바로 그런 것이다.

그래서 뒷날 남북조 시대에 이르러 선종의 대사인 부대사(傅大士)가 이 도를 간단히 노자, 장자의 이런 의미로서 귀납시켜서 이렇게 시를 한 수 지었습니다.

어떤 것이 있는데 천지개벽 이전에 존재했고　　　有物先天地
형상이 없는 것으로 본래 텅텅 비었네　　　　　無形本寂寥
만물을 만들고 만물의 주재자가 되며　　　　　能爲萬象主
사계절 따라 살거나 죽거나 하지 않네　　　　　不逐四時凋

'유물선천지(有物先天地)', 어떤 것이 하나 있습니다. 이것은 도이며 천지우주가 개벽하기 전에 존재했습니다. '무형본적료(無形本寂寥)', 그것은 형상(形相)이 없는 것으로서 본래 텅텅 비어 있습니다. '능위만상주(能爲萬象主)', 만물을 만들고 만유의 주재자가 됩니다. '불축사시조(不逐四時凋)', 그것은 기후에 따라 살거나 죽는 [生死存亡] 것이 아닙니다. 이것은 방금 장자가 말한 의미를 종합한 것입니다. 여기까지 얘기하여 도를 그렇게 크게 얘기 했는데 어떻게 도를 얻어야할까요? 공자와 안회가 또 대화를 합니다.

안회의 수행성취

안회가 말했다. "저는 진보하였습니다!" 중니가 물었다. "무슨 말이냐." "저는 마음속에서 인의(仁義)를 놓아버려 잊었습니다." "좋다. 하지만 아직 완전하지는 않다."

顔回曰：回益矣。仲尼曰：何謂也？曰：回忘仁義矣。曰：可矣，猶未也。

　안회는 여기까지 듣고 말합니다. '저는 진보하였습니다[回益矣]', 선생님 저는 이해했습니다. 이번에 도를 이해했기에 도를 닦기 쉽게 되었습니다. 그는 말합니다. 저는 이미 진보했습니다. 공자가 말합니다. 어? 네가 도를 이해했어? 진보했다고? '무슨 말이냐[何謂也]?', 네가 마음에 얻은 바를 보고해 보거라. 안회가 말합니다. '저는 마음속에서 인의(仁義)를 놓아버려 잊었습니다[回忘仁義矣]', 저는 지금 마음속에서 놓아버렸습니다. 무슨 문화야 예술이야 학문이나 문학, 인의도덕 이런 것들을 모두 다 놓아버렸습니다. 제 마음속에는 아무것도 없게 되었고 도에 들어갔습니다. 공자는 듣자 말합니다. '좋다. 하지만 아직 완전하지는 않다[可矣, 猶未也]', 너는 조금 놓아버린 것이다. 인의도덕만 놓아버렸고 완전히 놓아버린 것은 아니다. 이제 막 입문한 것이다. 이것은 여러분들이 도 닦는 것과 마찬가지인데, 어떤 때는 눈먼 고양이가 죽은 쥐를 만난 때와 같이 우연히 마음속이 텅텅 비면 도를 깨달았다고 여깁니다. 그것은 잘못되었다는 오(誤)입니다. 진정한 깨달음인 오(悟)가 아닙니다. 그것은 안회의 이것에 비하면 좀 떨어집니다. 안회는 진정으로 인의를 놓아버렸습니다. 공자가 말합니다. 좋다! 아직은 완전히는 아니다. 안회는 선생님이 아직 완전하지 못하다고 비판하는 것을 듣고서 또 열심히 정좌했습니다.

안회가 다른 날 다시 중니를 만나보고 말하였다. "저는 진보하였습니다!" 중니가 물었다. "무슨 말이냐?" "저는 마음속에서 예악(禮樂)을 놓아버려 잊었습니다." "좋다. 하지만 아직 완전하지는 않다."

它日, 復見, 日：回益矣。日：何謂也？日：回忘禮樂矣。日：可矣, 猶未也。

며칠이나 했는지는 모르지만 안회가 또 와서 공자를 뵙고 말합니다. '저는 진보하였습니다[回益矣]', 선생님, 저는 정말로 도를 이해했고, 진보했습니다. 공자가 말합니다. 네가 얘기 좀 해보아라. 한번 보고해 보거라. 안회가 말합니다. '저는 마음속에서 예악(禮樂)을 놓아버려 잊었습니다[回忘禮樂矣]', 저는 더욱 놓아버렸습니다. 머릿속에서 이런 문화정신, 중국 전통문화 관념들, 지저분한 것들을 모조리 놓아버렸습니다. 사라져버렸습니다. 놓아버렸습니다. 놓아버렸더니 바로 도입니다. 공자가 말합니다. '가의(可矣)', 좋다. '유미야(猶未也)', 아직은 완전하지 않다.

안회는 다른 날 다시 만나보고 말했다. "저는 진보했습니다!" 중니가 놀라며 물었다. "무슨 말이냐" "저는 좌망(坐忘)하게 되었습니다." 중니가 책상다리를 하고 앉아있다 갑자기 무릎으로 일어서서 물었다. "무엇을 좌망이라 하느냐"

它日, 復見, 曰 : 回益矣! 曰 : 何謂也? 曰 : 回坐忘矣。仲尼蹴
然曰 : 何謂坐忘?

　안회는 선생님이 그렇게 말하는 것을 듣고 또 집에 돌아가 정좌
했습니다. 돌아가서 정좌를 했는지는 모르겠지만 제가 더한 것입
니다. 어느 날 또 와서 공자를 보았습니다. 이번에는 여러분 주의
하십시오! 삼관(三關)을 통과했습니다. 선종에서 말하는 삼관을 통
과한 것과 마찬가지입니다. '저는 진보했습니다[回益矣]', 저는 도
를 깨달았습니다. 이번에는 잘못된 깨달음이 아닙니다. 그러자 공
자가 말합니다. 무슨 말이냐? 안회가 말했습니다. '저는 좌망(坐忘)
하게 되었습니다[回坐忘矣]', 무엇이든 모두 놓아버렸습니다. 여러
분들은 정좌하면 이렇게 해야 합니다. '좌망(坐忘)', 자기가 여기
앉아있다는 것도 모릅니다. 나도 없고 신체도 없습니다. 남도 없습
니다. 시간도 없고 공간도 없습니다. 아무것도 없습니다. 천지든
뭐든 다 놓아버렸습니다. 그 놓아버렸다는 것까지도 놓아버려야
합니다! 죽을상으로 앉아있는 것이 아닙니다. 마치 장거리 달리기
보다도 더 힘들어하는 그런 모습이 아닙니다.
　여러분들이 앉아 있는 모습을 보면 어떤 사람들은 두 손을 그렇
게 교차하고 무엇을 하는지 모르겠습니다. 마치 힘겨루기 시합 같
으면서 수인을 맺는 것이라고 말합니다. 수인을 맺으면 마구니는
두려워하지 않고 또 귀신을 두려워합니다. 뭘 하는지 모르겠습니
다. 모두 도가 아닙니다! 진정한 도는 '좌망(坐忘)'해야 합니다. 진
정으로 놓아버려야 합니다. 시간 공간 신체 모두가 없고, 더더구나
두 다리를 잊어버려야합니다. 공자는 안회가 좌망이라고 말하는
것을 듣고서 '축연(蹴然)', 옛사람들은, 공자 그 시대에는 다다미를
자리 삼아 앉았습니다. 공자는 듣고서, 원래 책상다리를 하고 앉아

있다가 갑자기 무릎으로 일어서서 안회에게 묻습니다. 너는 무엇을 말하느냐? '하위좌망(何謂坐忘)?', 너는 얘기해 보거라. 무엇을 '좌망(坐忘)'이라 하느냐?

안회가 대답했다. "신체를 버리고 총명을 물리쳤으며, 형체를 떠나고 지혜를 없앴으면서, 일체(一切)를 훤히 아는 경지인 대통(大通)에 같아진 것을 좌망이라 합니다."

顔回曰 : 墮枝(肢)體, 黜聰明, 離形去知, 同於大通, 此謂坐忘。

여러분들이 선종을 배우든 무슨 종을 다 배우든 단오절의 종(粽)을 배우든 공부는 이렇게 해야 한다는 것을 기억해야 합니다. '타지체(墮肢體)', 신체가 사라졌고 감각이 사라졌습니다. 어떤 사람들은 정좌하여 정좌가 잘되면 말합니다. 선생님, 오늘 기(氣)가 통했습니다. 두 손의 수인이 마치 나누어지지 않는 것 같습니다. 당신이 나눠지지 않는다는 것을 아는 바에야 아직도 신체 감각이 있다는 것을 알 수는 있는데 구태여 와서 보고할 필요가 어디 있습니까! 당신은 말합니다. 저는 지금 두 다리가 마비된 것 같습니다. 아프지도 않습니다. 하지만 두 다리가 있다는 것을 여전히 압니다. 이로써 알 수 있듯이 '타지체(墮肢體)'가 없는 것입니다. '출총명(黜聰明)', 생각이 없습니다. 망념이 없고 잡념이 없습니다. 그렇지만 모르는 것은 아닙니다. 무엇이든지 다 압니다. 생각이 없다는 것을 알고 망념이 없다는 것을 압니다. '리형(離形)', 형체가 없습니다. '거지(去知)', 지혜도 없습니다. 즉, 지혜라고 부르지 않습니다. 아직도 하나의 지혜가 있다면 옳지 않습니다. 어떤 사람은 또 앞에 한 덩이 빛을 보는데, 구태여 당신더러 보아 달라할 필요가 있을까요? 전구를 하나 켜면 밝아지는데 그 빛이 무슨 희귀할 게 있겠습니까! 그것은 당신 내면의 기혈(氣血)이 후뇌의 신경을 통과할 때 통과하려고 하는데 통과하지 못해서 마찰 작용이 발생한 것입니다. 그것은 도가 아닙니다! 분명히 알기 바랍니다! 솔직히 여러분에게 말합니다. 여러분을 속이면서, 좋아요 좋아! 빛이요 빛! 하는데, 당신은 그렇게 빛 상태로 가보세요! 무슨 소용이 있습니까! 그건 모두 아닙니다. 그러므로 '형체를 떠나고 지혜를 없애야[離形去知]' 합니다.

'일체를 훤히 아는 경지인 대통(大通)에 같아진 것을[同於大通]', 천지와 합하여 하나가 되었습니다. 무엇이 '대통(大通)'일까요? 허공이 '대통'입니다. 모든 방향으로 막힘없이 통합니다. 당신이 신체가 없고 지혜가 없는 그 경계에 도달했지만 일체를 또렷이 압니다. 당신이 또렷이 알 때보다 더욱 또렷이 아는 것이 바로 '대통'입니다. 지금 우리가 단지 이 빌딩 범위를 알거나 혹은 밤에 조용해졌을 때 오로지 이 동문 일대의 범위만을 대략 아는 것은 '동어대통(同於大通)'이 아닙니다. 진정으로 정좌가 좌망(坐忘)의 경계에 도달하였을 때는 대북시와 대만의 전체의 일을 당신은 모두 압니다. 그렇게 대통할 수 있는 것을 '좌망(坐忘)'이라고 부릅니다.

하지만 저의 이 말은 형용하는 것입니다! 당신은 좌망한 뒤에 여전히 나는 대만의 일은 모두 아직 모른다! 고 말해서는 안 됩니다. 그렇다면 이미 '총명을 물리치지[黜聰明]' 못한 것입니다. 그런 총명들은 놓아버려야 합니다. 그것은 형용해서 여러분에게 들려주는 것입니다. 그러므로 '일체를 훤히 아는 경지인 대통(大通)에 같아진 것을 좌망이라 합니다[同於大通, 此謂坐忘]'라고 말합니다. 보세요! 장자의 글쓰기는 아주 묘하지요! 이런 말은 절대 공자의 입을 통해서 말하지 않았습니다. 공자가 말하면 가치가 없습니다. 공자는 답답하게 하는 방법으로 학생을 교육했습니다. 그의 교육방법은 줄곧 답답하게 하는 것입니다. 절대 당신에게 일러주지 않습니다. 이렇게 답답하게 하여 안회는 스스로 관문을 뚫었고 안회는 입으로 스스로 보고하자 공자는 그에게 인증(印證)을 했습니다.

중니가 말했다. "대통(大通)과 같아지면 좋고 나쁨이 없고, 변화하면 항상함이 없다. 너는 과연 나보다도 높구나! 나는 너의 뒤를 따라야겠다."

仲尼曰 : 同則無好也, 化則無常也。而果其賢乎！丘也請從而後也。

공자의 위대함을 보십시오! 그는 말합니다. 네가 이 경계에 이르렀으니 '대통과 같아지면 좋고 나쁨이 없고[同則無好也]', 만약 허공과 합일하고 우주와 합일하였다면 시비선악이 없고 좋고 나쁨도 없다. 대통했으니까요! 이 경계에 도달한 것을 '좌망(坐忘)'이라고 합니다. '좌화(坐化)'라고 해도 됩니다.

그래서 뒷날 불가에서 좌화에는 두 가지 설이 있었습니다. 하나는 아라한이 도를 얻어 스스로 최후에 떠나려할 때 죽겠다고 선포하고 내가 어느 날 가겠다고 작별 인사를 합니다. 그런 다음 앉아서 장의사가 가서 도와줄 필요도 없이 그 자신이 선정에 들어가 그 삼매의 진화(眞火) 열에너지를 한번 움직여서, 나무 땔감도 필요 없이, 몸을 한 번 광명으로 변화시켜 사라져 버립니다. 사리자(舍利子)를 남기지 않고 자사리(子舍利)도 남기지 않을지 모릅니다. 기쁘면 손톱 몇 개를 남겨두어 기념으로 삼게 할지 모릅니다. 나머지

는 아무것도 없습니다. 이것을 '좌화'라고 합니다. 그 다음의 좌화
는 앉아있는 채 육체는 여전히 있는 것을 좌화라고 합니다. 또 그
다음의 좌화는 정좌한 채 좌망에 도달 한 것입니다. '신체를 버리
고 총명을 물리쳤으며, 형체를 떠나고 지혜를 없앴으면서, 일체를
훤히 아는 경지인 대통(大通)에 같아진 것'도 '좌화(坐化)'입니다.
이상이 세 가지 좌화입니다.

　'변화하면 항상함이 없다[化則無常也]', 불학에서 번역한 '무상
(無常)'은 또 장자에서 빌려 사용한 것입니다. 우리 불문(佛門)은 정
말 장자에게 많은 것을 빚 지고 있습니다. 그러므로 장(莊)씨 성의
사람이 절에 가서 밥을 먹으면 절대 돈을 내지 않습니다. 왜냐하면
불학에서는 그에게서 빌린 명사가 너무나 많기 때문입니다(대중이
웃다). '화즉무상야(化則無常也)', 그러므로 변화, 일체의 만화(萬化)
는 무상하다는 것을 압니다. '너는 과연 나보다도 높구나[而果其賢
乎]!', 공자는 말합니다. 안회야, 너는 도를 얻었다! 솔직히 말해서
너는 나보다도 더 높다! '나는 너의 뒤를 따라야겠다[丘也請從而後
也]', 나는 앞으로 너를 따라야겠다! 공자는 얼마나 겸허합니까! 겸
허라는 이 한 방망이는 때리면 아픕니다! 그러므로 안회는 도를 얻
고서 감히 교만하지 않기로 했습니다. 이게 바로 공자의 교육법입
니다. 그는 말합니다. 나는 아직 너에게 미치지 못한다! '청종이후
야(請從而後也)', 장래에 네가 윗자리에 앉고 나는 곁에 서서 너의
뒤를 따라가겠다.

　이제 우리는 보았지요! 대종사 편은 여기에 이르렀는데 중간의
요점은, 성인의 재능이 있고 성인의 도가 있을 경우 어느 경계에까
지 닦아야 성인의 도인지를 모조리 일러주었습니다. 여러분은 따
로 밀종을 닦으러 갈 필요가 없습니다. 여기서 밀종을 다 일러주었
습니다. 그런데 어떻게 해낼 수 있느냐고 묻는다면 저는 방법이 없

습니다. 장자도 방법이 없습니다. 당신 자신이 스스로 체험해야 합니다. 어떻게 신체를 버릴까요[墮肢體]? 칼을 가지고 와서 지체를 잘라내서는 절대 안 됩니다! 공부가 도달해야 합니다. 바꾸어 말해 다시 여러분들에게 일러주겠는데, 왜 여러분들이 그렇게 해내지 못할까요? 일반인들이 정좌하고 도를 닦아도 해내지 못하는 것은 한 가지 잘못을 범하기 때문입니다. 총명을 부리기 때문입니다! 온통 총명을 부리고 있습니다. 그러므로 도를 얻지 못합니다. 총명은 도를 닦는 데 가장 나쁜 물건입니다. 지금 공자와 안회 두 사람도 한 가지 연기를 하는 텔레비전 드라마가 나왔는데, 도를 얻는다는 이 최후의 경계는 이와 같으며, 이 수양경계에 이르러야 대종사가 될 자격이 있다는, 바로 그런 결론입니다. 다음은 또 하나의 꼬리인데, 대종사가 된 뒤에는 더더욱 생사를 마쳐야 한다는 것으로, 중점이 모두 생사를 마치는 데 있습니다.

누가 대종사인가

자여(子輿)와 자상(子桑)은 친구다. 그런데 장마가 열흘이나 계속되자, 자여는 "자상이 아마 굶주려 누웠겠다!"고 생각하고는 밥을 싸들고 먹이러 갔다.

子輿與子桑友, 而霖雨十日。子輿曰:子桑殆病矣! 裹飯而往食之。

　자여(子輿)와 자상(子桑) 이 두 사람은 친구입니다. '이림우십일

(而霖雨十日)', 여름에 큰 비가 내려 물이 높이 불어났습니다. 마치 대북시의 여름처럼 그렇게 큰 비가 내려 물이 한번 불어나자 길도 건너갈 수 없게 되었습니다. 연속 열흘 동안 비가 내렸습니다. 자여가 좀 생각해보았습니다. 큰일 났네. 내 저 친한 친구가 끝장났네. 집에는 먹을 것도 없고 물에 갇혀버렸으니 어떻게 하지? 얼른 도시락을 하나 가지고 가서 먼저 그의 목숨을 구해야겠다.

자상의 집문 앞에 이르니, 자상이 노래하는 것 같기도 하고 우는 것 같기도 한 소리로 거문고를 타면서, "아버지의 죄과인가! 어머니의 죄과인가! (왜 나를 낳았을까?) 아니면 하늘의 죄과인가! 사람의 죄과인가!" 하는데 그 소리 내기를 힘겨워하면서 끊임없이 이 시를 읊고 있었다.

至子桑之門, 則若歌若哭, 鼓琴日 : 父邪! 母邪! 天乎! 人乎! 有不任其聲而趨擧其詩焉。

　자상의 집 문 앞에 이르렀을 때 자여가 보니 자상이 안에 있었습니다. 아마 굶어서 힘이 없기 때문인지 비록 노래를 부르고 있지만 들어보니 듣기 싫었습니다. 우는 것도 같았습니다. 그가 운다고 하자니 노래를 부르는 것도 같았습니다. 한편으로는 손으로 거문고도 타고 있었습니다. 자상이 말합니다. 엄마의 죄과일까? 아빠의 죄과일까? 왜 나를 낳았을까? 아니면 하늘의 죄과가 나를 낳았을까? 아니면 사람의 죄과일까? '그 소리 내기를 힘겨워하면서[有不任其聲]', 그 소리가 나오지 않고 곡조를 이루지 못했습니다. 비록 노래를 하고 있지만 노래하는 게 울고 있는 것보다도 더 듣기 싫었습니다. '끊임없이 이 시를 읊고 있었다[而趨擧其詩焉]', 그렇지만 입에서는 여전히 끊임없이 이 시를 노래하고 있었습니다.

자여가 들어가 물었다. "자네의 시 노래는 어째서 그런가?"

子輿入, 曰 : 子之歌詩, 何故若是?

그래서 자여는 얼른 안으로 들어갔습니다. 손에는 도시락을 하나 들고 있었습니다. 이 텔레비전 방송극본은 바로 이렇게 표시합니다. 그는 말합니다. 노형, 자네는 노래를 부르고 시를 지을 힘이 아직도 있는가? 그렇지만 자네의 소리는 왜 그러한가? 자네는 소리조차도 거의 나지 않는군. 기력이 모두 사라졌어.

자상이 대답했다. "내가 왜 이 지경에 이르렀는지를 생각해 봤지만 알수가 없네. 부모가 어찌 내가 가난하기를 바라겠는가? 하늘은 공평하여 만물을 사사로이 덮어줌이 없고, 땅도 공평하여 만물을 사사로이 실어줌이 없으니, 천지가 어찌 나만을 가난하게 하겠는가? 이렇게 한자가 누구인지 찾아보았으나 찾을 수가 없네! 그런데 이 지경에 이른것은 (생명의 근본인) 명(命)인가 보네!"

曰 : 吾思夫使我至此極者, 而弗得也. 父母豈欲吾貧哉? 天無私覆, 地無私載, 天地豈私貧我哉? 求其爲之者而不得也. 然而至此極者, 命也夫!

이 몇 마디 말은 우리 모두의 문제입니다. 자상이 말합니다. 노형, 자네 왔구먼. 나는 십일 동안이나 생각을 했지만 도무지 이해가 되지를 않아. 왜 내가 밥을 굶을까? 생명은 나에게 총명을 주었고 재간을 주었고 학문을 주었고 능력을 주었어. 하지만 나는 가는 데 마다 벽에 부딪히고 가는데 마다 모두 이 길은 통하지 않는다는 메모지가 붙어있었지. 운이 안 좋아 자신이 밥을 굶게 되었고 자신이 숨만 붙어있지 힘이 없게 되어 곧 죽겠네. '내가 왜 이 지경에 이르렀는지를 생각해 봤지만[吾思夫使我至此極者]', 나는 오랫동안 생각해 보았네. 하느님의 뜻일까? 하느님이 있을까? 정말로 운명이 있을까? 아니면 엄마 아빠가 주었을까? 누가 내게 생명을 주었을까? 사람은 모두 이 생명이 있네. 자네에게도 이 생명이 있고 나에게도 이 생명이 있네. 왜 사람마다 운명이 이렇게 다를까? 그는 말합니다. '이불득야(而弗得也)', 나는 그 답을 찾아낼 수 없네.

'부모가 어찌 내가 가난하기를 바라겠는가[父母豈欲吾貧哉]!', 어느 사람의 부모가 자기의 자녀들이 일생동안 가난하기를 바라겠는가? 모두 자기의 자녀가 좋기를 바라지만 그렇게 할 수 없네. 하느님, 천지가 사람이 이렇게 되기를 바라겠는가? '하늘은 공평하여 만물을 사사로이 덮어줌이 없고, 땅도 공평하여 만물을 사사로이 실어줌이 없으니[天無私覆, 地無私載]', 천지는 사사로움이 없네! 공평하네! 내가 노력하지 않는다고 할까요? 나는 아주 노력함에도, 내가 막 외출하려고 하는데 또 장맛비가 내려서 걸어갈 수 없습니다. 어떻게 할까요? 천지는 본래 사사로움이 없는 것입니다. 이 세상에 살아가면서 사람의 운명을 어떻게 말할까요? 그래서 우리가 문장에서 '운명의 신'이라고 쓰지만 운명에는 신이 없습니다. 당신 스스로가 신인데. 찾아내지 못한 데 지나지 않을 뿐입니다.

'천지가 어찌 나만을 가난하게 하겠는가? 이렇게 한 자가 누구인지 찾아보았으나 찾을 수가 없네[天地豈私貧我哉? 求其爲之者而不得也]', 누가 이 운명을 만들 수 있을까요? 사람마다 운명이 다른데 누가 뜻대로 하고 있는 것일까요? 하느님이 있다고요? 하느님의 운명은 또 누가 주었을까요? 나의 운명을 뜻대로 하는 '그것'을 찾고 싶지만 찾을 수 없습니다! '그런데 이 지경에 이른 것은[然而至此極者]', 오늘 마침내 밥을 굶었습니다. '명(命)인가 보네[命也夫]', 답을 찾아낼 수 없습니다. 오직 한 개의 대명사인 답이 있을 뿐인데 '명(命)'이라고 합니다. '명'은 대명사입니다. 당신은 '명'이란 소리를 듣고서 사주쟁이한테 얼른 가서 팔자를 뽑아 보지말기 바랍니다. 그런 '명'이 아닙니다. 이것은 우주 '거대한 명[大命]'입니다. 이것은 자연스러운 하나의 규율입니다. 우리가 보니, 대종사 편의 최후는 '명'자 하나로 결론을 냅니다. 먼저 거꾸로 돌아가 본 편 첫머리의 말을 보겠습니다. 첫머리는 말합니다.

'(도의 본체로서의) 하늘이 우주만유의 현상작용을 일으킴을 알고, 사람에게서 일어나는 생리와 정신의 현상작용을 아는 자는 그 수양학문이 최고 수준에 이른 것이다. 하늘이 우주만유의 현상작용을 일으킴을 알 수 있는 기능 그 자체는, 우리 자신의 천연의 본성에서 나온 것이다. 사람에게서 일어나는 생리와 정신의 현상작용을 아는 자가, 자신이 아는 바인 지식학문으로써 자신이 알지 못하는 바인 생명의 본원을 찾아 수양하여, 자신의 천수를 다하고 중도에 요절하지 않음은, 지혜가 충만하기 때문이다'

知天之所爲 , 知人之所爲者 , 至矣。知天之所爲者 , 天而生也 ; 知人之所爲者 , 以其知之所知 , 以養其知之所不知 , 終其天年而不中道夭者 , 是知之盛也。

운명은 알 수 없는 것이 아닙니다. 여기서의 '명'은 생명의 근본으로서, 바로 불가에서 말하는 것입니다. 우주는 닭이 먼저일까요,

달걀이 먼저일까요? 그 생명의 근본은 알 수 없는 것이 아닙니다. 알기를 어떻게 추구할까요? 오직 도를 얻은 사람만을 대종사(大宗師)라고 합니다. 자칭 대사(大師)라고 하거나 혹은 자칭 종사(宗師)라고 하는 사람이 이 도리조차도 모른다면 그것도 '명'입니다! 그것은 그의 명(命) 가운데에서 자기가 대사라고 부르고 싶은 것이라고 할 수밖에 없으니 그더러 대(大)자로 가라고 하지요! 대사나 종사(宗師)나 무슨 법사나 선생님 노릇하고 싶다면 마땅히 대종사 편 시작부분의 이 몇 마디 말을 이해해야 합니다. 그러므로 당신이 앞뒤를 한번 대조해보면 곧 알게 됩니다. 이 한 마디 '명(命)인가 보네[命也夫]'는 대단히 유머적입니다. 유머의 대명사입니다. 대종사 편은 바로 여기에 이르러 끝맺습니다. 다음은 바로 응제왕(應帝王) 편입니다. 대종사가 와서 세상에 들어갈 것입니다.

제7편 응제왕(應帝王)

　응제왕(應帝王) 편은『장자』내편의 마지막 한 편입니다.『장자』
내7편은 한 계열의 것으로 연관성이 있습니다. 제1편 소요유의 어
떻게 해탈할 것인가 에서부터, 어떻게 도를 깨닫고, 도를 닦을 것
인가에 이르고, 그런 다음 대종사 편에 도달합니다. 도(道) 얻기를
완성하고부터는 세상에서 벗어날 수도 있고 세상으로 들어갈 수도
있습니다. 물론 중점은 세상을 벗어남에 편향되어 있고 형이상의
도에 편향되어 있습니다. 그러나 그의 용(用)은 세상 속으로 들어
감에 편향되어 있습니다. 이것이 곧 도가와 유가가 다른 점입니다.
이 편에서는 응제왕(應帝王)을 말하는데 응대한다는 의미가 아닙니
다. 제왕은 세상을 다스리는 성인을 대표합니다. 이것이 중국의 구
(舊) 문화인데 상고의 가장 오래된 관념에서는 국가와 천하를 충분
히 영도할 수 있는 사람은 도가 있는 사람이 아니면 안 된다고 보
았습니다. 오직 도가 있는 선비라야 세상에 들어가 시대의 요구에
맞추어[應世] 제가치국평천하(齊家治國平天下)의 제왕이 될 수 있습
니다. 이것은 불가의 한 사상과 상통하는 것입니다.
　우리는 보통 부처님을 배움은 반드시 출세간에 편중되는 것이라
고 보지만 진정한 대승불법의 중점은 세간에 들어가는 것을 중시
합니다. 그러므로 전륜성왕(轉輪聖王)을 중시합니다. 전륜성왕의

의미는 천하의 대세를 일변시킬 수 있는 치세(治世)의 명왕(明王)으로서, 부처님과 마찬가지입니다. 전륜성왕은 세상에 매우 드물게 나옵니다. 수천 년, 수백 년 뒤에 '성군이 나오는 것[而後王者興]'으로, 늘 있는 것이 아닙니다. 그래서 부처님은 말씀하기를 십지(十地)보살이라야 전륜성왕이 될 수 있다고 했는데, 성불한 사람이 다시 태어나 세간에 들어가야 비로소 치세의 명왕이 될 수 있다는 것이나 다름없습니다. 마찬가지로 한마디 말이 있는데, 대마왕(大魔王)도 십지보살 이상이라야 대마왕으로 화신(化身)할 수 있다는 것입니다. 그것은 역행적인[逆] 교화입니다. 전륜성왕은 순응적인[順] 교육입니다. 이런 관념은 항상 불학 속에서 사람들에게 소홀히 보아집니다. 그러기 때문에 불학은 완전히 출세간적인 것이라고 항상 보는데, 이것은 잘못된 관념입니다. 마찬가지로 도가의 사상에도 서로 통하는 도리가 있습니다. 특히 내7편은 제1편 소요유로부터 제7편 응제왕에 이르기까지 하나의 연관된 관념입니다.

응제왕 편의 시작 단락은 인류역사 문화의 변천을 말하고 있습니다. 이 관념도 바로 우리가 인류문화사와 사회진화사 그리고 역사철학을 연구함에 있어서 특별히 주의를 기울여야할 부분입니다.

요순 이전

설결(齧缺)이 스승인 왕예(王倪)에게 가르침을 청하여 물었다. 네 번 물었으나 네 번 다 모른다 했다.

齧缺問於王倪, 四問而四不知。

장자의 문장은 항상 사람들의 예상을 뛰어넘곤 합니다. 이 한 편의 문장은 더욱 그렇습니다. 갑자기 설결(齧缺)이 왕예(王倪)에게 묻는다는 것으로 시작합니다. 왕예는 선생님이고 설결은 학생입니다. 모두 고대의 이른바 도를 얻은 진인입니다. 이 두 사람에 관하여는 제물론 편에서 이미 출현한 적이 있는데, 이제 다시 그들을 꺼냅니다. 설결이 어떤 문제들을 물었을까요? 대단히 묘하게도 『장자』속에서는 말하지 않고 결과만 말하기를 '네 번 물었으나 네 번 다 모른다 했다[四問而四不知]'라고 합니다.

이것은 연구할 필요가 있습니다. 왜 삼문삼부지(三問三不知)가 아니고 '사문이사부지(四問而四不知)'일까요? 이른바 '사문(四問)'은 사방을 대표하며 정면과 반면으로 상대적인 것입니다. 이것은 바로 하나의 논리적인 문제입니다. 어떠한 사물 하나도 그 하나를 들게 되면 정면과 반면의 양면이 있습니다. 즉, 두 가지입니다. 그 두 가지에 정면과 양면이 있으면 곧 넷[四]이 됩니다. 만약 『역경』의 도리로 말하면, 태극(太極)이 음양(陰陽)을 낳고, 음양이 사상(四象)을 낳고, 사상이 팔괘(八卦)를 낳는 것도 같은 도리입니다. 이 '네 번 물었으나 네 번 다 모른다 했다'에 대한 답안은 묘하게도 다음에 있습니다.

설결은 곧 껑충껑충 뛰며 크게 기뻐하고 왕예의 스승인 포의자(蒲衣子)에게 달려가서 그 사실을 말했다.

齧缺因躍而大喜, 行以告蒲衣子。

이 학생은 선생님께서 한마디도 대답하지 않는 것을 보고서는 오히려 대단히 기뻐서 껑충 껑충 뛰며 얼른 달려가 도를 얻은 분에게 말씀드렸는데, 그 사람은 포의자(蒲衣子)라는 했습니다. 포의자는 어떤 사람일까요? 설결의 선생님의 선생님입니다. 바로 왕예의 선생님입니다.

상고사에 기록이 하나 있는데, 포의자가 겨우 여덟 살 때 순 임금은 그에게 지위를 넘겨줄 작정으로 그더러 나와서 황제가 되라고 청했다는 것입니다. 물론 이런 사람들은 유년으로서 재능이 뛰어난 사람들이었습니다. 중국역사상 여러 사람이 그러했습니다. 이른바 감라(甘羅)가 열두 살 때 진(秦)나라의 재상이 된 것이나, 포의자가 여덟 살에 나와서 황제가 될 수 있는 등의 일이 있었습니다. 그러므로 우리 젊은이들은 크게 한번 자랑스러워해도 되지만 안타깝게도 우리들 여기에는 『장자』를 듣고 이해할 수 있는 여덟 살짜리가 없습니다.

포의자가 듣고 말했다. "너는 지금에야 비로소 알겠지! 순임금인 유우씨(有虞氏) 시대는 이미 타락하여 태초의 시대인 태씨(泰氏)에 미치지 못한다."

蒲衣子曰 : 而乃今知之乎 ! 有虞氏不及泰氏。

설결이 포의자에게 와서 말합니다. 그러자 이 설결의 선생님의 선생님[太老師]인 포의자는 듣자마자 말합니다. '이내금지지호(而乃今知之乎)!', 이 '이(而)'자는 너를 가리킵니다. 포의자가 말합니다. 너는 지금에야 비로소 알겠지! 당요우순(唐堯虞舜)은 바로 삼대(三代)를 대표하는데, 우리에게는 찾아볼 수 있는 역사 자료가 있습니다. 가장 먼저는 공자로 시작합니다. 상고사에 대해서는 감히 건드리지 못합니다. 왜냐하면 옛날부터 전해오는 바에 따르면 중국의 전통문화는 이미 2백여만 년이 지났기 때문입니다. 우리의 이 민족사에 대해서는 상고 시대에 많은 설이 있었고 신화가 많아서 감히 확정할 수 없습니다. 왜냐하면 근거할 수 있는 문자기록이 없기 때문입니다. 그러므로 공자는 역사를 잠시 끊어서 상고 시대 연구에 대하여는 당요(唐堯)로부터 시작하였습니다.

근대에 이르러 서양문화가 들어왔는데, 외국인은 중국문화를 훼멸할 의도가 있었습니다. 심지어 우리들 자신의 학자들도 삼대를 모두 끊어버려서 믿을 수 없다고 보았습니다. 마치 자기 민족의 역사는 짧으면 짧을수록 진보하는 것으로 우리에게 일백여 년의 역사만 있어야 영광스러운 양 그렇게 했습니다. 이것은 대단히 우스운 일입니다. 장자는 여기서 제시합니다. 삼대 이상에서 '순임금인 유우씨(有虞氏) 시대는 이미 타락하여 태초의 시대인 태씨(泰氏)에 미치지 못한다[有虞氏不及泰氏]', '태(泰)'씨는 누구일까요? 여기서의 '태(泰자)'는 고대에 쓰던 클 태(太)자에 해당합니다. 태초입니다. 우리 역사의 경우, 어떤 고대의 역사책이든 간에 시작은, 누가 그랬는지는 모르겠지만, 천(天)·지(地)·인(人)을 삼황(三皇)이라 부르고, 삼황 이후가 오제(五帝)이며, 삼황오제(三皇五帝) 이후에 황제(黃帝)에서부터 비로소 문화가 있게 되어 서서히 삼대에 이르렀다고 합니다.

'순임금인 유우씨(有虞氏) 시대는 이미 타락하여 태초의 시대인 태씨(泰氏)에 미치지 못한다'라는 지금 이 한마디 말은 무슨 사상을 대표할까요? 우리에게는 오늘날 한마디 말이 있습니다. 시대는 진보하는 것이다. 이것이 우리들 현대인들의 말입니다. 뿐만 아니라 서양문화 관념으로부터 온 것입니다. 그러나 중국문화 전통의 입장에서 말하면, 시대는 퇴보하는 것이요 인류는 타락하여 문명은 한 시대 한 시대 갈수록 나빠질 뿐입니다. 우리는 어떻게 진보와 퇴보 이 두 가지 관념을 통일할까요? 그 모순은 어느 곳에 있을까요?

이른바 시대는 진보하는 것이라는 설은 물질문명의 입장에 서서 말한 것입니다. 사회 형태가 하루하루 진보하고 있으며 후세 사람은 우리들 지금 사람들보다 더 진보되어 있어 물질을 더욱 누린다는 것입니다. 시대가 퇴보한다고 보는 것은 정신문명의 입장에서 말한 것입니다. 중국만 이와 같을 뿐만 아니라 서양도 마찬가지입니다. 서양문화를 연구하려면 반드시 종교 방면으로 추론해가야 합니다. 어떠한 종교도 인류는 타락하고 있다고 봅니다. 물론 단지 사과를 먹고 난 뒤에만이 타락했다는 것이 아닙니다. 여기서는 '우씨가 태씨에게 미치지 못한다'고 제시합니다. 왜냐하면 당요우순(唐堯虞舜)의 시대에 이르렀을 때 사회는 이미 쇠미하였기 때문입니다.

이 점으로부터 알 수 있듯이 우리 민족문화 속에서 가장 중요한 이상적인 천하국가는 대동(大同)사상입니다. 대동사상은 『예기』 예운(禮運) 편 속의 한 단락인데 공자가 말한 것입니다. 예운 편 전체를 연구해야 비로소 대동사상은 인류가 타락하고 있다고 보며 우리들의 원시 조상의 그 사회로 돌아가야 비로소 대동의 천하라는 것을 알게 됩니다. 이 응제왕 편은 대동사상이 우리가 노력해야할 목표라고 말하는 것이 아니라 우리들의 문화는 본래 이러한 사회, 이러한 대단히 안정된 천하였으며, 후세에 와서 인류 자신이 사회를 파괴해버렸다는 것을 말하고 있습니다. 그러므로 예운 편은 시작하자마자 이렇게 말합니다. 공자는 밥을 배불리 먹고 회랑의 한 구석에 서 있으면서 탄식을 합니다. 한 학생이 보고서는 그에게 묻습니다. 선생님 왜 탄식하십니까? 공자가 탄식하며 말합니다. 인류는 타락하였다. 다시 그 경계로 돌아갈 방법이 없다! 예운 편은 그렇게 말하고 있습니다. 우리가 이 부분을 읽게 되면 역시 공자의 탄식이 많다고 여기게 되는데 마치 송나라 때 사인(詞人) 신가헌(辛稼軒)의 시가 이렇게 묘사하고 있는 그런 맛입니다.

배불리 밥 먹고 한가히 작은 시냇가 거닐면서 　飽飯閑遊繞小溪
지나간 일들을 꼼꼼히 생각하여 본다 　　　　却將往事細尋思
때로는 가슴 아픈 일에 생각이 미치면 　　　　有時思到難思處
난간이 부서지도록 치는 것을 사람이 모르네 　拍碎欄杆人不知

　그의 이 명시는 고금동서의 모든 사람들의 심리를 대표합니다. 사람은 어떤 때는 어떤 문제를 하나 사고하는데 납득할 수 없어서 난간을 쳐서 부숴도 사람이 모릅니다. 포의자가 태씨를 말했기 때문에 예운 편 대동세계를 말하게 되었습니다. 장자는 이 응체왕 편에서 무엇보다 먼저 '순임금인 유우씨(有虞氏) 시대는 이미 타락하여 태초의 시대인 태씨(泰氏)에 미치지 못한다'의 문제를 이끌어내고 있습니다.

왜 인의와 효도와 자애를 제창했을까

"유우씨(有虞氏) 시대 사람들은 인의를 인성 속에 간직하고 사람들에게 이를 표방하거나 교육할 필요가 없었고, 인심과 사회는 선량하였으며, 나쁜 사람이나 선악시비의 엄격한 구별이 아직 나타나지 않았다."

有虞氏, 其猶藏仁以要人; 亦得人矣, 而未始出於非人。

중국문화의 제자백가가 표방하는 것으로 가장 좋은 태평 세월로는 요순 시대였습니다. 그러나 도가의 관념에서는 그 때도 이미 타락했다고 보았습니다. 하지만 타락했다 하더라도 아직은 우리들의 전통문화의 도덕정신을 하나 보존하고 있었습니다. 그때 사람들, 특히 요순 이 두 성군은 '인의를 인성 속에 간직하고 사람들에게 이를 표방하거나 교육할 필요가 없었고[其猶藏仁以要人]', '요(要)'는 요구하다의 요가 아닙니다. 무슨 인의도덕이라는 것을 표방하지 않았고 그런 것들의 교육이 필요하지 않았다는 것을 말합니다. 이 인자하고 사람을 사랑하는[仁慈愛人] 심리는 인성에 본래 있는 것으로서, 사람들에게 인애(仁愛)를 발휘하도록 교육할 필요가 없습니다. 왜냐하면 저마다 인애롭기 때문입니다. 그러므로 그 때는 인성의 인자하고 사람을 사랑하는 마음이 그래도 자연스럽게 인성의 천연 속에 간직되어 있어서 대체로 일반인들은 모두 그런 모습들이었습니다. '인심과 사회는 선량하였으며[亦得人矣]', 그때의 인심과 문화사회는 모두 선량했습니다. '나쁜 사람이나 선악시비의 엄격한 구별이 아직 나타나지 않았다[而未始出於非人]', 요순 그 시대는 비록 도가가 보기에는 이미 타락한 것이라고 할 수 있지만 그래도 선악시비의 엄격한 구별이 나타났다고 말할 수는 없었습니다. 다시 말해서 나쁜 사람이 없고 선악시비가 엄격한 구별이 없었습니다. 사회에도 옳지 않은 사람이 아주 적고 대체로 다들 옳았습니다.

이런 도리의 얘기가 나왔으니 말인데 우리들 중 철학을 연구하고 역사를 연구하는 사람들은 특별히 주의해야 합니다. 저는 늘 말하기를 우리들의 이 민족성은 큰 문제이며 전체 인류의 인성까지 포함하여 모두 대단히 두렵다고 합니다. 왜냐하면 인성은 태어날 때부터 모두 나쁘기 때문에 그래서 각 종교나 문화나 철학마다 모두 사람들에게 어떻게 사람 노릇을 잘 하라고 가르칩니다. 인성에 인의효자(仁義孝慈)가 부족하기 때문에 천고이래의 성인은 모두 사람들에게 인의도덕을 배우고 효도하고 자애로워야한다고 요구했습니다. 우리는 자기의 문화가 어떻게 좋다고 표방하며 수천 년 동안 인의도덕을 외쳤지만 결과적으로 예전 모습 그대로 우리의 이 민족성은 그리 고명하지 않으며 불인불의(不仁不義)하고 자애롭지 못하고 불효하다는 것이 증명되었습니다.

어떠한 문화사상도 먼저 당시의 시대를 이해해야 합니다. 예컨대 우리가 늘 말하기를 민족은 단결해야한다고 하는데, 이를 통해 이 민족은 단결하지 않는다는 것을 알 수 있습니다. 특히 외국에 보면 중국인 두 사람이 한데 있으면 세 개 파의 의견이 있습니다. 한 사람만 있을 때는 자신이 자신에 대하여 원망하며 한번 말싸움을 합니다. 혹은 거울을 마주보고서는 찻잔을 깨뜨려버림으로써 화를 좀 풉니다. 그러기에 인성 문제는 엄중하다고 말하는 것입니다. 한 도덕의 시대에는 인성이 교육을 이해하지 못하기 때문에 교육해야 한다고 말합니다. 어떤 국가들은 인도(人道)를 표방하는데, 이로써 보듯이 아주 인도적이지 않기 때문에 인도가 필요하다는 것을 알 수 있습니다. 무릇 하나의 사상, 하나의 주의는 모두 약 처방입니다. 병에 따라 약을 먹는 것입니다. 공자가 내린 처방은 인의(仁義)였으며 노자가 내린 처방은 도덕이었습니다. 제자백가는 모두 다 처방을 내리고 있었습니다. 그러나 이 역사는 영원히 온갖 병폐가 나타나서 갖가지 처방을 거의 먹을 수가 없습니다. 이것이 인류의 비애입니다.

여기서 도가사상을 대표하는 포의자는 말합니다. 삼대 이상은 그런대로 좋았다. 나빴다고 할 수 없었다. 삼대 이상인 우리의 상고의 조상들은 이른바 태씨(泰氏)인데, 태씨는 어느 분일까요? 천황(天皇)일까요? 지황(地皇)일까요? 아니면 인황(人皇)일까요? 뭐라고 꼭 집어서 얘기하기 어렵습니다. 그런데 여기서 말하는 태씨는 유가의 공맹이 늘 말하는 선왕의 도[先王之道]에 해당합니다. 이 '선왕(先王)'이란 어느 왕일까요? 선왕은 바로 우리들의 조상입니다. 우리들의 옛 조상인 선왕의 도가 바로 왕도(王道)입니다.

상고인의 생활과 도행

"태씨(泰氏) 시대에는 사람들이 잠자는 것은 느긋하였고 깨어나서는 편안하였다. (시비선악 등의 차별 관념이 없어서) 누가 자기를 말로 여기건, 소로 여기건 내맡겼다."

泰氏, 其臥徐徐, 其覺于于 ; 一以己爲馬, 一以己爲牛 ;

포의자는 계속 말합니다. 우리들 상고 조상들 당시는 정치문화가 도(道)의 경계였지 아직은 덕(德)이 아니었다! 도가의 사상에서 보면 도가 쇠락했기에 비로소 덕이 있었고, 덕이 쇠락했기에 비로소 예(禮)가 있었고, 예가 쇠락했기에 인(仁)이 있었으며, 인이 또 실행할 수 없게 되었기에 비로소 의(義)가 있었습니다. 이렇게 쭉 내려왔습니다. 우리들 상고 때의 사람은 모두 자연스러워서 도를 닦을 필요가 없었습니다. 저마다 도의 경계에 있었습니다. 사람이 잠잘 때 '기와서서(其臥徐徐)', 그가 아주 편안한 것을 형용합니다.

잠자는 게 '서서(徐徐)', 천천히였습니다. '서서(徐徐)'는 어떻게 잠자는 것일까요? 모르겠습니다. '기와서서(其臥徐徐)', 잠자는 게 한가하고 편안한[悠然] 것 같습니다! 오늘날 사람들은 잠자는 게 한가하고 편안하지 않습니다. 특히 외국문화 생활에서는 매분 매초마다 긴장되어 있습니다. 그래서 오늘날 사람들은 가련하게도 잠조차도 잘 자지 못합니다. 상고인은 잠을 서서히[徐徐] 잤으며 한정된 시간도 없었습니다. 젊은이들이 제일 좋아 할 것인데, 칠팔일 동안 실컷 자도 상관이 없었고 무슨 여덟시에 출근 한다든지 수업한다는 둥 그런 게 없었습니다. 더더욱 『장자』를 강의하지 않았을 것입니다. 장자는 그때 태어나지도 않았습니다. '기교우우(其覺于于)', '우우(于于)'는 마음이 편안하고 기분이 좋은, 나른한 모습입니다.

이 두 마디는 무엇을 대표할까요? 꿈과 깨어있음이 하나같음[一如]을 대표합니다. 바로 불학 선종에서 늘 말하는 성몽일여(醒夢一如)입니다. 사람이 혼미한 적이 없고 잠이라 할 것이 없으며 잠을 자더라도 깨어 있습니다. 깨어난 뒤에도 혼미함이 없습니다. 도의 경계는 바로 성몽일여입니다. 그러므로 그 시대 사람들은 선악시비가 별것 아니었습니다. 즉, 불가에서 우리들 부처님을 배우는 사람들에게 닦아 무아에 도달하기를 요구하지만 그 시대에는 유아(有我)나 무아(無我)를 얘기하지 않았습니다. 왜냐하면 저마다 무아였기 때문입니다.

무아는 어느 정도에 이르러야 할까요? '누가 자기를 말로 여기건, 소로 여기건 내맡겼다[一以己爲馬, 一以己爲牛]', 여러분이 나를 개라고 부르면 곧 개요, 나를 말이라고 부르면 곧 말입니다. 너 이녀석은 소처럼 어리석은 것 같다. 좋습니다, 좋아. 소라고 하면 소라고 하지요! 당신은 사람이 개처럼 어리석다. 맞습니다. 개라고 하면 개라고 하지요! 상관없습니다. 다시 말해서 사람에게 그런 명상(名相)들이 없고 그런 시비선악의 관념이 없고 차별이 없었습니다. 그러므로 옛 사람들의 많은 문학적인 문구나 시사(詩詞) 속에서는 '호우호마(呼牛呼馬), 일임인호(一任人呼)'라고 늘 말했습니다. '임인(任人)'이란 당신 좋을 대로에 맡긴다는 겁니다. 왜냐하면 무슨 장삼이사(張三李四)니 선생님 나으리니, 형이니, 오빠니 이런 명사들은 모두 상관없는 부호이기 때문입니다. 그러므로 상고의 민족은 누가 자기를 말로 여기건, 소로 여기건 내맡겼습니다. 그 시대에는 시비선악이 없고 심경이 일여(一如)한 경계였습니다.

"그 시대 사람들의 지혜와 감정은 허위가 없어 믿을 수 있었으며, 사람들의 도덕은 진실하였기에, 자기는 옳고 남은 틀리다고 하는 지경으로는 아직 들어가지 않았다."

其知情信, 其德甚眞, 而未始入於非人。

이 두 마디 말에서 이 '지(知)'는 바로 지혜의 지(智)입니다. 상고인들의 지혜와 감정은 순진(純眞)하여 허위가 없었습니다. 바꾸어 말하면 남을 욕하는 것도 순진하였고 남을 칭찬하는 것도 자연스러웠습니다. 그러므로 그의 지혜[知]와 그의 '감정[情信]'은 모두 신임할 수 있어서 자연히 다들 소라고 불러도 말이라 불러도 되었습니다! 사람이 남을 믿지 못할 것이 없었으며 자기를 믿지 못할 것도 없었습니다. 그래서 '지혜와 감정은 허위가 없어 믿을 수 있었습니다[其知情信]'. 그 때는 무슨 도덕관념이 없었습니다. 그러나 그의 도덕은 진실하였습니다[其德甚眞]. 그 때는 '자기는 옳고 남은 틀리다고 하는 지경으로는 아직 들어가지 않았다[而未始入於非人]',

남은 틀렸고 자기는 맞다고도 느끼지 않았습니다. 시대문화가 뒤로 올수록 학문지식이 높아질수록 아견(我見)은 그만큼 강해졌습니다. 나만 빼놓고는 남은 모두 틀렸으며 모두 '비인(非人)', 남을 보니 모두 옳지 않습니다. 그는 말합니다. 상고 때는 남에게 무슨 옳지 못한 것이 없고 저마다 모두 옳았다. 사회는 자연히 안정되었고 인류는 시비가 없었다.

민주자유는 도덕적일까

견오(肩吾)가 광접여(狂接輿)를 만나 보았다. 광접여가 물었다. "일중시(日中始)는 당신에게 무엇을 말해주었습니까?"

肩吾見狂接輿。狂接輿曰 : 日中始何以語女 ?

견오(肩吾)는 고대의 한 신선으로 도가 있는 선비입니다. 소요유 편과 대종사 편에서 그를 본 적이 있습니다. 그가 가서 초나라 광인(狂人)인 접여(接輿)를 만났습니다. 이 '광(狂)'은 별명입니다. 그는 마치 우리 소설에서의 제전화상(濟顚和尙)처럼 거짓 미치광이였습니다. 그의 이름은 육접여(陸接輿)였는데 공자를 꾸짖고 훈계한 적이 있습니다. 『논어』에도 이 사람을 언급한 적이 있는데, 단지 그는 초나라 광접여(狂接輿)라는 것만 알 뿐입니다. '광(狂)'은 눈에 보이는 게 없고 도덕이 매우 높아서 어떤 사람도 문제가 되지 않는 겁니다. 도가에서도 이 광접여를 신선으로서 도를 얻은 선비로 봅니다. 광접여가 말합니다. '일중시(日中始)는 당신에게 무엇을 말해주었습니까[日中始何以語女]?', 음양팔괘를 이해하는 저런 사람들이 방금 당신에게 무엇들을 말해주었습니까?

견오가 대답했다. "내게 일러주기를, '군주 된 사람 자신이 바른 격식 규범을 세워 솔선수범하면서 사람들에게 준수하게 한다면, 누가 감히 따르고 감화 되지 않겠는가!' 하였습니다."

肩吾曰 : 告我君人者, 以己出經式義度人, 孰敢不聽而化諸!

　　견오가 말합니다. 그는 내게 말하기를 '군주 된 사람 자신이 바른 격식규범을 세워 솔선수범하면서 사람들에게 준수하게 한다면[君人者, 以己出經式義度人]', 영도자는 자기의 심정에 비추어 남의 심정을 생각하고 돌보아주어야 한다고 했습니다. 바로 유가에서 말하는 '추기급인(推己及人)'입니다. 여기서의 '경(經)'은 하나의 곧은길[直道]입니다. '추기급인'은 충서(忠恕)의 도리이기도 합니다. '식의도인(式義度人)'은 하나의 격식으로써 하나의 규범을 그려 모두들에게 준수하게 하는 것입니다. '의(義)'는 바로 의리인데, 이 의리는 바로 사상 문제입니다. 이른바 인의나 도덕입니다. 여기서 말하는 '도(度)'는 불가에서 말하는 남을 제도한다[度人]의 도(度)가 아닙니다. 도(度)는 하나의 규범입니다. 사람들을 규범하는 것입니다. 바꾸어 말하면 일중시는 견오에게 이렇게 말했다는 것입니다. 천하국가를 지도하는 사람은 추기급인(推己及人)해야 한다. 자기가 필요한 것은 남도 필요하므로 하나의 방법을 정하여 곧은길로 행하고, 모두들에게 적용할 수 있는 규범을 하나 세워서 일반인들을 관리하며 도(道)의 궤도에 따라서 실천하는 것이다. 이러한 영도자라면 '누가 감히 따르고 감화 되지 않겠는가!' 하였습니다[孰敢不聽

而化諸]!', 천하에 어느 사람이 당신을 따르지 않으며 당신에게 복종하지 않겠는가! 자연히 당신의 감화를 받는다.

이런 고사(故事)가 도대체 있었는지 없었는지는 고증하기 어렵습니다. 하지만 장자는 응제왕 편의 요점을 제시하여 우리들에게 어떻게 영도자가 되고 좋은 황제가 되는 지를 일러주고 있는 것입니다. '군인(君人)'은 영도자입니다. 그러므로 응제왕(應帝王)이라고 부릅니다. 그러나 다들 주의해야합니다! 만약 이것이 우리들에게 좋은 황제가 되는 영도자학[領導學]을 가르치는 것이라고 한다면 우리는 저마다 모두 자기 자신의 황제입니다. 어떻게 자기의 생각[思想]을 영도해야 할까요? 곧 자기의 생각을 고쳐 바로 잡는 것입니다. 그래야 비로소 영도자가 되는 것이 가능합니다.

고대 사상에서는 '군(君)'이란 나이가 많고 덕이 있는 사람이었습니다. 그러므로 '군자'라고 불렀습니다. '君'자는 전서체에서는 윗부분의 尹자가 지팡이입니다. 나이가 많아져서 길을 걸어갈 때는 지팡이에 의존해야 합니다. 우리들의 오늘날의 지팡이는 서양화된 것으로 신체의 절반 정도의 길이이지만 고대의 노인들이 가졌던 지팡이는 아주 높은 것이어서 길었습니다. 아래 口자는 한 사람을 대표하는데 바로 입입니다. 노인이 손에 지팡이를 가지고 있는 것이 바로 '군(君)'입니다. 그러므로 나이가 많고 덕이 있어 모든 사람들의 본보기가 되기에 충분한 사람이 바로 군(君)입니다. 영도자가 된다는 관념을 제거해 버리면, 진정한 군인(君人)은 어떻게 자기의 인격을 세워서 사회에서 하나의 모범이 되느냐는 것입니다.

그는 말합니다. 사람이 추기급인(推己及人)할 수 있다면, 내가 먹고 싶어 하면 남도 먹고 싶어 하고, 내가 입고 싶으면 남도 입고 싶어 하고, 내가 돈을 벌고 싶어 하면 남도 돈을 벌고 싶어 해서, 사람과 사람사이의 목적은 다 같고 모두 서로 평등하기 때문에, 그러므로 '자신이 바른 격식규범을 세워 솔선수범하면서 사람들에게 준수하게 합니다[以己出經式義度人]', 당신 자신이 필요한 바로부터 대중도 필요하다는 것을 생각합니다. 즉, 가장이라면 아이들을 가르쳐야하는데, 자기가 어린아이였을 때를 잊지 말아야 비로소 아이를 이해할 수 있습니다. 안타깝게도 우리들은 가장이 된 뒤에는 자기가 어린아이였던 시절을 잊어버립니다. 그러므로 이 도리는 바로 영도자학을 말하고 있습니다. 육접여는 듣고 나서 이게 무슨 말이냐고 했습니다!

접여가 말했다. "그것은 도덕을 속이는 것입니다. 그렇게 천하를 다스려 태평하기를 바라는 것은 마치 높은 산으로부터 서서히 한 줄기 강을 파가서 바다까지 통하게 하고, 모기로 하여금 산을 짊어지게 함과 같아 불가능한 일입니다."

接輿曰 : 是欺德也 ; 其於治天下也, 猶涉海鑿河而使蚊負山也。

이 미치광이를 보십시오. 이것은 도덕을 속이는 것이지 진정한 도덕이 아니라고 즉시 말하고 있습니다. 그는 진정한 영도자는 학문이 어떠하다고 말할까요? '그렇게 천하를 다스려 태평하기를 바라는 것은 마치 높은 산으로부터 서서히 한 줄기 강을 파가서 바다까지 통하게 하고, 모기로 하여금 산을 짊어지게 함과 같아 불가능한 일입니다[其於治天下也, 猶涉海鑿河而使蚊負山也]', 그는 말합니다. 추기급인(推己及人)과 충서(忠恕)의 도리로써 세상을 다스려, 내게 필요하면 당신에게도 필요하다고 생각하는 것은 곧 자유평등입니다. 독재전제는 당연히 얘기조차 할 필요가 없습니다. 만약 모두들 민주자유를 얘기하면 진정한 최고의 지도철학이라고 할 수 있을까요? 육접여의 견해로는 소위 민주자유는 도덕을 속이는 사상입니다. 그는 말합니다. 이렇게 영도하면 성공하지 못할 것입니다. '기어치천하야(其於治天下也)', 이렇게 세계가 대동(大同)하고 천하가 태평하기를 요구한다면 '유섭해착하(猶涉海鑿河)', 마치 곤륜산에서나 혹은 히말라야 산에서 서서히 한 줄기의 강을 파서 동해에 도달하는 것과 같은데, 그게 어느 해까지 해야 되겠습니까? 영원히 할 수 없습니다.

   큰 바다는 본래 이미 이루어져 있는 것입니다. 물론 우리 바닷가 사람들이 보면 큰 바다는 별것 아닙니다. 만약 서북지역의 고원지역 일대로 가서 그 사람들에게 말하기를 바다가 그렇게 크고 그렇게 놀기 좋다고 말해주더라도 믿지 않을 것입니다. 우리가 예전에 서강(西康)과 티베트 일대에 이르렀을 때 저는 해변이 저의 고향이며 바다가 어떻다고 말하면서 한참동안이나 얘기했지만 모두 믿지 않았습니다. 바닷물을 퍼서 이렇게 말리면 곧 소금으로 변한다고 했더니 그들은 어디 그런 일이 있겠느냐! 고 말했습니다. 그들은 소금을 마련하기가 아주 어렵습니다! 그에게 조그만 소금덩어리를 선물하면, 그것은 보배나 마찬가지입니다. 그러므로 말합니다. 바다에 이르러 놀고 싶어서 서서히 한 줄기의 강을 바다까지 파간다는 것은 안 되는 일입니다! 또 모기 한 마리에게 태산을 짊어지라고 하면 짊어질 수 있겠습니까? 이런 사상으로 천하 사람들을 영도하려고 한다면 해낼 수 없습니다. 이는 이렇게 말하는 것이나 다름없습니다. 추기급인(推己及人)은 민주자유와 자아를 중심으로 하고 인문을 출발점으로 하는 것이니 이것은 그래도 좋지 않은가? 그러나 도가의 관념에서 보면 이것은 천하의 대란으로서, 마치 모기더러 산을 하나 짊어지고 높은 산에서 강을 하나 파서 바다로 통하게 하는 것이나 마찬가지로 불가능합니다.

천하를 어떻게 다스릴까

"성인의 다스림이 밖을 다스림이겠습니까?"

夫聖人之治也, 治外乎?

그는 말하기를 한 사람의 성인(聖人)이 국가 천하를 다스린다고
합니다. 이것이 중국문화를 대표하며, 선왕의 도[先王之道]입니다.
우리의 전통의 옛 조상들은 적어도 우리들의 고서(古書)에서는 저
마다 모두 성인이라고 여겼습니다. 그러므로 우리들은 모두 성인
의 후예입니다. 우리들의 옛 조상은 성인현인(聖人賢人: 중국어 발음
은 shengren, xianren임/역주)이었습니다. 하지만 우리들은 '잉인(剩
人: 중국어 발음은 shengren임/역주)'이기도 합니다. 나머지란 뜻의
'잉(剩)'입니다. 나머지는 소용이 없습니다. 또한 '한인(閒人: 중국어
발음은 xianren임/역주)'으로서, 쓸모가 없기 때문입니다! 우리들은
본래 '잉한의 무리[剩閒之流: 중국어 발음은 聖賢과 같은 shengxian임/
역주]'입니다. 우리들의 옛 조상은 진정한 성인이었습니다. 이 성인
의 다스림은 어떠할까요? 외형상으로 요구하는 것이 아닙니다. 그
러므로 진정으로 천하가 태평하기를 바란다면 사람들 저마다 자발
적으로 자기에게 성인이 되라 요구합니다. 남에게 성인이 되라고
요구하는 것이 아닙니다.

"사람마다 자기를 다스려 바르게 한 뒤에 행하고 적확하고 실재적으
로 일을 해낼 수 있는 것일 뿐입니다."

正而後行, 確乎能其事者而已矣。

　그는 말합니다. 진정한 선왕의 도는 성제명왕(聖帝明王)이 천하를 다스리는 것인데, 다른 사람에게 요구하는 것이 아니라 자기에게 요구하는 것입니다. 사람마다 자기를 다스리고, 진정으로 자기를 다스리면 사람마다 진정한 성인으로 변합니다. '정이후행(正而後行)', 사람마다 모두 바르되 자기를 바르게 한 뒤에 남을 바르게 합니다. 이렇게 함으로써 작용을 일으킵니다. '적확하고 실재적으로 일을 해낼 수 있는 것일 뿐입니다[確乎能其事者而已矣]', 바로 한 마디 말이 실제적이며 적확하며, 어떤 일을 할 수 있는 정도까지 해낸다면 그것으로 좋습니다. 밥 먹을 때는 얌전하게 밥을 먹습니다. 옷을 입을 때는 얌전하게 옷을 입습니다. 바꾸어 말하면 그렇게 많은 수작들이 없습니다. 인류의 지혜가 총명하고 학식이 높을수록 수작들이 그만큼 많으며 사람도 믿을 수 없게 되어버립니다. 다음은 육접여의 말입니다.

　"새는 높이 날음으로써 사냥꾼 주살의 해침을 피하고, 생쥐는 토지신 사당의 제단 아래에 깊이 구멍을 팜으로써 연기에 쏘이거나 파헤쳐지는 환난을 피합니다. 그런데 어찌 이 두 동물이 무지하겠습니까!"

且鳥高飛以避矰弋之害；鼷鼠深穴乎神丘之下以避熏鑿之患，而曾二蟲之無知！

　그는 말합니다. 새는 반드시 높이 나는데 그렇게 높이 나는 것은 사냥꾼이 그물로 자기를 잡을까 두려워하기 때문입니다. 생쥐나 들쥐들은 '심혈호신구지하(深穴乎神丘之下)', 보통의 산언덕에 구멍을 뚫는 것이 아니라 토지신을 모신 제단 아래 구멍을 뚫습니다. 쥐는 아주 약삭빨라서 신묘(神廟)나 교회당이 있는 산비탈 아래에 구멍을 뚫습니다. 일반인들이 파괴하러 오지 않고 어떤 사람이 와서 그 구멍에 연기를 피우는 일이 없을 것입니다. 사냥하는 사람으로서 고명한 사람은 토끼나 작은 동물들이 굴속에서 나오지 않을 때는 연기를 피워서 몰아냅니다. 그 동물은 견디지 못하여 뛰어나와 잡힙니다. 그래서 생쥐들이나 들쥐들은 이런 도리들을 알고서 구멍을 깊이 팔 뿐만 아니라 사당의 지하에 있습니다.

'이증이충지무지(而曾二蟲之無知)', 당신은 생각 좀 해보세요. 하늘이 만물을 낳았는데 모두 저마다 나름대로 그 자신의 총명이 있습니다. 새나 쥐들이 총명이 조금도 없다고 말할 수 없습니다. 그들은 더없이 총명하여서 모두 재앙을 피할 줄 압니다. 그러나 비록 그들이 이미 충분히 총명하여서 재앙을 피했다하더라도 유일하게 피할 수 없는 것이 세상의 큰 머저리 같은 놈, 바로 사람입니다. 구멍을 아무리 깊게 파더라도 아무리 높게 날더라도 사람은 모두 그것들을 잡을 방법이 있습니다. 그러므로 저는 늘 말하기를 사람은 자신이 만물의 영장이라고 말하지만 만물이 사람을 보면 대단히 싫어한다고 말입니다. 소도 우리들보다 성실하고 돼지도 우리들보다 성실합니다. 그러므로 우리가 중국 역사와 철학을 말해보면, 명나라 왕조 말년에 어떤 사람이 유머적인 문장을 썼습니다. 장원(壯元) 출신인 양승암(楊陞庵)이 쓴 『이십오사탄사(二十五史彈詞)』가 바로 역사와 철학에 대한 유머적인 반면의 문장입니다.

또 한 권의 『목피산객고사(木皮散客鼓詞)』라는 책이 있는데, 역시 역사에 대한 하나의 반대 비판입니다. 그는 사람부터 말하기 시작합니다. 그는 말하기를 강 속에서 노니는 물고기가 무슨 죄를 범했기에 사람들은 비늘을 벗기고 거기다가 파를 썰어 더하며, 또 어떤 사람들은 그 위에다가 고추나 생강이나 기름장을 뿌려 쪄서 먹느냐는 겁니다. 보세요, 사람이란 얼마나 밉습니까! 사람이 가장 나쁩니다. 새와 쥐라는 이 두 벌레가 무지하다고요? 그들에게는 가장 고명한 지혜가 있습니다. 그렇지만 지혜가 더욱 높은 사람이 도리어 그들의 생명을 상해합니다. 이것이 두 번째 단락인데 장자는 응제왕 편에서 또 두 가지 문제를 거기에 걸어만 놓고는 우리들에게 결론을 지어주지 않았습니다. 그는 마치 반만 얘기하고 반은 얘기하지 않은 것 같았습니다. 또 다시 하나가 나옵니다.

천근(天根)이 은양(殷陽)에서 노닐면서 요수(蓼水)의 상류에 이르렀을 때 마침 무명인(無名人)을 만나서 물었다. "어떻게 천하를 다스리는지 묻고 싶습니다."

天根游於殷陽, 至蓼水之上, 適遭無名人而問焉, 曰 : 請問爲天下。

여기 나오는 '천근(天根)'이 어떤 사람인지는 연구하지 않기로 하겠습니다. 어쨌든 그런 사람이 있었습니다. 장자에서의 이 명칭, 천(天)의 뿌리[根]인 땅은 바로 그에 의지하여 나온 것입니다. '천근이 은양에 노닐면서[天根游於殷陽]', '은양(殷陽)'이 어디에 있을까요? 역시 고증할 필요가 없습니다. '양(陽)'은 남방을 대표하며 빛의 일면을 양(陽)이라고 부릅니다. 천근이 은양이라는 곳에 놀러 와서 '요수(蓼水)의 상류[蓼水之上]'에 이르렀습니다. 이 물은 어디에 있을까요? 역시 고정된 곳이 없습니다. 이것은 모두 그가 가탁한 것으로, 네 개의 가탁입니다. 그가 이름이 없는 사람[無名人]을 만나게 되어 곧 그에게 가르침을 청했습니다. 무슨 가르침을 청했을까요? '청문위천하(請問爲天下)', 어떻게 천하를 다스릴까요? 오늘날 관념으로 말하면 어떻게 사회를 안정시켜서 진정으로 가장 좋은 사회가 되게 할 것이냐 입니다.

무명인이 대답했다. "꺼져라! 너 이 더러운 사람아, 왜 그렇게 지저분한 문제를 묻느냐!"

無名人曰：去！汝鄙人也。何問之不預(豫)也！

　무명인이 말합니다. '거(去)!', 꺼져라. '여비인야(汝鄙人也)', 너 이 아주 더러운 사람아. '하문지불예야(何問之不豫也)', 너는 문제를 물으려면 좀 좋은 것을 하나 물어야지 왜 그렇게 지저분한 문제, 얼마나 싫은 문제를 묻는 거냐! 만약 지금 어떤 젊은이가 어떻게 영수(領袖)가 되고 어떻게 사업을 창업하느냐고 묻는 것을 우리가 듣는다면 우리는 틀림없이 이 젊은이를 격려하면서 생각하기를 그에게는 아주 방법이 있고 아주 싹수가 있으며 앞길이 무량하고 뒷날이 무궁하다고 할 겁니다. 만약 이 무명씨를 만나게 되었다면, 그는 이렇게 말할 겁니다. 야, 너 꺼져라! 너 정말 더럽구나. 물으려면 좋은 문제를 하나 물어야지 어떻게 천하를 다스리느냐 같은 이런 통쾌하지 않은 문제를 묻느냐!

어떻게 영도자가 될 것인가

　천근이 어떻게 천하를 다스리느냐고 묻자 대답은 한바탕 꾸지람이었습니다. 다음에서 한 가지 이유를 말했습니다.

"나는 지금 조물주와 하나가 되고, 짜증이 나면 또 망묘(莽眇)의 새를 타고 우주[六極] 밖으로 나가 무하유지향(無何有之鄕)에 노닐다가 광랑(壙埌)의 들판에서 지내려고 한다."

予方將與造物者爲人, 厭, 則又乘夫莽眇之鳥, 以出六極之外,
而遊無何有之鄕, 以處壙埌之野。

이것은 그의 설법입니다. 그는 말합니다. 나는 지금 자신이 꼭 '조물주와 하나가 되고[與造物者爲人]', 천지와 합하여 하나가 되었다. 여기서의 '조물(造物)'은 대명사로서 우주만물을 창조할 수 있는 하나의 기능을 대표합니다. 그는 말합니다. 나는 지금 만물을 창조할 수 있는 그 기능과 딱 합하여 하나가 되었다! 바꾸어 말하면 나는 마침 생명의 본능을 회복하고 있는 중이라는 겁니다. '염(厭)', 때로는 짜증이 나는데, 짜증이 날 때는 어떻게 할까요? '또 망묘(莽眇)의 새를 타고[則又乘夫莽眇之鳥]', 이 '조(鳥)'자는 가설적인 것입니다. 바로 천지라는 이 공간, 허공[太空]을 말합니다. '망(莽)'은 끝없이 푸르고 넓은 것[蒼蒼莽莽]이고 '묘(眇)'는 보이지 않는 것인데, 바로 그런 새입니다. 이 새는 진짜 새가 아닙니다. 후세에 도가와 불가에서는 종합하여 말하기를 태허(太虛)의 위에 노닌다고 했습니다. 허공 가운데서 노니는 겁니다. '우주[六極] 밖으로 나가[以出六極之外]', '육극(六極)'은 고대에 말하는 시공의 관념, 우주의 관념입니다. 동서남북상하를 '육극'이라고 하는데, 이 시공 밖으로 뛰어넘어 어느 곳으로 가서 놀까요? '무하유지향(無何有之鄕)에 노닐다가[而遊無何有之鄕]', 공(空)조차도 없는 곳으로 도달하여 '광랑(壙垠)의 들판에서 지내려고 한다[以處壙垠之野]', '광랑(壙垠)'도 가탁한 것입니다. 아무것도 없는 어떤 곳입니다. 무량무변한 이 광야로 가서 놉니다.

여기에는 두 단락의 관념이 있습니다. 첫째는 내가 형이상의 도체인, 만물을 초월할 수 있는 그 기능과 딱 하나로 합하여 그 경계속에 있으면서 인간세상의 일에 대답하기 귀찮다는 것을 말합니다. 도를 얻은 사람은 영원히 내내 편안할까요? 아주 싫은 때도 있습니다. 무엇을 싫어할까요? 자기를 싫어합니다. 우리가 자기를 싫어할 때는 어디 가서 놀까요? 그는 말하기를 텅텅 비어 사방을 돌아보아도 사람이 없는 그런 경계에 가서 논다고 합니다.

두 번째는 도를 닦는 방법인데, 영원히 공의 경계에 도달하여 있는 것을 말합니다. 이 수도 방법을 그는 이렇게 형용하고 있는데 무엇을 말하고 있을까요? 조심(調心)입니다. 도를 깨달아 도를 얻은 사람은 어떤 사람이나 번뇌가 있을까요 없을까요? 번뇌가 있습니다. 성인(聖人)의 번뇌입니다. 그러므로 도를 깨달은 뒤에는 반드시 도를 닦아야합니다. 무엇을 닦을까요? 조심(調心)하는 것입니다. 그러므로 일체의 방법, 불가·도가·유가의 어떠한 갖가지의 방법은 아무리 고명한 방법이라 할지라도 요약하여 말하면 조심(調心)이라는 한 개의 명사입니다. 자기의 심경을 조정하는 것입니다. 장자는 이 두 단락의 이야기를 했습니다.

"그런데 너는 또 어떻게 천하를 다스리는 지를 물어 내 마음을 어지럽히려 하느냐?" 천근이 꾸지람을 듣고도 다시 물었다. "

汝又何帛以治天下感予之心爲? 又復問,

'예(帠)'자는 도리를 말합니다. 그는 말합니다. 그대가 내게 와서 묻기를 '이치천하(以治天下)', 어떻게 천하를 다스리는지 그 도리를 묻는데 너는 이 인자(仁慈)의 관념으로써 나의 도심을 감동시키고 싶겠지! 라고 그를 한바탕 꾸짖습니다. 이 사람은 꾸지람을 듣고도 포기하지 않고 '우부문(又復問)', 또 무명인에게 물었는데 그가 무슨 문제를 물었는지를 말하지 않았습니다. 바꾸어 말하면 그는 어떻게 도를 닦느냐고 묻자 무명인은 한 가지 도리를 말했습니다.

무명인이 대답했다. "너는 심경(心境)을 담박에 노닐게 하고, 의기(意氣)를 광막(廣漠)의 들판에 합하게 하며, 만물 자연의 이치에 순응하면서 사사로움이 조금도 끼어듦이 없게 하라. 그러면 천하가 저절로 다스려 질 것이다."

無名人曰 : 汝遊心於淡, 合氣於漠, 順物自然而無容私焉, 而天下治矣。

먼저 원문을 풀이하겠습니다. 세상의 모든 종교·철학, 어떠한 학문, 어떠한 지식, 수양 방법도 모두 '조심(調心)'이라는 한 개의 명사입니다. 우리들의 심경(心境)을 조정하여 심경이 영원히 평안하도록 하는, 바로 그 작용입니다. 조심의 도리로서 장자가 사용한 명사는 '유심(游心)'입니다.

사람의 개성이나 심경은 유유자재(悠遊自在)하기를 좋아합니다. 그러나 사람은 자기의 생각 정서를 긴장시켜서 오히려 유유자재하지 못합니다. 그러므로 고요하지 못하고 자재를 얻지 못합니다. '너는 심경을 담박에 노닐게 하라[汝遊心於淡]', 너는 반드시 자기의 심경 조정을 수양하여 심경을 영원히 담박하게 해야 한다. '담

(淡)'은 바로 맛이 없는 것입니다. 짜고 달고 쓰고 맵고 시고 하는 것이 다 없어서 마음이 물처럼 맑은 것입니다. 후세에 도를 얻은 사람에 대하여 형용하여 말하기를 '지수징청(止水澄淸)'이라고 하는데, 마치 온통 맑은 물처럼 차분하고 고요하다는 것입니다. 이게 바로 '담(淡)'의 경계입니다. 이 한 마디 말에 대하여 후세에 한 마디의 명언이 있었는데 제갈량이 말한 '마음에 욕심이 없어 담박하지 않으면 뜻을 밝힐 수 없고, 마음이 안정되어 있지 않으면 원대한 이상을 이룰 수 없다[淡泊以明志, 寧靜以致遠]'입니다.

제갈량의 이 두 마디 말은 후세의 지식인들의 수양에 끼친 영향은 대단히 강력했습니다. 그러나 이 두 마디 말의 사상(思想) 근원은 도가에서 나온 것이지 유가에서 나온 것이 아닙니다. 제갈량의 일생의 사람됨과 정치에 종사하는 작풍(作風)은 시종일관 유가였지만 그의 사상수양은 도가였습니다. 이 때문에 우리 후세인들이 경극을 공연을 할 때 제갈량으로 분장한 사람은 모두 도가의 의복을 입고 있습니다. 팔괘가 그려진 두루마기에 닭털 부채를 하나 들고 있습니다. 속담에 말하는 '계모당령전(鷄毛當令箭: 닭털을 전령으로 잘못 알다. 상관의 무심한 말을 명령으로 잘못 알고 야단법석을 떨다/역주)'은 바로 제갈량으로부터 시작되었습니다. '마음에 욕심이 없어 담박하지 않으면 뜻을 밝힐 수 없다'라는 한 마디 말은『장자』이곳으로부터 나왔습니다. 이른바 심경을 담박에 노닐게 하는 것[游心於淡]입니다.

전국시대에 도가사상이 흥성했으며 맹자가 제시한 양기(養氣)는 장자가 말하는 '의기(意氣)를 광막(廣漠)의 들판에 합하게 한다[合氣於漠]'와 유사합니다. 맹자가 말하는 호연지기(浩然之氣)는 천지간에 가득 찬 유형적인 것입니다. 장자가 말하는 '합기어막(合氣於漠)'은 유형보다도 한층 진보한 것으로 무형에 도달한 것입니다.

'막(漠)'자는 가없는 광막(廣漠)의 들입니다. 이 '막(漠)'자는 소요유 편에서 이미 언급했습니다. 그러나 여기의 '기(氣)'자는, 후세에 도가의 기(氣)자만 꺼냈다하면 모두 잘못된 관념으로 걸어들어가 필사적으로 기공을 연마했는데, 코에 의지하여 호흡하는 기로써 헝~하~하며 단련했습니다. 이것은 유형의 호흡이지 기가 아닙니다. 이것은 공기의 기입니다. 맹자의 양기(養氣)와 장자의 합기(合氣)는 무슨 기일까요? 의기(意氣)입니다. 의지(意志)의 그 의(意)자로서, 심념(心念)입니다. 바꾸어 말하면 바로 생명의 기능으로서 보이지 않는 것입니다. 호흡은 그것의 외형이지 기의 진짜 형상이 아닙니다. 진짜 형상은 보이지 않습니다. 내쉬지도 않고 들이쉬지도 않을 때 그 정지하여 응결 집중된[凝定] 단계가 바로 기의 기능입니다.

여러분들이 기를 수련하고 싶다면 먼저 이 부분으로부터 체험해야합니다. 그러나 당신이 정(定)을 얻은 사람이 아닌 이상 자신이 체험할 길이 없습니다. 그렇다면 당신은 다른 사람을 통해서 체험할 수밖에 없습니다. 어떻게 체험할까요? 당신이 남이 잠자고 있는 것을 보는 겁니다. 잠을 잘 때 잠이 가장 깊이 들었을 때 호흡의 오고감이 항상 풀무질을 하는 것과 마찬가지인데, 젊은이들은 본 적이 없을 겁니다. 그것은 또 피리를 부는 것과 마찬가지여서 불어넣고 불어내며 이 코는 호흡을 하고 있습니다! 그러나 한 번의 짧은 동안 호흡이 완전히 없습니다. 그때야말로 진짜 잠을 자고 있는 것으로, 호흡이 조금도 없습니다. 한 찰나 사이에 ....이렇게 숨을 한 번 또 들이쉬는데 그게 기를 들이쉬는 겁니다. 들이쉴 때 뇌신경은 거의 이미 깨어있습니다. 하지만 그는 곧바로 잊어버리고 자기가 아직도 잠자고 있다고 느낍니다. 그러므로 사람의 진정한 수면은 3분에서 5분 동안을 완전히 잠자서, 호흡이 완전히 조용함[寧靜]에 도달하기만 하면 당신이 몇 시간 동안 취한 수면보다도 낮습니다. 우리가 비록 침대에서 5~6시간을 자지만 진정으로 잠든 상태의 휴식은 몇 분에 지나지 않을 뿐입니다. 그 나머지 시간은 수면 중의 낭비라고 할 수 있을 뿐입니다. 그럴 뿐만 아니라 그것은 대 혼침(昏沈)의 상태입니다. 하지만 우리는 대 혼침 습관이 되어 여전히 편안하다고 느낍니다.

중국문화의 영향으로 일본과 한국에는 합기도(合氣道)라는 기공이 있습니다. 무엇이 합기도일까요? 진짜 합기(合氣)는 내쉬지도 들이쉬지도 않는 것입니다. 바로 불가에서 말하는 지관(止觀)의 그 '식(息)'자입니다. 내쉬지도 않고 들이쉬지도 않아서 호흡이 정지한 것이나 다름없는데, 그게 합기입니다.

그는 말하기를 심경을 담박에 노닐게 하는[游心於淡] 수양방법은 의기를 광막의 들판에 합하게 하는 것[氣於漠]인데, 광막의 들판에는 아무것도 없다고 합니다. 수양이 그 때에 도달하면 '만물 자연의 이치에 순응하면서 사사로움이 조금도 끼어듦이 없게 하라[順物自然而無容私焉]', 사람이 바로 천지자연의 이치에 순응하여 살아가고 사심이 조금도 없습니다. 아상(我相)이 없습니다. 사심이 없으니 자연히 곧 대공(大公)입니다! 그는 우리들더러 대공(大公)하라고 하지 않았습니다. 사람의 수양이 사사로움이 없는[無私] 경지에 도달하기만 하면 '그러면 천하가 저절로 다스려질 것이다[而天下治矣]', 천하가 자연히 태평해지는데 구태여 천하를 영도하고 다스리는 무슨 방법이 필요하겠습니까? 그러므로 우리가 다른 사람들을 거느려 이끄는 하나의 지도자가 되거나 더 나아가 반장이 되거나 가장이 될 경우는, 어쨌든 당신의 몸에 장(長)자가 하나 있거나 원(員)자의 명예 칭호가 있다면, 이에 유의해야합니다.

어떻게 잘 영도할 수 있을까요? 당신이 이 세 가지 점을 해내기만 하면 됩니다. 첫째 점으로, 담박함으로써 뜻을 밝히고 심경을 담박에 노닐게 하는 것[淡泊以明志, 游心於淡]입니다. 자기가 요구함이 없는 것인데 이 점은 우리가 해낼 수 없습니다. 사람은 다른 사람에게 요구하기 마련입니다. 어떤 경우라도 심경을 담박에 노닐게 함[遊心於淡]까지 될 수 있어야 합니다. 두 번째 점은 의기를 광막의 들판에 합하게 하는 것[合氣於漠]입니다. 생명의 본능을 수양하여 공(空)과 정(定)의 경계에 도달합니다. 그런 다음 작용을 일으킵니다. 세 번째 점은 자연스러움에 순응하여 사사로움이 없는 것입니다. 사람마다 사사로움이 없기만 하면 이 천하는 자연히 크게 다스려집니다.

　장자의 응제왕 이 편은 이상합니다! 세 단락 모두 무말랭이를 걸어 놓은 것처럼 여기다 한 덩이 걸어놓고 저기다 한 덩이 걸어놓았는데, 당신은 어떻게 그것들을 한데 모아서 한 접시의 요리를 만들수 있을까요? 그것은 우리 자신의 일입니다. 다음에서 또 한 가지가 옵니다.

총명하고 노력한다고 꼭 되는 건 아니다

양자거(陽子居)가 그의 선생인 노담(老聃)에게 말했다. "여기 어떤 사람이 머리 반응이 빠르고 신체가 강건하며, 사물을 철저히 이해하고 흉금이 넓으며, 도를 배우기를 싫증내지 않는 다면, 이와 같은 사람은 치세(治世)의 밝은 왕에 견줄 수 있겠는지요?"

陽子居見老聃(耼), 曰：有人於此, 嚮疾彊梁, 物徹疏明, 學道不倦。如是者, 可比明王乎？

양자(陽子)는 성씨요 거(居)는 사람 이름입니다. 양자거가 노자를 보러갔습니다. 그는 노자의 학생입니다. '여기 어떤 사람이 머리 반응이 빠르고 신체가 강건하며[有人於此, 嚮疾彊梁]', 그는 한 사람을 묘사하고 있는데 어떤 사람인지 상관하지 맙시다! 장삼이사(張三李四)인지 다 묻지 맙시다. 어떤 사람이 '향질강량(嚮疾彊梁)', '질(疾)'은 병이 난 것이 아니라 머리의 반응이 빠른 것입니다. 제1등의 총명으로서 어느 곳에서 울리기만 하면 그는 한 가지를 들으면 열 가지를 알아 즉시 반응이 나타납니다. 당신이 동그라미를 하나 그리면 그는 수학에서의 영(0)이라고 말합니다. 무엇이든지 다 이해하고 곧바로 압니다. '강량(彊梁)', 신체와 정신이 대단히 건강하고 튼튼한 것입니다. 이러한 사람은 찾기 어렵습니다. 반응이 빠르면 곧 총명한 사람이요 반응이 느리면 곧 멍청한 사람입니다. 사실 세상 사람들의 총명은 거기서 거기입니다. 좀 어리석은 사람은 없습니다. 하지만 어떤 사람들은 당신이 말하자마자 당장에 이해합니다. 어떤 사람은 죽을 때 이르러서야 비로소 압니다. 그렇게 차이가 많이 납니다! 가장 총명한 사람은 소리가 울리자마자 이미 이해해버립니다. 역사상 한고조 같은 경우 장량이 발로 탁자 밑에서 한번 차자 곧바로 이해하였습니다.

'사물을 철저히 이해하고[物徹]', 어떤 것이든지 눈으로 한번 보기만 하면 다 이해하여 훤히 꿰뚫습니다. '흉금이 넓으며[疏明]', 흉금이 탁 터져있고 만사를 잘 이해합니다. 이런 사람은 사랑스럽습니다. 만약 우리가 이런 사람을 만나게 되면 틀림없이 그를 따라야합니다. 뿐만 아니라 그는 총명하고 신체가 건강하고 흉금이 넓을 뿐만 아니라 기개가 고아(高雅)하고 도를 배움에 싫증을 내지 않습니다. 물론 정좌한 사람이 도를 닦는 것에 실증내지 않는 것이 아닙니다! 정좌하는 게 어디 피곤할 리 있나요! 앉아있는 것은 본래 휴식하는 것입니다! 이 도는 살아있는 도입니다. 세상을 다스리는 사람의 진정한 도입니다. 생기 없이 앉아있는 것이 아니라 일어나서 일을 할 수 있는 것입니다. 일을 할 때는 심경을 또 담박에 노닐게 하고, 의기(意氣)를 광막(廣漠)의 들판에 합하게 하며, 만물 자연의 이치에 순응합니다[遊心於淡, 合氣於漠, 順物自然]. 이것이 도입니다.

  뿐만 아니라 이 사람은 도를 배우면서 싫증내지 않습니다. 자기에게 강요하는 것이 아니라 언제나 자기를 일깨워서 도를 닦되 피동적이 아니라 주동적으로 그렇게 합니다. 이런 사람은 좋을까요, 좋지 않을까요? 물론 좋습니다. '이와 같은 사람은 치세의 밝은 왕에 견줄 수 있겠는지요[如是者, 可比明王乎]!', 이렇다면 세상을 잘 다스리는 한 성인, 세상을 잘 다스리는 한 제왕이 될 수 있겠지요! 역사상 묘사한 요임금 순임금이나 상나라 탕임금이나 주나라 문왕, 주나라 무왕은 대체로 할 수 있었습니다. 그보다 좀 못한 진시황이나 한고조, 당태종 등등은 조건이 아직 부족했습니다. 왜냐하면 세상을 잘 다스리는 명왕(明王)은 타고난 예지가 있고 굴할 줄 모르는 선비이기 때문입니다. 그래야 비로소 세상을 잘 다스리는 제왕 감이라고 할 수 있습니다.

노담이 말했다. "그런 사람은 성인의 도(道) 자격 입장에서 보면 인성 중에 진정한 성정(聖情)이 아닌 것을 지나치게 씀으로써 달라져버려 보통사람과는 다르게 보이고 그의 기술도 이미 흩어져서 온전하지 않으면서, 몸을 지치게 하고 마음을 근심하게 하는 자이다."

老聃曰 : 是於聖人也, 胥易技係, 勞形怵心者也。

노자는 말합니다. 이것은 그저 그런 한 사람이라고 치면 된다. 만약 성인의 도에 자격이 되는지를 말해본다면 그는 아직 멀었다. '서역기계(胥易技係)', 그는 말합니다. 이런 종류의 사람은 이미 인성(人性) 중에 진정한 성정(聖情)아닌 것을 지나치게 썼기 때문에 달라져버렸다. 볼 것 같으면 보통사람과 아주 다르다. 그의 기술은 이미 흩어져버려서 온전하지 않다. '로형(勞形)', 비록 총명하지만 이 생명이 완전하지 않고 자기가 스스로 수고롭다. 장자도 명언을 말하기를 '교자로(巧者勞), 지자우(智者憂), 무능자무소구(無能者無所求)'라고 했습니다. '교자(巧者)'란 재능 있고 총명하며 학문이 있는 사람을 가리키는데 그들은 수고롭기도 하고 번뇌도 많습니다. 어리석은 사람은 한 가지도 잘할 수 있는 것이 없지만 이 사람은 가장 편안하고 구하는 것이 하나도 없습니다. '소식이유유(蔬食而遊遊)', 배불리 식사하고 나면 하루 종일 느긋합니다. 잠도 좀 자고 정좌도 좀 합니다. 아무 일도 하지 않아도 됩니다. '범약불계지주(泛若不繫之舟)', 느긋하고 여유 있으며 건들건들하는 게 마치 사람이 없는 배가 둥둥 이리저리 떠다니는 것 같습니다. 세상에는 이런 사람들이 적지 않습니다. 도를 닦을 필요 없이 그 자신이 이미 도가 되어버렸습니다. 게으른 학우들은 이 몇 마디 말을 베껴서 만약 선생님이 보고서를 내라고 시킬 때 장자 이 부분에서 배운 것이라고 써도 좋습니다. 그러므로 이 노자는 말합니다. 이런 사람도 여전히 '로형출심(勞形怵心)', 마음속에서 우환이 있고 언제나 좋지 않게 느낀다.

진정한 명왕(明王)의 다스림

"또한 호랑이와 표범의 무늬는 사냥꾼을 부르고 원숭이의 재빠름과 야요들소를 잡는 개는 노끈 줄에 묶임을 부른다. 이와 같은 자가 명왕(明王)에 비할 수 있겠는가?" 양자거가 놀라며 물었다. "감히 명왕의 다스림을 묻겠습니다."

且也虎豹之文來田，猨狙之便，執狸之狗來藉。如是者，可比明王乎？陽子居蹴然曰：敢問明王之治。

이것은 바로 노장의 도요 도가의 사상입니다. 여기서 장자는 노자의 말을 인용하고 있는데 노자가 그런 말을 한 적이 있을까요 없을까요? 모릅니다. 하지만『장자』여기서는 이렇게 말했습니다. 방금 노자가 이미 말했듯이 그는 말하기를 이런 사람은 그와 비교하면 명왕(明王)이라고 합니다. 그는 그건 안 된다고 직접적으로 말하지는 않았습니다. 노자는 단정적인 말을 하지 않았습니다. 바꾸어 말하면 이런 사람은 인성의 자연스러움이 아닙니다. 그는 이미 인성을 조각(彫刻)하고 후천적인 겉치레를 더하여 이미 인성을 산산조각 내버렸다는 겁니다.

한걸음 더 나아가서 말하면 '차야(且也)', 뿐만 아니라 '호랑이와 표범의 무늬는 사냥꾼을 부르고[虎豹之文來田]', 호랑이나 표범의 몸 위에 나 있는 무늬는 가죽이 좋기도 하고 아름답습니다. '전(田)', 고대에 전렵(田獵)이라고 함은 야외에 나가서 수렵을 하는 것입니다. 왜 사냥꾼은 호랑이나 표범을 죽이지 않으면 안 될까요? 그것들의 몸 위에 있는 가죽이 좋아서 털옷을 만들어 입으면 따뜻하고, 또한 문양이 빼어나기 때문입니다. 그래서 호랑이나 표범의 이 한 목숨은 몸 위의 가죽들 때문에 잔혹하게 살해되어 죽게 되는 것입니다.

'원숭이의 재빠름과[猨狙之便]', '원저(猨狙)'는 원숭이의 일종입니다. 원숭이의 종류는 많습니다. '원저'는 몸이 재빨라서 나무에서 이리저리 뛰어다닙니다. 원숭이는 재빠르기 때문에 사람들이 붙잡아다가 기르고 곡예를 하도록 가르치거나 혹은 동물원에 가둬둡니다. '야크들소를 잡는 개는[執犛之狗]', 이 '리(犛)'자는 리우(犛牛)로서 육중하고 큰 동물입니다. 사냥개는 아주 예민하여 코로 냄새를 맡자마자 사냥물을 찾아냅니다. 개는 코가 영민하기 때문에 사람들에게 사냥개로 길러집니다. 호랑이나 표범은 온 몸이 유용합니다. 호랑이 뼈나 호랑이 이빨·골수·호랑이 가죽 어느 것하나도 사람에게 보양으로 쓸 수 없는 것이 없습니다. 마치 소가 우유에서부터 소가죽·소털 등 갖가지가 유용한 것처럼 그러한데, 바로 유용하기 때문에 재앙을 불러오는 것입니다. 원숭이는 너무 총명하기 때문에 사람들에게 잡히며 총명한 개는 후각이 발달했기 때문에 사람들에게 길러져 사냥하도록 훈련되는 겁니다. '노끈 줄에 묶임을 부른다[來藉]', 사람들에 의해 끈에 묶여지는 것입니다.

'이와 같은 자가 명왕에 비할 수 있겠는가[如是者, 可比明王乎]?', 노자는 말합니다. 이런 것이 바로 고명한 황제이다. 바로 성제명왕(聖帝明王)이다. 노자가 말한 이 도리는 깨달을 수만 있지 말로 할 수는 없습니다. 말로하게 되면 귀찮습니다. 사람을 개로 바꾸어버리고 사람을 다른 무엇으로 바꿔버려서 천하의 일을 모두 사냥물로 바꾸어버렸습니다. 이런 것은 모두 도가의 사상입니다. 그러므로 축록중원(逐鹿中原), 중원에서 사슴을 잡으러 쫓듯이, 국가 천하를 사냥물로 바꾸어 호랑이나 표범으로 바꾸어버렸는데, 그 누가 사냥할 재간이 있어서 사냥했다면 그것은 곧 그 사람의 소유로 돌아가 한 덩이의 고기가 그에게 먹혀지게 되었습니다. 그런데 그런 총명한 사람들은 사냥개로 변해서 문을 지킬 수 있으며 재간 있는 사람은 길러지는 원숭이로 변했습니다. 이른바 그가 말하는 성제 명왕(聖帝明王)은 바로 동물원의 원장일 뿐만 아니라 고명한 동물들을 기릅니다. 의미는 대체로 이와 같은데 저는 다 말하지 않습니다. 왜냐하면 저는 정말 말해갈 수 없기 때문입니다. 이 내막을 까발릴 수 없습니다. 말하고 나면 다 까발려지게 됩니다. 역사철학에 대해 꿰뚫어보면 너무 재미가 없습니다. 이런 것을 명왕이라고 부릅니다! 제가 여러분에게 정중하게 말씀드립니다. 저는 한수 남겨 놓겠습니다.

'양자거가 놀라며 물었다. "감히 명왕의 다스림을 묻겠습니다[陽子居蹴然曰 : 敢問明王之治]', 이 양자거는 여기까지 듣고서 의아해 했습니다. 눈썹도 찡그리며 노자에게 물었습니다. 명왕은 천하를 어떻게 다스립니까? 장자가 묘사하는 사람이 고명한 사람일수록 그가 사람을 쓰는 방법은 이렇습니다. 노자는 무엇을 명왕이라 부르며 고명한 영도란 바로 이런 모습이라고 말합니다. 그러므로 말을 듣고 난 결과 양자거는 좋은 기분이 아니어서, 그에게 감히 묻습니다. 도대체 명왕이 세상을 다스리는 도는 어떠합니까?

노담이 말했다. "명왕의 다스림은 공로가 천하를 덮어도 자기가 차지하지 않은 듯하고, 도덕적 감화가 만물에 미쳐서 백성은 마음에 두려움이 없음을 느낀다. 명성을 표방하지 않아도 천하 사람들로 하여금 저절로 좋아하게 하며, 얼마나 높고 깊고 위대한지 헤아릴 수 없는 심리(心理)에 서 있으면서 공령한 경지인 무유(無有)에 노니는 사람이다."

老聃曰：明王之治：功蓋天下，而似不自己，化貸萬物而民弗恃；有莫舉名，使物自喜；立乎不測，而游於無有者也。

이 모두는 영도자학입니다! 가장 고명한 영도자학에는 나쁜 것도 있고 좋은 것도 있는데 이것은 역시 상급의 것입니다. 최상층의 것은 아닙니다. 최상층의 것은 장자가 앞에서 이미 말했습니다. 세상을 잘 다스리는 이런 명왕은 진시황에서부터 시작하여 중국역사로서 말해보면 진·한·당·송·원·명·청나라 왕조까지 어느 왕조나 명왕이라고 말할 자격이 없습니다. 만약 우리가 교육 정도로써 비유해보면 이러한 명왕들은 우리들의 이 정치대학원 1학년 학생에 해당합니다. 그리고 상고의 우씨(虞氏)나 태씨(泰氏) 등 같은 그런 명왕들은 우리들의 정치대학원을 졸업한 학생에 해당합니다. 그리고 진시황이나 한고조·당태종·주원장 등등은 우리들의 정치대학원에서 제적(除籍)당한 학생에 해당합니다. 바로 그렇게 한번 비유할 수 있습니다. 그러므로 지금 노자가 말하는 명왕의 다스림은 아직은 정치대학원 1학년 학생이면서 이미 그렇게 고명합니다.

'명왕의 다스림은[明王之治]', 내가 너에게 말해주겠는데, '공로가 천하를 덮어도 자기가 차지하지 않은 듯하고[功蓋天下, 而似不自己]', 예컨대 주나라 문왕·주나라 무왕 그리고 그분들을 도왔던 강태공이나 주공의 몇몇 형제들은 주나라 왕조를 8백 년 동안 천하가 태평하게 했습니다. 공로로 말하면, 백성을 위하여 일한 공로는 첫 번째는 무공(武功)이요 두 번째는 백성을 위하여 일하되 사람을 사랑하고 천하를 사랑한 공로입니다. 그러므로 '공로가 천하를 덮었다[功蓋天下]'라고 합니다. '이사(而似)', 이 '사(似)'자에 주의하기 바랍니다. 묘함이 바로 이 '사'자에 있습니다. 마치 자기가 점유하지 않은 듯합니다. 노자가 말한 '몸으로써 천하를 위하여 만사를 발전하는 추세에 따라 유리하게 잘 이끈다[以身爲天下先]'에서 '몸이 천하를 잘 이끈다[身先天下]가 바로 이 도리입니다. '공로가 천하를 덮어도 자기가 차지하지 않은 듯하다[功蓋天下而似不自己]'는 바로 우리들 오늘날 민주사상인 국민을 위하여 봉사하는 것이기도 합니다. 민주사상은 서양에서 온 것인데, 국민을 위하여 봉사하고 사람마다 또 나를 위하여 봉사한다는 것과 같은 도리입니다. 그러므로 당신은 기꺼이 자기를 희생하면 천하가 자연히 그 마음으로 돌아갑니다. 자기를 기꺼이 희생하지 않으려고 하는 사람은 당신 한 사람조차도 살수 없습니다. 그러므로 사람은 모두를 위하여 생활할 수 있어야 자기도 비로소 생활이 있습니다. 이게 바로 '공로가 천하를 덮어도 자기가 차지하지 않은 듯하다'입니다.

'도덕적 감화가 만물에 미쳐서[化貸萬物]', 이 '대(貸)'는 빌리다[假借]는 뜻입니다. 그는 말합니다. 그는 도덕의 감화를 빌려 쓴 것인데 사랑과 인자함으로써 만물에 미치는 것이다. '백성은 마음에 두려움이 없음을 느낀다[而民弗恃]', 인민은 마음속에 무슨 두려움이 없음을 느낍니다. 이 한 사람의 지도자가 정말 우리들을 위하고 우리들을 사랑하고 있다고 느낍니다. '명성을 표방하지 않아도 천하 사람들로 하여금 저절로 좋아하게 하며[有莫擧名, 使物自喜]', 그도 자신의 공덕과 명성을 표방할 필요가 없으며 천하 사람들은 저마다 모두 그를 좋아합니다.

그 다음 한 구절이 대단히 중요합니다. 역대제왕이 이를 비결로 삼은 네 글자입니다. '얼마나 높고 깊고 위대한 지 헤아릴 수 없는 심리(心理)에 서 있으면서[立乎不測]', 도대체 얼마나 높은지 얼마나 깊은지 얼마나 위대한지를 당신은 상상할 수 없고 헤아릴 수 없습니다. 이게 바로 성제명왕의 심리인데 당신은 헤아릴 길이 없습니다. 왜냐하면 그는 얼마나 높고 깊고 위대한지 헤아릴 수 없는 심리(心理)에 서 있어서, 오직 도를 얻은 사람이라야 비로소 그 경지를 이루어낼 수 있기 때문입니다. '공령한 경지인 무유(無有)에 노니는 사람이다[而游於無有者也]', 그것은 진정한 도입니다. 정말로 그렇게 해내어야 도를 배울 수 있으며 '유심어무유자야(遊心於無有者也)', 최후에는 공령(空靈)한 경계에 마음을 노닐게 할 수 있습니다.

장자는 응제왕에 대하여 네 단락에서 네 개의 문제를 걸어놓았지만 당신을 위하여 연결시켜놓지는 않았습니다. 사실은 한 절(節)마다 당신을 위하여 연결시켜놓았습니다. 그 사이에서는 생각을 써야 하지 장자의 문장에 속임을 당해서는 안 됩니다. 장자의 응제왕 편은 그의 최후의 밀종에 해당합니다. 아주 비밀스럽습니다! 그러나 그가 그곳에 나열해 놓았지만 당신은 이해하지 못합니다. 당신이 만약 이 몇 단락을 연결시켜보면 대철대오 합니다. 선종에서 말하는 대철대오가 아닙니다. 응제왕 편의 도를 대철대오합니다. 그러면 입세(入世)의 도, 역사철학을 통하게 됩니다.

신무(神巫)가 호자(壺子)의 관상을 보아주다

정(鄭)나라에 계함(季咸)이라는 신격화 된 무당이 있었다. 사람의 사생존망(死生存亡)과 재앙과 복과 수명의 장단을 알고 년월일까지 예언했는데 그 정확하기가 마치 신과 같았다. 그래서 정나라 사람들은 그를 두려워해 보기만 하면 모두가 피해 달아났다.

鄭有神巫日季咸, 知人之死生存亡、禍福壽夭, 期以歲月旬日,若神。鄭人見之，皆弃(棄)而走。

　정(鄭)나라에 대단한 무당이 하나 있었습니다. 이 무당은 너무 신격화되어 있었습니다. 어떤 교주, 법사나 활불(活佛), 대사보다도 어쨌든 어떤 선생님보다도 고명했습니다. 이 신무(神巫)는 이름이 계함(季咸)이라 했는데 과거와 미래를 알 수 있었습니다. 우리가 인생에서 가장 묻고 싶은 몇 가지 문제들을 이 신무는 다 알았습니다. '지인지사생존망(知人之死生存亡)', 어느 때 당신이 죽을 것이며 당신은 내생에 어디로 가서 태어날 것인지 전생의 무엇이 변했는지를 알았습니다. 존망·성공과 실패, 국가에 문제가 있는지 없는지, 정권에 문제가 있는지 없는지, 존재할 것인지 멸망할 것인지를 그는 모두 미리 알았습니다. '화복(禍福)', 화를 당할 것인지 않을 것인지, 주식을 사서 돈을 벌 것인지 그렇지 않을 것인지, 이자가 떨어질지 안 떨어질지 이러한 화와 복도 그는 또렷이 알았습니다. 또 하나 '수요(壽夭)'가 있는데, 몇 살 때까지 살 것인지 99세까지 살 것인지 혹은 101살 때까지 살 것인지 어느 날 죽을 것인지, 이러한 몇 가지들은 모두 인생의 큰 문제인데 그는 모조리 알았습니다.

　우리들이 날마다 걱정하는 생사존망(生死存亡), 화복수요(禍福壽夭)를 이 신무는 속속들이 알았습니다. '년월일까지 예언했는데 그 정확하기가 마치 신과 같았다[期以歲月旬日若神]', 그는 당신에게 열흘 지나면 죽을 것이라고 일러주기만 하면 산소 호흡기조차도 꽂을 겨를도 없고 수액(水液)을 주사하거나 관장(灌腸)을 해도 소용 없어 구할 수 없었습니다. 그는 당신이 어느 때 죽을 것이라고 말하면 그렇게 죽어서 정확하기가 '약신(若神)', 신과 같았습니다. 그러므로 정나라 전국 사람들은 그를 보자마자 도망 가버렸습니다.

그가 한 마디 나쁜 말을 하거나 혹은 어느 때 죽을 것이라고 말할까봐 몹시 두려웠기 때문에 모두 놀라고 보자마자 도망 가버렸습니다.

열자가 그를 보고 마음속으로 반해 돌아가 호자(壺子)에게 말했다. "처음에 저는 선생님의 도(道)가 최고라 생각했는데, 이제 보니 최고인 사람이 또 하나 있습니다."

列子見之而心醉, 歸, 以告壺子, 曰 : 始吾以夫子之道爲至矣, 則又有至焉者矣。

　도가의 전통에서 보면 열자는 장자의 제자입니다. '견지이심취(見之而心醉)', 마음속으로 반해 있었습니다. 어떤 사람을 믿는 정도가 정신이 팔릴 정도에 이른 것이 마치 술을 마셔 취한 것 같은 것을 '심취'라고 합니다. 뒷날 문학에는 어떤 사람에게 심취했다는 자구(字句)가 있는데, 이것은 바로 당신이 술을 마셔 취한 것처럼 흐리멍덩한 정도가 되었고 또 환각제를 먹은 것 같다는 겁니다. 그러므로 열자는 이 사람을 보고 환각제를 먹은 것 같았습니다. '이고호자(以告壺子)', 돌아와 그의 선생님인 호자(壺子)에게 말합니다. 선생님, 말씀드리겠는데요, 이 사람은 신통이 있습니다.
　'처음에 저는 선생님의 도(道)가 최고라 생각했는데, 이제 보니 최고인 사람이 또 하나 있습니다[始吾以夫子之道爲至矣, 則又有至焉者矣]', 그도 솔직하게 호자에게 말합니다. 선생님! 저는 좋은 선생님을 한 분 찾았습니다. 제가 처음에는 당신의 도가 최고이며 세상에서 오직 당신만이 제1이라고 생각했습니다! 지금은 이제 하나의 제1을 또 찾아냈습니다. 당신은 제2로 바뀌었습니다. 당신보다 더 높은 사람이 하나 있는데 그 사람은 바로 계함입니다. 신무입니다. 열자라는 학생은 솔직했습니다. 일부 학생들처럼 말하기 거북해 하지 않았습니다. 그는 직접 말했습니다. 왜냐하면 그래야 좋은 학생이기 때문입니다! 선생님인 호자도 솔직했습니다.

호자가 말했다. "내가 너에게 겉모양 도는 조금 전해 주었지만 진짜 도는 전해주지 않았는데, 네가 어찌 도를 얻었겠느냐? 암탉이 많더라도 수탉이 없다면 어떻게 병아리를 부화할 수 있겠느냐! 네가 약간의 도로써 세상 사람들에게 오만하면서 자신에게 도가 있다고 꼭 믿기 때문에 사람들이 너의 관상을 볼 수 있게 된 것이다. 시험 삼아 그를 데려와 나를 보여주어라."

壺子曰 : 吾與汝旣其文, 未旣其實, 而固得道與？衆雌而無雄, 而又奚卵焉！而以道與世亢, 必信, 夫故使人得而相汝。嘗試與來, 以予示之。

호자가 말합니다. 그래! 원래는 네가 나를 제1이라고 여겼는데 지금은 내가 제2로 변해버렸구나. 하지만 호자가 말합니다. 제자야! 나는 벌써 너란 녀석은 믿을 수 없다는 것을 알고서 내 일찍이 벌써 한 수 남겨놓았다. 내 너에게 그 도를 일러주마. '내가 너에게 겉모양 도는 조금 전해 주었지만 진짜 도는 전해주지 않았는데[吾與汝旣其文, 未旣其實]', 겉모양의 도는 너에게 조금 전해주었지만 진짜 도는 아직 내 호주머니 속에 넣어두었다. 너를 믿을 수 없다는 것을 알기 때문에 전해주지 않았다. '네가 어찌 도를 얻었겠느냐[而固得道與]?', 너는 내가 너에게 도를 전해주었다고 여기느냐? 진짜 도는 내가 너에게 전해주지 않았다. '암탉이 많더라도 수

닭이 없다면 어떻게 병아리를 부화할 수 있겠느냐[衆雌而無雄, 而又奚卵焉]!', 내가 너에게 전해준 도는 몇 마리 암탉을 너에게 주었지만 너에게 수탉을 주지 않은 것이나 다름없다. 그러므로 영원히 병아리를 낳을 수 없고 결과가 있을 수 없다. 닦아 이룰 수 없다. 너는 네가 도를 얻었다고 생각하고 있구나!

　'네가 약간의 도로써 세상 사람들에게 오만하면서 자신에게 도가 있다고 꼭 믿기 때문에 사람들이 너의 관상을 볼 수 있게 된 것이다[而以道與世亢, 必信, 夫故使人得而相汝]', 에이! 너는 어린이라서 내가 너에게 도를 전해줄 수 없다. 너는 아느냐? 나는 벌써 네가 잘되어가지 않는다는 것을 보았기 때문에 한 수 남겨두었다. 너는 도를 배웠다고 여기고 '여세항(與世亢)', 이 '항(亢)'은 오만입니다. 일반적으로 수도하는 사람들은 이 병폐에 걸리기 쉬운데 배워서 세상에서 제1이 되었으며 세상을 초월한 것으로 여긴다. 이래서 도를 닦을 수 없다. 부처님이든 도이든 배우면 배울수록 겸허하고 평범해야 배울 수 있다. 네가 약간의 도를 배우고 '세상 사람들에게 오만하다면[與世亢]' 되겠느냐? '필신(必信), 부고사인득이상여(夫故使人得而相汝)', 네가 자신에게 도가 있고 법이 있다고 느끼고는 가는 곳마다 도 분위기를 지니고 하는 말마다 도 얘기를 하면서 하……, 음…… 이러기 때문에 남이 너를 보자마자 네가 도를 닦는 사람이라는 것을 안다. 우리들이 여기에서 한번 보면 부처님을 배우는 사람은 온 몸에서 부처님 분위기가 나오는데 이건 견디기 어려운 것이나 다름없습니다. 당신이 이러하기 때문에 남이 보자마자 곧 압니다. 에이! 본래는 내가 제1이었는데 네가 또 하나의 제1을 찾아낸 바에야 네가 그 제1을 데리고 와 나한테 한번 보여주려무나. '시험 삼아 그를 데려와 나를 보여주어라[嘗試與來, 以予示之]', 너는 그 더러 나를 보러 오라고 해라.

다음날 열자가 그를 데려와 호자를 보았다. 계함이 보고 나와 열자에게 말하였다. "아! 당신의 선생은 죽을 것이오. 살지 못해요! 열흘을 못 넘깁니다! 나는 괴이한 상을 보았소. 축축한 재의 상을 보았소."

明日, 列子與之見壺子. 出而謂列子曰 : 嘻! 子之先生死矣! 弗活矣! 不以旬數矣! 吾見怪焉, 見溼灰焉。

다음날 '열자가 그를 데려와 호자를 보았다[列子與之見壺子]', 열자는 제1의 이 선생님을 데리고 호자를 보러왔습니다. 겨우 한번 보자마자 그 녀석은 달려 나왔습니다. '출이위열자왈(出而謂列子曰)', 열자에게 말합니다. '아[嘻]', 아이구! 큰일 났소! '당신의 선생은 죽을 것이오[子之先生死矣]!', 당신 선생님은 죽겠소. '불활의(弗活矣)!', 살지 못해요. 중의나 양의나 무슨 약 처방이든 모두 치료하지 못합니다. '열흘을 못 넘깁니다[不以旬數矣]!', 열흘을 못가서 틀림없이 죽을 것이오! '나는 괴이한 상을 보았소[吾見怪焉]', 내가 보니 보기조차도 감히 못하겠소. 죽을 사람은 이상하오. 모습이 죽을상이오. '축축한 재의 상을 보았소[見溼灰焉]', 저 사그라진 재처럼 그렇소! 재[灰]는 그래도 물을 뿌리면 시멘트로 변할 수 있는데 어디에 아직 산 것이 있습니까!

열자가 들어가 눈물로 옷깃을 적시며 호자에게 알려드렸다. 호자가 말했다. "조금 전 나는 그에게 지문(地文)의 상(相)을 표현해 보여주었다. 활동하지 않고 살아있지 않은 상을 약간 나타냈었지."

列子入, 泣涕沾襟以告壺子。壺子曰 : 鄕吾示之以地文, 萌乎不震不正。

'열자가 들어가 눈물로 옷깃을 적시며 호자에게 알려드렸다[列子入, 泣涕沾襟以告壺子]', 열자는 그래도 양심이 있었습니다! 그가 제1의 선생님이든 제2의 선생님이든 간에 결국은 선생님이라고 불렀습니다. 그러므로 돌아와 몹시 상심하며 눈물 콧물을 몽땅 흘렸습니다. 선생님 큰일 났습니다. 장례를 치르게 되었습니다. 호자가 말합니다. 너는 무엇 때문에 우느냐? 두려워하지 마라. '조금 전 나는 그에게 지문(地文)의 상(相)을 표현해 보여주었다. 활동하지 않고 살아있지 않은 상을 약간 나타냈었지[鄕吾示之以地文, 萌乎不震不正]', 네가 무엇을 알겠느냐! 두려워 하지마라. 방금 그가 왔을 때 나는 그를 한 번 시험하느라 그에게 또 다른 모습을 보여주었다. 그에게 한 가지 공부를 보여주었는데, 바로 기(氣)를 멈추게 해버린 것이다. 호흡도 닫아버리고 몸의 빛을 모두 거두어버려서 얼굴이 사그라진 재 모습으로 변한 것이다. 그러므로 도가 없는 것으로 보이고 등도 굽어버린 이상한 모습이었다. 나는 한 가지 신통 공부를 나타내어 그에게 좀 보여주었는데 그는 보고 알아보지 못한 것이다! 너는 그가 과거와 미래를 알 수 있다고 말하지 않았느냐? 이번에 그는 모른 것이다! 내가 방금 나타내어 보인 것은 지문지도(地文之道)였다. '맹호(萌乎)', 약간의 것을 나타내 그에게 보여주었는데 '불진불정(不震不正)', 활동이 없고 죽은 모습이었다. 비뚤어진 것은 바르지 않고 바른 것은 살아있다. 진동하는[震] 어떤 것은 영원히 활동하고 있습니다. 주의하기 바랍니다! 반면(反面)에서 알아보고 이해하게 되는데 이것이 장자의 밀종입니다! 그러므로 여러분이 정좌 수도할 때 몸이 떠는 것이 곧 진(震)이라고 알지 말기 바랍니다. 그런 의미가 아닙니다. 진(震)은 살아있는 것을 대표합니다. 다시 이 단락에 대한 곽상의 주해를 보겠습니다.

萌然不動, 亦不自正, 與枯木同其不華, 溼灰均於寂魄, 此乃至人無感
之時也.　夫至人其動也天, 其靜也地, 止行也水流。其止也淵默。淵默
之與水流, 天行之與地止, 其於不爲而自爾, 一也。今季咸見其尸居而
坐忘, 即謂之將死, 覩其神動而天隨因謂之有生, 誠應不以心而理自
玄, 符與變化升降而以世爲量, 然後足爲物主, 而順時無極, 故非相者
所測耳。此應帝王之大意也。

'맹연부동(萌然不動), 역불자정(亦不自正), 여고목동기불화(與枯
木同其不華), 습회균어적박(溼灰均於寂魄), 차내지인무감지시야(此
乃至人無感之時也)', 그러므로 공부가 바로 입정(入定)인데 이 경계
에 도달하면 외부세계와, 이른바 안과 밖이 단절되어서 무감지시
(無感之時也)입니다. '부지인기동야천(夫至人其動也天), 기정야지(其
靜也地), 지행야수류(止行也水流)', 일을 할 때는 떠가는 구름이나
흘러가는 물과 같습니다. '기지야연묵(其止也淵默), 연묵지여수류
(淵默之與水流), 천행지여지지(天行之與地止), 기어불위이자이(其於
不爲而自爾), 일야(一也).'

'금계함견기시거이좌망(今季咸見其尸居而坐忘), 즉위지장사(即謂
之將死),도기신동이천수인위지유생(覩其神動而天隨因謂之有生), 성
응불이심이리자현(誠應不以心而理自玄), 부여변화승강이이세위량
(符與變化升降而以世爲量), 연후족위물주이순시무극(然後足爲物主
而順時無極), 고비상자소측이(故非相者所測耳). 차응제왕지대의(此
應帝王之大意也).' 입정한 사람이 시체처럼 앉아 있는 것이 '시거
(尸居)'입니다. '좌망(坐忘)', 그는 이미 공(空)해졌습니다. '시거'도
일종의 정(定)입니다! 정(定)마다 모두 그런 것은 아닙니다. 이런
것을 도가에서는 지문(地文)의 정(定)에 들어갔다고 하는데 지선(地
仙)의 정입니다. 그는 말합니다. 지금 계함이 보니 호자가 '시거',

시체처럼 앉아 있으며 좌망(坐忘)하여, 사람이 이미 양신(陽神)이 출규(出竅)하여 신체를 떠나버린 것 같습니다. 이 때문에 당신이 상(相)을 보더라도 알아 낼 수 없습니다.

응제왕 편의 이 단락은 열자의 선생님인 호자가, 우리가 보통의 한 가지 속담으로 말하면, 신무와 도술을 부려 싸우고 있는 것입니다. 소설 말투로 하면 호자는 수도 경계를 하나 표시하여 이 신무에게 보여주자 신무는 그가 곧 죽겠다고 말했습니다. 다음은 『장자』 본문으로 돌아가겠습니다. 호자가 열자에게 일러줍니다.

호자의 경지

"아마 내게서 심신의 활동작용을 닫아버린 경지인 두덕기(杜德機)를 보았을 것이다(그것은 생각을 완전히 닫아버리고 호흡과 맥박이 거의 완전히 정지한 음陰적인 지문地文의 경지이다). 시험 삼아 또 데려와 보아라."

是殆見吾杜德機也。嘗又與來。

'두덕기(杜德機)'는 장자가 만들어낸 명사입니다. 장자 이전에 중국의 그 밖의 서적들에는 없습니다. 이른바 '두(杜)'란 문을 닫아버린 것[關門]입니다. '덕(德)'은 곧 모든 활동의 작용입니다. 만약 이 기관을 닫아버리면 일체가 닫혀버립니다. 이러한 닫아버림의 도리는 만약 우리가 실제 수양공부로 말하면, 도를 배우는 보통사람이 '기주맥정(氣住脈停)', 기(氣)도 멈추고 맥(脈)도 멈춘 정도에 이른 것입니다. '두덕기'는 '기주맥정'에만 그치는 것이 아닙니다. 예컨 대 호흡의 기(氣)를 정지시키고 혈액조차도 흐르지 않고 맥박이 뛰지 않게 된 것은 생리상의 공부입니다. 이러한 생리상의 공부는 선정(禪定)을 얻은 사람이 할 수 있을 뿐만 아니라, 기공을 연마하는 사람이나 무공을 연마하거나 혹은 요가술을 수련하는 많은 사람들도 그렇게 할 수 있습니다. 그렇지만 '기주맥정'의 최고의 경계라고 인정할 수는 없으며 선정의 경계라고 인정할 수 없습니다.

이른바 선정 경계에서 '기주맥정'은 그래도 쉬운 편입니다. 그러나 생각염두를 모두 닫아버리기는 아주 어려우며, '기주맥정'보다도 더욱 어렵습니다. 생각을 완전히 닫아버리고 호흡도 거의 완전히 정지해버렸으며 혈맥도 흐르지 않아서 전신의 맥박이 모두 정지해버린 겁니다. 이러한 몸과 마음의 결합이 바로 '두덕기'의 경계입니다. 이제 우리는 '두덕기'의 실제의 상황을 여러분에게 분명히 해석했습니다. '두덕기'라는 명칭은 중국의 문학에서 늘 나타납니다. 많은 시(詩)와 사(詞) 옛사람들이 쓴 문장에 늘 인용되었습니다. 지금 호자는 열자에게 일러줍니다. 그 신무는 나를 보고는 곧 도망가 버렸다. 왜냐하면 당시에 내가 그에게 보여준 것은 지문(地文) 경계였다. 천(天) · 지(地人) · 인(人) 이 세 개의 부호로 기준을 삼아 이번에는 그에게 나의 공부수양 경계가 지문인 것을 보여주었다. 이른바 지(地)는 음(陰)적인, 순음(純陰)적인 것입니다. 양(陽)적인 것이 아닙니다. 그러므로 그는 열자에게 분부합니다. '상우여래(嘗又與來)', 너는 다시 그를 모시고 나를 보러 오거라.

다음날 또 그를 데려와 호자를 보았다. 계함이 보고 나와 열자에게 말했다. "다행이오! 당신 선생은 나를 만나 병이 낫게 되었소! 완전히 생기가 있게 되겠소! 나는 꽉 닫힌 것이 움직이는 것[杜權]을 보았소!"

明日, 又與之見壺子. 出而謂列子曰 : 幸矣! 子之先生遇我也!
有瘳矣! 全然有生矣! 吾見其杜權矣.

　다음날 열자는 또 그를 모시고 호자를 보러왔습니다. '보고 나와
열자에게 말했다. 다행이오! 당신 선생은 나를 만나 병이 낫게 되
었소[出而謂列子曰, 幸矣, 子之先生遇我也, 有瘳矣]', 신무가 나와서
열자에게 말합니다. 오늘은 좋아지셨소. 다행이오. 당신의 선생님
은 마침내 나를 만나서 목숨을 구하게 된 셈이오. '완전히 생기가
있게 되겠소[全然有生矣]!', 오늘 한번 보니 생기가 있어 죽지 않을
것이오. 모두 나의 공로요. 그가 나를 한번 보았기 때문이오. 이것
도 오늘날 사람이 늘 말하는 것인데 내가 가피해주었다느니 내가
감응한 것이라느니 혹은 내가 무슨 주문을 외워 그를 잘 되게 해놓
았기 때문이라는 겁니다. 모두 공을 자기의 방법에 돌린 것입니다.
신무는 또 말합니다. 내가 지금 그를 보니 '꽉 닫힌 것이 움직이는
것을 보았소[見其杜權矣]', '두권(杜權)'은 '두덕기'와는 다릅니다.
'두(杜)'는 닫아버리는 것입니다. 그래서 우리가 고서를 읽을 때 두
문사객(杜門謝客)이라는 말을 늘 읽게 되는데, 문을 닫아버리고 손
님을 보지 않겠다는 의미입니다. 그는 말합니다. 지난번 그를 보았
을 때는 죽게 되어서 완전히 닫혀있더니 오늘은 잠시 그래도 한 가
닥 생기가 있어 구해지게 되었소.

열자가 들어가 호자에게 알려드리니, 호자가 말했다. "조금 전 내가
그에 천문(天文)의 경지인 천양(天壤)을 표현해 보여주었다. 모든
외부 현상[名]과 진실한 것이라 생각하는 외부 환경의 영향[實]을 받

지 않으며, 기맥의 기가 발바닥에서 나오는 것이다. 아마 내게서 선
(善)하며 양(陽)적인 생기의 발동의 경지인 선자기(善者機)를 보았을
것이다. 시험 삼아 또 데려와 보아라."

列子入, 以告壺子。壺子曰：鄕吾示之以天壤, 名實不入, 而機
發於踵。是殆見吾善者機也。嘗又與來。

열자는 이 말을 듣고 기뻐서 돌아와 그의 선생님에게 보고했습
니다. 호자가 말합니다. '조금 전 내가 그에게 천문(天文)의 경지인
천양(天壤)을 표현해 보여주었다[鄕吾示之以天壤]', 중국문화의 많
은 고서에서 이 '鄕(향)'자와 嚮(향)자는 많은 곳에서 통용하고 있
는데, 막, 방금이라는 의미입니다. 그는 말합니다. 내가 방금 그에
게 표현해 보여준 것은 '천양(天壤)'이었다. 즉, 위로 상승하는 것
으로 양기가 위로 올라와 높은 허공을 향하여 가는 상천(上天)의
경계이다.

'모든 외부 현상[名]과 진실한 것이라 생각하는 외부 환경의 영
향[實]을 받지 않으며, 기맥의 기가 발바닥에서 나오는 것이다. 아
마 내게서 선(善)하며 양(陽)적인 생기의 발동의 경지인 선자기(善
者機)를 보았을 것이다[名實不入, 而機發於踵. 是殆見吾善者機也].',
우리들은 주의해야 합니다! 이것은 바로 수양의 세 단계 공부입니
다. 두덕기는 지문의 학으로서 음의 경계에 완전히 진입한 것입니
다. 정(定)의 상태가 지속되면서 아무것도 없습니다. 장자처럼 그렇
게 분명하게 말하면 우리들 부처님을 배우고 선정을 닦는 사람들
에게 큰 도움이 됩니다. 바꾸어 말하면, 우리 보통 사람은 수양하
면서 입정(入定)하기를 몹시 동경하는데, 사실 진정한 입정은 중국
문화의 도리로 말하면 음(陰) 경계로서, 달아버리는 것입니다. 수도

의 성공이란 도가 관념으로 말하면 순양(純陽)의 체(體)를 바라는 것으로, 순양의 경계입니다. 순양의 경계는 닫아버리는 것이 아니라 열려 피어나는 것입니다. 불가에서 말하는 대원경지(大圓鏡智)와 불광보조(佛光普照)의 도리에 해당합니다.

그러나 양기(陽氣)가 진정으로 발기(發起)하려면 반드시 음(陰) 경계를 거쳐야합니다. 왜냐하면 음이 극점에 도달하면 양이 발생하기 때문에 고요함[靜]이 극점에 도달해야 비로소 진정으로 그 움직임[動]을 발기할 수 있습니다. 그 움직임은 큰 움직임[大動]이 아니라 고요함 가운데 스스로 움직임[靜中自動]입니다. 즉, 승화의 경계입니다. 장자가 여기까지 쓴 것도 이러한 경계들의 실제상황을 모두 우리들에게 누설하여 주는 말이나 다름없습니다. 그는 이 경계는 '명실불입(名實不入)'이라고 말합니다. 이 '명(名)'이란 일체의 외부현상을 대표합니다. '실'이란 우리가 진실한 것이라고 생각하는 외부의 모든 환경입니다. 바꾸어 말하면, 이 경계에 도달하면 이른바 '명실불입(名實不入)', 안과 밖이 단절되어버리는 것이 아니라 외부의 일체의 경계의 영향이 비록 오더라도 이 마음이 움직이지 않으며, 자연스러운 부동념(不動念)이지 의도적인 통제가 아닙니다.

보통 수양하여 부동심(不動心)까지 도달하기 위해서는 염두를 완전히 통제하여 부동심에 도달하여야 하는데, 이것은 이미 대단히 어렵습니다. 설사 그렇게 되었더라도 바로 지문(地文)의 경계요 음 경계입니다. 설사 음 경계의 최고점에 도달하였을지라도 도의 수양에 대해서는 아직 그림자도 없습니다! 단지 초보적으로 만져보았을 뿐입니다! 천문(天文) 경계, 이른바 천양(天壤)의 경계에 이르러야 음(陰)이 극점에 도달하여 양(陽)이 발생할 때가 바로 '명실불입(名實不入)'입니다. 만약 두 글자를 더한다면 '명실불입어중(名實

不入於中)'입니다. 심장과 뇌라는 중(中)이 아니라 이 '중'이란 추상적인 것으로서 본체의 자성에 해당합니다.

모든 외부 현상[名]과 진실한 것이라 생각하는 외부 환경의 영향[實]을 받지 않으며, '기맥의 기가 발바닥에서 나오는 것이다[而機發於踵]', 이때의 '기(機)'는 기(氣)도 포함합니다. 하지만 기(氣)가 완전히 기(機)인 것은 아닙니다. 이 한마디 속에서의 기(機)는 바로 우리들이 오늘날 말하는 기맥(氣脈) 수련입니다. 보통 우리들이 도를 닦고 부처님을 배우는 사람들에게는 오늘날 기맥 수련이 유행하고 중시합니다. 기(氣)는 기(氣)입니다. 그러나 주의해야 합니다. 코로 호흡하는 기(氣)를 닦는 것이 아닙니다. 코로 호흡하는 기(氣)는 기(氣)의 가장 초보적인 것입니다. 왜냐하면 이 기는 닦을 게 없기 때문입니다. 애를 써서 기공을 닦는 사람들은 다들 특별히 주의해야합니다. 왜냐하면 이 기는 왕래하는 것이요 생멸하는 것이기 때문입니다. 한번 들어오면 한번 나갑니다. 들이쉬고서는 온힘을 다하여 그것을 통제하여 내쉬지 않도록 하고, 내쉬고 난 다음에는 또 멈춘 채 들이쉬지 않게 합니다. 그래보았자 약간의 시간 동안 더 머무르게 할 뿐입니다! 당신의 공부가 아무리 높고 머물게 하는 시간이 아무리 오래더라도 그것은 여전히 한번 오고 한번 감입니다.

그러므로 호흡의 기(氣)가 바로 생명의 기(氣)라고 보는 것은 완전히 틀린 것입니다. 왜냐하면 이 기는 생멸이 있으며 옴이 있고 감이 있기 때문입니다. 그러므로 식(息)을 닦고 기를 닦는 것은 곧 한번 생겨나고 한번 소멸하는 것입니다. 그 사이에 그 생겨나고 소멸하는 본능, 그 작용이야말로 기(氣)라고 부릅니다. 원리상으로는 이와 같으며 사실이기도 합니다. 여러분은 스스로 체험해보기 바랍니다. 그러므로 '기발어종(機發於踵)'이 가리키는 이 기(機)는 바로 우리들이 말하는 기맥의 기입니다.

맥(脈)의 수련은 기에 비하여 한걸음 더 나아간 것입니다. 맥은 혈관이 아니요 미세혈관마다의 신경을 떠난 것도 아닙니다. 그것은 맥의 초보입니다. 진정한 맥은 미세혈관의 신경이 아니라 우리들 생명이 우주와의 사이에 교류, 교통하는 것으로서 보이지 않아서 무형무상(無形無象)의 것입니다. 그렇지만 그런 작용이 있습니다. 오직 자기 자신이 시험하여 수양공부가 도달할 때 자연히 알게 될 것입니다. 그러므로 기를 닦고 맥을 닦아 성공한 것은 장자가 말한 이 기(機)입니다. 기관(機關)에서의 이 기(機)를 틀어쥐게 된 겁니다. '이기발어종(而機發於踵)', 기맥은 모두 발바닥 중심으로부터 발동합니다. 이 점은 우리가 늘 강조했는데 대단히 중요합니다. 그러므로 장자 내 7편 가운데서 제물론 편과 소요유 편에서도 말했듯이 보통사람의 호흡은 단지 폐부나 목구멍에 도달할 뿐입니다. 바로 우리가 방금 말했던 호흡왕래입니다. 그러므로 보통사람은 약간의 시간까지 살면 반드시 죽기 마련입니다.

그러나 지인(至人), 도를 얻은 사람의 식(息)은 호흡마다 발바닥 가운데까지 도달합니다. 이게 바로 '기발어종(機發於踵)'입니다. 그러므로 우리들은 발뒤꿈치와 발바닥 중심은 대단히 중요합니다. 특히 발바닥 중심에 대해서는 옛사람들이 다음과 같은 지극한 이치의 명언을 했습니다. '정종족저생(精從足底生)', 이 '정(精)'은 정자와 난자의 그 정이 아니라 정신(精神)의 정입니다. 바로 생명의 본래입니다. '정종족저생'은 정신의 생명입니다. 그러므로 기발어종(機發於踵)이라고 말합니다.

열자의 선생님인 호자는 말합니다. '아마 내게서 선(善)하며 양(陽)적인 생기의 발동의 경지인 선자기(善者機)를 보았을 것이다[是殆見吾善者機也]', 그는 말합니다. 이 사람은 드디어 약간 좀 본 셈이다. 보고 조금 이해했다. 관상을 보는 사람이니까! 이 사람은 마침내 볼 줄 알게 된 것이다. 나의 선(善)의 좋은 일면을 본 것이다. 선(善)은 양(陽)을 대표합니다. 중국문화에서 수양을 말하는 사람들은 '위선최락(爲善最樂)'을 말하는데, 그것은 이론이 아니라 실제의 일입니다. 사람이 진정으로 착한 일을 하면 대단히 즐겁습니다. 즐거움은 기쁨이 아닙니다. 기쁨은 즐거움이 아닙니다. 왜냐하면 착한 생각은 양을 대표하며, 양기(陽機)가 곧 충만하고 생기(生機)가 곧 충만하기 때문입니다. 나쁜 일을 하거나 근심 고민은 음(陰)을 대표하며 나쁜 일을 하면할수록 많아져 음기는 그만큼 갈수록 무거워집니다. 보통 관상을 보는 사람도 보고 알아낼 수 있습니다. 그러므로 그는 말하기를 이 사람은 마침내 나의 착한 일면을 보았고 양기가 발동한 것을 보았다고 합니다. 그래서 그는 또 열자에게 일러줍니다. '상우여래(嘗又與來)', 너는 다시 그더러 오라고 해라. 이것이 두 번째였습니다.

다음날 또 그를 데려와 호자를 보았다. 계함은 보고 나와 열자에게 말했다. "당신 선생은 정상 상태가 아니라서, 나는 상을 볼 수가 없소. 그가 좀 정상 상태가 되면 다시 상을 보겠소."

明日，又與之見壺子。出而謂列子曰：子之先生不齊，吾無得而相焉。試齊，且復相之。

그 다음날 열자는 또 그를 모시고 호자를 보러왔습니다. 호자를 보고는 나와서 말했습니다. 당신의 선생님은 영문을 모르겠소. 이 사람은 정상이 아니오. 한번은 이랬다 한번은 저랬다 한결같지 않고 똑같지가 않소. 뒤섞여서 어수선하오. '오무득이상언(吾無得而

相焉)', 나는 꿰뚫어볼 수가 없소. 나는 그의 관상을 볼 방법이 없소. '시제(試齊), 차부상지(且復相之)', 천천히 합시다. 그가 뒤바뀌지 않고 정상의 상태가 되었을 때에 내가 다시 와서 보겠소.

열자가 들어가서 호자에게 알려드리니 호자가 말했다. "나는 조금 전 그에게 태충막승(太沖莫勝)을 표현해 보여주었다(위아래가 관통하고 하늘과 사람을 하나로 꿰뚫었으면서 어떤 것도 그것을 초월할 수 없는 경지이다). 아마 내게서 만유가 평등하고 온갖 생각이 텅 빈 경지인 형기기(衡氣機)를 보았을 것이다."

列子入，以告壺子。壺子曰：吾鄉示之以以太沖莫勝，是殆見吾衡氣機也。

열자는 곧 돌아와 호자에게 보고했습니다. 호자는 세 가지를 얘기했습니다. 하나는 두덕기(杜德機)요 또 하나는 선자기(善者機)요 지금은 형기기(衡氣機)를 말하고 있습니다. 그는 말합니다. 내가 방금 그에게 표시해 보여 준 것은 '태충(太沖)'이었다. 중국의학서적인 『황제내경(黃帝內經)』에서는 충맥(沖脈)을 얘기하고 있는데 밀종에서 말하는 중맥(中脈)도 대표한다고 할 수 있습니다. 태충(太沖)은 바로 상하(上下)가 관통하고 하늘과 사람이 하나로 꿰뚫어진 것입니다. 그는 말합니다. 내가 방금 그에게 보여준 것은 중도(中道)의 도리에 서 있는 것이다. 만약 기맥 신체의 문제를 떠나 철학관념의 중도의 입장에서 말하면 공(空)도 아니요 유(有)도 아니다. 그러므로 그는 형이상의 도의 경계를 보아낼 수 없었다. '태충막승(太沖莫勝)', 그것을 초월할 수 있는 것은 어떤 것도 없다. 이것은 바로 공(空)이니까! 진공(眞空)이다. 세상에 있는 모든 것들은 비교할 수 있지만 오직 공은 비교할 길이 없다. 공은 어디까지나 공이다. 비교가 없다. 그러므로 태충막승(太沖莫勝)이라고 말한다. '아마 내게서 만유가 평등하고 온갖 생각이 텅 빈 경지인 형기기(衡氣機)를 보았을 것이다[是殆見吾衡氣機也]', 이 '형(衡)'은 평형의 의미입니다. 바로 평등하고 평등하다, 평등원만하다는 의미입니다. 그는 말합니다. 그는 방금 마침내 보았는데, 나는 불가에서 말하는 만법이 평등하고 만념이 모두 공한[萬法平等, 萬念皆空] 경지에 있었던 것이다.

장자는 또 한 가지 이야기를 합니다. 응제왕 편은 대단히 묘합니다. 한 절(節) 한 절이 모두 이야기인데 완전히 결론을 지은 곳은 한 군데도 없습니다. 그런데 결론이 바로 제목인 응제왕에 있습니다. 바꾸어 말하면 결론이 바로 우리들의 마음속에 있으니 자신이 지혜로써 결론을 지으십시오! 응제왕도 바로 입세(入世)의 도(道)입니다.

호자가 수도를 말하다

"오랜 기간 큰 물고기가 반복적으로 헤엄치며 움직이는 파동(波動)이 파내어 깊게 형성된 곳이 깊은 못이 된다. 오랜 기간 물이 위에서 아래로 힘차게 흘러내려 그 충격으로 깊게 형성된 곳이 깊은 못이 된다. 오랜 기간 흘러가는 물이 맴돌며 지나가 깊게 형성되는 곳이 깊은 못이 된다. 깊은 못은 자세히 구분해보면 아홉 가지 이름이 있는데, 내가 여기서 너에게 말한 것은 세 가지일 뿐이다. 시험 삼아 또 데려와 보아라."

鯢桓之審爲淵, 止水之審爲淵, 流水之審爲淵。淵有九名, 此處三焉。嘗又與來。

이 절에서 호자는 흐르는 물을 가지고 형용하고 있는데, 유식학을 연구하는 학우들은 하나의 참고로 삼기에 딱 좋습니다. 유식학에서는 말합니다. 우리들의 생명 근본인 제8아뢰야식은 이른바 '일체의 종자가 폭포처럼 흐른다[一切種子如瀑流]', 한 줄기의 흐르는 물과 같다는 것입니다. 우리는 이제 이 문제를 끼워 넣어 물로써 비유를 해 보면 유불도 삼가 뿐만이 아니라 많은 종교 교주들이 인성의 문제, 심리현황 더 나아가서는 생명의 문제를 말할 때 모두 흐르는 물로써 비유를 삼고 해석했습니다. 이것도 하나의 문제이자 대단히 재미있으면서 심오한 문제입니다.

이제 본문을 보겠습니다. 호자가 열자에게 말합니다. '오랜 기간 큰 물고기가 반복적으로 헤엄치며 움직이는 파동이 파내어 깊게 형성된 곳이 깊은 못이 된다[鯢桓之審爲淵]', 이것은 큰 물고기가 헤엄치며 움직이고 있는 것입니다. '심(審)'이란 바로 정확하고 오래되다 입니다. 숙련된 곳에서 헤엄쳐 움직여 서서히 그곳에 심연(深淵)이 하나 형성된 것입니다. 왜냐하면 물고기가 헤엄치며 움직일 때 물이 파동이 일어나 매초마다 움직이고 있고 그 파동의 힘으로 말미암아 서서히 그 곳을 파내어 빈 곳이 생겨가면서 깊게 파놓기 때문입니다. 물이 깊은 곳이 바로 일종의 '연(淵)'입니다.

'오랜 기간 물이 위에서 아래로 힘차게 흘러내려 그 충격으로 깊게 형성된 곳이 깊은 못이 된다[止水之審爲淵]', 또 한 가지 물은 힘차게 위로부터 흘러내려와 마지막의 가장 깊은 부분에 부딪히고 물의 오랫동안 충격으로 말미암아 깊은 못을 하나 형성하는 것입니다. 이 두 가지 중 하나는 활동적인 것입니다. 나머지 하나는 죽어있는 것인데, 머무르고 있는 것이나 다름없습니다.

 '오랜 기간 흘러가는 물이 맴돌며 지나가 깊게 형성되는 곳이 깊은 못이 된다[流水之審爲淵]', 이런 종류의 연(淵)은 흘러 움직이는 물이 지나가는 곳으로, 그곳에서 맴돌고 있고, 물이 맴도는 그곳에 역시 못이 형성된 것입니다. 예컨대 우리가 신점(新店: 대만의 지명/역주)에 가보면, 제가 기억하기로 그런 곳이 있는 것 같은데, 발전기가 있는 곳 그곳의 물이 바로 심연(深淵)입니다. 많은 청년들이 물에서 헤엄치다 그 물의 흐름을 만나면 빠져 들어가는데, 물이 맴돌고 있는 아래 부분이 바로 심연입니다. 그는 세 가지 심연을 형용했습니다. 하나는 활동하는 물이요 하나는 멈추고 있는 물이요 하나는 맴돌고 있는 물입니다. 그는 말합니다. 실제로 흐르는 물이 구성하는 심연은 '연유구명(淵有九名)', 자세히 구별해보면 아홉 가지가 있는데 '차처삼언(此處三焉)', 나는 단지 너에게 세 가지 현상을 얘기 해 줬을 뿐이다. 그는 또 결론을 짓지 않고 당신 스스로 참구하게 합니다! 자기가 연구하고 생각하게 합니다.

 호자는 물을 세 가지 상황으로 얘기하여 세 가지 공부, 세 가지 수양의 경계를 표현했습니다. 그는 열자에게 말하기를 주의해야 한다며, 물은 심연으로 바뀌는데 아홉 가지가 있지만 대원칙은 세 가지만 언급했습니다. 그러므로 우리가 최고의 철학이기도 한 심성 수양방법을 연구할 때 만약 공부를 하지 않고 그저 학술적인 연구만 한다면 그런 것들은 대단히 재미있습니다.

 예컨대 중국의 『역경』은 팔괘(八卦)만을 얘기합니다. 괘로 표시할 수 없는 괘가 하나 있는데, 그것이 제9괘(第九卦)입니다. 괘가 없습니다. 후세 사람들은 그것을 태극(太極)이라 불렀고 진공(眞空)이라 불렀습니다. 이것은 팔괘의 현상을 말하는 것입니다. 마찬가지로 석가모니불은 심성의 도를 말하면서 유식(唯識)의 8식(八識)

을 말했는데 실제로는 9식(九識)입니다. 제9식(第九識)을 아마라식(阿摩羅識), 백정식(白淨識)이라고 부릅니다. 그것은 칠칠팔팔(七七八八), 칠팔구(七八九)인데 모두 묘합니다. 최근에 여러분들은 유식을 연구하고 있지 않습니까? 유식에서 가장 중요한 것도 삼연(三淵)인데, 장자가 말하는 삼연과 서로 통합니다. '오랜 기간 흘러가는 물이 맴돌며 지나가 깊게 형성되는 곳이 깊은 못이 된다[流水之審爲淵]'는 제6식인 의식과 서로 같습니다. '오랜 기간 물이 위에서 아래로 힘차게 흘러내려 그 충격으로 깊게 형성된 곳이 깊은 못이 된다[止水之審爲淵]'는 제8식인 아뢰야식과 같습니다. '오랜 기간 큰 물고기가 반복적으로 헤엄치며 움직이는 파동이 파내어 깊게 형성된 곳이 깊은 못이 된다[鯤桓之審爲淵]'는 제7식인 말나식(末那識)입니다. 그러므로 우리는 깊이깊이 느낍니다. 이른바 동방에도 성인이 있고 서방에도 성인이 있다. 이 마음은 같고 이 이치는 같다는 것을.

세상의 어떤 사람이든 학문수양이 최고의 경계에 도달하여 형이상의 진리에 도달하면 단지 언어문자 표현의 차이만 있을 뿐 얻은 도는 하나입니다. 진리는 오직 하나만 있지 두 개가 없습니다. 두 개가 있다면 진리라고 부르지 않습니다. 진리는 절대적인 것입니다. 어떤 학우가 논문을 써서 동방에도 성인이 있고 서방에도 성인이 있다는 말을 송나라 유학자들의 말이라고 보았는데, 사실은 송나라 유학자들이 옛사람의 말을 인용한 것입니다. 열자의 이 몇 마디 말은 『회남자(淮南子)』에서도 언급하고 있지만 그때의 동방과 서방은 중국을 중심으로 한 것입니다. 현재는 이 공간이 더 확대되었습니다. 이어서 또 한 막(幕)이 있습니다. '상우여래(嘗又與來)', 너는 다시 그를 오라고 해라.

다음날 또 데려와 호자를 보았는데, 서있기조차도 못하고 당황하여 달아났다. 호자가 말했다. "쫓아가서 데려와라!" 열자가 그를 쫓아가다 붙잡지 못하고 돌아와 호자에게 보고했다. "이미 사라져버렸고, 이미 몰래 빠져나가버려서, 저는 붙잡지 못하였습니다."

明日, 又與之見壺子。立未定, 自失而走。壺子曰：追之！列子追之不及。反, 以報壺子曰：已滅矣, 已失矣, 吾弗及已。

그 다음날 열자는 또 그 신통이 있는 신무를 모시고 왔습니다. '서있기조차도 못하고 당황하여 달아났다[立未定, 自失而走]', 그는 호자를 보자마자 서 있기조차도 못하고 당황하여 몸을 돌려 곧 도망 가버렸습니다. 호자가 그의 제자인 열자에게 시켰습니다. 너는 쫓아가서 그를 데려오너라. 열자가 달려가 그 신통 있는 사람을 쫓았지만 따라가지 못했습니다. 돌아와서 선생님에게 보고했습니다. 안타깝게도 따라잡지 못했습니다. 도망 가버렸습니다. 이 문자 속은 묘합니다. 응! '이멸의(已滅矣)', 그 사람을 따라잡을 수 없었으며 떠나가버렸다는 것입니다. '이실의(已失矣)', 잃어버렸고 몰래 빠져나가버렸다는 것입니다. 왜 이렇게 말했을까요? '이미 사라져버렸고, 이미 몰래 빠져나가버려서, 저는 붙잡지 못하였습니다[已滅矣, 已失矣, 吾弗及已]', 장자는 마치 전문적으로 문자놀이를 하고 있는 것 같지만 자세히 한번 연구해보면 이것은 문자를 가지고 놀고 있는 것이 아니라 세 단계입니다. 바꾸어 말하면 인생에서는 어떤 것이든 모두 이 신무와 마찬가지여서 쫓아 갈 수 없습니다. '이멸의(已滅矣)!', 그림자가 사라져버렸습니다. 어떤 일마다 다 그렇고 우리가 하는 말도 마찬가지입니다. '이실의(已失矣)', 영원히 돌아오지 않을 것이며 아무리 붙잡으려고 해도 붙잡아 되돌릴 수 없습니다. 세 단계는, 보이지 않고, 상실해버렸으며, 영원히 잡아 되돌릴 수 없다는 것입니다. 이것도 하나의 현실을 대표하는데 어떤 것이든지 당신은 신통으로도 쫓아갈 수 없고 신무라도 쫓아갈 수 없습니다. 그러므로 장자의 문장은 이번에는 이렇게 말했지만 다음번에는 아마 또 하나의 방식으로 얘기하여서 또 변할 것입니다. 마치 구슬이 쟁반에서 구르듯이 대단히 묘합니다. 그러므로 이 세 단계도 철학에서 늘 사용하는 삼지법(三支法)인 과거 현재 미래와 다름없습니다.

호자가 말했다. "조금 전 나는 그에게 우주만유 시작 이전의 형이상의 도의 경지인 미시출오종(未始出吾宗)을 표현하여 보여주었다. 내가 그에게 허깨비 같고 꿈같은 그림자로 변해 보여주었는데, 그것이 누구인지 알지 못하며, 곧 일체를 유희 중에 있다고 여기며, 파도의 흐름으로 여기는 경지이다. 그래서 그는 그 도의 경지와 작용을 보아도 이해하지 못했기 때문에 도망간 것이다."

壼子曰 : 鄕吾示之以未始出吾宗。吾與之虛而委蛇, 不知其誰何, 因以爲弟靡, 因以爲波流, 故逃也。

　　호자가 열자에게 일러줍니다. '향오시지이미시출오종(鄕吾示之以未始出吾宗)', 나는 방금 그에게 우주만유의 이전을 표시하였다. '미시(未始)'는 곧 시작이 없는 이전의 그 어떤 것인 형이상 도입니다. '오종(吾宗)'은 바로 도의 경계로서, 지고무상의 도입니다. '내가 그에게 허깨비 같고 꿈같은 그림자로 변해 보여주었는데[吾與之虛而委蛇]', 우리가 문학적으로 늘 사용하는 것으로 남에게 거짓말을 하여 한번 응수할 때 바로 장자의 '허이위이(虛而委蛇)'라는 네 글자를 씁니다. 허이위이(虛而委蛇)는 바로 진짜 같기도 하고 허깨비 같기도 한 것입니다. 이 말을 정말로 해석해본다면 바로 불학의 명사인 꿈 같고 허깨비 같다[如夢如幻], 진짜 같기도 하고 실재 같기도 하며[如眞如實], 진짜도 아니요 실재도 아니다 입니다. 그는 말합니다. 내가 그에게 보여준 것은 하나의 그림자이다. 이것도 우리들 현실의 세계와 현실의 생명 그리고 우리들 현재 살아있는 몸과 마음이 모두 허이위이(虛而委蛇)요 모두 그림자라는 것을 표시합니다. 신무는 당연히 보고 이해하지 못했습니다! '그것이 누구인지 알지 못하며[不知其誰何]', 깊이 깨닫지 못했습니다!

그러므로 서양이나 일본 친구들은 선종이 불교라는 겉옷을 입었지만 사실은 노장의 것으로부터 나왔다고 봅니다. 그들의 일부 저작들도 그 출처를 검사해보면 근거가 있습니다. 이것은 무슨 도리일까요? 왜냐하면 노장의 이런 술어들을 선종대사들이 대단히 잘 알았고 또 문학 경계가 좋았기 때문에 불법의 도리를 널리 펼 때 그런 술어들을 노장의 말로 바꾸어 말했기 때문입니다. 예를 들어 말하면 명나라 이후부터 만주 청나라까지 1~2백 년 동안에 걸쳐 선종에서 유행한 화두참구는 '염불하는 자가 누구인가[念佛是誰]?'였는데 장자의 '그것이 누구인지 알지 못한다[不知其誰何]'라는 이 한마디와 관계가 있습니다.

우리 사람들의 이런 작용, 말할 수 있고 소리를 들을 수 있고 밥을 먹을 수 있고 길을 걸을 수 있고 생각할 수 있는, 이것은 무슨 물건일까요? 도대체 누구일까요? 혹은 나는 누구일까요? 나는 누구인지를 정말 찾아낼 수 없습니다! 신체는 나가 아닙니다. 단지 나의 사용권에 속할 뿐입니다. 수십 년 사용하거나 수백 년이나 이백 년, 오백 년까지 사용하는 것도 가능합니다. 그러나 결국 우리들에게 쓰라고 빌려준 것이지 영원히 점유할 주권이 없습니다. 그렇다면 이 나는 도대체 누구일까요?

제가 무협소설을 한 권 본 적이 있는데 어떤 사람이 이 말의 물음을 받고 미쳐버렸습니다. 영원히 미쳤습니다. 길을 가는데 양 다리가 떠 있는 것 같고 머리는 아래에 있는 것 같았습니다. 사람을 만나게 되면 물었습니다. 나는 누구입니까? 당신은 누구입니까? 공부를 해내지 못했습니다. 참선을 하다 미쳐버렸습니다. 그것이 누구인지 알지 못하는데[不知其誰何] 당신이 진정으로 찾아낼 수 있다면 천하의 문제는 모두 찾아낼 수 있게 됩니다. 이 문제는 해결하기 어렵습니다. 일본이나 미국의 많은 학자들의 경우 중국의 선(禪)을 연구하는데, 이것을 만나게 될 때는 다들 장자 속에 나오는 것으로 여기고 있습니다. 이러한 이론은 맨 먼저 일본에서 출현했습니다. 왜냐하면 일본의 일부 노년 선생들로서『노자』나『장자』에 대해서 잘 아는 사람들이 비교적 적지 않기 때문입니다.

십몇 년 전에 제가 일본에 갔을 때에 노년 교수들을 여러 사람 만났습니다. 비록 저도 일본말을 할 줄 모르고 그들도 중국어를 할 줄 몰랐지만 모두 한자리에서 즐겁게 얘기했습니다. 하지만 손에는 모두 펜과 백지를 들고서 고문을 한번 써서 보여주면 그는 곧 이해했습니다. 그도 중국의 시 등을 잘 지었으며 무슨 어려움이 조금도 없다고 느꼈습니다. 그들이 노장에 대해서 잘 알았기 때문에 선(禪)은 노장의 영향을 크게 받았다고 보았습니다. 이에 대해 완전히 이유가 없다고는 말할 수 없습니다. 호자는 이어서 한 가지 도리를 말합니다.

'곧 일체를 유희 중에 있다고 여기며, 파도의 흐름으로 여기는 경지이다. 그래서 그는 그 도의 경지와 작용을 보아도 이해하지 못했기 때문에 도망간 것이다[因以爲弟靡, 因以爲波流, 故逃也]', 이 몇 마디 말은 더욱 묘합니다. 그는 먼저 말합니다. 내가 방금 그에게 보여준 것은 무시이래(無始以來)의 형이상의 도였다. 도는 보이지 않는 것이다. 그는 내가 그림자로 변해버린 것을 보았다. 일체의 경계가 모두 그림자인 것을 보았다. 모두 꿈 같고 허깨비와 같은 경계였다. 사람이, 꿈같고 허깨비 같음을 보고, 현실에서 너무 벗어나 있음을 갑자기 보고는 두려워하고 도망가 버렸다. 호자는 말합니다. 그는 자신조차도 잊어버렸다. 그래서 이미 놀라죽을 지경이 되었다. 실제로는 열자가 나가 그 사람을 쫓아가서도 따라잡지 못하고 한 말인 '이미 사라져버렸고, 이미 몰래 빠져나가버려서, 저는 붙잡지 못하였습니다[已滅矣, 已失矣, 吾弗及已]'의 의미는, 신무는 이미 완전히 호자에 의해 놀라 죽을 지경이 되었기에 쫓아가 따라잡을 수 없게 되었다는 것 입니다.

'곧 일체를 유희 중에 있다고 여기며[因以爲弟靡]', 무엇을 '제미(弟靡)'라고 할까요? 이는 『장자』속의 특유의 것이며 자기만의 견해입니다. 그 외의 모든 문학 속에서 발견되지 않습니다. '제미(弟靡)'라는 것은 간단명료하게 말하면 바로 불학의 명사인 유희삼매(遊戱三昧)입니다. 그는 말합니다. 도를 아는 사람은 이 세상에서 지냄이 꿈과 같고 허깨비 같아서, 일체가 다 유희 중에 있다. 생사조차도 유희이며 현실의 일은 더더욱 유희이다. 유희 아닌 것이 하나도 없으니 그렇게 진지할 필요가 없다. 바꾸어 말하면 당신이 진지해도 무방합니다. 진지해도 유희요 진지하지 않아도 유희입니다. 당신이 이 세상에 한바탕 유희함은 하나의 공유적[共有]이며 공동적[共同]인 물의 흐름[波流]입니다.

이 큰 새알 모양의 지구에서 다행히 우리들 이런 생물들이 태어났고, 이러한 생물 중에 옷을 입는 생물들인 우리도 있습니다. 이런 생물들은 여기에서 영문을 모른 채 수천만 년 동안 살아왔는데, 실제로는 이 어린이 공원[兒童樂園]속에서 놀고 있고, 모두 유희하고 있는 것이며 궁극적인 어떤 것이 없습니다. 그러므로 '곧 일체를 유희 중에 있다고 여기며, 파도의 흐름으로 여기는 경지이다[因以爲弟靡, 因以爲波流]', 허깨비 같고 꿈같은 그림자이다[虛而委蛇]는 것을 이 생명이 이해하고 도를 이해하고 나서는 결코 슬프지 않습니다! 흐르는 물처럼 그렇게 우아하고 아름다우면서 영원히 지나갔고 끊임없이 또 물은 흘러옵니다.

물이 흘러간다는 말을 듣고 비관적이지 말기 바랍니다. 이 물은 흘러가면 쫓아가 돌이킬 수 없습니다. 그러나 수원(水源)은 영원히 있습니다. 황하의 물이 하늘에서 옵니다[黃河之水天上來]. 사실 최초의 그 한 점의 물은 어디로부터 올까요? 마찬가지 도리로 그것이 누구인지 모릅니다[不知其誰何]. 아직 찾아내지 못했습니다. 최초의 그 한 점의 불은 어디로부터 올까요? 역시 찾아내지 못했습니다. 최초의 그 한 점의 불이 만약 태양으로부터 온다면 그 태양은 최초에 또 어디로부터 왔을까요? 이 허공속의 태양은 대단히 많습니다! 최초의 그 하나가 어디에서 왔을까요? 최초의 최초는 내원(來源)이 없어졌다고 두려워하지 말기 바랍니다. 어쨌든 옴이 있고 어쨌든 또 끊임없이 갑니다. 그러므로 일체는 모두 유희요 여환삼매(如幻三昧)입니다. '고도야(故逃也)', 이 때문에 그는 도망가 버렸습니다. 그는 도의 경계와 도의 작용을 보아도 이해하지 못했습니다. 신통이 있는 사람조차도 보고 이해하지 못했습니다.

열자가 문 걸어 닫고 수행하다

그런 일이 있은 뒤 열자는 선생님의 진짜 도를 아직 배우지 못했음을 깨닫고 집으로 돌아가 3년 동안 문 밖에 나가지 않았다. 아내를 위해 밥을 짓는 등 집안일을 돕고, 돼지고기를 먹는 것을 사람고기를 먹는 것으로 여겨 채식하였다. 모든 일에 집착함이 없었으며. 후천적 환경과 교육으로 새겨지고 다듬어졌던 허식으로부터 막 태어났을 때의 소박함으로 돌아가 홀로 우뚝 그 모습대로 서 있었다. 그런데 사람들은 스스로 번뇌를 찾아 혼란스러워하며 자기를 새기고 다듬으면서 한 범위 속에 가두고는 한결같이 그렇게 살다 일생을 마친다.

然後列子自以爲未始學而歸, 三年不出。爲其妻爨, 食豕如食人。於事無與親, 雕琢復朴, 塊然獨以其形立。紛而封哉, 一以是終。

열자는 본래 선생님인 호자에 대하여 약간 회의를 품었습니다. 세 번의 절도 헛 절을 했고 돈 봉투도 헛 드렸다고 생각해 선생님을 떠나 다른 선생님한테 찾아가고 싶었습니다. 지금 호자가 이 삼관(三關)을 표시했는데, 이것도 선종의 삼관과 다름없습니다. 이 세 개 경계를 한 번 드러내어 도리를 말하자 열자는 마음속에서 생각했습니다. 잘못되었구나, 알고 보니 선생님의 것은 조금도 배우지 못했구나! 그래서 마음속으로 괴로웠습니다. 이것은 낙담이 아니었습니다. 그것은 바로 부끄럽다는 말조차도 적합하지 않았고 자신이 더할 수 없이 무능하다고 느꼈습니다. 선생님을 그렇게 오랫동안 헛 따라다닌 것이나 다름없었습니다. 아예 잔재주부리지 않기로 했습니다. 그리고 집으로 돌아가 성실하게 3년 동안 두문불출[閉關]하고 아내에게 고분고분 한 남편이 되었습니다. 즉, 무슨 일이든지 아내의 말을 따랐습니다. 그러므로 세상에서 마누라를 두려워하는 제1등인은 열자로부터 시작되었다고 말합니다. 돌아가 아내를 위해 밥을 지었습니다. 물론 그 시대에는 전기밥솥이 없었습니다! 아무것도 없어서 수고스러웠습니다. 그는 그저 착실하게 집에서 집안일을 했습니다.

이것은 성실하게 한 사람 노릇하는 것을 대표하는데, 해야 할 일이 있으면 하는 것, 이게 바로 도입니다. 만약 자기가 밥을 지을 줄 모르면 어떻게든 배워서 할 줄 알아야 합니다. 옷을 만들 줄 모르면 어떻게든 배워서 만들 줄 알아야 합니다. 사람이니까요! 늙을 때가지 이런 일들을 착실히 고분고분하게 하는 겁니다. 열자는 3년 동안 무엇을 했을까요? '돼지고기를 먹는 것을 사람고기를 먹는 것으로 여겨 채식하였다[食豕如食人]', 고기를 먹든 두부를 먹든 채소를 먹든 다 마찬가지였습니다. 맛에 분별이 없었습니다. 그는 돼지고기를 먹어도 사람고기를 먹는 것이나 같다고 느끼고 괴로워했습니다. 그러므로 그는 물론 채식을 했습니다! 그러지 않았다면 그는 3년 동안이나 배워서, 돼지고기를 먹어도 사람고기를 먹는 것과 마찬가지로 느꼈다면 그는 아예 다시 일 년을 지내며 사람고기를 먹기로 했을 것입니다. 그렇다면 이전보다도 더 엉망이 되지 않았겠습니까? 그러므로 매운 음식인지 그렇지 않은 것인지 분별이 없어졌습니다. 도를 배움에 있어 가장 어려운 게 남녀와 음식입니다. 열자는 음식에 대하여 분별이 없어졌습니다. 물론 남녀에도 분별이 없어졌습니다. 마누라가 시키는 대로 해도 상관이 없었습니다. 사람은 누구나 일체 평등합니다. 그렇지 않다면 자기가 대장부라고 느끼는데, 그런 위풍도 없어져버렸습니다.

응제왕은 바로 여기에 있습니다. 세상에 들어감은 바로 이 부분에 있습니다. 여기가 응제왕입니다! 위에서 입담이 좋고 과장을 했지만 많은 좋은 도리가 있습니다. 형이상의 도, 수양의 도가 모두 다 있습니다. 응제왕은 어디에 있을까요? 그는 우리들에게 결론을 내려주지 않았습니다. 사실 결론은 바로 여기에 있습니다. 장자가 표현한 것인데, 도를 얻은 경계가 있으려면 먼저 소요유부터 시작해야 합니다. 그는 그 도를 그렇게 크게 형용하여 하늘도 그것을 담을 수 없고 허공조차도 담을 수 없을 정도입니다. 장자가 허풍친 크기는 커서 물소나 황소의 가죽으로도 싸서 둘 수가 없습니다. 그 작은 것을 얘기하면 그림자조차도 찾을 수 없습니다. 그는 도도 말했고 어떻게 수양해야하는지도 말했습니다. 최후에는 대종사입니다. 그러나 도가 성공해야 비로소 대종사입니다! 당신이 대사(大師)가 되든 대법사(大法師)가 되든 모두 세상을 구제하고 사람들을 구제해야합니다. 부처가 되어서도 중생을 제도해야합니다. 중생을 제도하려면 세상으로 들어가야 합니다. 세상으로 들어가 어떻게 사람들을 교화할까요? 바로 장자가 여기에서 말한 대로 성실하게 한 인간이 되는 것입니다. 다음에서는 여러분에게 세상으로 들어가는 도리를 일러주는데, 바로 응제왕입니다.

열자는 집에 돌아와 아내를 위해 밥을 지었습니다. '모든 일에 집착함이 없었으며[於事無與親]', 이것은 응제왕의 첫 번째 비결이요 세상으로 들어가는 비결입니다. 도가 있는 선비는 이 세계에 와서 사람 노릇하고 일을 함에 있어서 어떤 일을 하든 간에 '무여친(無與親)', 불친(不親)입니다. 불친(不親)은 무엇일까요? 불학에서의 집착하지 않음[不執着]입니다. 단단히 붙들어 쥐지 않는 것입니다. 장사를 해야 한다면 장사를 합니다. 인생에서 마땅히 해야 할 것은 곧 합니다. 다 하고 난다면 떠다니는 구름이나 흐르는 물처럼 인간 세계에 유희합니다. 일체의 착한일도 다 하고나면 집착하지 않습니다. 단단히 붙들어 쥐지 않습니다. 자기 생명에 대하여는 더더욱 단단히 붙들어 쥐어서는 안 됩니다. 나이가 많아지면 어느 날 작별 인사를 할 텐데 떠나가면 떠나가는 것이지 아무 상관없습니다. 일체를 그 자연스러움에 맡기고 만사(萬事)에 집착하지 않습니다. 이렇게 해야 비로소 세상으로 들어갈 수 있습니다.

'후천적 환경과 교육으로 새겨지고 다듬어졌던 허식으로부터 막 태어났을 때의 소박함으로 돌아가 홀로 우뚝 그 모습대로 서 있었다[雕琢復朴, 塊然獨以其形立]', 불가에서는 집착하지 않음을 말하고 무아를 말합니다. 장자는 '무여친(無與親)'을 말하고 공자도 마찬가지입니다. 공자는 부처님의 설법과 서로 같습니다. 그는 말했습니다. '무의(毋意)', 주관적이지 말라. '무필(毋必)', 반드시 그래야 한다고 하지 말라. '무고(毋固)' 자기의 선입견을 고집하지 말라. '무아(毋我)', 오직 자기만 있다고 하지 말라. '무의(毋意)·무필(毋必)·무고(毋固)·무아(毋我)'는 공자의 사대(四大) 법문입니다. 부처님이 금강경에서 말한, 무인상(無人相)·무아상(無我相)·무중생상(無衆生相)·무수자상(無壽者相)에 해당합니다. 그러므로 제가 보기에는 이 세 분 선생님은 모두 우리들의 옛 조상입니다. 모두 차이가 나지 않기 때문입니다. 가령 공자의 머리를 깎고 석가모니불의 자리에 앉혀놓고 공자가 말한 이런 말들을 한다면 마찬가지 아닙니까? 저 두 분의 설법은 얼마나 서로 같습니까!

다시 '조탁복박(雕琢復朴)'을 얘기해보겠습니다. 우리 인생은 '조탁(雕琢)'이라는 이 두 글자에 있습니다. 일반적인 인생은 모두 조탁하고 있습니다. 사람은 태어날 때는 본래 소박하고 자연스러웠는데, 후천의 환경과 교육의 갖가지 영향이 자기를 조탁했습니다. 허다한 무늬를 새겨 이런 저런 모습으로 바꾸려고 했습니다. 수도의 입장에서 보면 허다한 후천적인 지식은 모조리 쓸모가 없습니다. 이것은 형이상의 도에 대한 입장에서 말한 겁니다. 그러므로 사람의 생명은 본래 긴 것인데 결과적으로 단명으로 변해버립니다! 백 년을 살았다면 이미 대단한 것으로 봅니다. 오래 살지 못한 원인은 자기를 나쁘게 조탁했기 때문입니다. 조탁은 바로 무늬입니다. 우리들의 학문지식은 오늘 『장자』를 강의하고 『장자』를 듣고 있는데 이 모두는 우리들의 무늬입니다. 사람의 무늬는 너무나 많습니다. 무슨 장자나 노자, 거기다가 유식유심(唯識唯心) 등 모두 조탁이며 모두 옳지 않습니다. 조탁을 없애버리고 부모가 막 낳았을 때의 그 본래로 회복해야 옳습니다. 노장은 부모가 낳아 준 이후만을 얘기 했을 뿐입니다. 그는 불법의 선종처럼 부모가 낳기 이전을 언급하지 않았습니다. 태어나기 전을 파고 들어가 본다면 당신의 죽음을 자기 스스로 불러들일 것입니다. 사람도 미치기를 자기 스스로 불러들일 것입니다.

노장은 그렇게 하기를 원하지 않습니다. 더 이상 당신을 조탁하지 않고 부모가 이미 낳은 뒤 막 태어났을 때의 그 갓난애의 어둑한 무지[冥然無知]의 상태를 말할 뿐입니다. 갓난애는 무지할까요? 갓난애는 전지전능(全知全能)합니다. 그것은 꾸밈없는 경계입니다. 그러므로 노장은 조탁을 제거해버리고 소박한 경계를 회복하고자 합니다. '괴연독이기형립(塊然獨以其形立)', '괴연(塊然)'은 형용사입니다. 우리들의 이 신체는 바로 한 덩이의 고기입니다! 뼈의 골격위에 많은 고기가 걸려있을 뿐만 아니라 또 무늬들이 걸려있습니다. 심장·간장·비장·폐장·신장이라고 부르며 얼굴에도 조탁해서 눈과 귀를 새겨놓았습니다. 어쨌든 모두 조탁되었습니다. 우리는 원래의 한 인간으로 회복되어야 합니다. '괴연(塊然)'은 바로 이것이며 '독이기형립(獨以其形立)', 살아가면 곧 살아가는 것입니다.

그러므로 우리들의 허다한 철학적 문제는 장자에게 이르면 모두 소용이 없어집니다. 학문에 대하여 무슨 인생관에 대하여 관(觀)이라고 부를 것이 없습니다. 인생은 인생이라고 부릅니다. 한번은 학교에서 철학을 강의할 때 학우가 저에게 한 가지 제목을 주었는데 인생은 무엇을 목적으로 하는 것인가 였습니다. 그러면서 저더러 강의를 해달라고 했습니다. 저는 항상 당돌한 일을 하지 준비를 하지 않습니다. 왜냐하면 준비는 고통스럽기 때문입니다. 자기를 조탁해야하기 때문입니다. 강단에 올랐을 때 저는 이 제목은 잘못 내었다고 말했습니다. 인생은 무엇으로써 목적을 삼을까요? 무엇을 목적이라고 할까요? 오늘 우리 다들 왔는데 여러분의 목적은 와서 박수갈채를 보내고 함께 모여 즐겁게 놀면서 『장자』 강의를 듣는 것입니다. 저의 목적은 이 『장자』를 허풍 치는 것입니다. 좀 듣기 좋게 부르면 장자 강의입니다. 이것이 한 가지 목적입니다. 만약 우리들이 당신에게 당신이 어머니 뱃속에 찾아올[投胎] 때 무슨 목적으로 왔느냐고 묻는다면 아무도 목적이 없었습니다! 그러므로 이 제목은 잘못되었습니다. 저는 말했습니다. 이 제목 자체가 바로 답입니다. 인생은 무엇으로 목적을 삼을까요? 인생은 인생으로써 목적을 삼습니다. 이렇다면 이미 좋지 않습니까! 이것으로도 다 얘기 했습니다. 본래에 바로 이와 같습니다. 이게 바로 장자의 '홀로 우뚝 그 모습대로 서 있다[塊然獨以其形立]'는 도리입니다. 인생은 바로 인생을 목적으로 합니다. 만약 당신이 인생은 마땅히 어떠 어떠해야한다고 말한다면 에이! 당신은 또 조탁하는 것입니다. 조탁하지 마십시오. 인생은 인생을 목적으로 합니다. 아주 유쾌합니다. 기쁨도 없고 슬픔도 없습니다. 이렇다면 이미 좋습니다.

'분이봉재(紛而封哉)', 그는 말합니다. 사람이 이 도리를 모른다. 인생은 어디까지나 인생임을 모르며 홀로 우뚝 그 모습대로 서 있다는 것을 모른다. 남이 당신을 아주 멍청하다고 욕하지만 멍청함과 총명함은 본래 거기서 거기입니다! 역시 관계없습니다. 당신이 총명해도 밥을 먹고 내가 좀 미련해도 역시 밥을 먹습니다. 뿐만 아니라 미련한 사람은 총명한 사람보다 조금 더 좋습니다. 위장병이 나지 않고 또 신경병도 걸리지 않을 것입니다. 그러므로 구태여 시끄럽고 복잡할 필요가 어디 있겠습니까! 모두 자기가 번뇌들을 찾아 혼란스러운 것입니다. 일단 혼란스러워지면 조탁할 것들을 찾습니다. '그런데 사람들은 스스로 번뇌를 찾아 혼란스러워하며 자기를 새기고 다듬으면서 한 범위 속에 가두고는[紛而封哉]', 자기가 자기를 봉쇄해버립니다. 한 범위 속으로 가두어버리고 폐쇄하여버립니다. '한결같이 그렇게 살다 일생을 마친다[一以是終]', 그러므로 자기가 번뇌를 더하지 말아야 합니다. 많은 모양을 조탁하지 말아야 합니다. 자기를 어떤 고정적인 형태에 봉쇄하지 말아야 합니다. 우리는 고정적인 형태를 인격이라고 부릅니다. 자기가 자기에 대하여 하나의 틀을 그려놓고 그 범위 내로 규정하지 말아야 합니다.

만약 인격이 없다고 한다면 그럼 멋대로 할까요? 멋대로 해서는 더더구나 안 됩니다! 멋대로 하면 더욱 어지러워지니까요! 뒤섞여 어지러워지고 더욱 혼란해집니다. 이른바 착한 일을 해서는 안 되고 악한 일은 더더구나 하지 않습니다. 왜냐하면 악은 더욱 어지러워지기 때문입니다. 그러므로 악(惡)이 자기에게 주는 번뇌 손해는 선(善)보다도 더 심하고 조탁도 더욱 심합니다. 이 도리를 알고 나면 선행을 해서는 안 되며 악업은 더더욱 해서는 안 됩니다. 그러므로 '번뇌를 찾아 혼란스러워하며 자기를 새기고 다듬으면서 한 범위 속에 가두어서는[紛而封]' 안 됩니다. '일이시종(一以是終)'은 바로 일이관지(一以貫之)입니다. 시작도 바로 그랬고 지금도 여전히 그렇습니다. 즉, 방금 우리가 말한 인생은 인생을 목적으로 하는 것이기도 합니다. 바로 그렇습니다. 시작도 그와 같고, 처음부터 끝까지 시작도 없고 끝도 없습니다.

명예의 노예가 되지 말고 모략을 하지 마라. 일을 하되 집착하지 말고, 자기를 지혜롭다고 여기지 말라. 자기의 진정한 생명은 무궁무진함을 체험하고 무아의 경지에서 노닐어라.

無爲名尸, 無爲謀府; 無爲事任, 無爲知主。體盡無窮, 而遊無朕。

'명예의 노예가 되지 말고[無爲名尸]', 이 '시(尸)'자는 시체의 시입니다. 사람이 죽어서 영혼이 없는 것을 시체라고 부릅니다. 우리 중국문화에서 남을 욕할 때 만약 월급만 받고 아무 일도 하지 않는다면 우리는 그를 '시위소찬(尸位素餐)'이라고 묘사합니다. 죽은 사람이 그 자리를 차지하고 밥만 먹고 있는 밥통이 한 개라는 것입니다. 만약 좀 듣기 싫게 말한다면 시골 사람이 남을 꾸짖을 경우 이녀석은 화장실만 차지하고 똥을 누지 않는다고 말합니다. 다들 밖에서 들어가려고 하는데 당신은 여전히 화장실 안에 있으면서 문을 걸어 잠그고 있는 것이 '시위소찬'입니다. '무위명시(無爲名尸)', 이름을 구하기 위하여 명리를 구하기 위하여 허명의 노예가 되지 말라는 것입니다. 우리 오늘날 사회의 스타들이나 지명도를 추구하는 사람들은 이름이 난 뒤에는 시체로 변해버립니다. 가는 곳마다 당신더러 사진 찍자하고 날마다 그 사진기를 대하고 찍어서 눈조차 나빠졌습니다. 이게 바로 명예에 사로잡힌 것입니다. 절대 명예의 시체가 되지 말아야 합니다. 명예에 사로잡히지 말아야 합니다.

'모략을 하지 말라[無爲謀府]', '이 모(謀)'는 모략입니다. 절대로 타산을 하고 머리를 굴리고 굴리지 마십시오. 머리를 쓰는 것은 곧 조탁이며 당신은 단명하게 됩니다. 그러므로 타산하고 머리를 써서 남을 혼내지 마십시오. 여기서의 '부(府)'자는 크고 깊다는 것입니다. 절대 남에 대하여 계략을 짜지 마십시오. 인생은 자연스럽게 살아가야 합니다. '일을 하되 집착하지 말고[無爲事任]', 어떤 일을 위하여 억지로 하지 마십시오. 당신더러 책임을 지지 말라고 하는 것은 당신더러 집착하지 말라는 것입니다. 마땅히 해야 할 일은 역시 해야 합니다. 만약 무슨 일이든지 책임을 지지 않는다면 그럼 당신은 뭘 하는 것이겠습니까? 열자도 달려가 아내를 위하여 밥을 지었습니다! 밥 짓는 것도 책임입니다. 이 '임(任)'은 마땅히 해야 할 일을 하고서 집착하지 않는 것입니다. '자기를 지혜롭다고 여기지 말라[無爲知主]', 이 '지(知)'는 지혜 지(智)입니다. 자기가 학문이 높고 또 총명하다고 여기지 말라는 것입니다. '자기의 진정한 생명은 무궁무진함을 체험하고[體盡無窮]', 이 생명은 무궁무진한 것임을 체험해야 합니다. 어떤 사람이나 지식이 있든 지식이 없든 저마다의 생명은 모두 소중하고 무량무변하며 무궁무진합니다. 자기의 그 진정한 생명이 무량무변하며 무궁무진하다는 것을 알 수 있다면 당신은 세상에 들어가 응제왕이 될 수 있습니다.

'무아의 경지에서 노닐어라[而遊無朕]', 고대 황제는 모두 자칭 짐(朕)이라고 했는데 짐은 곧 나[我]입니다. 옛 사람의 오(吾)·여(余)·아(我)·짐(朕)은 모두 같은 의미의 글자들입니다. 그러므로 중국 글자를 어떤 사람은 몹시 싫어합니다. 언어문자가 다르기 때문에 어떤 말들은 오늘날에 이르러서 우리도 알지 못합니다. 호북 말이나 호남 말, 광동 말, 북방 말 같은 경우는 언어가 통일 된 적이 없습니다. 하지만 각지의 각지마다 각지의 나[我]의 뜻을 가진 글자가 있었는데 산동사람이 부르는 암(俺)이니 무슨 찰(咱)이니 하는 것은 모두 나를 대표합니다. 고대에 이 짐(朕)자도 나를 대표했습니다. 중원, 서북, 고원일대의 발음은 지금은 짐이라고 읽습니다. '이유무짐(而遊無朕)'은 곧 무아(無我)입니다. 일을 하고 처리해도 무아여야만 합니다.

세상 속으로 들어가는 응제왕

하늘에서 받은 이 생명을 자연스럽고 편안하고 소중하게 살아가면서, 얻을 바를 보지 못하며, 또한 공령하고 자재하게 생활할 뿐이다! 도를 얻은 지인(至人)의 마음 씀은 거울과 같아서, 사물이 오더라도 맞이하지 않고 가더라도 막지 않으며, 응하고 나서도 간직하지 않는다. 그러므로 사물을 이겨내고 자기를 파괴하지 않을 수 있다.

盡其所受乎天, 而無見得, 亦虛而已, 至人之用心若鏡, 不將不迎, 應而不藏, 故能勝物而不傷。

이렇게 하여 이 인생에는 무슨 의미가 있을까요? 크게 의미가 있습니다! 왜냐하면 이런 사람이야말로 진정으로 자기의 인생을 분명하게 인식하고 비로소 자기의 생명을 존중할 줄 알기 때문입니다. '하늘에서 받은 이 생명을 자연스럽고 편안하고 소중하게 살아가면서[盡其所受乎天]', 하늘이 우리들에게 생명을 하나 주었는데 얼마나 소중합니까! 우리들은 이 생명이 자연스럽게 살아가도록 잘 해서 삶이 우리가 마땅히 길을 걸어가야 할 때 이르렀을 때는 얼른 길을 뛰어가야지 자리만 차지하고 걸어가지 않아서는 안 됩니다. '진기소수호천(盡其所受乎天)', 하늘이 우리들에게 준 이 생명을 자연스럽고 편안하고 소중하게 살아갑니다. '얻을 바를 보지 못하며[而無見得]', 그러나 살아가는 것은 살아가는 것이고 우리들은 벌거숭이로 왔으며 최후에 갈 때도 벌거숭이로 돌아갑니다. 벌거숭이어서 오고갈 때에 아무것도 걸치지 않아서 '이무견득(而無見得)', 나에게 속하는 것은 아무것도 없으며, 모든 것을 자연으로 돌립니다. 외물은 천지가 낳은 것으로 최후에는 역시 천지로 돌아갈 뿐만 아니라, 우리들의 생명, 우리들의 육체도 천지가 낳아준 것으로 최후에는 역시 천지로 돌려주어야 합니다. 이것이 자연의 이치입니다. '또한 공령하고 자재하게 생활할 뿐이다[亦虛而已]', 공령(空靈)하고 자재하게 이 세상에서 생활하는 것입니다.

내7편은 여기에 이르러 한편의 대 결론입니다. 그러나 당신이 쉽게 보고서 이 도리가 매우 재미가 있다고 느끼지 말기바랍니다. 당신은 그렇게 해낼 수 없습니다! 우리들 인생은 제가 늘 말하는데 다음의 열두 글자입니다. '간득파(看得破)', 간파할 수는 있어도, '인불과(忍不過)', 참아내지는 못하고, '상득도(想得到)', 생각할 수는 있어도, '주불래(做不來)', 해내지는 못한다. 이게 바로 우리들 사람입니다. 이 열두 글자는 저의 주문입니다. 무상(無上)의 주문이요 무등등(無等等)의 주문으로서 일체의 고통을 제거할 수 있으며 진실하여 헛되지 않습니다. 보세요, 장자의 이런 도리들은 우리들이 들어보면 대단히 일리가 있지만 그렇게 해내지는 못합니다. 어떻게 해야 비로소 그렇게 할 수 있을까요? 미안하지만 제1편 소요유에서부터 시작하여 이런 도의 수양이 있어야 합니다. 이런 도의 수양이 있어야 비로소 진정으로 그렇게 할 수 있습니다. 그래서 어렵다고 말합니다. 이와 반대로 말하면 당신이 만약 이 도리 상으로 알아 통했고, 사람이 도의 수양은 없지만 이런 모습을 해낼 수 있다면 지인(至人)의 도(道)도 모두 얻고 자연히 성공할 것입니다. 그러므로 정면과 반면이 같은 도리입니다. 이제 장자가 결론을 짓습니다.

'도를 얻은 지인의 마음 씀은 거울과 같아서, 사물이 오더라도 맞이하지 않고 가더라도 막지 않으며, 응하고 나서도 간직하지 않는다. 그러므로 사물을 이겨내고 자기를 파괴하지 않을 수 있다[至人之用心若鏡, 不將不逆, 應而不藏, 故能勝物而不傷]', 이것은 도의 최고의 경지입니다. 지인(至人), 도를 얻은 사람은 '용심약경(用心若鏡)', '마음은 명경대와 같아 본래에 한 물건도 없거늘 어느 곳에서 먼지가 일어나겠는가[心如明鏡臺, 本來無一物, 何處惹塵埃]' 바로 그런 모습입니다. 모든 사물은 거울 앞에 이르러 비추어지면 반드시 영상이 있습니다. 그러나 꿈 같고 허깨비 같습니다. 거울이 사람을 비추면 당신은 곧 그 경계를 체험합니다. 자기가 거울속의 자신을 바라보고 즉시 자기의 몸을 잊어버릴 수 있습니다. 하지만 주의해야합니다. 자주 보지는 마십시오. 만약 밤낮으로 거울을 보면서 칠일 낮 칠일 밤을 지나면 그 사람은 곧 이 신체를 떠나버릴 것입니다. 이것은 절대적이지는 않지만 대단히 그럴 가능성이 있습니다. 이것은 도가에 있는 한 가지 법문입니다. 이 법문은 가볍게 이용해서는 안 됩니다. 사람이 거울 속의 자기를 바라보고 거울 속의 그림자만 바라보면 우리들의 지금 이 생명이 확실히 꿈속에서 살아가고 있다는 것을 체험할 것입니다.

이제 이 비결을 드러내었습니다. 원래에 드러내지 않으려던 것을 한 친구가 한참 동안이나 묻기에 비로소 말했습니다. 그가 가서 한번 그대로 시험해보고 체험에 들어갔습니다. 그러므로 거울을 이용하여 처세하는 이 도리는 무엇일까요? 바로 우리들에게 처세와 사람됨에서 여덟 글자를 가지게 하는 것입니다. '물래즉응(物來則應), 과거불류(過去不留)', 거울에 비추면 있습니다. 일체의 사물은 지나가고 나면 거울은 흔적을 남기지 않습니다. 이게 바로 불가에서 말하는 대원경지(大圓鏡智)요, 밝은 거울도 경대가 아니다[明鏡亦非臺]는 도리이기도 합니다. '불장불역(不將不逆)', 이 네 글자는 유가의 정명도(程明道)의 『정성서(定性書)』에서도 사용했는데 도를 얻은 사람이 이 세상에서 지내면서 '불장불역(不將不逆)', 집착도 하지 않고 환영도 하지 않으며 거절도 하지 않습니다. 당신은 말하기를 오늘 나는 재수가 없어서 통쾌하지 못한 일을 하나 만났다고 하지만 사실은 무슨 재수가 없는 것도 없습니다. 날마다 편안합니다. 통쾌하지 못한 일이 하나도 없다면 생활이 너무 단조롭습니다. 그 통쾌하지 못함이 왔어도 거절하지 않습니다. 왜냐하면 사람은 약간의 통쾌하지 않음의 조미료가 필요하기 때문입니다. 통쾌하지 않음이 지나가고 나면 통쾌함이 오고, 당신은 얼마나 기쁜지 모릅니다! 그러므로 반드시 이렇게 한번 조절해야 합니다.

'응이불장(應而不藏)', 거울이 사물을 비추는 것과 같아서 사물이 오면 응하고 지나가면 붙들지 않아서 마음속에 간직하지 않습니다. 그러므로 모든 은혜와 원망, 시비는 지나가고 나면 머물지 않습니다. 시비선악이 없다는 것이 아니라 지나가고 나면 머물지 않아서 이 마음이 평안하고 고요합니다[平靜]. '고능승물이불상(故能勝物而不傷)', 수양이 이 정도에 도달할 수 있어야 세상으로 들어갈 수 있습니다. 이 단락은 중요합니다. 특히 오늘날 상공업 사회에서 다들 바쁘게 생활하며 자기가 이미 진짜 사람[眞人]이 아닙니다. 우리들이 상공업 시대의 사람들인, 21세기의 사람은 부모가 낳아 일단 성장하면 그 원래의 사람은 사라져버리고 뒷날 살아있는 사람은 가짜 사람[假人]이지 지인(至人)이 아닙니다. 모두 물질 환경에 의해 바쁘게 되어 머리가 어질어질 할 것입니다. 정말로 자기가 한 사람이라는 것을 붙들어 쥐고 21세기의 시대를 대응하고 싶다면 반드시 장자의 이 단락 응제왕을 이해하고 세상 속으로 들어가서

'승물(勝物)', 물질에 의해 파괴되지 않고 물질 환경에 유혹되지 않을 수 있어야 '이불상(而不傷)', 자기를 상해하지 않을 것이며 나는 여전히 나입니다.

이 단락은 바로 『장자』의 멋진 부분입니다. 우리가 평소 『장자』를 연구하면서 한번 넘기자마자 한 마리 물고기가 대붕새로 변하여 멋지게 보이지만 사실은 그것은 조금도 멋지지 않습니다! 그것은 영화 광고로서 서막입니다. 진정으로 멋짐은 응제왕 이 단락에 있습니다. 세상을 벗어나는 도[出世之道], 세상으로 들어가는 도[入世之道]를 모두 완전히 말했습니다. 다음은 장자가 습관적으로 그러듯이, 또 화두를 하나 다음에 매달아놓고 당신에게 참구하게 합니다.

혼돈(渾沌)이여 혼돈이여

남해의 황제를 숙(儵)이라 하고, 북해의 황제를 홀(忽)이라 하며, 중앙의 황제를 혼돈(渾沌)이라 한다.

南海之帝爲儵, 北海之帝爲忽, 中央之帝爲渾沌。

오늘날 일반인들이 하는 말인, 당신은 이 일을 너무 소홀(疏忽)히 했다고 할 때 오늘날 소원(疏遠)의 소(疏)자로 쓰는데, 고문대로 쓰면 마땅히 이 '숙(儵)'자를 써서 너무 숙홀(儵忽)했다고 해야 합니다. '숙홀(儵忽)'은 한마디 속어인데, 그 내원(來源)으로 남해지제(南海之帝)를 말합니다. 장자는 동서(東西)를 드물게 제시했습니다.

그러므로 동서는 우리가 제시한 것입니다. 남자(南子: 남회근 선생 자신을 가리킴/역주)가 동서정화협회(東西精華協會)를 제시하니 마치 동서(東西) 같습니다. 장자는 남북만을 제시합니다. '남해지제(南海之帝)', 남해에 한 황제가 있습니다. '제(帝)'란 바로 주재자를 대표합니다. 그의 이름은 '숙(儵)'이라고 합니다. 북해는 어떨까요? 이 주재자는 이름이 '홀(忽)'이라고 합니다. 이 둘은 우주의 주재자입니다. 하지만 남북극으로 나누어 있으면서 구역을 나누어 다스립니다. 그들은 경선(競選)할 필요가 없습니다. 태어날 때부터 이와 같습니다.

'중앙지제위혼돈(中央之帝爲渾沌)', 중앙에 한 황제가 있는데 이 주재자는 혼돈입니다. 우리들이 먹는 혼돈(餛飩)이 아닙니다. 이것은 도가에서 말하는 혼돈입니다. 이 혼돈은 바로 음양이 하나로 섞여 있는 것입니다. 사실 우리들이 먹는 혼돈은 최초에 이 관념으로부터 온 것입니다. 그러므로 고기야 채소야 밀가루를 한데 쌓아 놓은 것이 바로 혼돈의 의미이며 이러한 모습을 혼돈이라고 합니다.

숙과 홀은 항상 혼돈의 땅에서 만났는데, 혼돈은 그들을 매우 잘 대접했다.

儵與忽時相遇於渾沌之地, 渾沌待之甚善。

남방과 북방의 이 숙(儵)과 홀(忽)은 그 이름을 들어보면 이 두 사람은 숙홀합니다. 당돌합니다[冒昧]. 바꾸어 말하면 우리가 숙(儵)의 별명을 모(冒)라고 부르고 홀(忽)의 별명을 매(昧)라고 부르고 두 사람을 합하면 바로 모매(冒昧)라고 부릅니다. 모매를 숙홀이라고 부릅니다. 이 두 사람의 덜렁이는 항상 중앙 사장님인 혼돈

(渾沌)이 있는 곳에서 만났습니다. '혼돈은 그들을 잘 대접했다[渾沌待之甚善]', 그들이 오면 혼돈은 당연히 혼돈(餛飩)음식을 대접했습니다. 그래서 감정이 좋았습니다. 두 사람은 이 혼돈이 너무 좋다고 느끼고는 숙과 홀은 다음과 같이 말합니다.

숙과 홀은 혼돈의 은덕에 보답하기로 하고 말했다. "사람은 다 눈 귀 코 입의 일곱 구멍이 있어 보고 듣고 먹고 숨 쉬고 하는데, 그만 홀로 없다. 시험삼아 그를 뚫어 주자." 하루 한 구멍씩 뚫었는데, 이레가 되자 혼돈은 죽고 말았다.

儵與忽謀報渾沌之德, 曰：人皆有七竅以視聽食息, 此獨無有, 嘗試鑿之。日鑿一竅, 七日而渾沌死。

　두 사람은 말합니다. 혼돈이 날마다 우리들에게 그렇게 잘해주고 그렇게 많이 먹었으니 우리들은 아무래도 그에게 보답을 해야 한다. 한참이나 생각한 다음에 생각을 해냈습니다. '사람은 다 눈 귀 코 입의 일곱 구멍이 있어 보고 듣고 먹고 숨 쉬고 하는데[人皆有七竅以視聽食息]', 세상 사람들은 얼마나 총명한가! 사람은 왜 뇌가 총명할까? 머리에 일곱 개의 구멍이 있고, 뇌근(腦筋)이 있어 생각 하고, 얼굴에는 눈이 있어 볼 수 있고 귀는 들을 수 있고 코는 호흡할 수 있으며 입은 먹을 수 있기 때문이다. 이런 것들은 얼마나 중요한가! 혼돈이라는 이 녀석은 탕원(湯圓: 새알심 비슷한 모양의 식품/역주)처럼 동글동글하면서 구멍이 열리지 않았으니 우리가 그에게 보답할 수 있는 유일한 방법은 바로 그에게 구멍을 열어 주는 것이다. '그만 홀로 없다[此獨無有]', 그는 안타깝다. 우리들의 이 노형인 혼돈은 너무 혼돈하다. 즉, 혼단(混蛋: 바보머저리/역주)의 의미입니다. '시험삼아 그를 뚫어 주자[嘗試鑿之]', 숙과 홀은 혼돈에게 구멍을 하나 열어주려고 했습니다. 그래서 이 두 노형께서는 공구점에 가서 공구 상자를 하나 사가지고 와 작업을 시작했습니다. '일착일규(日鑿一竅)', 그에게 하루에 한 구멍씩 열어주었습니다. '칠일(七日)', 칠일 동안에 눈 귀 코 혀 몸[眼耳鼻舌身] 구멍 모두를 열어주어 일곱 개의 구멍이 열렸습니다. '이혼돈사(而渾沌死)', 그러자 혼돈이 죽어버렸습니다. 혼돈이 죽어버리자 빵으로 변해버렸습니다. 이러자 끝장나버렸습니다! 장자는 그렇게 유머적입니다! 그래서 장자를 읽으면서 때로는 우리가 웃곤 합니다. 그의 문장은 바로 그렇습니다. 당신이 재미있는 문장을 쓰고 싶다면 장자를 배워야합니다.

이 단락도 대단히 유명한 이야기입니다. 그러므로 여러분 정좌하는 사람들은 때로는 고요하여 기맥이 혼연히 정(定)의 상태에 들어간 경우가 있는데, 제일 첫걸음으로 혼돈의 경계를 배워야합니다. 이것은 도가의 술어입니다. 정말로 혼돈 경계를 얻었을 때 진정한 정(定)이지 혼침정(昏沈定)이 아닙니다. 6근(六根)이 움직이지 않고 안과 밖이 단절되며 몸속의 기맥도 움직이지 않습니다. 기맥이 모두 통했기에 더 이상 열릴 수 없습니다. 만약 당신이 기맥이나 무슨 하거(河車)를 돌린다든지 임맥과 독맥을 열리게 하려고 한다든지 하면 저 중앙의 혼돈은 죽어버립니다. 수도하여 정(定)에 들어가면 반드시 혼돈의 경계에 진입해야 비로소 수도의 기초가 됩니다. 그런 다음 서서히 비로소 양신(陽神)이 출규(出竅)할 수 있습니다. 그러므로 일반적으로 기(氣)를 닦고 하거(河車)를 돌리고 삼맥칠륜(三脈七輪)을 닦는 것은 무엇을 위한 것일까요? 저 혼돈(渾沌)을 파는[賣] 집으로 되돌아가기 위해서입니다. 그러면 도를 얻을 기초가 있게 됩니다.

저자 소개

남회근(南懷瑾) 선생은 1918년 중국 절강성 온주(溫州)에서 태어났다. 어릴 적부터 서당식 교육을 받아 17세까지 사서오경 제자백가를 공부하였다. 절강성성립국술원에 입학하여 2년간 무술을 배웠고 문학 서예 의약 역학 천문학 등도 두루 익혔다. 1937년 국술원을 졸업하였다. 그후 중앙군관학교 교관직을 맡았으며, 금릉(金陵)대학 대학원에서 사회복지학을 연구하였다. 25세 때인 1942년에 스승인 원환선(袁煥仙) 선생이 사천성 성도(成都)에 창립한 유마정사(維摩精舍)에 합류하여 의발제자가 되었다. 1942년부터 1944년까지 3년간 사천성 아미산 중봉에 있는 대평사(大坪寺)에서 폐관 수행하며 팔만대장경을 완독하였다. 28세 때인 1945년 티베트 밀교의 여러 종파의 고승들을 참방하고 밀교 상사로 인가 받았다. 그 후 운남(雲南)대학과 사천(四川)대학에서 한동안 강의하였다. 30세 때인 1947년 고향에 돌아가 사고전서(四庫全書)와 고금도서집성(古今圖書集成) 등을 읽었다. 1949년 봄에 대만으로 건너가 문화(文化)대학 보인(輔仁)대학 등 여러 대학과 사회단체에서 강의하며 수행과 저술에 몰두하였다. 또 노고문화사업공사(老古文化事業公司)라는 출판사를 설립하고 불교연구단체인 시방(十方)서원을 개설하였다. 2006년 이후 대륙의 강소성 오강의 태호대학당(太湖大學堂)에서 머물며 교육문화 연구 등의 활동을 해오던 중 2012년 9월 29일 95세를 일기로 세상을 떠났다. 논어별재 등 저술이 60여종에 이른다. 자세한 소개는 마하연 출판 '생과 사 그 비밀을 말한다'의 부록을 참조하기 바란다.

번역자 송찬문(宋燦文)

1956년생으로 금융기관에서 20년 근무하였다. 대학에서 중어중문학을 전공했으며 1990년 대만담강대학 어학연수, 1991년 대만경제연구원에서 연구하였다. 1998년 이후 유불도 삼가 관련 서적들을 번역중이다.

번역서로는 남회근 선생의 '논어강의', '생과 사 그 비밀을 말한다', '불교수행입문강의', '원각경 강의' 등이 있으며,

편역 저서로는 '21세기 2천자문', '삼자소학', '그림으로 배우는 한자 첫걸음', '나무아미타불이 팔만대장경이다'가 있다.

다음카페 유마불교학당 (http://cafe.daum.net/youmawon)

e-mail : youmasong@naver.com

마하연의 책들

1. 나무아미타불이 팔만대장경이다 송찬문 엮음
참선법문과 염불법문은 어떻게 다른가? 나무아미타불의 심오한 의미는 무엇인가? 극락세계는 어떤 곳인가? 왜 염불법문이 뛰어난가? 등 염불법문의 기본교리를 이해하도록 이끌어 준다.

2. 생과 사 그 비밀을 말한다 남회근 지음, 송찬문 번역
생사문제를 해설한 기록으로 사망에 대해서부터 얘기를 시작하여 사람의 출생을 설명한다. 인간의 정상적인 생명의 윤회환생 변화를 기준으로 말한 것으로, 불법의 원리에서 벗어나지 않지만 종교의식에 물들지 않고 순수하게 생명과학의 입장에서 한 상세한 설명이다. 진귀한 자료로서 자세하고 명확하여 독자의 마음속에 있는 적지 않는 미혹의 덩어리를 풀어준다.

3. 원각경 강의   남회근 지음, 송찬문 번역

원각경은 인생의 고통과 번뇌를 철저히 해결해주는 경전으로서, 어떻게 수행하여 성불할 것인가를 가리켜 이끌어 주는 경전이다. 남회근 선생의 강해는 쉽고 평이하면서도 어떻게 견성할 것인가와 수행과정에서의 문제들을 분명히 가려 보여준다. 참선을 하려거나 불교를 연구하고자 하는 사람이 반드시 보아야 할 책이다.

4.. 논어 강의 (상, 하)   남회근 지음, 송찬문 번역

논어로 논어를 풀이함으로써 지난 2천년 동안 잘못된 해석을 바로잡은 저자의 독창적인 견해가 담긴 대표작이다. 동서고금과 유불도 제자백가를 넘나들면서 흥미진진한 강해를 통해 고유문화의 정수를 보여주어 현대인들로 하여금 전통문화를 이해하게 하고 나아가 미래를 창조하게 하는 교량 역할을 한다.

5. 역사와 인생을 말한다   남회근 지음, 송찬문 번역

논어별재(論語別裁), 맹자방통(孟子旁通), 노자타설(老子他說) 등 남회근 선생의 여러 저작들 가운데서 생동적이며 유머가 있고 뛰어난 부분들을 골라 엮은 책으로 역사와 인생을 담론하고 있다

6. 선(禪)과 생명의 인지 강의   남회근 지음, 송찬문 번역

생명이란 무엇일까요? 당신의 생명은 무엇일까요? 선은 생명 가운데서 또 어떠할까요? 당신은 자신의 지성(知性)을 이해합니까? 당신은 자신의 생명을 장악할 수 있습니까? 범부를 초월하여 성인의 영역으로 들어가고 싶습니까? 그 가장 빠른 길은 무엇일까요? 등, 선과 생명과학과 인지과학에 대한 강의이다.

7. 선정과 지혜 수행입문   원환선 남회근 합저, 송찬문 번역

원환선 선생과 그 문인인 남회근 선생이 지관수정(止觀修定)에 대하여 강의한 기록을 모아 놓은 책이다. 선 수행자나 정토 수행자에게 올바른 지견과 진정한 수행 방법을 보여 주는 것으로 초학자에게 가장 적합하다.

8. 사람은 어떻게 태어나는가   남회근 지도, 이숙군 역저, 송찬문 번역

사람이 모태에 들어가기 전에 자기의 부모를 인식할까요? 모태에 있을 때 어떤 과정을 거칠까요? 모태에 있을 때 교육을 받아들일 수 있을까요? 모태에 있을 때 심신은 어떻게 변화할까요? 이런 문제 등을 논술하고 있는 입태경은 인간 본위의 생명형성의 심신과학을 내포하고 있으며 범부를 뛰어넘어 성자가 되는 관건을 언급하고 있음에도 1천여 년 동안 마땅한 중시를 받지 못했습니다. 그래서 저자는 남회근 선생의 치밀한 지도 아래 입태경을 현대의학과 결합하는 동시에 전통 중의학 개념과도 일부 결합하여 풀이합니다. 태교부분에서는 3천여 년 전부터 현대까지를 말하면서 동서의학의 태교와 태양의 정화를 융합하고 있습니다. 그러므로 이 책은 부모 되는 사람은 읽지 않으면 안 되며 심신과학에 흥미가 있는 사람이라면 더더욱 읽어야 합니다.

9. 장자강의(내편) (상, 하) 남회근 강술, 송찬문 번역

장자 내7편에 대한 강해이다. 근대에 많은 학자들이 관련된 주해나 어역(語譯)이나 주석 같은 것들을 참고로 읽어보면 대부분은 문자적인 해석이거나 다른 사람의 주해를 모아 논 것일 뿐 일반 독자들의 입장에서 보면 사실 그 속으로부터 이익을 얻기가 어렵다. 남회근 선생은 청년 시기에 이미 제자백가의 학문을 두루 연구했고 30대에는 경전 도법(道法)에 깊이 들어가 여러 해에 걸쳐서 몸소 힘써 실제 수증하였다. 그러므로 그의 장자강해는 경사자집(經史子集)에서 노닐고 있다. 또 통속적인 말로써 깊은 내용을 쉽게 풀어내서 독자 청중을 위하여 문을 열어주고 있다. 남선생의 강의가 따로 일가의 품격을 갖췄다고 일컫더라도 과분한 칭찬이 되지 않을 것 같다.

10. 능엄경 대의 풀이 남회근 술저, 송찬문 번역

옛사람이 말하기를 "능엄경을 한 번 읽은 뒤로부터는 인간세상의 찌꺼기 책들을 보지 않는다" 고 했듯이, 이 경은 우주와 인생의 진리를 밝히는 기서(奇書)이며, 공(空)의 이치를 깨달아 들어가는 문이자, 단계적인 수행을 거쳐 최후에 부처의 과위에 이르기까지 거울로 삼아야 할 경전이다. 옛날부터 난해하기로 이름난 이 경전을 현대적 개념으로 대의만 풀이했다.

11. 유마경 강의 (상, 중, 하) 남회근 강술, 송찬문 번역

어떤 사람은 말하기를, 유마경을 조금 읽고 이해하고 나면 마음의 크기가 자기도 모르는 사이에 확대되어서, 더 이상 우리들이 생활하는 이 사바세계에 국한하지 않고, 동경하는 정토세계에도 국한하지 않으며, 무한한 공간에까지 확대될 것이라고 합니다. 또 어떤 사람은 말하기를, 이 경전은 온갖 것을 포함하고 있어서 당신이 부처님을 배우면서 어떻게 해야 할지 모를 때에는 당신에게 줄 해답이 본 경전에 들어있으며, 당신이 사리(事理)를 이해하지 못할 때에는 당신에게 줄 해답도 본 경전에 들어있다고 합니다. 남회근 선생이 1981년에 시방서원에서 출가자와 불교도를 위주로 했던 강의로 수행방면에 중점을 두었기 때문에 일반적인 불경강해와는 다르다. 유마경은 현대인들에게 원전경문이 너무 예스러운데 남선생은 간단명료한 말로써 강해하였기에 독자들이 이해하기 쉽다.

12. 호흡법문 핵심강의 남회근 강의, 유우홍 엮음, 송찬문 번역

남회근 선생은 석가모니불이 전한 가장 빠른 수행의 양대 법문이 확실하고 명확함을 얻지 못한 것이 바로 수행자가 성공하기 어려웠던 주요 원인이라고 보고 최근 수년 동안 남선생님은 수업할 때 항상 '달마선경(達磨禪經)' 속의 16특승안나반나(特勝安那般那)법문의 해설과 관련시켰다.

이 책은 남회근 선생님의 각 책과 강의기록 속에 여기저기 흩어져 보이는 안나반나 수행법을 수집 정리하여 책으로 모아 엮어서 학습자가 수행 참고용으로 편리하도록 한 것이다.

13. 중용강의 남회근 저 송찬문 번역

자사(子思)가 『중용(中庸)』을 지은 것은 증자의 뒤를 이어서 「곤괘문언(坤卦文言)」과 『주역』「계사전(繫辭傳)」으로부터 발휘하여 지은 것입니다. 예컨대 『중용』이 무엇보다 먼저 제시한 '천명지위성(天命之謂性)'으로부터 '중화(中和)'까지는 「곤괘문언」에서 온 것입니다. 이런 학술적 주장은 저의 전매특허입니다."

남회근 선생의 강해는 '경문으로써 경문을 주해하고[以經註經]', 더 나아가 '역사로써 경문을 증명하는[以史證經]' 방법으로 『중용』을 융회관통(融會貫通)하고 그 심오

한 의미를 발명하여 보여주고 있다.